中国科学院教材建设专家委员会规划教材

全国高等医药院校规划教材

案例版™

供医药人力资源管理、药学、药物制剂、临床药学、中药学、
制药工程、医药营销、医药公共事业管理、医药贸易、
医药经济管理等专业使用

人力资源管理学

主　编　朱家勇

副主编　饶惠霞　单国旗　蒋建华

编　委　(按姓氏笔画排序)

王秀亭(白云山制药股份有限公司)

孔祥金(大连医科大学)

朱家勇(广东药学院)

闫冠辐(哈尔滨医科大学)

吴海燕(广东药学院)

单国旗(广东药学院)

饶远立(广州中医药大学)

饶惠霞(广东药学院)

蒋建华(广州中医药大学)

科 学 出 版 社

北 京

郑 重 声 明

为顺应教育部教学改革潮流和改进现有的教学模式,适应目前高等医学院校的教育现状,提高医学教学质量,培养具有创新精神和创新能力的医学人才,科学出版社在充分调研的基础上,引进国外先进的教学模式,独创案例与教学内容相结合的编写形式,组织编写了国内首套引领医学教育发展趋势的案例版教材。案例教学在医学教育中,是培养高素质、创新型和实用型医学人才的有效途径。

案例版教材版权所有,其内容和引用案例的编写模式受法律保护,一切抄袭、模仿和盗版等侵权行为及不正当竞争行为,将被追究法律责任。

图书在版编目(CIP)数据

人力资源管理学:案例版／朱家勇主编.—北京:科学出版社,2009
(中国科学院教材建设专家委员会规划教材·全国高等医药院校规划教材)
ISBN 978-7-03-025473-3

Ⅰ.人… Ⅱ.朱… Ⅲ.企业管理-劳动力资源-资源管理-医学院校-教材
Ⅳ.F272.92

中国版本图书馆 CIP 数据核字(2009)第 155696 号

策划编辑:周万灏 李国红/责任编辑:周万灏 李国红
责任校对:刘亚琦/责任印制:赵 博/封面设计:黄 超

科 学 出 版 社 出版
北京东黄城根北街 16 号
邮政编码: 100717
http://www.sciencep.com

新科印刷有限公司 印刷
科学出版社发行 各地新华书店经销

*

2009 年 8 月第 一 版 开本:787×1092 1/16
2016 年 7 月第四次印刷 印张: 15
字数:415 000

定价: 35.00 元
(如有印装质量问题,我社负责调换)

前　言

在 21 世纪的今天,人力资源是组织的第一资源已成为不争的事实。随着全球化和中国经济的迅速发展,人力资源管理作为组织管理的重要职能,在组织竞争优势的获得和保持方面的地位日益凸显。越来越多的国内企业也和知名外企一样,将人力资源管理提升到企业的战略层面来加以关注。同时,人力资源管理课程在我国也越来越受到重视,目前国内高校的管理类专业大多将此课程设置成核心课程。国内人力资源管理的教材也越来越丰富。目前国内的人力资源管理教材主要分为两种,一是直接引进国外教材,一是国内专家自己编写的教材。国外的教材虽然内容较新,系统性较强,理论与实践平衡,总体水平较高,但是这些教材都是以国外的经济和社会文化为背景,在人力资源管理环境上跟中国相差太远,很多内容跟中国的实际情况不符。国内专家编写的人力资源教材虽然多,但是从培养应用型本科、专科人才的教学角度看,有的过于强调实际操作,理论体系不够完整,有的则过于偏重理论,实际操作技术不够,尤其是国内的人力资源管理教材大多是各行业通用的,很少涉及某一个具体行业。医药卫生领域包括医药生产企业、医药流通企业、医院、卫生行政部门、疾病预防控制部门等多种机构,拥有大量的从业人员。国内很多高校都开设了面对这些机构的专业,这些专业的学生也需要学习人力资源管理知识。医药卫生领域有自己的特点,这些特点也反映到人力资源管理方面,要求将人力资源管理知识与医药卫生领域的特点相结合。从现在的就业形势来看,很多用人单位都喜欢录用既懂通用的知识,也懂行业特点,同时拥有实际操作能力的学生,这要求教材在强调理论的系统性和完整性的同时,也要强调行业特点和实操性。

本教材是满足目前应用型人力资源管理专业及其相关专业的本科、专科人力资源管理课程教学改革需要的一本人力资源管理学教材。其主要特点:一是理论体系完整、合理。本教材设置了包括人力资源管理绪论、工作分析、人力资源规划、招聘与选拔录用、培训与开发、绩效管理、薪酬管理、劳动关系管理、职业生涯管理、人力资源管理前沿问题共十章内容,比较系统地介绍了人力资源管理基本理论。二是医药行业特色鲜明。教材密切结合了医药生产企业、医药流通企业、医院等医药卫生领域人力资源管理的实践,所选案例都来自医药卫生领域;同时,教材编写委员都具有服务医药卫生行业人力资源管理实践的经验。三是突出人力资源管理理论的实操性。为此,每一章都设有"导入案例",用一个医药卫生领域的案例导入主题。每一节都有"实践中的人力资源",用一个简短的案例来印证和说明这一节中的相关内容。每一章结束后都设置"案例解析"、"案例讨论"、"模拟实践"三个内容,"案例解析"首先介绍一个案例,再用该章节的知识来详细分析这一个案例。"案例讨论"首先介绍一个案例,再根据案例提出问题,要求学生利用所学的知识进行讨论。"模拟实践"部分提出了一个案例和解决案例问题的具体指引,要求学生利用该章节的知识并根据相应的指引来解决案例中的问题。这些环节的设置能很好的帮助提高学生及其他学习者的人力资源管理实操能力,达到学以致用的目的。本教材具有系统化的人力资源管理理论知识,适合所有定位为应用型人才培养的人力资源管理专业及相关专业本科、专科师生作为教材使用。同时由于本教材将人力资源管理知识和医药卫生领域的实践有机结合起来,特别适合将来准备进入医药卫生领域从事人力资源管理工作的本科生、专科生以及对这个领域感兴趣的人员学习。

本教材是集体智慧的结晶。朱家勇教授负责教材总体设计、大纲编写以及全书的统稿,饶惠霞、单国旗、蒋建华、孔祥金、闫冠韫、饶远立、吴海燕、王秀亭等人参与了教材各章的编写。

在本教材的编写过程中,我们参阅和借鉴了大量的书籍和论文,在此谨向这些书籍和论文的作者表示最诚挚的谢意。

由于我们知识和经验不足,本教材的错误和遗漏在所难免,恳切希望使用本教材的师生及各界人士提出批评和建议,使本教材不断充实和完善。

编 者
2009 年 6 月

目　　录

第 1 章　人力资源管理绪论

本章要点

1. 掌握人力资源管理概念及基本内容
2. 熟悉人力资源管理的职能
3. 了解人力资源管理的环境
4. 熟悉人力资源管理的发展历程
5. 了解人力资源战略

导入案例

雅来(佛山)制药公司的成功转型秘诀

雅来(Alpharma)制药是一家具有百年历史的全球通用名药领导者,在全球通用名药厂中排名前列。雅来制药是第一个把先进的通用名药经营和服务模式——"健康关怀,无处不在"引入中国的跨国公司,给国内医药产业带来营销观念方面的启迪,也给国内患者带来实惠和全新的感受。

雅来(佛山)制药公司的前身佛山市制药厂,是一家集体所有制的佛山化学制药厂,1994年与澳大利亚的康宝顺集团达成合资意向,转型为康宝顺(佛山)公司,合资六年后,公司虽然在生产上大量投入,设备也部分更新,但公司经营业绩未见好转,相反,部分生产、技术骨干流失严重。2001年,美国雅来(Alpharma)制药国际集团通过收购股权成为康宝顺的第一大股东,并将公司更名为雅来(佛山)制药公司。不到两年,通过雅来公司管理层的全面改造,成功建立起一套现代化的管理信息系统,逐步推行全面质量管理和6δ项目,基本完成了成功转型。

同样的地点和条件,同样是合资企业改造,为何雅来集团用不到两年的时间达到的如此好成效,令康宝顺集团望尘莫及呢?专家们研究分析得出结论:雅来集团完成成功改造的管理利器是其独特的人力资源管理战略、管理模式和方法。雅来制药收购佛山制药公司后,公司管理高层并非首先关注改良设备等方面,而是首先从人力资源管理战略改革着手,深入分析人力资源管理面临的挑战和难点,从人力资源管理专业化、标准化、激励方法及管理手段等四大方面进行改革。

由本案例可见:人力资源管理在现代企业运作中起到关乎成败的重要作用。雅来集团的公司高层采用人力资源管理改革先行的企业战略,完成收购后的成功转型和运作。究竟人力资源管理为何有如此大的魔力,能让同样的企业运营成效有如此大的差别呢?

在知识经济时代,人力资源对企业的成功至关重要。当代管理大师彼得·德鲁克曾经说过:"企业只有一项真正的资源——人"。土地、厂房、机器、资金等传统意义上的重要生产要素已经不再是国家、地区和企业致富的唯一源泉,只有人力资源才是企业和国家发展之根本。许多企业更是将人力资源誉为"企业最重要的资源"或"企业的第一资源"。

人力资源管理对企业生存与发展具有重要意义,它是企业发展的动力源泉,是企业可持续发展的根本保障。因此,人力资源管理是现代管理的基本职能之一。

第一节　人力资源管理概述

一、人力资源相关概述

（一）人力资源的概念

1. 资源　自然资源是人类赖以生存的基础,如空气、水、森林及矿藏等。在经济、管理学视角下,"资源"通常与企业或社会相联系,指能够带来财富的来源,特指包括土地、资金、技术、信息及人力等在内为了创造物质财富而投入生产过程的要素。可见人力资源是物质资源以外的特殊资源。

2. 人力资源　从经济学角度看,资源划分为人力资源、经济资源、物质资源、信息资源四大类资源。其中,人力资源是生产活动中最活跃的因素,是最重要的资源。

"人力资源"(human resources)这一名词最早于1919年由约翰·R.康芒斯(J. R. Commons)在其《产业信誉》中使用。但是最早、最系统地界定现代意义上的"人力资源"的是当代管理大师彼得·德鲁克,他在1954年出版的《管理的实践》里指出,"和其他所有资源相比较,唯一的区别就是它是人,并且是经理们必须考虑的具有特殊资产的资源。"

后来的学者从不同研究角度给出不同的"人力资源"定义,总而言之,人力资源是指人所具有的能创造价值并且能够被组织所利用的体力和脑力的总和。它是包括知识、技能、经验、品行、态度及身体等在内的各种要素的有机结合。

（二）人力资源相关概念区别

1. 人力资源、人口资源、人才资源的区别　人口资源是指一个国家或地区所拥有的人口的总量,主要表现为人口的数量。人才资源是指一定区域内具有较强管理能力、研究能力、创造能力和专业技术能力的人口总和,在价值创造中起关键或重要作用,是"优质"的人力资源。劳动力资源是指一定区域内有劳动能力并在劳动年龄范围内的人口总和。人口资源、人力资源、劳动力资源和人才资源之间的关系如图1-1所示。

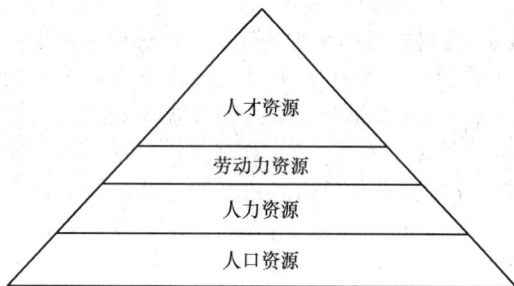

图1-1　人力资源、人口资源、劳动力资源及人才资源关系图

2. 人力资源与人力资本的区别　被誉为"人力资本之父"的诺贝尔奖获得者美国经济学家西奥多·舒尔茨认为,人力资本是劳动者身上具备的两种能力:一种是通过先天获得、由个人基因决定的能力;另一种能力是后天获得、个人努力形成,其中后一种能力资本是需要通过投资才能获得的。因此,人力资本特指凝聚于劳动者身上的知识、技能及其表现出来的能力。因此,二者研究的对象相同,都是人所具有的脑力和体系,而且现代人力资源理论以人力资本理论为基础。

二者既有上述概念上的紧密的联系,又有区别。首先,在社会财富和社会价值的关系上,人力资本由投资形成,强调以某种代价获得的能力或技能的价值,投资的成本可以更大的收益收回,与社会价值的关系是因果关系;而人力资源强调自身作为生产要素的重要作用,与社会价值的关系应当说是由果溯因的关系。其次,二者研究问题的角度和关注重点不同。人力资本强调从成本收益的角度,研究人力资本价值增值的速度和幅度,关注的重点是收益问题;而人力资源是将人作为财富的来源看待,从投入产出的角度研究,关注的重点是产出效率问题。最后,二者的计量形式不同,人力资本兼有存量和流量的概念;而人力资源是存量的概念。

(三) 人力资源的内涵

人力资源构成内容主要包括体质、智质、心理素质、品德、能力素养、情商等多个方面。

1. 体质　体质包括身体的忍耐力、适应力、抗病力和体能等身体素质。

2. 智质　它不同于智商,它是指学习的速率。智质的好坏主要取决于以下6种能力:记忆能力、感知能力、理解能力、思维能力、接受能力和应变能力。

3. 心理素质　它包括情绪的稳定性、心理承受力、心情心态、心理应变能力和适应能力。

4. 品德　品德即道德品质,我国古人把良好的品德概括为五个字:仁、义、礼、智、信。在评估人力资源的质量过程中,人的道德品质占首要地位。

5. 能力素养　这是一个人"四历"——学历、经历、阅历、心历的结晶。有学者将其内容概括提炼为18种能力:战略能力、知识总量、规划能力、理解能力、决策能力、研究能力、组织能力、判断能力、创新能力、人际沟通能力、推理能力、感知能力、分析能力、工作条理性、应变能力、文字写作能力、演讲能力、再学习能力。

6. 情商　情商即情感商数(emotional intelligence,EQ),又称情绪智力,是近年来心理学家们提出的与智力和智商相对应的概念。它主要是指人在情绪、情感、意志、耐受挫折等方面的品质。美国心理学家认为,情商包括以下内容:一是认识自身的情绪,因为只有认识自己,才能成为自己生活的主宰;二是能妥善管理自己的情绪,即能调控自己;三是自我激励,它能够使人走出生命中的低潮,重新出发;四是认知他人的情绪,这是与他人正常交往,实现顺利沟通的基础;五是人际关系的管理,即领导和管理能力。

很多研究学者认为,智商是用来预测一个人的学业成就,而情商是用来预测一个人的职业成就。

(四) 人力资源的特点

人力资源是进行社会生产和发展的三大基本资源之一,它具有以下六大显著特点:

1. 生物性　人是高等动物,生物性是人力资源的本性,人力资源有许多自然的生理需要,如睡眠、饮食等,人力资源的有些创造活动就源于这些基本需要的驱动。

2. 能动性　作为高等动物,人不同于自然界的其他生物,人具有思维和情感,能够自主学习,能够主动发挥自身的主观能动性,能够认识世界,主动调节自身与社会环境的关系,并且能利用一些规律改造客观世界,推动社会经济的发展。人还具有社会意识,并在社会生产中处于主体地位,因此表现出主观能动作用。

3. 再生性　人力资源是"活"的资源,具有再生性。人口不断更新、人类自身得以延续和发展的过程本身就是人力资源的再生。另外,人力资源在使用过程中也会出现诸如疲劳、衰退等一些自然损耗可以进行自我补偿、自我更替,然后得到再生。而且,如果人掌握的知识技能陈旧了、过时了,也可以通过培训和学习等手段得到更新。

4. 时效性　人有生命周期,人一生必然经过探索期、发展期、维持期、衰退期,人力资源的利用和发展程度在每个时期都不一样,其价值取向也有所侧重,对社会做出的贡献大小在不同时期也有所不同。由此可见,人力资源具有一定的时间效应。

5. 社会性　人不仅是自然人,更是社会人。每一个社会和民族都有自身的文化特征和风俗习惯,人的个体行为会受到这些文化的影响,同时人们的行为也会影响社会的发展,表现出明显的社会性。

6. 可开发性　与其他资源一样,人力资源也具有可开发性。但人力资源的开发具有独特的特点:

（1）教育与培训是人力资源开发的主要手段，也是人力资源管理的重要职能。

（2）人力资源开发具有投入少、产出大的特点。美国著名经济学家舒尔茨曾说过，人力资源是效益最高的投资领域。人力资源可得以持续不断地开发与发展。

二、人力资源管理概述

从管理的范围看，人力资源管理有宏观与微观之分。宏观人力资源管理是对一个国家或地区的人力资源实施的管理。它是指在全社会范围内，对人力资源的计划、开发、配置和使用的过程。政府通过各种政策、措施，为人力资源的形成、开发提供条件，对人力资源在全社会范围内的合理配置和有效使用进行协调和控制。它的目的是调整和改善人力资源的整体状况，适应社会发展的要求，促进社会经济良性运行和健康发展。

微观人力资源管理是对特定组织的人力资源管理。此处的特定组织主要是指各类企业、事业单位及政府部门。本书所讲的人力资源管理，一般是指微观人力资源管理。

（一）人力资源管理的概念

1954年，现代意义上的"人力资源"概念被德鲁克提出后，1958年美国社会学家怀特·巴克（E. W. Bakke）第一次提出"人力资源管理"（human resources management, HRM）的概念，并将其视为企业的普通管理职能之一。以后，许多学者分别从人力资源管理的目的、过程、主题等角度进行阐释。这里主要列举一些具有代表性观点：

（1）美国著名的人力资源管理专家雷蒙德·A·诺伊（Raymond A. Noe）等提出，人力资源管理是指影响雇用的行为、态度及绩效的各种政策、管理实践以及制度。

（2）美国学者舒勒等在《管理人力资源》一书中提出，人力资源管理是采用一系列管理活动来保证对人力资源进行有效的管理，其目的是为实现个人、社会和企业的利益。

（3）美国学者加里·德斯勒（Gary Dessler）在其《人力资源管理》一书中提出人力资源管理是为了完成管理工作中涉及人或人事方面的任务所需要掌握的各种概念和技术。

（4）我国著名人力资源管理专家彭剑锋综合提出人力资源管理是依据组织和个人发展的需要，对组织中的人力这一特殊资源进行有效开发、合理利用与科学管理的机制、制度、流程、技术和方法的总和。

（5）我国著名学者赵曙明则将人力资源管理界定为对人力这一特殊的资源进行有效开发、合理利用的科学管理。

这里综合国内外学者的观点，对人力资源管理如下界定：人力资源管理是指企业对人力资源的取得、开发、保持和利用等方面进行的计划、组织、指挥和控制，以有效地开发人力资源、实现企业目标的活动。人力资源管理是企业管理的重要组成部分，贯穿于企业生产经营的全过程。具体可从以下两个方面理解人力资源管理的含义：

1. 对人力资源量的外在管理　根据人力、物力及其变化，对组织内在人力进行适当的培训、组织和协调，使人和物进行有机结合，保持最佳匹配状态，使人、物都充分发挥出最佳效应。

2. 对人力资源质的内在管理　运用现代科学方法，对人的心理、思想和行为进行有效的管理（包括个体和群体的思想、心理和行为的协调、控制和管理），充分发挥主观能动性来达到组织目标。

（二）人力资源管理的特点

1. 综合、交叉性　人力资源管理是一门涉及社会学、经济学、管理学、系统学、心理学以及环境工程学等多种学科知识的综合、交叉性学科。

2. 政策性　由于人力资源社会性、能动性等特点，人力资源管理制度的制定不仅要考虑经济利益的因素,而且还应考虑法律、道德甚至政治的因素。

3. 实践性 不用于一般自然资源的开发管理,人力资源管理的对象因组织性、企业文化、历史背景、市场环境的不同而呈现巨大差异性,因此没有一成不变、到处可"套用"的人力资源管理模式,没有"最好的",只有"合适"的。成功的人力资源管理模式只能根据基本原理和方法,在实践中不断完善与创新,结果是否有效也只能通过实践得到检验。

三、人力资源管理的功能与作用

在企业的实践中,人力资源管理的作用通常被概括为经典的"选"、"育"、"用"、"留"四个字,主要体现在人力资源管理的四大功能上:吸纳、维持、开发与激励。具体如图1-2所示:

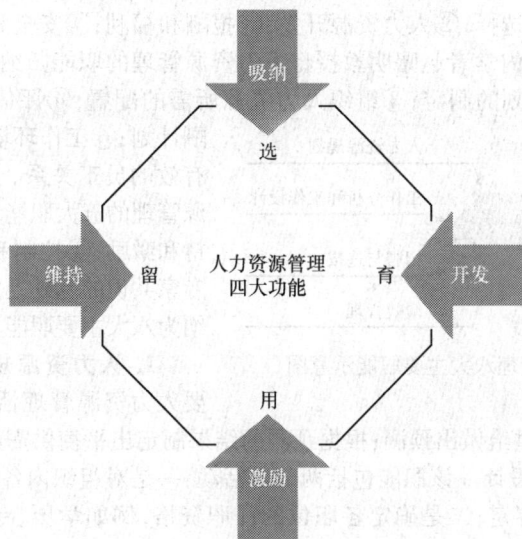

图1-2 人力资源管理的功能与作用示意图

上图中,"选",相当于吸纳功能,为企业挑选出合格的人力资源;"育"相当于开发功能,要不断地培育员工,使其能力不断提高;"用"相当于激励功能,要最大限度地使用已有的人力资源,为企业的价值创造做出贡献;"留",就相当于维持功能,要采用各种办法将优秀的人力资源保留在企业中发挥作用。

【实践中的人力资源】

雅来(佛山)制药公司完成收购后的人力资源管理改革内容

雅来集团收购后的人力资源管理改革主要体现在:①公司高层以及人力资源管理部门花费了大量时间和精力用于公司组织结构设计和员工管理方面,甚至聘请专业顾问公司从职位分析开始改良和构建人力资源管理体系;②规划公司的远景、公司使命和价值观;③根据公司战略设计个人职业发展规划;④目标管理计划、继任接替计划的全面实施;⑤人力资源管理人员协助管理层制定商业决策;⑥参与STARP\AOP\MRR的学习,提高员工培训的有效性。这些改革做法充分体现了人力资源管理的"选"、"育"、"用"、"留"作用。

第二节　人力资源管理的职能

一、人力资源管理的职能

人力资源管理的作用和功能是通过其所承担的职能和从事的各项活动来实现的。人力资源管理职能是指在企业管理活动中用以提供、配置和协调人力资源的责任和任务,包括对组织各个领域及员工具有影响的各种活动。

对于人力资源管理职能,国内外学者研究结果存在着不同的观点。比如,美国人力资源管理协会(The Society for Human Resources Management,SHRM)将人力资源管理职能划分为六种:①人力资源规划、招募与选择;②人力资源开发;③报酬和福利;④安全和健康;⑤员工和劳动关系;⑥人力资源研究。国内学者赵曙明教授将人力资源管理的职能归纳为七个方面:①预测、分析与计划;②人员需求计划的制定;③组织人力资源所需的配置;④评估员工的行为;⑤员工薪酬计划;⑥工作环境的改善;⑦建立和维护有效的员工关系。郑晓明教授总结人力资源管理的五大职能为:①获取;②整合;③保持和激励;④控制和调整;⑤开发。在众多专家共识的基础上,本书将人力资源管理归纳为八大主要职能,具体见图1-3所示:

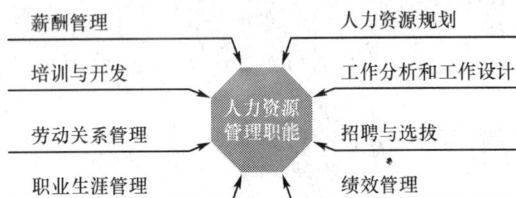

图 1-3　人力资源管理八大主要职能示意图

1. 人力资源规划　该职能包括的主要人力资源管理活动有:对组织在一定时期内的人力资源需求和供给做出预测;根据预测的结果制定出平衡供需的计划等。

2. 工作分析和工作设计　该职能包括两部分活动:一是对组织内各职位所从事的工作内容和工作职责进行清晰的界定;二是确定各职位的任职资格,例如学历、专业、年龄、技能、工作经验、工作能力以及工作态度等。

3. 招聘与选拔　该职能包括两部分活动:通过各种途径发布招聘信息,吸引应聘者;从应聘者中挑选合适人选。

4. 绩效管理　该职能根据既定工作目标评价员工的工作,发现存在的问题并加以改进,包括制定绩效计划、进行绩效考核以及实施绩效沟通等。

5. 薪酬管理　该职能包括:确定薪酬的结构和水平;实施职位评价;制定福利和其他待遇标准;进行薪酬的测算和发放等。

6. 培训与开发　该职能包括建立培训体系、确定培训需求与计划;组织实施培训过程;对培训效果进行反馈总结等活动。

7. 劳动关系管理　该职能包括合理规划员工的劳动保护、社会保障工作、劳动纪律处分工作、员工的辞职与解雇管理、退养与退休等活动。

8. 职业生涯管理　该职能包括帮助员工建立和发展职业目标;帮助设计和提供职业发展通道;帮助员工进行合理的职业生涯规划;进行必要的职业指导等活动。

这里先简单介绍人力资源管理的上述八大职能,在本书后面第二章到第九章分别深入探讨具体内容。

二、人力资源管理与传统劳动人事管理的区别

人力资源管理是在传统人事管理的基础上发展起来的。与传统人事管理相比,现代人力资源管理的管理思想、管理内容、管理方式等都发生了变化。二者的区别具体如表1-1所示:

表1-1 人力资源管理与传统人事管理的区别一览表

比较项目名称	现代人力资源管理	传统人事管理
管理理念	视员工为组织"第一"资源	员工为成本
管理目的	共同实现组织和员工的长期共同利益	实现组织的短期目标
管理活动	重视员工培训及能力开发	重使用、轻开发
管理内容	员工管理	事务管理
管理地位	战略层	执行层
部门性质	生产效益部门	成本中心
管理模式	以"员工"为中心,综合整体式	以"事"为中心,局部孤立式
管理方式	民主、全员参与/人性化管理,多维服务型	控制、命令式,单一、全能型
管理性质	战略性、整体性	分散性
管理角色	挑战、变化	例行、记录
管理技术	采用新技术,体现管理的科学性、艺术性	照章办事,机械呆板
管理手段	系统化,准确提供决策依据	人工为主、手段单一
管理参与者	人力资源管理专职人员及直线管理者	人事专职人员
管理体制	主动开发型	被动型、强调按领导意图

【实践中的人力资源】

"工欲善其事 必先利其器"

（中美合资）昆明贝克诺顿制药有限公司（以下简称KBN）成立于1992年10月,现中外双方股东分别为昆明制药集团股份有限公司（上证所:600422）和以色列梯瓦（以下简称TEVA）制药工业有限公司。TEVA制药工业有限公司为世界上最大的非专利药制药公司之一,致力于非专利药品、专利品牌药品和活性成分的研究开发、生产和推广。KBN成立初期,外方股东为国际著名的多元化跨国集团美国爱华克斯集团公司（ASE:IVX）,2005年下半年,TEVA制药工业有限公司通过收购爱华克斯成为KBN的外方股东。KBN为云南省医药行业第一家中外合资企业,是高新技术企业、技术密集型和知识密集型企业及国家鼓励类外商投资企业,并连续十年被评为云南省先进外商投资企业。

2008年,公司的销售启动会会议主题确定为"在高原上练长跑",文字简单朴实,却寓意深远,因为它非常准确、清晰地定位了红土高原上一个靠自身积累成长的企业,要长期发展必须涵盖的思想定位、认知度和心理准备。同时,如何为这支队伍输送合格的选手、建立怎样的评判机制、如何激励队员取得好的成绩,也就成了人力资源部责无旁贷的职责。"工欲善其事,必先利其器",要承担起这些责任,首先必须丰富和提升自己。早在2005年初,人力资源部已经感受到压力和动力,因此提出了从人事管理到人力资源管理的本质转变,与人事管理相比,表面上人力资源管理的绝大多数职能与人事管理相同,实质上其管理理念和运作模式都被赋予了新的含义和使命,管理中心由"事"转向到"人",工作方向和内容发生了重大转移。人力资源管理是战略层次上的管理,是以人为本的人本管理,是全员参与的管理,是讲究科学和艺术的权变管理。这就要求人力资源部的工作使命、工作任务、工作目标进行重新定位和调整:

（1）使命:协助公司完成组织目标。

（2）任务:通过吸引、培养、激励和发展人才,提供实现组织目标的各种人才。

（3）工作目标：运用人力资源专业的知识及技巧，建立人力资源管理理念、策略、检查组织架构，进行 HR 规划；透过有效的选人、育人、用人和留人，建立以激励为基础的健康团队，将企业内现存的人力资源极大化，达成组织以绩效为主轴的目标。

因此，人力资源管理专业人员在人事管理阶段是各项业务的经办人，提供业务服务。在人力资源管理阶段，是各项业务的专家、策划者、设计者、教练、监督者和服务者，即由原来的"执行＋服务"的角色转变成了"决策支持＋服务"的角色。三年来，人力资源管理部一直致力于人事管理向人力资源管理的转变过程，部门绩效得到公司上下的认同。

第三节　人力资源管理的环境

人力资源管理是组织战略管理的重要组成部分。战略本质上是组织目标、环境、实力三者的动态平衡。研究和实践人力资源管理必须分析环境因素。

一、人力资源管理的环境概述

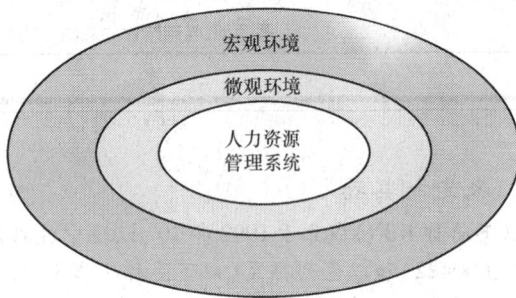

图 1-4　人力资源管理的环境示意图

人力资源管理的环境，主要指对人力资源管理活动产生影响的各种因素。依据不同的标准，人力资源管理的环境可划分为不同的类别。例如，按照稳定程度，可划分为静态环境和动态环境；按照内容，可以划分为物理环境和非物理环境；现在比较通用的划分方式是从系统的观点出发，以企业系统为边界，将人力资源管理的环境划分为外部环境和内部环境，如图 1-4所示。

二、人力资源管理的宏观环境

从总体上看，人力资源管理的宏观环境，也称为外部环境，具体见下图 1-5 所示。包含了政治体制、经济体制、法律制度、经济发展状况、社会价值观念、技术发展水平等因素，这些企业外部宏观因素都会对人力资源管理活动产生影响。人们常用"PEST"方法进行分析，如图 1-5。

1. 政治因素（politics）　一个国家的政治制度、政府管理方式、经济社会发展规划、经济政策和产业政策、社会法制状况、国家的劳动立法及有关规章制度、工会发展状况等，对组织的人力资源管理都起到重要的影响作用。有些研究学者将政治因素中的法律因素突出、单列为法律因素（L）。

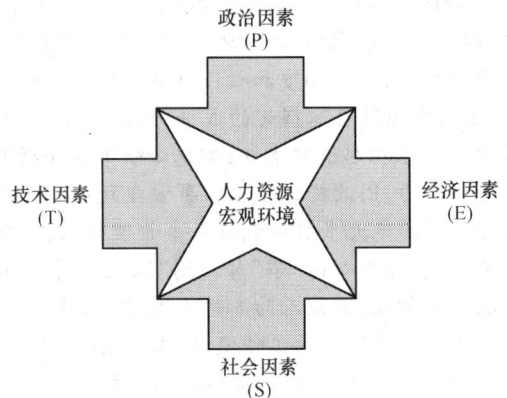

图 1-5　人力资源管理的宏观环境示意图

2. 经济因素（economy） 经济因素对人力资源管理的影响是直接的,也是极其重大的。具体而言,一个国家的经济增长水平、各个产业发展状况、社会投资状况、就业状况、通货膨胀状况、进出口状况、社会工资水平与收入差距状况、市场与居民消费状况等,都对人力资源管理活动起着重大影响。特别是经济竞争因素影响更大,因为竞争状况直接决定了各组织的人力资源管理理念和模式。

3. 社会因素（society） 人生活在社会中,社会的文化价值观与人的职业观、道德水平等,都会对人力资源管理产生重大影响。例如,具有"忠"文化的日本,在组织管理中就有终身雇佣制、年功序列工资制、家族主义和企业工会制等特色。而美国,由于国家历史比较短,加上移民众多,相互关系比较松散,人们多依靠努力奋斗而生存,整个国家个人主义文化色彩明显,崇尚奋斗,注重结果。因此,管理风格上自由竞争、短期雇佣等现象比较明显。

4. 技术因素（technology） 一个社会的技术水平因素对人力资源管理产生重要影响。技术首先和人力资源一起构成生产要素,在资源配置中相互关联,而且技术的进步要求组织提供教育培训,提高现有人力资源的素质和能力。在技术更新速度快的情况下,还会导致人力资源的较大流动。另外,技术的发展,直接为人力资源管理提供先进的手段和工具。

三、人力资源管理的微观环境

与外部环境不同,内部环境的各种因素都处于企业内部,因而企业可以直接控制和影响它们。人力资源管理的内部环境常被称为微观环境,包含了企业的发展战略、组织架构、人员状况、企业的发展阶段以及企业文化等影响人力资源管理活动的重要因素。

（一）组织发展战略

作为组织发展的最高纲领,组织发展战略对组织各方面的工作都具有重要的指导意义。人力资源管理活动也不例外。越来越多的实践证明:只有将人力资源管理与组织的发展紧密结合起来,人力资源管理才具有强大的生命力。一般发展战略有三种类型:成长战略、稳定战略和收缩战略。针对不同的内、外部环境,组织应当选择不同的发展战略,而在不同的发展战略下,企业人力资源管理各项活动的重点也是不同的,见表1-2。

表1-2 不同发展战略下的人力资源管理活动

		成长战略		稳定战略	收缩战略
		内部成长战略	外部成长战略		
企业的着眼点		不断增强自身力量	兼并/收购公司	完成目前的任务	紧缩
人力资源管理典型活动	招聘配置	雇佣和晋升	人员重新配置	内部调配	留住核心员工
	培训开发	多样化	解决冲突	提高技能	提高态度和士气
	薪酬管理	目标激励	统一管理实践	内部公平	与公司业绩挂钩
	绩效管理	结果导向	统一管理实践	强调工作质量	行为导向

（二）组织结构

组织结构是指组织内部部门和岗位的设置和组合方式,而人力资源管理重要目标之一是要实现人与岗位的相互匹配,因此,不同的组织结构必然导致不同的人力资源管理活动。根据组织的复杂化、正规化及集权化程度的不同,组织结构可以归结为两种不同性质的类型:机械式和有机式组织。它们具有不同的特点,如表1-3所示。

表1-3 机械式和有机式组织结构比较一览表

	机械式组织	有机式组织
组织结构特点	严格的级别关系 职责固定 高度正规化 沟通渠道正式 决策集权	合作 职责不断调整 低度正规化 非正式沟通渠道 决策分权
人力资源管理特点	工作职位清晰化;岗位培训针对性强;信息集中决策;高度制度化正规管理	岗位职责不再固定;培训与开发强调通用性和灵活性;团队薪酬和团队绩效管理;信心共享机制;重视企业文化建设

注:本表根据相关资料整理。主要资料来源:[美]斯蒂芬 P. 罗宾斯. 管理学. 242 页,北京:中国人民大学出版社,1997

(三) 组织生命周期

同人一样,组织的寿命因不同组织而异,但是组织的发展都要经历大致相同的几个阶段。这些阶段共同形成了组织的生命周期。

企业的生命周期一般包括以下四个阶段,即创业阶段、集体化阶段、正规化阶段和合作阶段所示。在生命周期的各个阶段中,由于内外部环境的不同,企业具有不同的特点,比如企业的发展目标、组织结构、管理方式等。作为企业管理子系统中的重要部分——人力资源管理也是不同的。另外,企业只有顺利地从一个阶段过渡到下一个阶段,才能够持续地生存并发展下去,而这种阶段的转化需要企业各方面的支持,人力资源管理也不例外,随着企业的发展,人力资源管理必须进行相应的调整,才能够适应企业的发展。具体如图 1-6 所示。

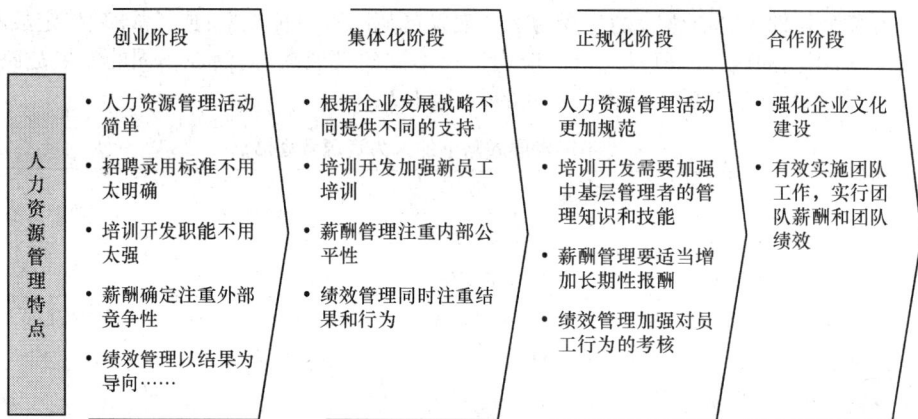

图 1-6 不同企业生命周期中人力资源管理特点示意图

(四) 组织文化

组织文化一般都是组织创始人或组织高层领导者价值观点的直接体现,反映了它们对事、人的基本看法以及基本的价值取向。人的观念、意识决定它们的行为,因此,不同的企业文化必然会导致不同的管理方式,人力资源管理也不例外。组织文化对人力资源管理的影响主要表现在它能够影响甚至决定人力资源管理的方式、内容等,见表1-4。

表1-4　不同的企业文化对人力资源管理的影响表现

企业文化的特点		企业文化对人力资源管理的影响体现
监督控制程度	高	管理者个人因素在管理中占据主导地位,大大降低人力资源管理的复杂程度
	低	大大提升人力资源管理的复杂程度
开放程度	高	重视外部招聘录用,培训与开发工作力度加大
	低	重视内部晋升
个人-集体意识	强调个人	薪酬与绩效管理设计以个人为基础
	强调集体	薪酬与绩效管理设计以团队为基础,重视协作、知识共享,以引导员工行为
结果-过程导向	结果导向	薪酬与绩效考核重视结果,不太多重视培训与开发
	过程导向	重视过程,重视培训与开发
公平观念	绝对的内部公平	更多追求平等结果,比如平均分配、机会轮流等
	相对内部公平	注重管理过程的公平、强调付出与获得平衡,比如培训以员工表现为依据;报酬支付以员工贡献和业绩为基础
管理关系导向	单向命令式	管理者居于指挥地位;员工不参与决策;人员配置不征求个人意见;绩效目标由上级确定;培训计划不按需求调查
	双向互动式	注重管理者与员工沟通;员工参与决策;培训计划按照需求调查;人员调配充分考虑员工个人意见

【实践中的人力资源】

1+1>2? 诺华制药给你答案

诺华(中国)公司于1996年由著名的汽巴-嘉基公司和山多士公司合并而成,合并的目的是为了实现药产品的多品种经营,这样可以使原来的两家药厂优势互补,协同作战,并因此产生更大的现金流。合并后,一方面可以减少研发费用;另一方面可以增强企业的生产能力。两家势均力敌的企业经过合并,期待产生"1+1>2"的效果。

但是,合并的过程并非一帆风顺,一开始就出现了很大的混乱:首先,新任的总经理没有在中国工作的经验;第二,汽巴-嘉基与山多士两大公司的企业文化发生冲突;第三,员工队伍不稳定,由于重组后形势不明确,骨干员工纷纷考虑离开公司,另谋他就;最后,合并后员工总数过于繁冗,公司总部要求尽快予以改革。但是,不同公司的人力资源体系使这种改革困难重重。由于人力资源总监同样没有在中国工作的经验,公司急需找到合格的人才来实现公司的既定目标。人力资源部是如何解决这些问题的呢?

首先,诚实地进行交流。建立一种标准,使得所有的交流都是诚实的、简单的。由此,人与人之间建立了彼此信任的关系,在公司里讲实话,用最简单的方式表达自己,为了能让别人听懂,在沟通过程中,可以用不同的方式来重复重要的信息。通过沟通、交流,大家相互之间有了更深刻的了解。

其次,挑选合格的人才。用透明的方式挑选骨干人员。具体步骤是,除了总经理是事先任命之外,其他所有部门的负责人都是通过面试等考核方式产生。首先请他们提交简历,由汽巴-嘉基与山多士公司共同组织面试。所有被面试的人员都要至少经过两轮以上面试,其主要标准是人员的竞争能力和业绩。面试的结果是,留下骨干人员和才华横溢的年轻人。另外,借此机会,解雇那些表现差的工作人员。

再次,巩固人力资源政策:①收集这两家合作伙伴在合并前的各种数据并加以分析;②找到相互的共同点,并加以巩固;③对于个案的处理,要因事而异,但处理问题所用标准的差异不能太大;④制订公司员工手册,建立高效的组织结构等。

通过猎头公司选聘的新人力资源经理用了四年的时间,分四个阶段,逐步进行公司整合,构建新企业的人力资源管理体系,在此基础上,使新企业在没有发生大的震荡的情况下步入快速、高效运行的轨道。

本案例充分说明:科学合理的人力资源管理体系与一定的人力资源管理环境密切相关。在内、外环境均有巨大变化的情况下,新合并后的诺华公司人力资源管理人员审时度势,具体问题具体分析,与时俱进,采取积极措施,帮助合并后的企业顺利渡过危机时期。

第四节　人力资源战略

我国古代老子曾说过:"欲致鱼者,先通谷;欲求鸟者;先树木。水积而鱼聚,木茂而鸟集。"由此可见预见性和事先准备是成功的关键,预示战略的至关重要性。

随着经济全球化和市场国际化的进程日益加快,企业的生存和发展越来越依赖于人力资源管理。因此,人力资源管理的战略价值已逐渐被企业所认识,正在形成一种战略性人力资源管理的新模式。人力资源管理的战略问题虽然从产生至今仅有20年的时间,但发展速度很快,被认为是21世纪人力资源研究中的一个重要领域。

一、企业战略与人力资源战略概述

(一) 企业战略的含义

企业战略实质上是指企业有关经营与管理方面的总体战略,是组织与不断变化的环境相适应,尤其是与市场、客户相适应,从而满足股东期望的企业长期经营方向和策略,是企业市场战略、成本战略、产品战略及人力资源战略等职能战略的综合体。

企业战略一般分为三个层次:即总战略、事业战略和职能战略。企业总战略是企业经营与发展的总目标和总的方针政策;事业战略是企业在不同产业领域从事经营活动的战略,是事业单位所制定的发展目标和计划;职能战略则是事业单位内部各职能部门的目标、方法和计划。企业这三个层次的战略相互配合、相互支持,形成一个不可分割的整体。具体如图1-7所示。

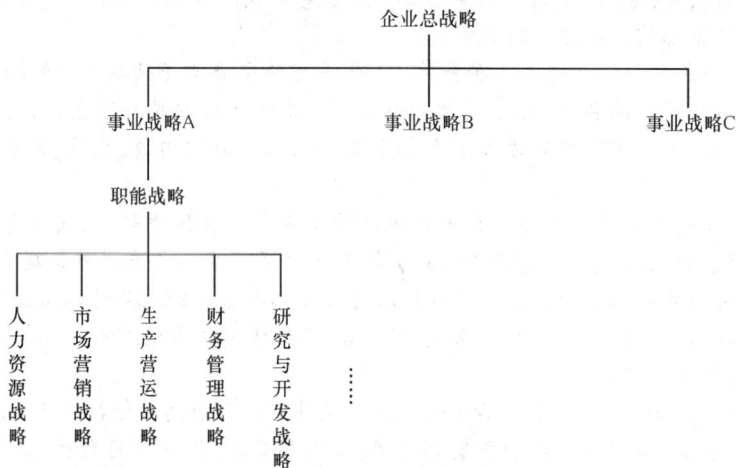

图1-7　企业战略层次示意图

(二) 人力资源战略的内涵

人力资源战略是企业为适应外部环境迅速变化的需要及人力资源管理自身不断发展完善的需要,而制定的人力资源管理的纲领性长远规划。它是企业战略的重要组成部分,对人力资源开发与管理活动具有重要的指导作用,是实现企业战略的有效保障。

(三) 人力资源战略与企业经营战略的关系

根据二者定义,人力资源战略与企业战略的关系可概括为:人力资源战略需要根据企业战略来制定,而企业战略的目标通过人力资源战略来实现。它们相辅相成,互相依赖。作为企业职能战略中的一种,人力资源战略必须与企业的总体经营战略、发展战略和文化战略相互配合、相互扶持,才能发挥最大的效用。

二、人力资源战略的制定流程、方式与步骤

(一) 人力资源战略制定的核心流程

一般而言,人力资源战略的制定是一个从外到内、再由内到外的制定过程。如图 1-7 所示,人力资源战略制定与实施的核心流程大体上包括:依据企业战略制定人力资源战略;依据人力资源战略进行人才盘点和人才需求分析;依据供求对比的三大计划及相关策略。下图 1-8 人力资源战略的制定与实施核心流程图揭示人力资源战略制定与实施的主要任务,是人力资源战略的重点和难点。如果该部分工作得出不正确的结论,将导致整个战略的失败。核心流程中没有列出薪酬策略等内容,因为那些内容是人力资源战略原则制定后,需要单独制定的子内容。

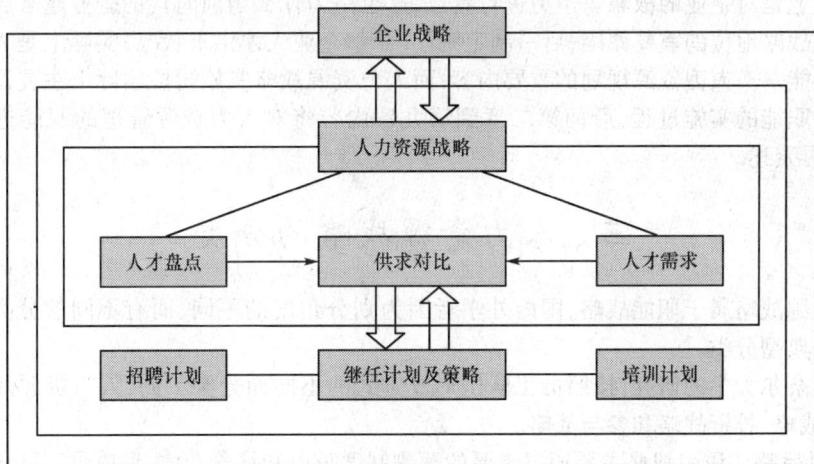

图 1-8 人力资源战略的制定与实施核心流程图

(二) 人力资源战略的制定方式

20 世纪 90 年代以来,由于技术更新与环境变化速度加快,企业制定人力资源战略的工具和技术呈现多样化趋势:

(1) 在不同时期和不同环境下使用不同的战略规划工具已成为共识。

(2) 管理者逐渐淡化预测人才数量,而更多关注战略性核心人才的配置和培养。

(3) 人力资源战略的作用更加明确——跟企业战略一样具有指导意义,是保证人力资源管

理与企业战略相一致的重要工具。

制定人力资源战略有三种常见方式:整合式、并列式、独立式。"整合式"是指人力资源战略与企业战略一同制定,其具有整体性强的特点,一般在企业创办初期使用,其难点在于需要协调各种资源,难以达到完备性;"并列式"比较灵活,时间好掌控,但其难度在于与主体战略的衔接难,弄不好会相背离;"独立式"由人力资源部门自行操作,往往需要企业战略非常明确才适用,否则也是空穴来风。

(三) 制定人力资源战略的步骤

我国企业在制定人力资源战略中的主要问题是缺乏系统思考和执行连贯性,经常是战略跟着领导换,战略与执行相偏离。根据上述核心流程,结合具体工作,可以把人力资源战略的制定落实为"三大阶段"及"四大步骤",具体如下图 1-9 所示:

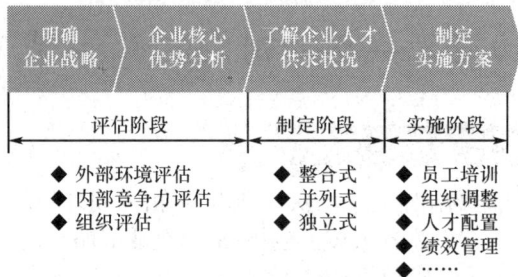

图 1-9　人力资源战略制定步骤及阶段示意图

上图 1-9 中可看出:在人力资源战略制定的评估阶段,对企业战略的明确和对企业核心优势的分析实际上是对企业的核心竞争力进行盘点,这也是为什么当前时代的企业越来越重视人力资源管理的战略地位的重要原因,后一制定阶段(了解企业人才供求状况)实际上是人力资源管理的重要职能——人力资源规划的重要内容;而人力资源战略实施阶段实际上主要是人力资源管理的诸多职能的实施过程,后面第二章到第九章内容将对人力资源管理的职能进行深入讨论,这里不再赘述。

三、人力资源战略的分类

人力资源战略属于职能战略,国内外学者因为划分角度的不同,而有不同的分类结果。这里介绍一种典型分类。

根据康奈尔大学的研究,按照员工队伍形成方式的不同而分类不同,人力资源战略可分为三种:诱引战略、投资战略和参与战略。

1. 诱引战略　诱引战略主要通过丰厚的薪酬制度吸引和培养人才,形成员工队伍。由于薪酬较高,人工成本势必增加。为了控制人工成本,企业在实行高薪酬的诱引战略时,严格控制员工数量,所吸引的员工通常需要具备高度的专业化技能,招聘和培训的费用相对较低,企业和员工的关系纯粹是直接和简单的利益交换关系。

2. 投资战略　投资战略主要是通过聘用很多员工,通过储备多种专业技能人才来提高企业的灵活性。该战略注重员工的开发和培训,注意培育良好的劳动关系。管理人员要确保员工得到所需的资源、培训和支持。采取投资战略的目的是要与员工建立长期的工作关系,视员工为投资对象,对员工十分重视,使员工感到有较高的工作保障。

3. 参与战略　参与战略给予员工较大的决策参与机会和权力,让大多数员工能参与决策,从而提高员工的参与性、主动性和创造性,增强员工的归属感和责任感,管理人员要为员工提供必要的咨询和帮助。采取这种战略的企业很注重团队建设、自我管理和授权管理。企业在对员工的培训时,也较重视员工的沟通技巧、解决问题的方法、团队合作能力等,日本企业设立的 QC 小组就是典型的参与型人力资源战略。

当然还有其他因研究角度不同的分类方法,比如根据企业变革的程度不同而将人力资源战略分为:①家长式人力资源战略;②任务式人力资源战略;③发展式人力资源战略;④转型式人力资源战略。

四、人力资源战略与企业战略的匹配关系

作为职能战略的一种,人力资源战略只有与企业的基本经营战略、业务发展战略和文化战略等相互配合,才可能发挥最大效用。这里介绍最常见的人力资源战略与企业业务发展战略的匹配关系来说明人力资源战略对企业战略实施的重大作用。

业务发展战略根据公司战略对各业务的发展定位,力图通过建立企业在业务领域中的竞争优势,实现企业总体战略的目标。企业在特定业务领域内一般可以在以下三类具体战略中选择:

1. 成本领先战略　这是一种销售规模求大、成本求低的战略。成本领先战略的实施首先是规模经济,通过规模化来降低成本;其次是丰富的生产经验积累和低成本管理经验,通过管理出效益;此外,还要掌握低成本生产要素的来源,且这些低成本要素难以被竞争对手模仿。

2. 差异化战略　这是一种品种求新、功能求异、质量求优的战略。差异化战略是使产品或提供的服务差别化,树立起一些在全产业范围中具有独特性的东西。实现差异化战略可以有许多方式,如设计名牌形象、技术上的独特、性能特点、顾客服务、商业网络及其他方面的独特性等,最理想的情况是公司在几个方面都有其差别化的特点。

3. 集中化战略　这是一种将企业资源和能力集中于某一特定市场和特定产品的战略。集中化战略可以表现为企业集中力量为不同细分市场提供同一种产品的产品集中化战略,向某一个地域的市场提供一系列相关产品的地域集中化战略,向一个特定的顾客群提供大量不同的相关产品的顾客集中化战略。人力资源战略与企业业务发展战略间的匹配关系如表 1-5 所示。

表 1-5　人力资源战略与企业业务发展战略间的匹配关系一览表

企业业务发展战略	组织特征	人力资源战略
成本领先战略	持续的资本投资 严密的监督员工 经常、详细的成本控制 低成本的配置系统 结构化的组织和责任 方便制造的产品设计	诱引型人力资源战略 有效率的生产 明确的工作说明书 详尽的工作规则 强调具有技术上的资格证明和技能 强调与工作有关的培训 强调以工作为基础的薪酬 用绩效评估作为控制机制
差异化战略	营销能力强 产品的开发与设计 基本研究能力强 公司以品质或科技的领先著称 公司的环境可吸引高科技的员工、 　科学家或具有创造能力的人	投资/参与型人力资源战略 强调创新和弹性 工作类别广 松散的工作规划 外部招聘 以团队为基础的培训 强调以个人为基础的薪酬 以绩效评估作为员工发展的 EA
集中化战略	结合了成本领先战略和差异化战 　略的组织特点	结合了上述两种人力资源战略

随着当今组织经营跨国化的趋势,我国企业面临的劳动力市场竞争将更加激烈,尤其是跨国公司为了充分利用目标市场本土人才熟悉当地文化、有一定人际交往范围、有利于尽快开拓目标市场等优势,实施人才本土化战略。无论是汽车业的巨人通用,还是快餐业的霸主麦当劳,都已进行了成功的本土化人力资源战略尝试并取得了显著的效果。美国的宝洁公司由于实施本土化战略,不仅降低了企业经营的成本,提高了企业经营的效率,也降低了企业经营风险。这对我国企业的人力资源战略乃至企业战略的制定与实施提出了更高的要求,如何正确制定人力资源战略,吸引、使用和留住高水平人才,这是企业面临的一个现实问题,也是人力资源管理面临的根本性的战略任务。

人力资源战略是企业战略不可或缺的有机组成部分,其本质是为了实现企业战略目标而对人力资源的各种活动进行规划的模式。人力资源一定要与企业战略相匹配才能发挥最大效用。

总之,人力资源是管理中的首要因素,人力资源管理越来越成为企业决策层考虑的重点,人力资源战略已经成为企业总体战略中最关键部分之一。

【实践中的人力资源】

同仁堂人力资源战略——内外部环境分析

SWOT 模型是著名的战略分析工具之一,它从优势、劣势、机会和威胁四个方面对企业进行分析。通过对三九集团、同仁堂集团、上海复兴、天津天士力、广州医药集团等企业进行比较分析,对我们制定人力资源战略极为有利。

同仁堂曾利用 SWOT 模型分析自身内外部环境,得出如下图 1-10 所示结论:

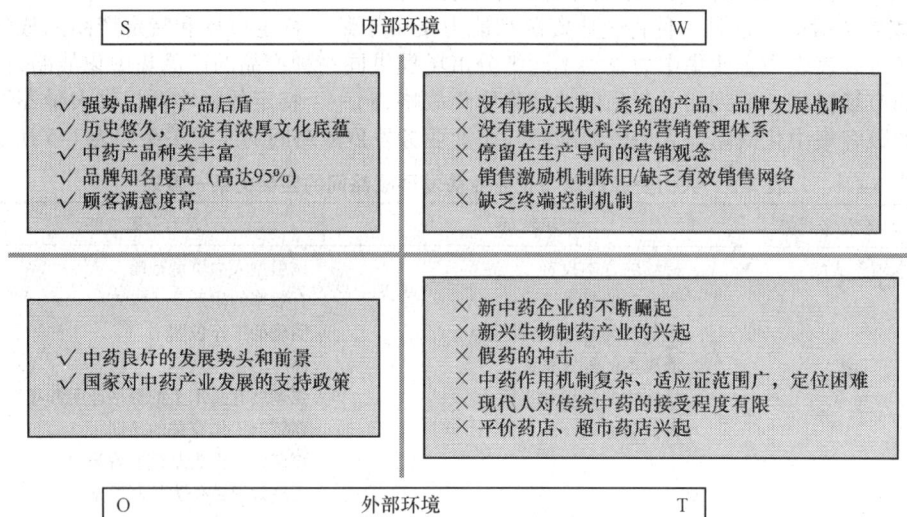

S　　　　　　内部环境　　　　　　W	
✓ 强势品牌作产品后盾 ✓ 历史悠久,沉淀有浓厚文化底蕴 ✓ 中药产品种类丰富 ✓ 品牌知名度高（高达95%） ✓ 顾客满意度高	× 没有形成长期、系统的产品、品牌发展战略 × 没有建立现代科学的营销管理体系 × 停留在生产导向的营销观念 × 销售激励机制陈旧/缺乏有效销售网络 × 缺乏终端控制机制
✓ 中药良好的发展势头和前景 ✓ 国家对中药产业发展的支持政策	× 新中药企业的不断崛起 × 新兴生物制药产业的兴起 × 假药的冲击 × 中药作用机制复杂、适应证范围广,定位困难 × 现代人对传统中药的接受程度有限 × 平价药店、超市药店兴起
O　　　　　　外部环境　　　　　　T	

图 1-10　同仁堂内外部环境 SWOT 分析结果一览图

第五节　人力资源管理的发展历程

作为全新的管理理论和实践,人力资源管理始于 20 世纪 60 年代的美国,而在我国则是 20 世纪 80 年代才兴起。因此,这里分为西方人力资源发展历程回顾以及我国人力资源管理发展阶段的介绍两部分。

一、西方学者对人力资源管理发展历程的观点

到目前为止,人力资源管理在西方已形成相对完整的理论体系,不同的学者提出了各自的观点,其中较有代表性的观点有:六阶段论、五阶段论、四阶段论、三阶段论及二阶段论。这里介绍典型的四阶段论。

根据管理发展的历史,美国学者韦恩·卡肖(Wayne Cascio)为代表的学者于1995年提出,从功能的角度出发,人力资源管理的发展经历了档案保管阶段、政府职责阶段、组织职责阶段及战略伙伴阶段等四大阶段,如下图1-11所示。

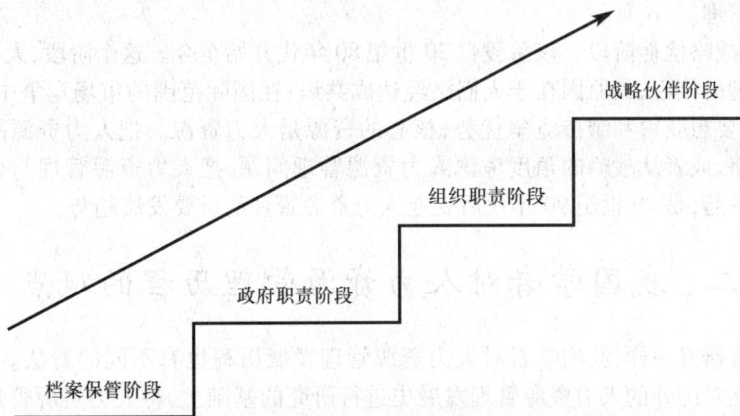

图1-11 功能角度出发的人力资源管理发展历程四阶段论示意图

第一阶段:档案保管阶段 这一阶段从人事管理出现开始一直到20世纪60年代。人事管理的主要工作就是招聘录用、培训和人事档案。随着雇主对员工关心程度的增加,新员工的录用、岗前教育、个人资料的管理等工作都由人事部门或专门的人员负责,但在这一阶段缺乏对工作性质、工作目标的明确认识,也没有清晰的条理和制度。

第二阶段:政府职责阶段 这一阶段大概在20世纪60~70年代前后,其特点是政府介入和法律规定开始在各个方面影响雇用,但企业的高层领导人仍将人力资源管理的成本视为非生产性消耗,如在美国,继1964年通过《民权法》之后,政府相继通过了《反各种族歧视法》、《退休法》和《保健安全法》等涉及公民雇用的多种法规,企业如果违反这些法规就会造成巨大的经济损失。政府出台的法规强制性地使企业各层领导对劳动人事管理工作给予了足够的重视,要求日趋严格,不允许任何环节有丝毫的疏忽,力求避免和缓解劳资纠纷,并在出现劳资纠纷时能争取主动,避免高额赔偿金。在上述背景下,企业人事管理工作不得不强调规范化、系统化和科学化。工作内容主要包括吸收、录用维持、开发、评价和调整的工作链,为此所支出的一切费用,仍然被许多企业的高层管理者视为整个组织的非生产性消耗,企业是被政府强制性地如此行为,因此,被称为政府职责阶段。

第三阶段:组织职责阶段 该阶段在20世纪70年代末到80年代。进入20世纪80年代以后,企业领导对人事管理不再认为是"政府的职责",而把它真正视为企业自己的"组织的职责",人力资源的管理和开发成为企业人事部门的职责。这种认识的转变有着深刻历史背景。

首先,心理学、社会学和行为科学日益渗透到企业管理领域,在这种学科交融的基础上形成的理论日益受到企业的重视,并被广泛接受。其次,1972~1982年间,美国的生产率平均年增长0.6%,而同期日本、原联邦德国和法国则分别增长了3.4%,2.1%和3%,员工的懒散和管理的平庸使企业高层领导日益忧虑。第三,劳资关系日益紧张。第四,政府官员对企业进行了非公

正的干预,再加上劳动者的多样化、教育水平的提高,使得对人的管理更加困难。因此,企业高层领导被迫从企业内部寻找出路,最后发现人力资源管理是重要的突破口。许多企业的高层领导人相信,调动人的积极性和掌握处理人际关系的技能非常重要,它既是保证企业排除当前困境的有效方法,也是保证企业未来成功的关键因素。经理迫切需要人事部门的协助,因为人力资源管理工作的复杂性正在日益增加,做好人力资源管理工作远比做好财务管理更加重要。美国人力资源管理专家韦恩·卡肖说,"人力资源管理不仅是个战术问题,而且是个战略问题"。为此,企业开始吸收人事经理进入企业领导高层,共同参与企业的经营决策,认为人力资源是一种最重要的战略资源,是企业成败兴衰的关键。20世纪80年代初期,美国和欧洲一些国家纷纷出现了人力资源开发和管理组织,人事部门改名为人力资源管理部,企业从强调对物的管理转向强调对人的管理。

第四阶段:战略伙伴阶段   该阶段自20世纪80年代开始至今。这个阶段,人力资源管理成为整个企业管理的核心,其原因在于人们已经达成共识:在国际范围的市场竞争中,无论是大公司还是小公司,要想获得和维持竞争优势,核心的资源是人力资源。把人力资源战略作为公司重要的竞争战略,或者从战略的角度考虑人力资源管理问题,把人力资源管理与公司的总体经营战略联系在一起,是20世纪90年代后企业人力资源管理的重要发展趋势。

二、我国学者对人力资源管理历程的观点

同西方学者研究一样,我国学者对人力资源管理发展历程也有不同的看法。比如,南京大学赵曙明教授在对国外的人力资源管理发展史进行研究的基础上,将人力资源管理的发展划分为人事管理的发展和人力资源管理的发展两个部分,旨在体现人事管理和人力资源管理之间的差异。

最近,中山大学吴能全教授在其编著的《胜任能力模型设计与应用》一书中,将人力资源管理发展阶段分为人事管理阶段、人力资源管理阶段和人力资本管理阶段。他认为这三个阶段的发展是由低增值往高增值发展的过程,具体如图1-12所示。

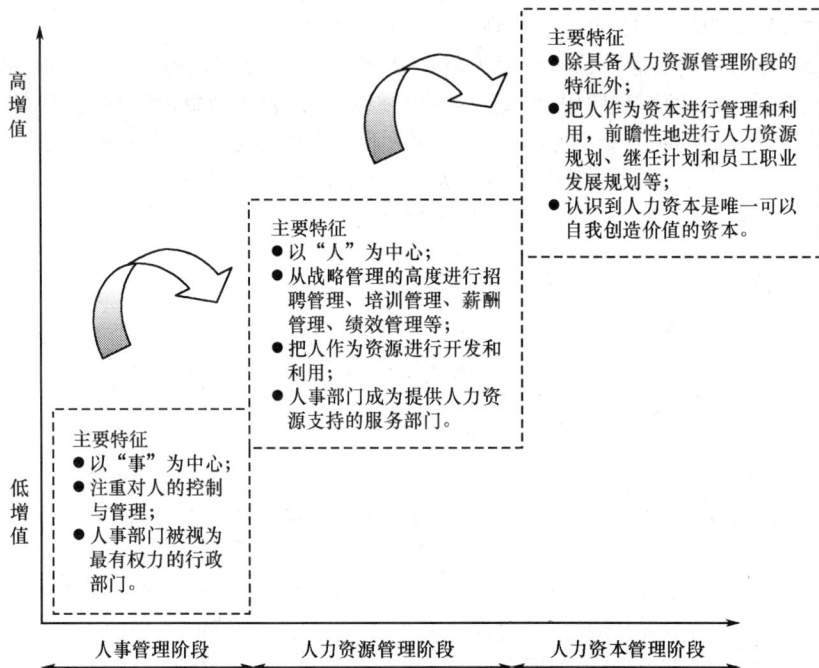

图1-12   增值角度出发的人力资源管理发展历程示意图

综合起来,无论是哪个国家和哪个学者的不同观点,都凸显了一大共同发展趋势:人力资源管理在企业运营中的地位越来越重要。人力资源管理对企业战略的实现具有重要的支撑作用,因此,将人力资源管理纳入战略管理的重要范畴已经成为人力资源管理发展的主要特点和发展趋势。

三、我国人力资源管理的发展历程

我国人力资源管理的发展大致分为以下三大阶段:

(一) 我国近代劳动人事管理(20世纪初到1949年)

鸦片战争后,我国逐渐演变为半封建半殖民地社会。近代企业大多是由官僚买办资产阶级和民族资本家兴建的一些工厂,在劳动人事管理方面具有两个特点:

1. 带有浓厚的封建色彩　许多企业实行包工制度,由包工头与企业签订承包合同,领取全部包工费用,并招收工人、组织生产、进行监督、发放工资,直至处分和解雇工人。

2. 学习引进西方资本主义国家的管理手段和方法　1914年,泰勒的《科学管理原理》一书在我国被翻译出版。一些企业派人员出国留学,带回了科学管理的制度和方法。一些规模较大的企业封建色彩淡化,资本主义色彩渐浓。有的任用外国人担任管理职务,改造原有的管理制度;有的起用工程技术人员管理企业,废除了包工制;有的建立了职能管理机构,制定规章制度,并在员工选用上实行标准化、制度化的考工制。

(二) 建国后至"文化大革命"结束时期的劳动人事管理(20世纪50年代到1976年)

这段时期的劳动人事管理与我国政治、经济形势同步,经历了"两上两下"的过程:

1. 建国初期到20世纪50年代中期　这是企业劳动人事管理健康发展的时期。此期间彻底废除了封建包工制,工人在企业当家做主;实行"低工资、高就业"政策;1952年、1956年进行两次工资改革;以苏联经济为模式,在企业建立了一整套社会主义的劳动人事管理制度,在当时收到了良好的效果。

2. 从1958年开始的"大跃进"时期　这一时期使劳动人事管理受到很大冲击。期间企业增员过多,使劳动计划和定员定额制度失效;取消了计件工资和奖励制度,平均主义泛滥,按劳分配原则受到冲击。

3. 1961～1966年为第二个健康发展时期　1961年,"大跃进"时期"左"的错误得到纠正,劳动人事管理制度又得以恢复和发展,企业压缩了非生产人员,精简了大批富余职工,恢复了计件工资制度并健全了奖励制度,使劳动生产率有了很大提高。

4. 1966～1976年的"文化大革命"时期　这一时期使劳动人事管理遭到严重破坏,各项合理的规章制度遭到全盘否定,企业人员猛增,平均主义愈演愈烈。

(三) "文化大革命"后的劳动人事管理(1977年以后)

"文化大革命"结束后,我国政府的工作重点转移到经济建设上,劳动人事管理再次纳入正轨。特别是改革开放以来,劳动人事管理在改革、转轨中迅速发展,主要表现为:

(1)企业扩大了用工自主权,用工形式多样化,实行"企业劳动合同制"。

(2)实行"先培养,后就业",大力发展职业教育,优先招收各类职业技术学校的毕业生,提高劳动者素质。

(3)实施管理方法标准化,制定了劳动定额管理、定编定员管理、人员培训、技术职称评聘、岗位责任制等劳动人事管理制度。

(4)工资、资金管理逐步合理化,企事业单位普遍实行工资总额随单位总体效益和绩效浮动,工资模式走向结构化,实行岗位技术工资和其他结构性工资相结合,增加了工资的激励作用。

改革开放三十几年来,我国的劳动人事管理经过恢复、调整、改革等环节,取得了长足的发展,但是,我们也应清醒地看到,目前,国有企业的劳动人事管理尚未完全摆脱计划经济的影响,特别是在观念上。有专家指出:我国企业界对人力资源的认识尚处于起步阶段,很多企业还是沿袭旧的人事处、劳资科的传统事务型功能,而没有真正实现人力资源的管理功能。

目前,国内企业人力资源开发与管理水平及人力资源素质可分为四个层面:第一层面是人力资源开发与管理水平最高、人才素质也最好的外商独资企业;第二层面是顶尖的民营企业和中外合资企业,它们已经有一套较完善的用人机制,不断吸引重量级人才加盟;第三层面是优秀的国有企业和经营较好的民营企业;第四层面是一般国企,人力资源状况令人堪忧,面临着优秀人才的大量流失。

1992 年,中国人民大学劳动人事学院将人事管理专业调整为人力资源管理专业,并在1993年招收了我国首届人力资源管理专业的本科生,标志着我国人力资源管理的发展进入了专业化阶段,这在我国人力资源管理发展过程中具有里程碑式的意义。目前,我国已有100 多所高校设置了人力资源管理专业,为人力资源管理在我国的发展进行了理论与人才储备。

在全球经济一体化趋势的影响下,中国的人力资源管理发展机遇与挑战并存,更应该付诸实际行动,加强对人力资源的选拔、培训、考评、激励、监督等管理措施,使我国的人力资源管理真正与国际接轨。

本 章 小 结

人力资源是指人所具有的能创造价值并且能够被组织所利用的体力和脑力的总和。它是包括知识、技能、经验、品行、态度及身体等在内的各种要素的有机结合。人力资源具有六大显著特点:生物性、能动性、时效性、再生性、社会性及可开发性。

人力资源管理是指企业对人力资源的取得、开发、保持和利用等方面进行的计划、组织、指挥和控制,以有效地开发人力资源、实现企业目标的活动。人力资源管理是企业管理的重要组成部分,贯穿于企业生产经营的全过程。

人力资源管理的作用综合体现在人力资源管理的四大功能上:吸纳、维持、开发与激励,并通过人力资源管理的八大职能和管理活动体现。

人力资源战略是企业战略不可或缺的有机组成部分,其本质是为了实现企业战略目标而对人力资源的各种活动进行规划的模式。人力资源一定要与企业战略相匹配才能发挥最大效用。

从功能的角度出发,西方人力资源管理的发展经历了档案保管阶段、政府职责阶段、组织职责阶段及战略伙伴阶段等四大阶段。从人力资本增值高低的角度出发,人力资源管理发展阶段分为人事管理阶段、人力资源管理阶段和人力资本管理阶段。人力资源管理历程的不同观点共同显示同一发展趋势:人力资源管理在企业运营中的地位越来越重要。人力资源管理对企业战略的实现具有重要的支撑作用,因此将人力资源管理纳入战略管理的重要范畴已经成为人力资源管理发展的主要特点和发展趋势。

思 考 题

1. 人力资源的含义是什么？人力资源有哪些特点？
2. 人力资源与人力资本的关系如何？
3. 在企业管理实践中,人力资源管理的作用和功能如何体现？
4. 人力资源战略与企业战略的关系如何？
5. 人力资源管理发展历程的综合特点是什么？

【案例讨论】

北山医药集团的管理难题

北山医药集团是一家民营企业,从1990年建厂以来,在短短的十几年间里,企业由原来仅有20多名员工的小作坊式工厂发展成为一个拥有3000多名员工,年销售额达十多亿的现代化制药集团。然而,随着企业的发展壮大,特别是近些年制药行业的竞争加剧,企业面临的人力资源管理方面的问题日益突出:企业的业务在迅速地扩展,企业的产品技术层次在不断提升,经营开始走向多元化,现有的人员已经无法满足新增业务对技能方面的要求,特别是有经验的技术人员与管理干部缺乏,严重地影响了企业业务的发展。然而,正是在这个时候,却有几位非常重要的核心人才被竞争对手挖去,使企业发展蒙受了巨大的损失。企业高层领导开始意识到,如果这个问题不认真加以解决,企业在今后更为激烈的市场竞争中将会败下阵来。

为此,企业聘请人力资源管理咨询专家进行了大规模的调查研究。调查结果表明,该企业员工对于自己的工资与福利待遇较为满意;企业的高层次人才多采用校园招聘的形式,但招聘人才的条件与专业却是由人力资源部根据情况确定的,员工的工作安排随意性较大,专业不对口的现象较为普遍。此外,企业内部的调动非常频繁,升迁多由高层管理者仓促任命;而企业的培训多根据现有的环境与条件安排,不得影响生产,因此,员工对自己职业发展的满意度不高,不少人有了离职"跳槽"的想法。

思考题:

1. 从人力资源管理职能角度来看,北山医药集团在管理方面的主要症结是什么?具体表现在哪些方面?

2. 你认为应该从哪些方面来着手解决这些问题?

(吴海燕)

第 ② 章 工作分析

本 章 要 点

1. 掌握工作分析的概念及基本流程
2. 了解工作分析系统和工作分析的基本术语
3. 熟悉工作分析的内容
4. 了解工作分析的作用
5. 掌握工作说明书的编制方法

导入案例

张经理的烦恼

康健药业有限公司是一家成立于 1995 年的民营企业。近年来,公司抓住机遇,通过收购、联营、投资扩张等方式由一家小型制药企业发展成为集药品生产、药品流通服务和门店连锁经营为一体的中型企业。公司现有的组织机构是基于创业时的公司规划,随着业务扩张的需要逐渐扩充而形成的,随着公司的发展和壮大,员工人数大量增加,众多的组织和人力资源治理问题逐渐凸显出来。部门之间、职位之间的职责与权限缺乏明确的界定,扯皮现象不断发生;部门经理甚至企业老总都在抱怨员工责任心不强,办事不积极,坐等上级布置工作。企业领导层由于要不断发布命令指挥大家而忙得团团转,但企业中总有很多应该做的事情没有人干;而员工们则抱怨企业里分工太不明确,职责界限也不清楚,导致大家只能被动听从指示。工作中,大家也不像以前那样团结协作,对发生的问题,相互推卸责任,工作效率大大降低。

公司的人员招聘方面,用人部门给出的招聘标准含糊,招聘主管无法准确加以理解,使得招来的人大多差强人意。同时,许多岗位不能做到人事匹配,员工能力不能得以充分发挥,严重挫伤了士气,影响了工作效率。公司员工的晋升以前由总经理直接做出。现在公司规模大了,总经理没有时间与基层员工和部门主管沟通,基层员工和部门主管的晋升只能根据部门经理的意见做出。因此,上级和下属之间的私人感情成为了决定性因素,有才干的人往往不能获得提升。许多优秀员工由于看不到自己未来的前途,转而另寻高就。在激励机制方面,公司缺乏科学的绩效考核和薪酬制度,考核中的主观性和随意性非常严重,员工的报酬不能体现其价值与能力,经常可以听到大家对薪酬的抱怨和不满,这也是人才流失的重要原因。

面对这种情况,企业召开了中层干部会议寻找解决办法,最后落实到由人力资源部张经理负责拿出具体解决方案。对此,张经理毫无头绪,非常烦恼。如果你是张经理,你该怎么办?

通过本章的学习,将能够帮助你了解该公司问题产生的关键原因以及寻求解决问题的有效办法。

一个组织的建立最终会导致一批工作机会的出现,而这些工作需要由特定的人员来承担。为了更好地进行人力资源管理,首先必须对组织内部各项工作进行充分的了解,这正是工作分析所要完成的工作。工作分析从本质上说是人力资源管理的一个重要的基础性管理过程,是最有效保证组织与工作系统效率和员工工作满意度的基础性工作。

第一节 工作分析概述

一、工作分析的含义

工作分析(job analysis)也叫职位分析,是指完整地确认工作整体,对组织中某一特定工作或职位的目的、任务或职责、权利、隶属关系、工作条件、任职资格等相关信息进行收集和分析,并加以明确规定,来确定完成工作所需的能力和资质的过程或活动。

工作分析作为人力资源管理的一项基础性活动,它是由活动主体、客体、内容、结果等要素组成的有机系统,如图2-1所示。工作分析活动的主体是工作分析者,包括人力资源部门管理者(经理或专员)、工作承担者、工作承担者的上级主管以及其他相关人员等;客体是组织内部的各个职位;内容是与各个职位有关的情况,具体可以用"6W1H"加以概括:"WHY",岗位存在的理由?"WHO",岗位责任者是谁?"WHAT",岗位的职责与任职资格?"WHEN",工作的时间怎么安排?"WHERE",工作在哪里进行(环境和条件)?"FOR WHO",为谁服务?"HOW",工作的方法?结果是工作说明书或者是职位说明书等。

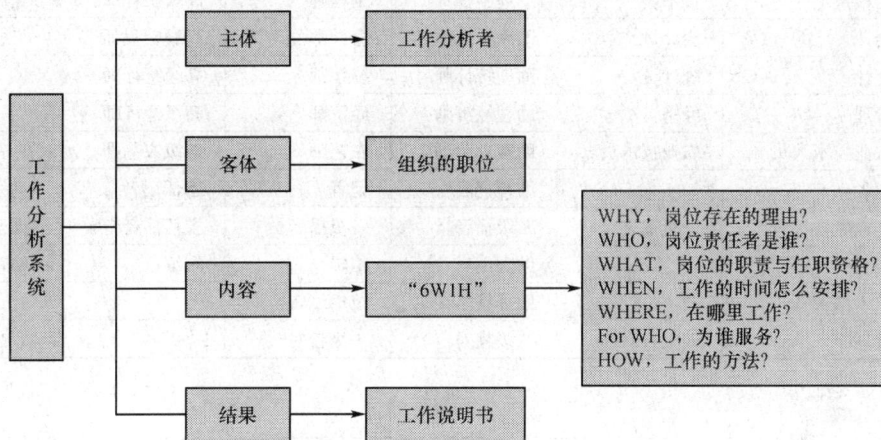

图2-1 工作分析系统一览图

总而言之,工作分析就是一个了解任职者应该做什么工作和为什么需要做的过程,是一个收集让别人对该职位做出判断的信息的过程。

二、工作分析中的基本术语

工作分析中常见有下列11种基本术语,部分术语之间的关系如表2-1、图2-2所示。

1. 工作要素 工作要素是指工作活动中不能够再继续分解的最小动作单位。例如速记人员速记时,能正确书写各种速记符号;使用计算机、签字、打电话、发传真等。

2. 任务 任务是一系列为了不同的目的所担负完成的不同的工作活动,即工作活动中达到某一工作目的的要素集合。例如,管理一项计算机项目、打印文件、参加会议、从卡车上卸货等,都是不同的任务。

3. 职责 职责是指某人担负的一项或多项相互关联的任务集合。例如,人事管理人员的职责之一是进行工资调查。这一职责由下列任务所组成:设计调查问卷,把问卷发给调查对象,将结果表格化并加以解释,把调查结果反馈给调查对象等四个任务。

表 2-1　工作分析中部分术语间的关系

职组	职系	职等 V / 职级 员级	IV / 助级	III / 中级	II / 副高职	I / 正高职
高等教育	教师		助教	讲师	副教授	教授
	科研人员		助理工程师	工程师	高级工程师	
	实验人员	实验员	助理实验师	实验师	高级实验师	
	图书、资料、档案	管理员	助理馆员	馆员	副研究馆员	研究馆员
科学研究	研究人员		研究实习员	助理研究员	副研究员	研究员
医疗卫生	医疗、保健、预防	医士	医师	主治医师	副主任医师	主任医师
	护理	护士	护师	主管护师	副主任护师	主任护师
	药剂	药士	药师	主管药师	副主任药师	主任药师
	其他	技士	技师	主管技师	副主任技师	主任技师
企业	工程技术	技术员	助理工程师	工程师	高级工程师	正高工
	会计	会计员	助理会计师	会计师	高级工程师	
	统计	统计员	助理统计师	统计师	高级统计师	
	管理	经济员	助理经济师	经济师	高级经济师	
农业	农业技术人员	农业技术员	助理农艺师	农艺师	高级农艺师	
新闻	记者		助理记者	记者	主任记者	高级记者
	广播电视播音	三级播音员	二级播音员	一级播音员	主任播音指导	播音指导
出版	编辑		助理编辑	编辑	副编审	编审
	技术编辑	技术设计员	助理技术编辑	技术编辑		
	校对	三级校对	二级校对	一级校对		

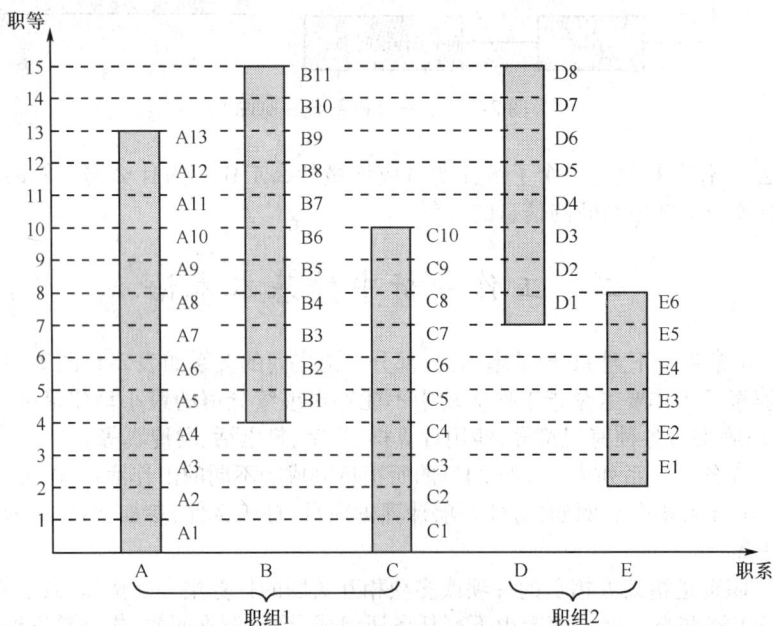

图 2-2　工作分析中部分术语间的关系

4. **职位** 职位是指某一时间内某一主体所担负的一项或数项相互联系的职责集合。例如，办公室主任同时担负单位人事调配、文书管理、日常行政事务处理等三项职责。在同一时间内，职位数量与员工数量相等，有多少位员工就有多少个职位。

5. **职务** 职务是指主要职责在重要性与数量上相当的一组职位的集合或统称。例如，开发工程师就是一种职务，秘书也是一种职务，职务实际上与工作是同义的。在企业中，一种职务可以有一个职位，也可以有多个职位，如企业中的法律顾问，就可能只有一个职位；开发工程师这种职务，可能就有多个职位。

6. **职业** 职业是指不同时间、不同组织中，工作要求相似或职责平行（相近、相当）的职位集合。例如，会计、工程师等。

7. **职系** 职系是指工作性质相同，而责任轻重和困难程度不同的职位系列。一般来说，一个职系就是一种专门职业，如机械工程职系。职系是录用、考核、晋升、培训员工时，从专业性质上进行考核的依据。

8. **职组** 性质相近的若干职系构成一个职组，例如医疗职系、护理职系、药理职系、理疗职系等构成的卫生职组。职组的作用在于方便职位分类，职组并非职务分析中的必要因素。

9. **职门** 职门即是指若干工作性质大致相近的所有职系的集合。例如，行政部门、专业技术部门等，它是职位分类中最粗略的概廓。

10. **职级** 职级是指将工作内容、难易程度、责任大小、所需资格皆很相似的职位划分同一职级，实行同样的管理使用与报酬。职级的职位数量并不相同，少至一个，多至数个。职级是录用、考核、培养、晋级人员时，从专业程度和能力上考虑的依据。

11. **职等** 职等是在不同职系之间，把职责轻重、工作繁简复杂情况以及任职资格条件相同的职位归入同一等。同一职等上职位的劳动报酬相同，所有的职位都可以归入适当的职等。职等是工资、待遇、奖惩、调整的依据。

三、工作分析的内容

不同的企业和组织都有各自特点和急需解决的问题，进行工作分析的原因可能不尽相同，有的是因为新建企业组织设计、人员招聘的原因；有的是因为组织变革、业务流程再造重组的原因；有的是因为改变企业 HRM 基础工作不健全的原因；有的是因为企业岗位的调整和职能的转变而相应变化的原因；有的是因为新的工做出现的原因等。尽管这些企业和组织所要进行的工作分析的原因及其侧重点可能不一样，但一般来说，工作分析主要包括工作描述和工作要求两方面的内容：

（一）工作描述

工作描述就是确定工作的具体特征。它包括以下几个方面的内容：

1. **工作名称** 工作名称即指是什么工作。

2. **工作活动和程序** 工作活动和程序包括所要完成的工作任务、工作职责、完成工作所需要的资料、机器设备与材料、工作流程、工作中与其他工作人员的正式联系以及上下级关系。

3. **工作条件和物理环境** 工作条件和物理环境包括正当的温度、适当的光照度、通风设备、安全措施、建筑条件，甚至工作的地理位置。

4. **社会环境** 社会环境包括工作团体的情况、社会心理气氛、同事的特征及相互关系、各部门之间的关系等。此外，应该说明企业和组织内以及附近的文化和生活设施。

5. 职业条件　由于人们常根据职业条件来判断和解释职务描述中的其他内容,因而这部门内容特别重要。职业条件说明了工作的各方面特点:工资报酬、奖金制度、工作时间、工作季节性、晋级机会、进修和提高的机会、该工作在本组织中的地位以及与其他工作的关系等。

(二) 工作要求

工作要求说明了从事某项工作的人员所必须具备的知识、技能、能力、兴趣、体格和行为特点等心理及生理要求。制定工作要求的目的是决定重要的个体特征,以此作为人员筛选、任用和调配的基础。

工作要求的主要内容包括:有关工作程序和技术的要求、工作技能、独立判断与思考能力、记忆力、注意力、知觉能力、警觉性、操作能力(速度、准确性和协调性)、工作态度和各种特殊能力要求。职务要求还包括文化程度、工作经验、生活经历和健康状况等。工作要求可以用经验判断的方法获得,也可以通过统计分析方式来确定。

四、工作分析的意义和作用

工作分析是人力资源管理的一项基础性工作,它在整个人力资源管理系统中占有非常重要的地位,发挥着非常重要的作用。

(1) 通过工作分析的结果——工作说明书,建立了岗位任职者与主管间的沟通,使双方明确了在完成组织目标中所扮演的角色。

(2) 制定人力资源规划的依据。企业要根据生产经营发展战略做出人力规划。工作分析的结果,可以为有效的人力规划提供可靠的依据。

(3) 为工作评价和薪酬设计提供基础。工作分析所涉及工作的责任大小、工作繁简程度、有无危险性或不确定性以及所需知识程度不同,为设计薪酬体系提供支持。

(4) 形成绩效评价的基础。工作分析与绩效评价的关系是,工作分析指明工作的标准(work standards),而绩效评价旨在考察完成的效果(how well)。

(5) 设计积极的人员培训和开发方案。通过工作分析,可以明确从事的工作所应具备的技能、知识和各种心理条件。这些条件和要求,并非人人都能满足和达到的,必须需要不断培训,不断开发。因此,可以按照工作分析的结果,设计和制定培训方案,根据实际工作要求和聘用人员的不同情况,有区别、有针对性的安排培训内容和方案,以培训促进工作技能的发展,提高工作效率。为某些特定工作的安全与健康政策或措施的计划与实施提供有价值的信息,从而预防危险,减少或消除工伤与职业病的发生,达到有效保护人力资源的目的。

(6) 改善工作设计和环境。通过工作分析,可以确定职务的任务特征和要求,建立工作规范,而且可以检查工作中不利于发挥人们积极性和能力的方面,并发现工作环境中有损于工作安全、加重工作负荷、造成工作疲劳与紧张以影响社会心理气氛的各种不合理因素。有利于改善工作设计和整个工作环境,从而最大程度地调动工作积极性和发挥技能水平,使人们在更适合于身心健康的安全舒适的环境中工作。

(7) 职业生涯设计方面,使员工清楚工作的发展方向,便于员工制定自己的职业发展计划。

(8) 管理关系方面,明确上级与下级的隶属关系,明晰工作流程。

工作分析在人力资源管理工作中的基础性地位可以用图2-3来表示。

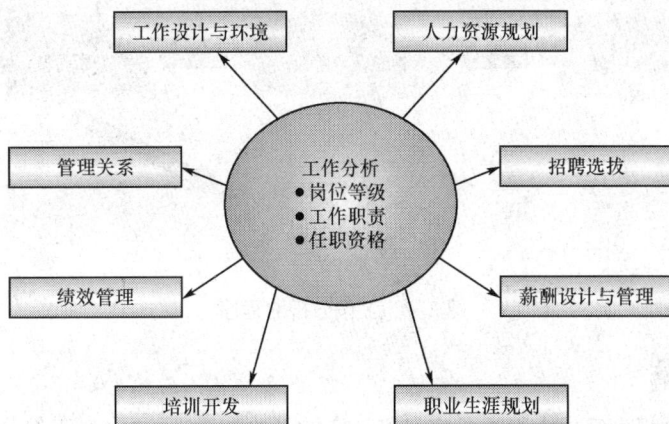

图 2-3 工作分析是现代人力资源开发与管理的基础工作

【实践中的人力资源】

如何发挥工作说明书的作用？

工作说明书是企业人力管理工作的基础。但是现实中,很多企业却并不重视工作说明书的编制工作,他们认为通常意义上的岗位说明没有意义,网上到处都是,下载后模仿着改造一下做出的工作说明书,常被束之高阁没发挥其应有的作用。那么,是什么原因导致岗位说明书没有发挥人力资源管理上的基础性作用呢？可能的原因有以下几点：

(1) 在编制岗位说明书的时候,很多企业老总不参与,重视程度不够,造成工作说明书编制过程中得不到足够的支持,编制出的工作说明书与实际情况脱节。

(2) 公司业务发展较快,岗位变动频繁,岗位说明书没有能及时更新,造成岗位说明书与真实情况相差甚远。

(3) 岗位说明要与工作流程、绩效考核紧密联系在一起,新人来的时候要清楚他的岗位需要做哪些方面的内容,结合流程知道他在哪个步骤来完成这些工作,然后知道他完成得怎样会得到什么样的结果。如果没有这样的有机联系就必然束之高阁。

我们要最大限度的发挥工作说明书的作用,应注意做好以下工作：

(1) 编制的时候要下工夫,充分做好工作分析,切实结合企业实际与工作实际。

(2) 定期组织审视、更新岗位说明书。

(3) 明确规定哪些工作开展的依据是工作说明书,创造条件让工作说明书在日常工作中发挥作用,比如对于招聘工作,要求发布的招聘信息必须与工作说明书一致;又比如岗位价值评价必须以工作说明书为基础等。

第二节　工作分析的程序和方法

一、工作分析的基本程序

工作分析是一项技术性很强的工作。一般来说,工作分析的整个程序可分为准备阶段、信息获取阶段、分析阶段和结果表达阶段四个阶段。这四个阶段是相互联系、相互影响的,如图2-4所示：

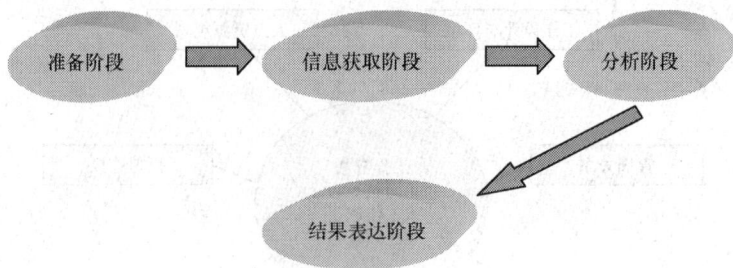

图 2-4　工作分析的程序

(一) 准备阶段

1. 组建工作分析小组　小组成员应具有一定的经验和学历,具有一定的分析专长并对组织内各项工作有明确的概念,同时应保持分析人员进行活动的独立性。

2. 明确工作分析的总目标、总任务　根据总目标、总任务,对企业现状进行初步了解,掌握各种数据和资料。

3. 明确工作分析的目的　工作分析的目的决定了信息收集的方法、途径和分析信息适用的系统。

4. 明确分析对象　为保证分析结果的正确性,应该选择有代表性、典型性的工作。

5. 选择信息来源　信息来源包括工作执行者、直接上级、工作分析人员以及企业相关管理制度文件等方面。信息来源的选择应注意,不同的信息提供者提供的信息存在不同程度的差别;工作分析人员应站在公正的角度听取不同的信息,不要事先存有偏见;使用各种职业信息文件时,要结合实际,不可照搬照抄。

6. 建立良好的工作关系　为了搞好工作分析,还应做好员工的心理准备工作,建立起友好的合作关系。

7. 制定工作计划　制定工作分析计划,有利于确定工作分析的总目标、总任务,明确工作分析的对象、信息来源以及开展工作分析的具体步骤、内容等。

(二) 信息获取阶段

信息获取阶段是工作分析的第二阶段,主要任务是对整个工作过程、工作环境、工作内容和工作人员等主要方面做一个全面的调查,具体工作如下:

(1) 编制各种调查问卷和提纲。

(2) 灵活运用各种调查方法,如面谈法、问卷法、观察法、参与法、实验法、关键事件法等。

(3) 广泛收集有关工作的特征以及需要的各种数据。

(4) 重点收集工作人员必需的特征信息。

(5) 要求被调查的员工对各种工作特征和工作人员特征的重要性和发生频率等做出等级评定。

(三) 分析阶段

分析阶段是工作分析的第三阶段,主要任务是对有关工作特征和工作人员特征的调查结果进行深入全面的分析。具体工作如下:

1. 审核　仔细审核收集到的各种信息。

2. 关键成分分析　创造性地分析、发现有关工作和工作人员的关键成分。

3. 归纳、总结出工作分析的必需材料和要素　此项工作即把所获得的分类信息,进行解释、转换和组织,使之成为可供使用的条文。

4. 岗位名称分析　岗位名称分析使工作名称标准化、美化、体现工作性质和内容。

5. 工作描述分析 工作描述分析包括工作任务、责任、关系、劳动强度分析。

6. 工作环境分析 工作环境分析包括物理环境、安全环境、社会环境。

7. 工作人员必备条件分析 此项工作包括必备知识分析、经验分析、必备操作能力分析、必备基本能力分析、必备心理素质分析等。

（四）结果表达阶段

结果表达阶段，既编写工作（岗位、职位）说明书。首先要根据工作分析的结果，拟定一份工作说明书初稿，然后召集整个调查中所涉及的基层管理者及任职人员，讨论由工作分析制定的工作说明书初稿是否完整、准确。要求必须讨论、斟酌工作说明书中的每一行字，甚至每个词语，由工作分析者记下大家的意见，确定试行稿。最后试行期使用无误后，确定为正式文件。

二、工作分析的方法

工作分析的方法是多种多样的，常用的工作分析方法主要有观察法、访谈法和调查问卷法、关键事件法、实践法等。但是没有任何一种方法可以独立完成整个分析。工作分析的内容取决于工作分析的目的与用途，不同组织所进行的调查分析的侧重点会有所不同。因此，在工作分析内容确定后选择适当的分析方法就十分重要。当然每种方法都有各自的优缺点，在实践中，要做好工作分析，常根据不同的岗位，把不同的方法相结合。

1. 观察法 观察法就是工作分析人员在不影响被观察人员正常工作的条件下，通过观察将有关工作的内容、方法、程序、设备、工作环境等信息记录下来，最后将取得的信息归纳整理为适合使用的结果的过程。利用观察法进行岗位分析时，应力求观察的结构化，根据岗位分析的目的和组织现有的条件，事先确定观察的内容、观察的时间、观察的位置、观察所需的记录单等，做到省时高效。

观察法又分为直接观察法、阶段观察法、工作表演法。直接观察法是适用于工作周期很短的职位，主要由工作分析人员直接对员工工作的全过程进行观察。阶段观察法适用于具有较长周期性的工作职位，为了能完整地观察到员工的所有工作，必须分阶段进行观察。工作表演法主要适用于工作周期很长和突发性事件较多的工作职位。

应用观察法的注意事项：第一，要注意工作行为样本的代表性；第二，观察人员在观察时尽量不要影响被观察者的注意力，干扰被观察者的工作；第三，观察前要有详细的观察提纲和行为标准；第四，观察者要避免机械记录，应反映工作有关内容，并对工作信息进行比较和提炼。

2. 访谈法 访谈法又称面谈法，是一种应用最广泛的工作分析方法，指工作分析者就某一个职务或职位面对面地询问任职者、主管、专家等人员对工作的意见和看法。访谈法可对任职者的工作态度与工作动机等深层次内容有详细的了解。访谈的程序可以标准化，亦可以非标准化。一般情况下，应用访谈法时一般以标准化访谈格式记录，目的是便于控制访谈内容及对同一职务不同任职者的回答相互比较。

进行访谈时要坚持的原则有：①明确面谈的意义；②建立融洽的气氛；③准备完整的问题表格；④要求按工作重要性排列；⑤面谈结果让任职者及其上司审阅修订。

麦考米克于1979年提出了面谈法的一些标准，它们是：①所提问题要和职位分析的目的有关；②职位分析人员语言表达要清楚、含义准确；③所提问题必须清晰、明确，不能太含蓄；④所提问题和谈话内容不能超出被谈话人的知识和信息范围；⑤所提问题和谈话内容不能引起被谈话人的不满，或涉及被谈话人的隐私。该方法适合于不可能实际去做某项工作，或不可能去现场观察以及难以观察到某种工作时。同时，该方法适用于短时间的生理特征的分析，也适用于长时间的心理特征的分析。访谈法也适合于脑力职位者，如开发人员、设计人员、高层管理人员等，以及那些对文字理解有困难的人。

3. 问卷调查法 问卷调查法就是根据岗位分析的目的、内容等，事先设计一套岗位问卷，由被调查者填写,再将问卷加以汇总,从中找出有代表性的回答,形成对岗位分析的描述信息。

问卷调查的关键是问卷设计的科学性、可行性。问卷设计形式分为开放型和封闭型两种。开放型:由被调查人根据问题自由回答。封闭型:调查人事先设计好答案,由被调查人选择确定。问卷也可以设计成二者的结合,既有开放性问题,也有封闭性问题。实际上,工作分析中常使用封闭型问卷,因为这样收集的信息有较大的统一性,也更容易打分。设计问卷时要注意做到:①提问要准确;②问卷表格要精炼;③语言通俗易懂,问题不可模棱两可;④问卷表前面要有指导语;⑤引起被调查人兴趣的问题放在前面,问题排列要有逻辑。

4. 关键事件法 关键事件法要求岗位工作人员或其他有关人员描述能反映其绩效好坏的"关键事件",即对岗位工作任务造成显著影响的事件,将其归纳分类,最后就会对岗位工作有一个全面的了解。关键事件的描述包括:导致该事件发生的背景、原因;员工特别有效或多余的行为;关键行为的后果;员工控制上述后果的能力等。采用关键事件法进行岗位分析时,应注意三个问题:调查期限不宜过短;关键事件的数量应足够说明问题,事件数目不能太少;正反两方面的事件都要兼顾,不得偏颇。

关键事件法直接描述工作中的具体活动,可提示工作的动态性;所研究的工作可观察、衡量,故所需资料适应于大部分工作。归纳事例需耗大量时间,易遗漏一些不显著的工作行为,难以把握整个工作实体。该方法适用于员工太多,或者职位工作内容过于繁杂的工作。

5. 实践法 实践法是指岗位分析人员直接参与某一岗位的工作,从而细致、全面地体验、了解和分析岗位特征及岗位要求的方法。与其他方法相比,实践法的优势是可获得岗位要求的第一手真实、可靠的数据资料,获得的信息更加准确。由于分析人员本身的知识与技术的局限性,其运用范围有限,只适用于较为简单的工作岗位分析。该方法只适用于短期内可掌握的工作,专业性不是很强的职位,不适于需进行大量的训练或有危险性工作的分析。各种工作分析方法优缺点比较如表 2-2 所示:

表 2-2　工作分析方法优缺点比较

方法	优点	缺点
观察法	能较多、较深刻地了解工作要求	不适用于高层领导、研究工作、耗时长或技术复杂的工作、不确定性工作
面谈法	效率较高	面谈对象可能持怀疑、保留态度;对提问要求高;易失真
问卷调查法	费用低;速度快,调查面广;可在业余进行;易于量化;可对调查结果进行多方式、多用途的分析	对问卷设计要求高;可能产生理解上的不一致
实践法	短期内可掌握的工作	可揭示工作的动态性,生动具体
关键事件法	可揭示工作的动态性,生动具体	费时;难以形成对一般性工作行为的总的概念

【实践中的人力资源】

A&B 公司工作分析计划书

为了提高企业人力资源管理工作的有效性和可靠性,有效地在下季度实施企业招聘计划,同时为了能够圆满完成年度薪酬政策、激励政策和培训政策的调整工作,使人力资源管理职务适应企业的发展趋势,特计划在 2009 年 3 月份对企业某些部门重新进行工作分析,具体计划如下:

1. 成立工作分析小组

组长:赵××(常务副总经理)

副组长:曾××(人力资源部经理)

成员:吴××(人力资源部招聘专员)、钱××(人力资源部薪酬专员)

2. 进行工作分析的职务

（1）行政部行政文员

（2）市场部销售经理

（3）企业发展部公共关系经理

3. 选取工作分析样本　出于职务经验、职务完整性及其他相关因素的考虑,计划选取各部门以下员工为工作分析样本:

（1）行政部行政文员何××

（2）市场部销售经理刘××

（3）企业发展部公共关系经理黄××

4. 选择工作分析方法　由于各样本的职务性质不同,特采用不同的工作分析方法。

（1）行政部行政文员:问卷调查法、观察法、参与法相结合。

（2）市场部销售经理:问卷调查法、面谈法相结合。

（3）企业发展部公共关系经理:问卷调查法、面谈法、职务表演法相结合。

5. 工作分析的步骤及时间安排

3月10日:召集相关人员座谈,宣传并解释工作分析的目的、意义、作用及注意事项。

3月11日至3月12日:工作分析小组成员分别进行工作分析设计。

3月13日:小组成员对工作分析设计方案进行讨论和修改。

3月14日至3月15日:小组成员分别具体实施工作分析方案,收集职务信息。

3月16日:小组成员分别进行职务信息分析。

3月17日:小组成员分别编写职务描述和职务资格要求初稿。

3月18日:小组成员对信息分析和编写的文件初稿进行相互讨论。

3月19日:将职务描述和职务资格要求与相关部门经理进行讨论。

3月20日:召集相关人员座谈,对职务描述和职务资格要求进行最终定稿。

第三节　编制工作说明书

工作说明书是工作分析的最终结果,它包含了工作分析所获得的所有信息,并把它们以标准化的形式编制成文,工作分析与职位说明书的关系如图2-5所示。

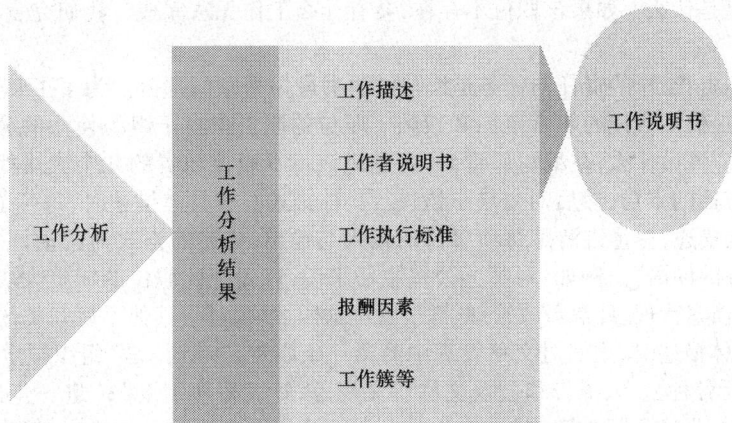

图2-5　工作分析与工作说明书的关系

工作说明书的编写并没有一个标准化的模式,根据不同的目的和用途,以及适用的对象不同,工作说明书可以选取不同的内容和形式。一般来说,一份完整的工作说明书的内容由基本资料、工作描述、任职资格说明、工作环境四大部分组成,如表2-3所示。

1. 基本资料 工作说明书的基本资料包括直接上级职位、所属部门、工资等级、职位编码、编写日期等内容。

(1) 工作名称:职位名称是对工作名称的进一步明确,规范职位的名称有利于进行职位管理。

(2) 直接上级职位:指该职位的"报告关系"。一般会有以下几种情况:①机构(包括子公司、分公司、事业部、分厂)或部门副职的直接上级是正职,各部门或机构正职的直接上级是对应的主管领导;②各部门内人员的直接上级一般来讲都是该部门的正职;③如果部门内还有处,则处长的直接上级是部门正职,各处内的员工直接上级是该处处长。

(3) 所属部门:所在部门是指该职位所属的机构或部门;所属部门填写的繁简程度要视企业具体情况来定,原则是应该写到该职位所属的最小组织细胞。一般会有以下几种情况:机构或公司的正职和副职填写所在机构或公司的名称;各部门人员的所在部门填所在机构或公司及对应部门的名称;如果部门内还有处,则一般员工还应该写到属于哪个处;例如:某一般规模子公司人力资源部员工,填"子公司名称+人力资源部";如果部门很大,还分有各处,则招聘处的员工填"公司名称+人力资源部招聘处"。

(4) 工资等级:工作工资等级是指该工作经过工作评估和薪酬设计后的薪资等级和级别的位置。

(5) 职位编码:职位编码是指职位的代码,组织中的每个职位都应当能有一个代码,职位编码的目的是为了便于快速查找所有的职位,编码的繁简程度视企业具体需要而定。职位编码的步骤是:①为整个集团所有机构进行编号;②机构内部门编码;③对部门内各处进行编码;④对各处职位进行编码。这一栏将在全公司职位说明书编制完成后由人力资源部为全公司所有职位说明书统一编号并填补上。

(6) 编写日期:编写日期是指工作说明书的具体编写日期是什么时间。这一栏一般先不填,在职位说明书出台时由人力资源统一填补上。

2. 工作描述 工作说明书的工作描述包括工作概要、工作职责、工作关系、工作结果、工作权限等内容。

(1) 工作概要:工作概要也就是职位设置的目的,应该用一句话简单地概括工作的主要功能,简短而准确地表示该职位为什么存在;机构整体目的的哪一部分由该职位完成?该职位对机构的独特贡献是什么? 如果该职位不存在,会有什么工作无法完成? 我们究竟为什么需要这一职位?

(2) 工作职责:工作的责任与任务是编写说明书最为繁杂的部分。为了了解和描述职位的情况,需要明确提供该职位的职责范围和权限。职位的职责来自于组织使命的分解,按照组织的要求,本职位应该做什么,在编写职责时,首先应该将本职位职责的几个大块找出来,即本职位应该做那几方面的事情,然后对每块事情进行具体描述。在具体描述时,每一条职责,都应尽量以流程的形式描述,尽量讲清楚每项事件的输入与输出,描述的格式为:"动词+名词宾语+进一步描述任务的词语"。例如:对某办公室主任来说,首先把此职位的职责大块找出来,经分析有文秘管理、档案管理、日常行政管理、部门管理这四大块,对于其他不好归类的内容列入"其他"这一栏。具体描述时,比如对文秘管理中的第一条职责,"动词"是"组织拟定并审核";"名词宾语"是"本所各种公文、报告和会议文件行文规范、签发程序制度";"进一步描述任务的词语"是"提出意见,批准后督导实施"。这条职责由于简化没有写输入与输出,但作为调查资料,还是要求能够写清楚。在职位职责的描述中,重要的是清楚地界定每一职责上的权限,应该用精心选择的动词恰当地描述权限范围。

（3）工作关系：工作关系是指与本职位有较多工作沟通的组织内、外部沟通对象，包括直属上司、下属、职位晋升转换、横向联系等。例如：某产品物流事业部总经理的内部主要沟通有：主管领导、市场营销中心、方案策划中心、运营控制中心、综合管理室、区域公司、商务部、企划部、财务部、人力资源部、信息技术部；外部主要沟通有：相关客户、相关政府部门、集团总公司相关处室等。

（4）工作权限：工作权限包括工作人员决策的权限和行政人事权限、对其他人员实施监督权以及审批财务经费和预算的权限等。

（5）工作结果：工作应产生的哪些结果，应可量化。

（6）工作的绩效标准：工作说明书中包括有关绩效标准的内容是指完成某些任务或工作量所要达到的标准。这部分内容说明企业期望员工在执行工作说明书中的每一项任务时所达到的标准或要求。

3. 任职资格说明 任职资格是决定职位价值、招募、培训等的重要依据；任职资格的规定要严格界定为工作所要求的并与工作绩效有因果关系；任职资格是对应职者的要求，不是针对现有人员的要求；任职资格包括学历、接受的培训、年限和经验、一般能力、兴趣爱好、个性特征、性别年龄、体能、特殊要求等内容。

4. 工作环境 工作说明书的工作环境一般包括：①工作场所；②工作环境的危险性说明；③职业病；④工作时间要求；⑤工作的均衡性；⑥环境的舒适度等内容。工作环境这项内容并不是所有工作说明书都必需的，是否要在工作说明书中列明工作环境，应视各个企业及其不同岗位的具体情况来决定。

表2-3 某医药公司总经理工作说明书

岗位名称	总经理		岗位编号	GYYY-0001
所在部门			岗位定员	
直接上级			工资等级	一级
直接下级	业务副总经理、行政人事部经理、财务部经理、事业发展部经理		薪酬类型	
所辖人员			岗位分析日期	2009年8月

领导制定和实施公司总体战略，完成上级主管部门、公司党委下达的年度经营目标；推进公司质量管理体系建立，运行与评审；领导公司各部门建立健全良好的沟通渠道；负责建设高效的组织团队；管理直接所属部门的工作；行使对公司经营工作全面指导、指挥、监督、管理的权力，并承担执行各项规章制度的义务

职责与工作任务：

职责一	职责表述：制定和实施公司总体战略，制定和实施公司年度经营计划及领导事业发展部工作等	
	工作任务	1. 领导制定公司的发展战略，并根据内外部环境变化进行调整
		2. 组织实施公司总体战略，发掘市场机会，领导创新与变革
		3. 根据公司党委、上级主管单位下达的年度经营目标组织制定、修改、实施公司年度经营计划
		4. 监督、控制经营计划的实施过程，并对结果负全面责任
		5. 组织实施财务预算方案及利润分配、使用方案
职责二	职责表述：建立良好的沟通渠道	
	工作任务	6. 负责与公司党委、上级主管单位保持良好沟通，定期向公司党委、上级主管单位汇报经营战略和计划执行情况、资金运用情况和盈亏情况、机构和人员调配情况及其他重大事宜
		7. 领导建立公司与客户、供应商、合作伙伴、上级主管部门、政府机构、金融机构、媒体等部门间顺畅的沟通渠道
		8. 领导开展公司的社会公共关系活动，树立良好的企业形象
		9. 领导建立公司内部良好的沟通渠道，协调各部门关系

职责与工作任务：		
职责三	职责表述：建立健全公司统一、高效的组织体系和工作体系	
	工作任务	10. 主持、推动关键管理流程和规章制度，及时进行组织和流程的优化调整
		11. 领导营造企业文化氛围，塑造和强化公司价值观
职责四	职责表述：主持公司日常经营工作	
	工作任务	12. 负责公司员工队伍建设，选拔中高层管理人员
		13. 主持召开总经理、党委办公会，对重大事项进行决策
		14. 代表公司参加重大业务、外事或其他重要活动
		15. 负责处理公司重大突发事件，并及时向公司党委，上级主管单位汇报
职责五	职责表述：推进公司质量管理体系建立、运行与评审	
	工作任务	16. 保证本公司执行《中华人民共和国药品管理法》及其《实施条例》、《药品经营质量管理规范》及其《实施细则》等国家有关法律、法规及行政规章，对本公司经营药品的质量和质量管理体系的建立和运行负领导责任
		17. 全面领导公司的日常工作，在工作中组织贯彻执行药品质量方针、政策、法规
		18. 主持制定公司质量方针、目标、规划和计划。建立健全质量职责制度，并落实到各部门，各岗位人员
		19. 建立质量体系，使质量体系持续有效地运行，主持质量体系的管理评审
		20. 合理设置并领导质量管理机构，保证其独立、客观地行使职权，支持合理意见和要求，提供并保证其必要的质量活动经费
		21. 领导质量教育，审核年度职工培训计划，指导、督促、检查落实质量情况
		22. 正确处理质量与数量、进度的关系，在经营与奖惩中落实质量否决权
		23. 重视客户意见和投诉处理，主持重大质量事故的处理和重大质量问题的解决和质量改进
		24. 签、颁发公司质量管理体系文件
		25. 参与确定企业质量奖惩措施
职责六	职责表述：领导行政人事部、财务部分管部门开展工作	
	工作任务	26. 领导建立健全公司人力资源管理制度，组织制定人力资源政策，审批重大人事决策
		27. 领导建立健全公司财务、投资管理制度，组织制定财务政策，审批重大财务支出
		28. 领导建立健全行政与后勤管理体系

权利：

公司重大问题的决策权
向公司党委，上级主管单位提出公司经营目标的建议权
对副总经理、总监的人事任免建议权
除公司副总经理、总监外的人事任免权
对公司各项工作的监控权
对公司员工奖惩的决定权
对下级之间工作争议的裁决权
对所属下级的管理水平、业务水平和业绩的考核评价权
公司党委，上级主管单位预算内的财务审批权
签、颁发公司质量管理体系文件，参与确定企业质量奖惩措施

续表

工作协作关系：

内部协调关系	公司党委,高层管理人员,公司内各部门
外部协调关系	上级主管部门、药监部门、政府机构、客户、供应商、合作伙伴、金融机构、媒体等

任职资格：

教育水平	大学本科以上
专业	药学、经济学、管理等相关专业
培训经历	接受过 MBA 职业培训,财务、人事、法律知识培训
经验	8 年以上工作经验,5 年以上本行业或相近行业管理经验,2 年以上高层管理经验
知识	通晓企业管理知识、药品管理 具备技术管理、财务管理、质量管理、法律等方面的知识 了解公司经营业务知识
技能技巧	掌握 WORD,EXCEL 等办公软件使用方法,具备英语应用能力
个人素质	具有很强的领导能力、判断与决策能力、人际能力、沟通能力、影响力、计划与执行能力、客户服务能力

其他：

使用工具/设备	计算机、一般办公设备(电话、传真机、打印机、Internet/Intranet 网络)及通讯设备
工作环境	独立办公室,经常出差
工作时间特征	经常需要加班
所需记录文档	战略规划、年度经营计划、阶段性工作等报告

考核指标：

销售收入、利润额、市场占有率、应收账款、重要目标完成情况

预算控制、成本控制、关键人员流失率、全员劳动生产率

领导能力、判断与决策能力、人际能力、沟通能力、影响力、计划与执行能力、客户服务能力

参加会议：

1. 参加党委会和党政联席会议,及上级主管部门会议
2. 参加年度总结会、计划平衡会及其有关的重大会议
3. 参加每季、月度的各部门召开的重要工作会议
4. 参加公司召开的紧急或临时重要会议
5. 质量评审会议

　　编制工作说明书是一项细致复杂的技术性工作,在具体编写时应注意以下事项:第一,工作说明书的内容可依据工作分析的目标加以调整,内容可简可繁;第二,工作说明书可以用表格形式表示,也可采用叙述型,但一般都应加注工作分析人员的姓名、人数等栏目;第三,工作说明书中,需个人填写的部分,应运用规范述语,字迹要清晰,力求简洁明了;第四,使用浅显易懂的文字,用语要明确,不要模棱两可;第五,评分等级的设定也要依实际情况决定;第六,工作说明书用统一的格式,注意整体的协调,做到美观大方。

【实践中的人力资源】
工作说明书编制中的常用动词

　　1. 针对计划、制度、方案、文件　　包括:编制、制订、拟定、起草、审定、审核、审查、转呈、转交、提交、呈报、下达、备案、存档、提出意见等。

2. 针对信息、资料　包括：调查、研究、收集、整理、分析、归纳、总结、提供、汇报、反馈、转达、通知、发布、维护管理等。

3. 关于某项工作（上级）　包括：主持、组织、指导、安排、协调、指示、监督、管理等。

4. 其他　包括：维持、保持、建立、开发、准备、处理、执行、接待、安排、监控、汇报、经营、确认、概念化、合作、协作、获得、核对、检查、联络、设计、测试、建造、修改、执笔、起草、引导、传递、翻译、操作、保证、预防、解决、介绍、支付、计算、修订、承担、谈判、商议、面谈、拒绝、否决、监视、预测、比较、删除、运用等。

本 章 小 结

工作分析（也叫职位分析）是指完整地确认工作整体，对组织中某一特定工作或职位的目的、任务或职责、权利、隶属关系、工作条件、任职资格等相关信息进行收集和分析，做出明确规定，并确定完成工作所需的能力和资质的过程或活动。工作分析作为人力资源管理的一项基础性活动，它是由活动主体、客体、内容、结果等要素组成的有机系统。

工作分析主要包括工作描述和工作要求两方面的内容。工作描述就是确定工作的具体特征，它包括工作条件和物理环境、社会环境、工作活动和程序、工作名称、职业条件等几个方面的内容。工作要求说明了从事某项工作的人所必须具备的知识、技能、能力、兴趣、体格和行为特点等心理及生理要求。

工作分析是人力资源管理的一项基础性工作，它在整个人力资源管理系统中包括人力资源规划、招聘、培训、绩效管理、薪酬管理等方面都发挥着重要的作用。工作分析是一项技术性很强的工作。一般来说，工作分析的整个程序可分为准备阶段、信息获取阶段、分析阶段和结果表达阶段四个阶段，这四个阶段是相互联系、相互影响的。

工作分析的方法是多种多样的，常用的有观察法、访谈法和调查问卷法。但没有任何一种方法可以独立完成整个分析，每种方法都有各自的优缺点，在实践中，要做好工作分析，常根据不同的岗位，把不同的方法相结合。

工作说明书是工作分析的最终结果，它包含了工作分析所获得的所有信息，并把它们以标准化的形式编制成文。工作说明书的编写并没有一个标准化的模式，根据不同的目的和用途，以及适用的对象不同，工作说明书可以选取不同的内容和形式。一般来说，一份完整的工作说明书的内容由基本资料、工作描述、任职资格说明、工作环境四个部分组成。

思 考 题

1. 如何理解工作分析系统？包括哪些主要内容？
2. 工作分析有哪些作用？有哪些基本方法及基本步骤？
3. 如何编制工作说明书？

案例解析

HR 经理的迷惑

A公司是一家大型制药上市企业。该公司在1997年高薪招聘80名本科以上技术型人才,其中包括20名硕士、8名博士。招聘时A公司人力资源部承诺为他们提供良好的工作环境、优越的工作条件和具有挑战性的薪水。然而工作不到一年,各类问题接踵而至:有的人抱怨专业不对口,技术优势无法发挥;有的人认为自己的才能远超过岗位工作的要求;有的人反映工作条件并不能满足岗位工作的需要,而其他条件资源却没有被充分利用;更有甚者,在一次偶然的技术事故中,当事人以岗位说明书未注明工作风险的可能性为由,推脱责任。不满情绪和换岗要求搞得HR经理非常迷惑,而且有几位优秀员工已离开公司。看来,工作环境、工作条件和具有挑战性的薪水并不是促使员工安心高效工作的唯一保证。

解析:

A公司出现上述问题必然导致组织效率和工作绩效的下降,而且由于优秀员工的离开,可能会导致公司核心技术、发展策略和其他重要文件的流失,给公司带来无法估量的损失;由于技术事故的发生,员工诉讼、医疗支付、赔偿和由于工作停滞发生的机会支出,同样会导致公司人力资源成本上升。A公司可能在以下三个环节出现问题:①招聘时没有进行以工作分析为基础的人才测试,仅仅注重了学历要求和技术背景;②安排工作时未充分考虑任职者的现实能力和岗位要求;③工作过程中没有实施以工作分析为基础的培训和绩效评估。由此看来,在这一过程中,工作分析起了关键作用。A公司应该从工作分析入手全面解决上述问题。

工作分析是人力资源管理工作中其他所有工作的基础。它主要有以下三个目的:第一,弄清楚企业的人才资源需求和能提供的条件支持;第二,明确企业中每个岗位都在做何工作及所处的工作状态;第三,明确这些岗位对员工有什么具体的从业要求。另一方面,工作分析的信息和结果可以被应用到各种人力资源管理实践中去,所以工作分析对人力资源管理的价值和作用不可忽视。

【案例讨论】

工作分析是否"雾里看花,水中望月"?

本章案例导入中,介绍了康健药业公司发展中面临的矛盾,以及公司落实由人力资源部张经理负责具体解决方案的情况。张经理接受任务后,马上与人力资源部的同事研究讨论,他们一致认为必须进行公司人力资源治理的变革。变革首先应从进行工作分析、确定工作价值、工作要求和规范开始,希望通过工作分析为公司本次组织变革提供有效的信息支持和基础保证。公司高层经讨论同意了张经理报告的设想,并要求张经理在一个月内完成工作分析任务。

张经理和同事们集中一天的时间,阅读了大量国内目前流行的基本工作分析书籍之后,决定采用问卷调查和面对面访谈的方式来收集工作岗位的信息。人力资源部以其他单位的职位调查问卷为基础设计了本次调查问卷,并将问卷发放到各部门经理手中,同时他们还在公司的内部网上发表了关于开展问卷调查的通知,要求各部门配合人力资源部的问卷调查,并告知五天后回收。

据反映,问卷下发到各部门之后,很多部门经理并不重视,迟迟没有将调查问卷发下去,直到人力资源部催收时才下发问卷。由于时间紧迫,很多人在拿到问卷之后,草草填写完事,还有很多人在外出差或任务缠身,自己无法填写,而由同事代笔。此外,据一些较为重视这次调查的员工反映,大家都不了解这次问卷调查的意图,也不理解问卷中那些生疏的治理术语,何为职责、何为工作目的。很多人想就疑难问题向人力资源部进行询问,可是也不知道具体该找谁。因此,在回答问卷时只能凭借个人的理解来进行填写,无法把握填写的规范和标准。

五天后,人力资源部按时收回了问卷。但他们发现,问卷填写的效果不太理想,有些问卷填写不全,有些问卷答非所问,甚至还有一部分问卷根本没有上交。在进行问卷调查的同时,人力资源部也着手选取一些职位进行访谈。但在试谈了几个职位之后,发现访谈的效果也不好。因为在人力资源部,能够对部门经理访谈的人只有人力资源部经理一人,主管和一般员工都无法与其他部门经理进行沟通。同时,由于经理们都很忙,能够把双方凑在一块,实在不易。因此,两个星期过去之后,只访谈了两个部门经理。

人力资源部的几位主管负责对经理级以下人员进行访谈,但在访谈中,出现的情况却出乎意料。大部分时间都是被访谈人在发牢骚,指责公司的治理问题,抱怨自己的待遇不公等。而在谈到与工作分析相关的内容时,被访谈人往往又言辞闪烁,顾左右而言他,似乎对人力资源部这次访谈不太信任。访谈结束之后,访谈人都反映对被访谈工作岗位的熟悉还是停留在模糊的阶段。这样持续了两个星期,访谈了大概1/3的职位。张经理认为时间不能拖延下去了,因此决定开始进入项目的下一个阶段——撰写工作说明书。

可是,各职位的信息收集还不完全。人力资源部在无奈之中,不得不另觅它途。于是,他们通过各种途径从其他公司收集了许多工作说明书,试图以此作为参照,结合问卷和访谈收集到的一些信息来撰写工作说明书。在撰写阶段,人力资源部还成立了几个小组,每个小组专门负责起草某一部门的工作说明,并且还要求各组在两个星期内完成任务。在起草工作说明书的过程中,人力资源部的员工都颇感为难,一方面不了解别的部门的工作,问卷和访谈提供的信息又不准确;另一方面,大家缺乏相关撰写经验,因此,写起来都很吃力。有些人为了交稿,不得不急忙东拼西凑一些材料,再结合自己的判定,最后成稿。

一个月的期限到了,职位说明书最终出台并提交总经理,总经理批示由人力资源部组织实施。于是,人力资源部将新的工作说明书下发到各部门,同时,还下发了一份文件,要求各部门按照新的工作说明书来界定工作范围,并按照其中规定的任职条件来进行人员的招聘、选拔和任用。但这却引起了其他部门的强烈反对,很多直线部门的治理人员甚至公开指责人力资源部的做法完全不符合实际情况。

因此,人力资源部与相关部门召开了一次会议来推动工作说明书的应用。张经理本来想通过这次会议说服各部门支持这次项目。但结果却恰恰相反,在会上,人力资源部遭到了各部门的一致批评。同时,人力资源部由于对其他部门不了解,对于其他部门所提的很多问题,也无法进行解释和反驳,因此,会议的最终结论是人力资源部重新编写工作说明书。随后,经过多次重写与修改,工作说明书始终无法令人满意。最后,这次工作分析项目不了了之。

人力资源部员工在经历了这次失败的项目后,对工作分析彻底丧失了信心。他们开始认为,工作分析只不过是"雾里看花,水中望月",说起来挺好,实际上却没有什么大用,而且认为工作分析只能针对西方国家那些治理先进的大公司,拿到中国的企业来,根本就行不通。原来充满热情的张经理也变得灰心丧气,但他却一直对这次失败耿耿于怀,对项目失败的原因也是百思不得其解。

那么,工作分析真得是他们认为的"雾里看花,水中望月"吗?该公司的工作分析项目为什么会失败呢?

问题:

1. 该公司为什么决定从工作分析入手来实施变革,这样的决定正确吗?为什么?
2. 在工作分析项目的整个组织与实施过程中,该公司存在哪些问题?
3. 该公司所采用的工作分析工具和方法主要存在哪些问题?

【模拟实践】

模拟编制人力资源部总经理岗位工作说明书

背景材料：

1. 部门主要职责概述 调整人力资源的配置规模以符合公司发展战略的需要,调整个人及团体的行为特征以适应企业内外环境的变化,控制人力资源成本的投入,提高人力资本的使用效率,创造良好的人才环境,为企业竞争能力的提升提供人力支持。

2. 岗位主要职责概述 该岗位的职责主要是根据集团公司有关的人力资源管理政策规定和公司的发展战略目标,全面负责公司的人力资源规划、招聘、考核、任用、奖惩、晋升、教育培训、薪酬管理等工作,提升公司人力资源管理效率,为公司核心竞争能力的提升创造良好的内部环境。

3. 部门设置岗位 部门岗位设置为:培训中心主任、社保主管、薪酬主管、员工管理主管、工时定额主管。

4. 部门人员编制 部门人员编制12人。

模拟练习：

1. 请根据上述情景,编制一个人力资源部总经理岗位工作说明书,以规范该岗位的相关要求。

2. 要点提示

(1) 规范岗位名称,明确管理关系、所属部门,规范岗位编号。

(2) 描述岗位职责概要。

(3) 描述主要工作职责及日常工作。

(4) 明确工作关联关系及任职资格要求。

(5) 描述工作条件和环境要求。

(6) 明确培训需求。

3. 注意事项

第一,主要职责描述不超过7项,根据责任程度选择动词,全责用"负责"开头,部分用"协助、配合"开头。

第二,日常工作描述应具体到每一项具体任务。

第三,任职资格要求为最低要求。

（饶惠霞 饶远立）

第 3 章　人力资源规划

本章要点

1. 人力资源规划的概念
2. 人力资源规划的内容
3. 人力资源规划的分类
4. 人力资源规划的作用
5. 人力资源规划的程序
6. 组织人力资源需求预测
7. 组织人力资源供给预测
8. 组织人力资源供需平衡

导入案例

A镇医院如何为其新战略配备人才？

　　位于珠江三角洲的A镇医院是一所集医疗、预防、保健、康复于一体的一级甲等综合性医院，是医保定点医院，1996年被评为爱婴医院，同时也是婚前医学检查定点单位，肩负着全镇数万人的医疗保健任务。现有在职职工183人，其中高级职称13人，中级职称30余人，本科以上学历20余人，专科学历50余人，医生60人，护士70人，医技人员20余人，行政管理人员10余人。医院现有病床130张，年门诊人次25万左右，年住院人次4000左右，年业务收入3000余万元。A镇医院开设的诊疗科目包括预防保健科、内科、外科、妇产科、儿科、眼科、耳鼻咽喉科、口腔科、皮肤科、传染科、急诊医学科、康复医学科、麻醉科、医学检验科、病理科、医学影像科、中医科等，有五个职能科室，分别是办公室、医务股、计财部、护理部、预防保健部。

　　A镇医院是该镇最大的医院，主要以常见病、多发病的诊疗为主，因为当地居民以及打工者比较多，所以A镇医院经营效果也还可以。但是由于金融危机的影响，当地打工者大量回流，而且由于当地交通发达，从该镇到附近几个三甲医院只要半个小时的车程，而附近几个以疑难杂症治疗为主的三甲医院为了应付危机，也开始向常见病、多发病市场拓展，再加上社区卫生服务中心也在争夺常见病、多发病市场，A镇医院感到空前的压力，于是该院院长在对当地医疗市场进行仔细分析的基础上，经过院里多次开会讨论，决定成立医院营销部门，大力进行宣传推广，同时打算根据市场需求和自身优势，抓住市场空白，重点发展中西医结合肾病科和中西医结合妇科，走大专科小综合的路子，并且通过改善服务质量，适当降低医疗服务总费用等方式来争夺患者，开拓市场。

　　现在的问题是A镇医院原来以常见病、多发病为主，基本是等患者上门，要发展专科，不但医学人才严重不足，具有医学知识和营销知识的人才也没有，医护人员具有公立医院服务态度差的通病，这样的人才队伍在原来的环境中维持现状还勉勉强强，要在金融危机的环境中完成医院大专科小综合的目标就显得力不从心。A镇医院必须通过外部引进和内部培养等多种方式，提升人力资源的数量和质量，才能完成这个目标。

　　你认为，为了达到建设大专科小综合型医院的目标，A镇医院应该在人才培养和引进方面进行哪些规划？制定哪些配套的人力资源管理制度？

第一节 人力资源规划概述

一、人力资源规划的概念

规划有两个含义,一是名词,指"比较全面的长远的发展计划",另一个是动词,指"做规划"。"人力资源规划"中的"规划"是动词,指的是做人力资源方面的比较全面而长远的发展计划。具体而言,人力资源规划是指一个组织根据本组织的战略目标和人力资源现状,为了满足组织实现其战略目标对人力资源数量和质量的要求,在科学地预测未来环境中人力资源的供给和需求变化的基础上,制定的本组织获取、保持、利用、开发人力资源的计划,以确保组织战略目标的实现和个人价值的体现。

正确理解上述定义,必须把握以下几点:

(1) 人力资源规划的目的是为了从人的角度满足组织战略目标的实现,组织的战略目标是人力资源规划的基础,当组织的战略目标发生变化时,人力资源规划也要随之发生变化。

(2) 人力资源规划是有层次的,组织的内外环境处于不断变化之中,组织的战略目标也要随之进行调整,对人的需求也会产生变化,所以,人力资源规划也要随着组织战略目标和组织内外环境的变化而进行调整,确保组织战略目标的实现。因此,组织不但要有长期的人力资源规划,也要有中期和短期的人力资源规划。

(3) 为了确保人力资源规划的实现,组织必须在其他人力资源政策上予以配套,如招聘、培训与开发、薪酬与绩效管理、企业文化、劳动关系等方面。

(4) 人力资源规划强调的是确保组织战略目标实现的同时要实现员工的个人价值,因为如果员工没有得到个人价值的实现,积极性和忠诚度会下降,组织也难以实现其战略目标。所以,现代人力资源管理理论强调的是实现组织和员工的双赢。

二、人力资源规划的内容

从内容上看,人力资源规划包括两个层次,即总体规划和各项业务规划。人力资源总体规划是指在规划期内人力资源管理的总目标、总政策、实施步骤以及总预算安排。具体来说,总体规划中最主要的内容包括:①供给和需求的比较结果,即净需求。②规划期内组织关于各种人力资源需求和人力资源配置的总体框架、重要方针和政策。③人力资源投资预算。

人力资源业务规划指的是总体规划的进一步细化和展开,包括人员补充计划、使用计划、晋升计划、教育培训计划、薪酬计划、劳动关系计划等,如表3-1。

表3-1 人力资源业务规划的内容

规划名称	目标	政策	预算
人员补充计划	合理的人力资源数量与结构,较高的员工绩效	人员资格标准、人员的来源、起点待遇等	招聘费用
人员配置计划	优化人力资源结构,提升绩效	任职条件、职务轮换的范围和时间	按使用规模、类别和人员状况决定工资福利
人员接替和提升计划	后备人员数量、质量和结构合理,有序晋升	选拔标准、资格、试用期、提升比例、未提升人员安置	职务变动引起的工资变化
培训与开发计划	提升员工素质、转变员工劳动态度	培训计划的安排、培训时间和效果的保证	培训与开发总投入
薪酬激励计划	降低离职率、提升士气、改善绩效	薪酬政策	薪酬增加额
员工关系计划	改善劳动关系、提高工作效率	民主管理、加强沟通	法律诉讼费用
退休解聘计划	降低劳务成本、提高劳动效率	退休政策、解聘程序等	安置费用

三、人力资源规划的分类

1. 按规划的独立性划分　按人力资源规划是否独立进行来划分,可以将人力资源规划分为独立性的人力资源规划和附属性的人力资源规划。独立性的人力资源规划是将人力资源规划作为一个专项工作来做,类似于市场、生产、研发等职能部门的职能战略计划。附属性的人力资源规划指的是并不单独进行人力资源规划,而是在规划整体战略的时候一起进行,规划结果作为企业整体战略的一个部分,不单独列出。独立性的人力资源规划往往比较详细,附属性的人力资源规划则相对比较简单。

2. 按规划的范围来分　按照规划的范围,可以将人力资源规划分为整体性人力资源规划和部门性人力资源规划,整体性人力资源规划是对组织的所有部门进行的人力资源规划,部门性人力资源规划是针对一个或者几个部门进行人力资源规划。整体性人力资源规划是部门性人力资源规划之和,但是二者并没有从属关系,企业往往会根据实际需要确定是做整体性人力资源规划还是做部门性人力资源规划。

3. 按规划的时间长短分　人力资源规划按照规划的时间,可以分为长期、中期、短期的人力资源规划。长期人力资源规划是指五年及五年以上的人力资源规划;短期的人力资源规划是指一年以及一年以内的人力资源规划;中期的人力资源规划是介于两者之间的人力资源规划。长期的人力资源规划因为涉及时间比较长,所以往往是战略性的,并不很详细,要随着内外环境的变化进行调整;短期人力资源规划因为时间较短,目标比较明确,往往比较具体,操作性比较强;中期人力资源规划则介于两者之间,既具有一定的指导性,但是又不是很具体,具有战术性的特点。

四、人力资源规划的作用

人力资源规划总体来说是从人力资源的方面保证组织战略目标的实现,具体而言,人力资源规划有以下作用:

1. 人力资源规划有助于组织发展战略的制定　前面已经提到,人力资源规划的目的,是从人力资源的角度保证组织战略目标的实现,但是实际上,它同时又是组织发展战略制定的依据,因为组织发展战略的制定必须考虑到组织的内部因素,而人力资源状况以及将来的人力资源供求关系等是制定组织发展战略需要考虑的主要内部因素之一。如果预测的人力资源供给无法满足设定的目标,就必须对组织的战略和规划进行相应的调整。所以,做好人力资源规划有助于组织战略目标的制定。

2. 人力资源规划有助于组织保持人员状况的稳定　人力资源规划的制定,要了解组织内部人力资源现状,包括人力资源总量、类别、年龄结构、相对充裕度等,也要了解外部环境中的人力资源供求关系,这对于发现组织内部人力资源利用状况,以及了解外部是否有优秀的人才,都非常有好处,从而可以促进组织对人力资源的合理利用。同时,组织是在不断变化的环境下运作的,组织内部也在不断变化,这些变化都要求组织不断对其经营计划进行调整,以应付组织内外部环境的变化,这些调整必然涉及人力资源的调整。同时,组织内部人力资源也在不断调整之中,如离职、退休等,这些都要求组织提前了解这些变化,并制定相应的对策,这正是人力资源规划的功能,所以,人力资源规划有助于组织保持人员状况的稳定。

3. 人力资源规划有助于组织降低人工成本　人力资源是组织最重要的资源,组织在人力资源方面的支出可看做是一种投资,任何组织都会追求以最小的投入带来最大的回报,所以,尽力节省组织在人力资源方面的支出,必然成为组织的一个优先选择,因此,保持组织内部人力资源质量和数量上的合理性,避免组织在人力资源方面的浪费是组织的必然选择。人力资源规划能够帮助组织实现人力资源的合理配置,避免人力资源的浪费,减少组织在人力资源方面的不合理开支,从而节省组织人力资源费用,提高人力资源使用效率。

4. 组织的人力资源规划对人力资源管理的其他职能具有指导意义 人力资源规划是组织的人力资源战略的体现,是组织制定各种具体人事政策的基础。组织的人事政策对组织的发展影响甚大,而且调整起来很困难,牵涉多方面的问题。为了使组织的各项人事政策准确,符合组织的实际情况,必须了解组织的人力资源现状,以及人力资源的供需关系,人力资源规划不但能够提供这些信息,而且能够指导组织各项人事政策的制定和执行,使组织各项人事政策符合组织所处的内外部环境的要求。所以,组织的人力资源规划对人力资源管理的其他职能具有指导意义。

5. 人力资源规划对员工具有激励作用 组织的人力资源规划表明了组织未来对各个层次的人力资源需求,员工可以参照人力资源规划,对自身的职业生涯规划进行设计。因此,人力资源规划能够充分调动员工的积极性和主动性,增强组织的凝聚力。人力资源规划的这种激励作用可以避免员工因对自己的职业生涯模糊而感到的焦虑紧张,也可以避免员工因为看不到希望而跳槽的事情发生。

五、人力资源规划的制定程序

人力资源规划的制定分为五个阶段,见图3-1。

1. 组织内外部情况调查阶段 这个阶段主要对组织所处外部环境如经济、政治、文化、社会环境等进行调查,同时对组织内部情况如组织的战略目标、组织结构、组织内部的人力资源状况等进行调查,为人力资源规划的编制打下基础。

(1) 组织外部情况调查:主要内容是对组织所处地域的社会环境如政治、经济、人口、文化、法律、教育等方面的情况进行调查,尤其是要了解当地的市场竞争状况、劳动力市场供求状况、相关政策、劳动力的择业期望和倾向等。

(2) 对组织内部的情况调查:主要调查三个方面,一是调查组织的战略目标、任务、要达到的目的;二是要调查组织的结构、管理机制、组织文化等;三是要调查组织内部的人力资源现状,包括人力资源素质结构、人员的损耗与流动、人力资源成本、人力资源政策、人员需求状况等。

2. 人力资源预测阶段 人力资源预测分为需求预测和供给预测,后者又分为组织内部人力资源供给预测和组织外部的人力资源供给预测。根据组织结构和组织未来发展目标,以及劳动生产率等因素,可以预测组织未来人力资源的质和量的需要。同时,根据组织内部的人力资源政策,现有人力资源状况和结构,以及外部人力资源供给状况,可以预测组织内外的人力资源供给状况。需求与供给之间如果有差距,就必须用招聘、培训、解雇等方式予以解决,使组织达到人力资源质和量的供求平衡,这一部分要用到各种预测技术。

3. 制定人力资源规划阶段 在人力资源预测的基础上,得出组织未来人力资源的供给和需求之间的差距,就要制定人力资源规划,使之能够达到平衡。首先要制定一个人力资源管理与开发的总体规划,在此基础上再制定各项业务计划和相应人力资源政策,从人力资源的角度保证组织目标的实现。人力资源的总体规划是指在规划期内人力资源管理和开发的总目标、总政策、总预算安排以及实施步骤,各项业务计划包括人力资源补充计划、使用计划、晋升计划、教育培训计划、薪酬计划、绩效计划、退休计划等,是总规划的进一步展开和细化。

4. 实施人力资源规划阶段 人力资源规划的实施阶段既要注意按照规划要求执行,同时要注意收集相关资料,对总体规划和各项业务规划进行检验,为规划的评估和反馈以及必要时候的调整做好准备。

5. 人力资源规划的评估与反馈阶段 因为组织的内外环境经常变化,再加上在规划过程中,由于各种主客观条件的限制,也有可能存在预测不准确等问题,所以必须经常对组织的各种规划进行评估和反馈,以确保它们能适应不断变化的环境,在动态的环境中确保组织目标的实现。对组织的人力资源总体规划和各项业务规划也必须不断进行评估、反馈和调整,以确保组织目标的实现。

在对人力资源规划进行评估的过程中,最重要的是看组织是否有效地避免了潜在的人力资源短缺和剩余的情况出现,而且要深入了解是人力资源规划的哪一部分导致了规划的成功或者失败。除此之外,在评估的过程中还要注意哪些因素影响了规划的顺利实施及实施的效果,如组织的决策者对人力资源规划的重视程度和利用程度,人力资源规划的制定者与各项业务部门主管之间的工作关系,规划期内劳动生产率的变化等。

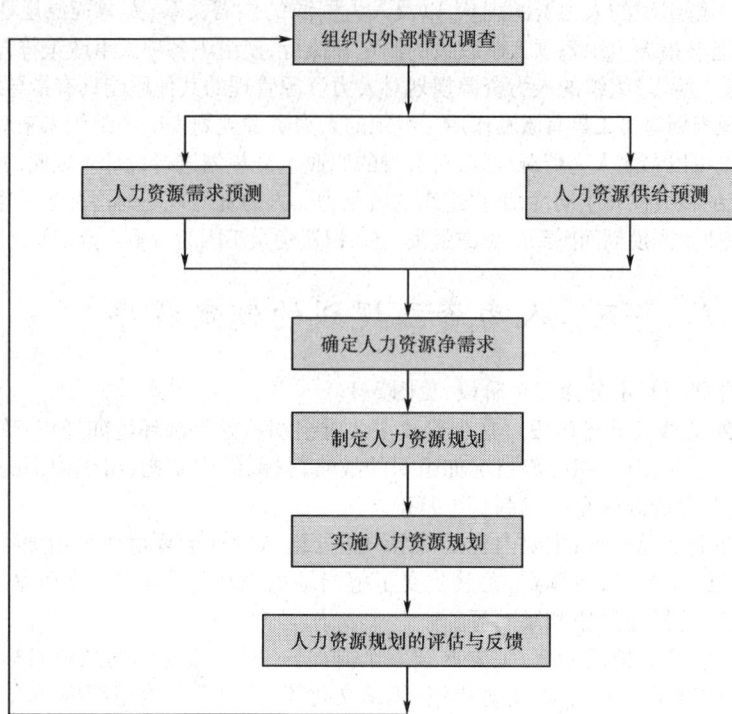

图 3-1　人力资源规划的程序

【实践中的人力资源】

美达公司对外贸人才的培养

　　广州美达医用耗材有限公司位于广州郊区,交通便利,专业从事一次性医用耗材及相关高分子制品的研制和生产。公司的主要产品为一次性使用输氧湿化装置(氧气湿化瓶)、一次性使用负压引流装置、一次性使用吸氧管、一次性使用备皮包、口腔器械盒、咬口材料包、一次性使用PE手套以及培养皿、换药杯等。公司的产品一半以上供出口,原来主要是通过广州市外贸公司出口,但是由于外贸公司对于这种医用耗材相关产品以及客户的需求了解不是很多,所以产品外销的渠道一直不是很通畅。2001年中国加入WTO后,外贸政策有了很大的改变,一般的公司也可以直接从事外贸业务。考虑到该公司医用耗材的质量以及价格优势,在国际市场上有很大的竞争力,而且公司直接从事外贸工作对客户的开拓更为方便,于是公司决定成立一个外贸部门,直接从事外贸业务。在制定人员配备计划时发现,这类人才很难寻找。美达公司的产品特点,要求他们的外贸人员不但要懂英语和外贸知识,而且要对医疗行业和医用耗材很了解,这类人才直接在人才市场招聘非常不容易。因此,公司开始通过两个途径来配备人才:一方面,公司原来负责外贸业务的人员毕业于医学院校,对公司的产品和市场都比较熟悉,但是外贸知识和英语能力还不具备直接跟国外的客户打交道的能力,公司打算派他们进行短期的进修,系统学习外贸知识;另一方面,公司开始着手到医学院校招聘外语优秀的毕业生,并计划将他们送到国际贸易系进行短期的理论训练,再派到原来有业务联系的广州市外贸公司进修半年。待这些人才经过这样的培训之后,公司再开始正式成立外贸部门,直接从事外贸工作。

第二节 人力资源预测

要为组织战略目标的实现配备人力资源,首先必须对将来组织的人力资源供需情况进行预测,人力资源预测分为需求预测和供给预测,供给预测又分组织内部供给预测和组织外部供给预测两个部分。

一、人力资源的需求预测

组织的人力资源需求预测是在综合考虑组织的战略目标、组织结构、管理体制、组织文化、各部门的业务计划和业务发展水平、各工作岗位的工作要求以及劳动生产率等因素的情况下,对组织未来所需的人力资源种类和数量进行估算。

1. 影响组织人力资源需求预测的因素 影响组织人力资源需求预测的主要因素有组织的战略目标、组织结构、组织的管理能力和业务水平、社会环境等。

(1) 组织的战略目标:组织的战略目标直接决定了组织将来要达到什么目标,以及通过何种方式达到这些目标,同时也从根本上决定了组织的业务,是影响组织未来人力资源需求最重要的因素。

(2) 组织的管理能力和业务水平:组织的管理能力和业务水平,一方面直接影响到组织的生存和发展能力,另一方面也直接决定了组织的效率,如果组织的战略目标不变,组织的管理能力和业务水平越高,所需的人员数量就会下降,所以组织的管理能力和业务水平直接影响到组织的人员需求。

(3) 组织结构:组织结构是影响组织人员需求的重要因素,因为组织内部结构直接决定了各种岗位、人员之间的比例关系,如果因为内外部环境的变化,组织要增减部门,组织对人员需求的变化就直接跟组织结构有关。例如,一所医科大学要增加一个学院,必然会按照此学校对学院的组织结构进行人员配置,所以,在进行人力资源规划和配置的时候,必须考虑到组织结构。

(4) 劳动生产率:组织内部劳动生产率的变化,直接影响到组织的人力资源需求,所以,引起组织内部劳动生产率变化的因素,如工作中操作方法的改变,操作程序的变化,生产工艺、劳动工具的改变等,都会对人力资源需求产生重要的影响,也是预测组织人力资源需求时必须考虑的因素。

(5) 社会对组织所提供产品和服务的需求量的变化:社会对组织所提供产品和服务的需求量的变化,直接决定了组织的业务量,也就会影响到组织的人力资源需求。社会对组织所提供的产品和服务的需求量的变化,跟产品和服务的需求收入弹性有关,也跟整个社会甚至国际环境的经济形势有关。

(6) 其他因素:影响组织的人力资源需求的其他因素包括人类社会科技的进步,组织的财政状况,竞争对手的人力资源需求状况,政府跟人力资源相关的政策法规等,这些因素都会对组织的人力资源需求产生影响。

2. 人力资源需求预测方法 人力资源需求预测方法分为主观预测法和定量分析预测法两大类,下面介绍一些常用的方法。

(1) 主观预测法:主观预测法是一种较为简单,因而也比较常用的方法,这些方法是由有经验的专家或管理人员根据直觉进行预测的,其精确程度主要取决于专家的个人经验和判断能力。

1) 部门判断法:这种方法主要利用管理人员的经验进行预测,具体方法是:在人力资源部门的统一组织下,各部门主管根据组织的规划、本部门的发展规划、本部门的任务、劳动生产率、人员流动性等因素综合考虑,确定本部门在预测期内对人力资源的种类、数量和质量的需求,上报人力资源管理部门,由人力资源管理部门综合考虑各种因素,最终确定本组织的人力资源总需求和各部门的人力资源需求量。

2) 德尔菲法:德尔菲法是利用专家集体的力量来进行预测的方法,但是它能够避免将专家集中在一起,在面对面的情况下人际关系、群体压力等因素对预测结果的影响。德尔菲法的特点是专家在背靠背,互不通气的情况下进行预测,他们之间的信息传递完全依靠组织者来进行。德尔菲法的具体操作方法如下:

组织者选择对组织内部因素和组织所在行业的情况都非常了解的专家,这些专家可以是组织内部的,也可以是组织外部的。组织者将预测的目的、内容和相关资料寄给专家,请专家在一定时间内进行预测,并说明其预测的依据,以书面形式寄给组织者,组织者将汇集起来的专家意见,包括预测数据及相关理由进行整理,并反馈给各位专家,但是在反馈意见中并不标明相关预测结果和理由是哪位专家提出来的,也就是对专家的姓名等资料进行保密,各位专家在收到组织者整理的所有专家的预测结果和理由以后,会对自己的预测进行调整,并说明理由,再反馈给组织者,组织者再整理,寄回给专家。如此反复多次以后,预测结果会逐渐集中于某些区域,这样组织者就会得到相关问题的预测结果。

德尔菲法的预测结果受专家的水平和数量,组织者对预测问题及目的的描述,调查表的设计质量等因素的影响,一般而言,要选择对组织内外环境都很了解的专家,数量在 10~15 人为宜。德尔菲法是一种被广泛运用的预测方法,其好处是能够在避免专家互相影响的情况下广泛收集专家的意见,缺点是费时费力,费用也较高。

3) 名义群体技术:名义群体技术跟德尔菲法有些相似,也限制专家之间的交流和讨论,不同的是专家要集中在一起。具体操作方法如下:

A. 专家组成小组,围坐在桌子旁边,由会议主席提出要预测或讨论的主题,并阐述会议程序和规则。

B. 专家独自写下自己的意见和想法。这一阶段要鼓励大家积极地,有创造性地表达自己的见解。

C. 等大家都完成后,主席让大家轮流阐述自己的观点,并将这些观点记录在一块黑板上,注意要将所有的想法表达清楚并记录下来,这一阶段不进行任何讨论。

D. 群体讨论阶段。每位专家都可以针对这些意见本身进行讨论,但是不允许涉及提出此意见的人。这个阶段的目的是明确、扩展和评价每一种意见。

E. 每位专家按自己的意愿独立地对提出的所有意见进行排序。

F. 综合排序最高的那种意见被作为最后的预测结果。

名义群体技术能集思广益,而且耗时较少,成本较低,和德尔菲法一样,都是专家估计法中常用的技术。

(2) 定量分析方法

1) 工作负荷法:这是一种比较简单的定量分析预测方法。凡是所需时间和所需工时可以计算的部门或工作,都可以采用这种方法来预测人力资源需求。具体办法是:先根据历史数据等资料,算出某一特定工作每单位时间每人的工作负荷,再根据工作计划(或劳务目标),计算出需要完成的总工作量,然后根据前一标准,折算出所需的人力资源数量。例如:某医科院校的卫生事业管理教研室,根据新修改的教学计划,每年的教学任务为 648 学时,而根据有关标准,高校教师在教学方面的课时任务为每年不少于 200 学时,如果此学校非常重视科研,教师在教学方面以每人每年平均200 学时为标准,则可以算出此教研室在实行新的教学计划后所需教师为 3 人。

2) 趋势预测法:趋势分析实际上是最简单的回归分析法,即一元线性回归,它根据组织或组织中某个部门员工数量的变动趋势来预测未来的人力资源需求量。当组织中人力资源的历年数据呈较有规律的近似直线分布时,可以用这种方法。趋势分析法以时间等单个因素为自变量,人力资源数量为因变量,其基本的计算方式为$y = a + bx$。这种方法比较简单,但是必须在组织内外环境保持不变,组织的人力资源增减趋势不变的情况下使用,否则就不准确。

例:某医院过去几年的人员数据如表3-2,请预测今后第二年和第四年的人力资源需求量。

表3-2 某医院各年度人员数量

年度 x	1	2	3	4	5	6	7	8
人数 y	450	455	465	480	485	490	510	525

根据公式:

$$\begin{cases} a = \dfrac{\sum y_i}{n} - b\dfrac{\sum x_i}{n} \\ b = \dfrac{n\sum x_i y_i - \sum x_i \sum y_i}{n\sum x_i^2 - \left(\sum x_i\right)^2} \end{cases}$$

求得:$a = 435.36$

$b = 10.48$

由此可得,$y = 435.36 + 10.48x$

则 $y_{10} = 540.12 \approx 540$

$y_{12} = 561.07 \approx 561$

即此医院今后第二年的人力资源需求量为540人,第四年为561人。

3)多元回归分析法:组织中人力资源需求量的变化总是跟多个因素相关的,我们找出并确定这些因素,并找到它们之间的关系,就可以通过这些因素来确定将来组织的人力资源需求量,这是一种多元回归的方法,不再通过时间或产量等单个因素来确定人力资源的需求,而是将多个相关因素作为自变量。这个方法有四个步骤:

A. 确定适当的与人力资源需求量相关的组织因素,这些因素不但要跟人力资源需求量有很强的相关关系,而且要跟组织的基本特性直接相关。

B. 找出这些组织因素和人力资源需求量的历史数据。

C. 用回归的方法找出这些因素跟人力资源需求量之间的关系。

D. 根据现有的各种资料,计算出这些跟人力资源需求量相关的组织因素的预测值,再根据这些值以及这些因素跟组织人力资源需求量之间的关系,算出未来组织人力资源需求量。

现实生活中,组织的人力资源需求往往跟多个因素有关,而且其关系往往是非线性的。如果能找到相关的历史数据,结合计算机及SPSS等统计软件的应用,往往使得确定这些因素跟人力资源需求量之间的关系比过去容易得多,如果能预测出这些因素将来的量,就可以根据这些变量跟人力资源需求量之间的关系预测人力资源需求量。我们用一个医院的护士需求量和医院床位数之间关系的例子来说明,为了简单起见,我们仅探寻护士需求量跟病床数之间的关系,而且采用线性回归的方法。

珠江三角洲某镇医院改革开放后发展很快,这些年病床数增加很多,已经成为一个三甲医院,下面是该医院病床数跟护士数量的历史数据,该医院打算三年后将病床数扩展到850张,请预测需要多少护士,见表3-3。

表3-3 某医院病床与护士数据

病床数	200	300	400	500	600	700	800
护士数	180	270	345	460	550	620	710

以病床数为自变量x,以护士数为应变量y,利用上述数据,采用一元线性回归方程的计算方

法 $y = a + bx$，可以得出护士数与病床数之间的关系为：$y = 2.321 + 0.891x$，可算出当病床数 $x = 850$ 的时候，需要护士759.67，即760人。

需要说明的是，多元回归分析法的使用有一个前提，就是组织的内外环境没有太大变化，也就是说与人力资源需求量相关的因素与人力资源需求量之间的关系是稳定的，只有这样，利用历史数据算出人力资源需求量跟各种相关因素之间的变量关系才可以用于对未来人力资源需求量的预测。

二、人力资源供给预测

组织预测了人力资源需求以后，就要了解怎样来保证这些需求量的满足，也就是人力资源的供给。对组织人力资源需求的满足，可以通过两个途径，即组织内部人力资源供给和组织外部的人力资源供给。

1. 组织内部人力资源供给预测　虽然从理论上来说，组织内部的人员需求可以通过内部供给和外部供给两个途径来满足，但是一般而言要优先从内部招聘，一方面，组织对内部员工非常熟悉，招聘过程简便，成本也小，内部员工也能比外部员工更快地适应新的岗位；另一方面，从内部招聘可以激励员工，调动员工的积极性。组织内部的人力资源供给常比外部的人力资源供给更具优势。

一般只有在下列情况才考虑从外部补充人员：组织内部没有合适人选时；组织所需的工作人员属于最基层的工作人员时；组织希望补充新鲜血液，促进组织的新陈代谢时；组织为发展业务或开拓新的业务领域，有较大的人力资源需求时。

（1）组织内部人力资源现状分析：要预测组织内部的人力资源供给，首先要对组织内部的人力资源数量、结构等进行分析，而且要考虑组织在未来规划期内可能的人员变动情况，尤其是要对人力资源的损耗水平做出合理的估计，否则就无法获取科学的预测结果。

这里的人力资源损耗指的是人力资源的有形损耗，如员工因退休、离职、自然死亡、工伤等原因离开组织的情形，这些因素导致的人员损耗是无法避免的，在做人力资源供给预测时必须充分考虑到这些因素，否则预测难以准确，而且，过高的人力资源损耗往往意味着组织在人力资源管理方面存在问题，必须进行改进。

1）现有工作人员结构分析：现有工作人员的结构分析有助于对组织的人力资源有更深入的了解，常用的分析方法是针对其专业技能、年龄、学历、工作年限、职称、工作类别等进行分析，通过这些分析，可以了解组织内部员工的年龄结构、学历结构、职称结构等非常有用的资料，也比较容易看出组织内部员工在结构方面的问题，以便进行改进。比如，分析医院中医生与护士之间的比例关系，医护人员与行政后勤人员之间的比例关系，就可以看出医护比例是否恰当，是否需要引进更多的护士或者医生？分析医护人员与行政后勤人员之间的比例关系就可以看出行政后勤人员是否过多等问题。分析组织内部人员的年龄结构，对于了解员工退休以及人员补充也很有帮助。

2）人力资源损耗的估算

A. 离职率：离职分为主动离职和被动离职，主动离职是指员工出于自身的意愿主动离开组织的行为，主要是指员工的辞职或者"跳槽"。被动离职指的是企业对员工的解雇行为。离职是导致组织人力资源损耗的主要原因。离职率是用来衡量离职的主要指标，在通常的情况下，离职率是以某一单位时间的离职人数除以该单位时间内员工的平均人数来计算的。

$$离职率 = \frac{在同一年内离职的人数}{某一年内平均职工人数} \times 100\%$$

B. 留任率：留任率是指在组织工作若干年后每年留在组织的员工与当初进入组织的员工的比，用来衡量组织内员工留任情况，是人员稳定性的指标。

$$留任率 = \frac{一定期间后仍在职的员工人数}{当初进入组织的员工人数} \times 100\%$$

如果以横轴表示时间,纵轴表示留任率,就可以得到留任曲线,如图 3-2,留任曲线可以表示过去一段时间内人力资源的稳定性趋势,若留任率低,就表示组织员工流动性大,显示组织在管理方面必须进行改进。

一般而言,在员工进入组织的前两年流动性比较大,以后就会逐渐稳定,流动性会减小。这是因为在员工刚开始进入组织的前两年,不能适应新的工作环境、工作要求和人际关系等,离职

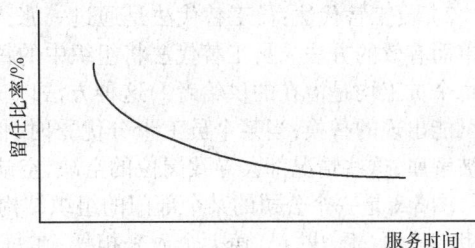

图 3-2　留任曲线

率较高,甚至达到一个高峰,但是在新员工过了适应期,进入胜任阶段以后,往往就不会主动轻易离职。

(2)人力资源供给预测方法

1)技能清单法:技能清单法是设计调查表对员工进行调查的方法,了解员工的教育水平、培训背景、以往的经历、技能特长和其他跟工作相关的信息,并将其输入电脑,形成组织内部的人力资源资料库,在组织需要的时候,随时可以进行调用,表 3-4 是常用的一种技能调查表。

表 3-4　员工技能调查表

姓名		职位		职称	
出生年月		婚姻状况		工龄	
工作经历	时间	单位		职位	
教育背景	学历	学校		专业	毕业时间
技能	技能种类			所获证书	
培训背景	培训主题		培训机构		培训时间
主管评语					
人事部门主管评语					

使用技能调查表要注意几个问题:①为了使调查更有针对性,可以设计专门针对管理人员

的管理技能调查表和针对普通员工的技术技能调查表两类。②技能调查表必须如实填写。③技能调查表必须1~2年填写一次,以保证员工档案资料的及时性与准确性。

2) 员工替代法:员工替代法是通过一张人员替代图来预测组织内的人力资源供给的一种简单而有效的方法。员工替代法将组织中的每个工作岗位均视为潜在的工作空缺,而该职位下的每个员工均是潜在的供给者。这种方法以员工的绩效为依据来显示组织中潜在的职位空缺和可能出现的替换,当某个员工十分优秀时,他可能会被提升,当某个员工的绩效很低时,他可能被解雇,这些情况都会导致岗位的空缺,空缺的岗位将由其下属来填补。

图3-3是一个公司的某个部门的组织结构图,这个部门有七个职位:X、Y、Z、M、N、H、I,分别由甲、乙、丙、丁、戊、己、庚七个人来担任,在每个职位后面有两个方框,上面的方框表示此员工能调动的岗位及适应新岗位的时间,下面的方框中记录了该员工可以晋升的职位以及晋升所需要的时间。如乙可以调到C岗位,适应时间为0.3年,也可以晋升到X岗位,适应时间为0.5年,而丁既不能调动,也不能晋升。这种员工替代图要为每个部门的主管位置准备后备人才,要评价其他人调入这个岗位的可能性及所需要的时间,以便某个岗位有空缺,尤其是突然的空缺(如辞职、重病或死亡)时,有继任人选,以保证组织能顺利运转。对于X岗位,下面的三个人乙、丙、丁中,第一继任者为乙,能够比较快地适应此岗位的工作。

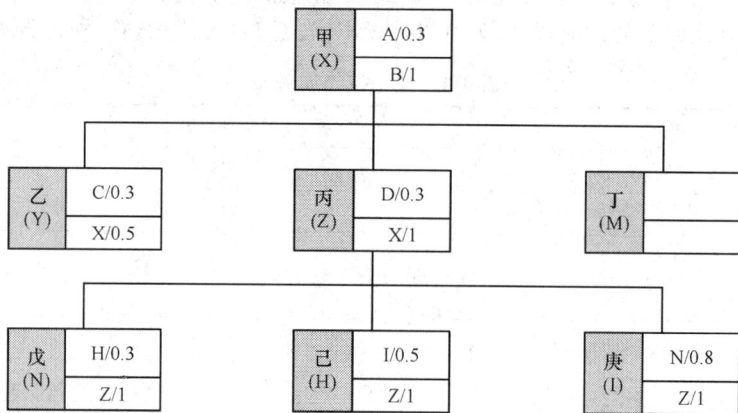

图3-3　员工替代图

通过员工替代图我们可以清楚地看到组织内人力资源供给与需求的情况,为人力资源规划提供了依据,而且可以保证某个人突然离开组织时,可以马上有人紧急补充,整个组织的运作不受太大的影响。另外,员工替代图如果运用得当,还会成为调动员工积极性的有力手段。

3) 马尔可夫转换矩阵法:这种方法的基本思想是,找出组织内过去人员流动的规律,以此来推测组织内部未来人员流动的趋势,其基本假定是组织内部人员流动有一定的规律,这个规律在规划期内不会发生变化。下面我们用某企业员工变动为例加以说明。

在表3-5中,从A到D,表述工作级别从高到低,其中A为最高,D为最低,表中的每一个元素表示从一个时期到另一个时期(比如从某一年到下一年)某个岗位的员工转移到另一个岗位的比例,如AA为0.85,表示在任何一年中,A岗位的员工仍然留在A岗位的有85%,从A岗位离职的员工有15%。BA为0.1表示在任何一年B岗位有10%的员工升迁到A岗位,BB为0.8表示一年后80%的B岗位员工仍然留在原位,B岗位的离职率为0.1表示10%的员工会从B岗位离职,依次类推。

表 3-5　员工转移矩阵表

	A	B	C	D	离职
A	0.85				0.15
B	0.1	0.8			0.1
C		0.1	0.75	0.05	0.1
D			0.15	0.65	0.2

通过各岗位员工流动的概率,在得知各岗位初期员工数的情况下,将各岗位人员流动的概率乘以初级人数,再纵向相加,就可以得出该组织内部未来的人力资源供给量。如表 3-6 所示,当得知此企业 A、B、C、D 初期人数分别为 60、150、500、800 人时,可以预测 A、B、C、D 岗位未来员工的供给数。

表 3-6　组织员工分布情况预测表

	初期人数	A	B	C	D	离职
A	60	51				9
B	150	15	120			15
C	500		50	375	25	50
D	800			120	520	160
预计的供给量		66	170	495	545	234

需要注意的是,马尔可夫转换矩阵法是以假定组织内部人员流动的规律在规划期内不会发生变化为前提的,如果组织内外部的情况发生较大的变化,这个方法将不能使用。

2. 企业外部人力资源供给预测　组织外部人力资源供给预测是对组织外部的人力资源供给情况进行综合性的估计,以满足组织对人力资源的需求。要注意的是,组织外部的人力资源供给受社会环境等多种因素的制约,组织本身对此是难以控制的,只能合理地进行利用,所以,对组织外部的人力资源供给情况要尽早和深入地进行了解,并采取有针对性的措施,使组织在需要补充人员的时候,能够顺利地进行。对组织外部人力资源供给情况的预测,主要考虑以下几个方面:

(1) 本地区人力资源供给总量和人力资源率:它们决定了当地的人力资源供应总量,当地人口数量越多,人力资源率越大,则人力资源供应量就越多。

(2) 本地区人力资源的总体构成:它决定了在年龄、性别、教育程度、技能、经验等层次与类别方面可供应的人力资源数量与质量。

(3) 本地区的地理位置:发达地区、交通方便的地区可以吸引外地的人力资源,人力资源供给量相对比较充足。

(4) 本地区的教育水平:教育水平是影响人力资源质量最重要的因素之一,当地的基础教育和高等教育的发达程度,以及政府与组织对培训和再教育的投入,都直接影响到当地的人力资源的质量。

(5) 行业需求:该组织相同行业对人力资源的需求,以及不同行业对某些专业技术人员的需求,都会影响到该组织外部的人力资源供给量。

(6) 择业心态及价值观:本地区人们的择业心态和对工作的价值观等因素也会对人力资源供给产生影响。

(7) 科技进步:科学技术的进步对于人力资源供应也有深远的影响,因为科技的进步会使大量劳动力从体力劳动中解脱出来,白领员工的需求也会大幅度增加。

(8) 整个国家和当地的经济状况:当经济低迷的时候,失业率上升,人力资源供给量就充足。当经济迅速发展时,就业率高,人力资源供给量就相对减少。

(9)劳动力市场的发育程度:如果劳动力市场发育良好,劳动力可以自由进入劳动力市场,组织和劳动力可以自由地双向选择,劳动力价格机制将有机地调节劳动力的合理流动,这有利于组织从外部补充人力资源,如果劳动力市场发育不健全,将影响到人力资源的优化配置,组织从外部补充人力资源将受到影响。

【实践中的人力资源】

为什么招不到研究生?

2004年,内地某地级市一个制药厂到广州一所综合性大学招聘人才。因为业务的发展,该厂计划招聘一批研究生,尤其是经济学、管理学以及制药工程等专业的毕业生。该厂招聘人员将招聘广告贴在学校研究生楼下面的宣传栏上,对各类研究生的需求人数达到20多人。但是,大家看了待遇之后,都笑笑,摇头走开。原来其吸引人才的待遇仅仅是到职后,厂里为每人安排单间房一间,配备一台台式电脑,一部固定电话,一部手机,因此没有一个人愿意去报名。看来,这个制药厂当年的招聘计划肯定是不能完成了,毫无疑问,这些高素质人才不能到位,必将直接影响到该厂战略目标的实现。

在预测外部人力资源供给的时候,一定要考虑到地理位置等因素。地理位置对于外部人才的供应有非常重要的影响。在经济发达的地区,不仅待遇高,而且发展机会大,对人才,尤其是对年轻人有巨大的吸引力。发达地区不但本地培养的人才不愿离开,而且其他地方的人才还会流入,如北京、上海、广州等城市。偏僻、经济不发达的地区,不但外部人才不愿进入,本地的优秀人才还有流出的可能。

该厂如果在广州本地,也许不需要给这些待遇,一些研究生也会去报名,但是因为该厂在内地,而且是一个地级市,我国在2004年时的研究生总体规模还比较小,要想从广州这样的发达地区吸引人才回去就非常难了。所以该制药厂不但要考虑提高待遇,而且也要考虑到地理位置等原因,在当时的情况下直接招聘研究生难以实现,必须运用从内部培养等多种方式来满足企业对人才的需求。

第三节 组织人力资源供需平衡

分析了组织的人力资源需求和供给后,就要根据需求与供给的状况,编制人力资源规划方案,以平衡人力资源供给与需求。在组织的人力资源供需预测中,供需不平衡的状况主要有三种:①人力资源供给大于需求;②人力资源需求大于供给;③人力资源供需结构失衡。组织必须根据不同的情况,编制相应的人力资源规划,平衡供求关系。

一、组织的人力资源供给大于需求

组织的人力资源供给大于需求,出现人力资源过剩,一般采取以下措施予以解决,见表3-7。

1. 裁员 裁员是解决人力资源供过于求的最直接的办法,尤其是对那些工作态度差、劳动技能低的员工,更是如此。但要注意的是,裁员有很多负面效果,因为这种方式对被裁的员工和留下来的员工都是一个打击,尤其要注意它对在职员工的忠诚度和积极性有非常大的影响,所以,不要轻易裁员。同时,裁员要注意不要违背有关法律法规。

2. 限制雇佣 限制雇佣是指当组织内部出现空缺岗位时,一般不再对外招聘,而是尽量采用转岗等方式从内部补充员工。

3. 提前退休计划　在组织存在人力资源过剩时,组织可以采取一些措施,鼓励员工提前退休,如提前退休仍然按正常退休年龄计算养老保险工龄,给予上涨一到二级工资的奖励等,鼓励那些接近退休年龄而还没有达到退休年龄的员工提前退休。

4. 减少工作时间　在经济萧条或其他原因导致组织运行困难时,组织可以通过减少员工工作时间,同时适当降低其工资水平的方式来解决人员过剩问题,虽然随着工作时间的减少,员工收入降低,但是员工起码可以获得维持生活费用的工资,比失业总要强得多。很多企业采用这种方式来渡过经济状况不好给企业带来的困境。

5. 工作分享　几个员工或多个员工共同分担一个岗位的工作,按工作量分配报酬。这实质上是减少工作时间,降低工作报酬的一种方式。

6. 工作轮换　在员工过剩的时候,组织可以实行岗位轮换,在轮换过程中,将始终有一部分员工接受培训。这一方面可以缓解员工过剩的问题,另一方面也能为组织扩张业务规模准备合适的人才。

此外,组织还可以通过扩大业务量等方式增加对人力资源的需求,从而减缓人力资源供需不平衡状态。

表 3-7　组织员工供给大于需求的平衡方法

	方法	速度	员工受伤害的程度
	裁员	快	高
	减薪	快	高
供给 大于 需求	降级	快	高
	工作分享或工作轮换	快	中等
	退休	慢	低
	自然减员	慢	低
	再培训	慢	低

二、人力资源需求大于供给

当组织的人力资源需求大于供给,出现人员短缺时,一般采取以下措施,见表3-8。

1. 向社会招聘　组织人力资源需求大于供给时,可以考虑向社会招聘所需人员,可以采用招聘正式员工的形式,也可以采取招聘临时工的形式,如果是短期的需求大于供给,采取招聘临时工的形式更为方便。

2. 培训　对于一些高级管理岗位或者技术岗位的空缺,可以考虑对组织内部人员进行培训、晋升的方式解决,对一些技术含量不是很高的岗位,可以采取从其他人员比较富裕的岗位培训转岗的方式解决。

3. 加班　如果组织的人力资源短缺的现象不是很严重,可以采取加班的形式来解决,采取这种方式要注意两个问题,一是不能违背《劳动法》等有关法律法规,二是要取得员工的理解和支持。长期的加班会影响员工的身心健康,所以这种方式不能长期使用。

4. 提高组织的技术水平　通过购买更先进的设备,提高员工的技术水平等方式,提高员工的劳动生产率,从而减少组织对人员的需求。

5. 业务外包　组织可以把一部分工作,尤其是一部分技术含量不是很高的工作,外包给其他组织,以减少组织员工的短缺现象。

这些办法虽然可以减少组织对员工的需求,但是最好的办法还是通过提高员工的业务能力和技术水平,改进工作设计,改进激励机制,通过提高劳动生产率来减少组织对人力资源的需求。

表3-8　组织员工需求大于供给的平衡方法

	方法	速度	可以撤回的程度
需求 大于 供给	加班	快	高
	临时雇佣	快	高
	外包	快	高
	培训后换岗	慢	高
	减少流动人数	慢	中等
	外部雇佣人员	慢	低
	技术创新	慢	低

三、组织人力资源供需结构失衡

当组织内部存在有些部门员工过剩,而有些部门员工又不足的现象时,称为组织人力资源供需结构失衡,对这种问题的解决办法,最好是通过对人员富余部门的员工进行培训,再转岗到人员短缺的部门,但是在有些时候这个办法并不有效,比如在对人力资源素质需求较高的技术部门和管理部门存在人员短缺,而劳工部门存在人员富余时,往往对这些富余人员进行培训并转岗到技术和管理部门并不现实,这个时候就必须对一些人进行解雇,同时再招聘一些管理人员和技术人员。

【实践中的人力资源】

A城建设银行的人力资源供需平衡

银行系统在20世纪90年代时效益很好,A城建设银行当时招聘了很多人,其中不少是通过各种方式"打招呼"进来的,这些人本身的素质并不高,有的还是初中毕业,但是当时银行之间的竞争并不激烈,并没有明显影响到业务的开展。后来,随着市场经济体制的进一步建立,银行系统的竞争也越来越激烈,而且加入WTO以后,按照WTO的有关规则,外资银行将逐步进入中国,这样会进一步加剧银行系统的竞争局势,国内的银行系统都开始通过各种手段来提升自身的竞争力。A城建设银行也感到竞争压力增加,提升内部竞争力成为领导最关心的问题。

人力资源质量是影响企业竞争力的重要因素,属于服务业的A城建设银行当然深有感触,A城建设银行开始盘点自身的人力资源,结果发现该银行一方面机构臃肿,人员过多,人浮于事,导致办事效率下降,内部摩擦不断;另一方面,有良好的理论功底而且有经验的优秀人才很少,这种状况显然不利于A城建设银行的发展。于是,经过反复讨论,A城建设银行采取了三个措施来提升人力资源质量:①对现有员工进行培训,尤其是对其中的优秀者进行进一步的培养;②从大学招聘相关专业的研究生和优秀本科生充实员工队伍;③对现有员工进行考核,对其中素质较低,确实难以适应将来工作的员工逐步进行解聘。

本 章 小 结

人力资源规划是组织在充分考虑组织人力资源现状,科学地预测未来环境中人力资源的供给和需求变化的基础上,制定本组织在获取、保持、利用、开发人力资源的计划,从而保证组织战略目标实现的过程,人力资源规划在关注组织战略目标实现的同时,也关注员工个人价值的体现。

人力资源规划可以从独立性、范围、时间长短等多个角度进行分类。人力资源规划的作用体现在有助于组织发展战略的制定,有助于组织保持人员状况的稳定,有助于组织降低人工成本,对人力资源管理的其他职能具有指导意义,对员工具有激励作用等方面。人力资源规划的程序分为五个阶段,即组织内外部情况调查阶段,人力资源预测阶段,制定人力资源规划阶段,实施人力资源规划阶段,人力资源规划的评估与反馈阶段。影响组织人力资源需求预测的因素有组织的战略目标、组织的管理水平和业务能力、组织结构、劳动生产率、社会对组织所提供的产品和服务需求量的变化等因素。

人力资源需求预测有部门判断法、德尔菲法、名义群体技术、工作负荷法、趋势预测法、多元回归分析法等。人力资源供给预测分为组织内部供给预测和组织外部供给预测。组织内部供给预测首先要分析组织内部的人力资源现状,包括现有员工的结构、流动性、留任率等,预测的方法有技能清单法、员工替代法、马尔可夫转换矩阵法等;组织外部的人力资源供给预测主要考虑组织的地理位置,当地人力资源总量、总体构成、教育水平等因素。组织的人力资源供给大于需求时,可采用裁员、限制雇佣、提前退休计划、减少工作时间、工作分享、工作轮换等方法解决;组织人力资源需求大于供给时,可采取向社会招聘、培训、加班、提高组织的技术水平、业务外包等方法;组织人力资源供需结构失衡时,可对人员富裕部门的员工进行培训转岗,也可以采取对部分员工进行解聘,同时招聘新员工的方法。

思 考 题

1. 何为人力资源规划? 包括哪些内容? 有何作用? 其程序是什么?
2. 如何预测及平衡组织的人力资源供给和需求?

案例解析

对某新升格医学专科学校人力资源规划的反思

A 医学高等专科学校是 2000 年由一所中专学校升格而来的,学校升格后,面临一个合格性评估的问题。因为国家要在 5 年后对新升格的学校进行合格性评估。合格性评估的一项指标是 30% 的教师要拥有硕士学位。为了达到这一指标,A 校采取了以下措施:

1. 鼓励 A 校老师读研究生。一方面与某高校联系举办在职研究生班,并将办班地址设在 A 校;另一方面鼓励老师到其他学校攻读在职研究生或报考国家统考的研究生。攻读在职研究生的老师如果获得学位,学校报销 70% 的学费,到外校读在职研究生的老师在读书期间有基本工资和部分奖金。通过国家研究生统考的老师,一律作为 A 校委培的研究生,由学校报销 70% 的学费,读书期间有基本工资和部分奖金,但是奖金要到毕业时才能一次性领取。所有攻读研究生的老师都要与 A 校签订合同,毕业后回学校工作,否则除退还读书期间学校所发的一切工资奖金外还要赔偿违约金 10 万元。政策制定后在学校进行了一场广泛的宣传发动工作。

2. 鼓励已毕业的研究生到 A 校工作。来 A 校工作的研究生,可以解决配偶的工作,并发放安家费若干,有课题者,批准科研启动经费一万元。

3. 所有获得硕士学位的(不管是在职研究生还是统招的研究生),每月的奖金加 200 元。

由于将学习班设在 A 校,老师在上班的同时可以读书,再加上宣传工作做得好,A 校的老师纷纷报名参加在职研究生班,第一期报名的就有 40 多名,主要是 40 岁左右的老师;也有一些老师到其他学校攻读在职研究生;年轻教师则纷纷参加全国研究生统考。此情况下,A 校认为不久就可以达到国家合格性评估的要求。

政策实施几年后,情况却不尽如人意。

1. 当初参加在 A 校读在职研究生班的老师,已经参加了两次国家同等学历人员申请硕士学位的英语考试,但通过的只有几个人,其他人基本上都失去了信心。故 A 校第二期的在职研究生班由于报名人数太少没有办成。到其他学校攻读在职研究生的老师也只有少部分通过了国家英语考试。有几位老师考取了统招的研究生,被作为 A 校委培的研究生并与 A 校签订了合同。

2. 学校只调入了一位读在职研究生获得学位的老师。

3. 有几位快毕业的研究生到 A 校了解过情况,希望毕业后来此工作,但后来都没有消息,原因是其他同类型的学校待遇更高。

距离国家合格性评估时间只差不到两年时,A 校真正拥有硕士学位的教师只有几人,再加上统招研究生在读的老师,也不过 10 来人,这其中实际上有些是可能要离开这个单位的,考虑到这两年内还有一些老师能通过国家同等学历申请硕士学位英语考试,但这毕竟离教学人员 30% 拥有硕士学位的要求相差太远。总之,这次人力资源规划活动是完全失败了。

问题:

为什么 A 校的人力资源规划活动会失败?

解析:

人力资源规划是人力资源部门为了执行组织总战略规划而在人力资源管理领域制定的战略规划,其目标是为了确保无论组织在何时何地需要,都有质量和数据符合要求的员工来满足组织的需求。通过人力资源的规划过程,一个组织能够产生未来人力资源需要的清单和满足这些需要的计划。

A 校在有硕士学位的老师所占比例很小的情况下,决定采用内部培养和外部招聘相结合的办法是可行的,事实上这也是唯一可用的方式,通过攻读在职研究生获得学位和参加统考攻读研究生获得学位都是可以的。如果仅仅采用外部招聘的方式,A 校也不可能在较短时间内招聘到如此数量的研究生。但是内部培养也并不是每个人都可以的,培训也要考虑成本与效益的问题,要使培训的效益最大而成本最低,就要制定政策,吸引那些最有潜力的人来参加,同时要规定条件,使没有潜力的人被排除在外。但是 A 校的做法却恰恰相反,由于学校一方面非常需要拥有硕士学位的人员,另一方面对申请学位的困难估计不足,采取了一种大跃进的方式,鼓励所有有本科学历的人参加。结果有很多人报名,可惜这些人年龄均在 40 岁左右,大多是原来大中专毕业生,后来通过进修等方式获得本科学历的,他们的特点是英语很差,且目前均是教学骨干,没有时间看书。故他们很难通过国家的同等学历人员申请硕士学位的英语考试。而那些近些年毕业的大学生,英语基础较好,只要静下心来看看书,是可以通过的,但是他们一方面认为学校给研究生的待遇太低,另一方面认为在职研究生文凭没有用,纷纷参加国家研究生统考。结果是参与培训者绝大部分都没有通过英语考试,而那些近些年毕业的大学生也只有几个考上了国家统考的研究生。

在外部招聘方面 A 校遇到麻烦的原因在于没有选准招聘对象。

A 校的主要招聘对象是医学研究生,但是医学研究生往往希望到医院工作,到学校教书不是他们的所愿,再加上 A 校所在地比较偏僻,这些人就更加不愿意来。为了使招聘工作有效,A 校应该提高薪金和福利待遇,并且将招聘目标瞄准那些基础医学专业或年龄较大,已经结婚的研究生。因为基础医学的研究生到医院工作有一定的困难,到学校工作是他们的一个选择。年龄较大,已经结婚的研究生,到大城市往往有较大的困难,所以对他们进行宣传是一个较好的选择。学校可以加大本校的优惠条件,并针对这些人进行宣传,应该会取得一定的效果。但是 A 学校却没有这么做。当时学校刚从中专升格为专科,全校上下弥漫着一股乐观气氛,认为研究生会到这里来工作。虽然制定了一些优惠政策,但是与其他学校比起来要弱,招聘宣传的力度也不够,更没有进行有针对性的宣传,这就导致外部招聘工作的彻底失败。

因此,A 校人力资源规划的主要错误有两个:①进行外部招聘时自身定位过高,在招聘政策的制定上过于乐观,而且宣传力度也不够;②在内部培养方面,没有制定政策吸引有潜力的员工参与培训。不但浪费大量金钱,而且错失了宝贵的时机。由此可见,在人力资源规划过程中,对组织内外环境的正确分析和对组织自身的准确定位是何等重要。

【案例讨论】

如何解决达健药业公司的人才断层问题

达健药业公司是一家中等规模,生产多种中成药的制造商,取得了令人瞩目的销售业绩,而且由于国家对医疗保险和新型农村合作医疗的支持,达健药业公司的市场前景更为看好。但是,作为公司的人力资源部经理,王涛却在为公司的前景担心,因为他了解到,不少公司的高层主管将在三、五年内退休,这意味着这些关键职位必须由其他人接替,但是到底安排谁来接替他们呢?虽然公司一些有才干的中层干部表达了这种意愿,但是王涛知道,对于这些重要的高层职位来说,这些人还比较年轻,知识和经验都还比较欠缺。经过仔细考虑,王涛认为这些高层管理人员的接替者必须从外部招聘。

当王涛跟总经理谈起他的想法时,总经理并不同意主要从外部招聘的想法,总经理认为,还是要采取主要从内部招聘的办法比较好。为了达到这个目的,一方面要加紧对公司员工进行一次筛选,找出那些业务能力过硬,人品好,工作认真负责的人,进行有针对性的培训,为将来担负更重要的职务做准备;另一方面可以考虑在这些高层管理人员退休后,适当返聘一段时间,同时要求他们尽力培养年轻人。如果这个工作做得顺利,公司就能成功地渡过这个困难时期。

讨论题:

你觉得王涛和总经理的办法哪个更为妥当?为什么?

【模拟实践】

元元药业公司的人力资源规划

元元药业公司是一个家族企业,公司设在广州市,主要从事药品销售代理,公司的营销人员达到1000多人,代理的品种有1000多个,年销售额近2亿元。但是长期的药品销售工作,使老板王先生深刻认识到这个行业竞争的激烈性。王先生认为,公司在继续从事销售工作的同时,要寻找新的利润增长点。经过长期的调研和思考,王先生决定向保健品方面发展,进行保健品的生产和销售。经过多方了解,他终于得知一种中药材,有安神、降血脂等多种效果,非常适合于现代城市人的需求。于是王先生决定,一方面与医药大学合作,对这种药材的有效成分、药理毒理等情况进行研究;另一方面与地方政府合作,到农村租种了1万亩山地,用来种植这种中药材。王先生的想法是要形成这种药材的种植、生产、加工、销售一条龙的产业链,将这种药材制作成一种高端的保健品,成为人们往来的馈赠佳品。

模拟练习:

1. 请根据元元药业公司的情况,讨论该公司要达到将这种药材制作成一种高端保健品的战略目标,需要设置哪些部门?这些部门的主要职责是什么?

2. 请根据这些部门的职责,讨论应该招聘哪些类型的人才,并讨论其质量和数量。

3. 通过网络等途径获取这些人才在广东人才市场的供需情况和价格。

4. 讨论获取这些人才的途径和方法。

(蒋建华)

第 4 章　招聘与选拔录用

本章要点

1. 了解招聘概念及其在人力资源管理中的地位
2. 熟悉招聘的基本过程
3. 熟悉招聘的渠道和方法
4. 了解人才选拔的技术和方法
5. 掌握面试的特点与基本过程

导入案例

宏健医药公司的人才招聘与选拔

广东宏健药业成立于2000年,经过数年的发展,到2009年已经拥有员工2000多人。公司主要代理销售骨伤科药品,在全国设有200多个销售网点。同时还拥有南药种植基地2万多亩,在西双版纳原始森林有30 000亩林地间种植名贵中药春砂仁、白豆蔻、黄草等。在2008年全国医药行业不景气的情况下,宏健药业公司的业绩依然增长很快,2008年销售额增长至近3亿元。

宏健公司很重视员工的招聘与选拔。由于公司以前主要的市场是县级市场,也就是所说的医药第三终端,为保证员工队伍的稳定性,公司的招聘要求是业务代表学历不宜太高,但亦不能太低,一般以高中、卫校、药物学校等中专毕业为宜。而且具体提出了这些要求:家庭背景以农村最佳,家境较贫寒为好;体力充沛,肯吃苦为第一要求;来源本地化,有医药公司、医院、制药企业工作经历背景最佳等。正是这些朴实、肯干、有冲劲的业务员的辛勤和汗水造就了公司的业绩连年增长。

2008年开始,宏健公司在考虑进军各大城市的医院和药店的同时,感觉到需要重新考虑自己的招聘体系,决定进行校园招聘,从应届毕业生中选拔业务代表,因为他们有热情,同时素质也很高。公司决定与广东某医药大学紧密合作,每年为该校提供奖学金,以提高企业的知名度和美誉度,也为未来的人才招聘打下更好的基础。

从宏健药业公司的案例可以看出,人才的招聘和选拔对于提高公司的竞争力至关重要,企业的竞争归根结底也是人才的竞争。通过本章的学习,你会进一步理解招聘的重要性,并且掌握招聘的方法和技能。

第一节　招聘概述

一、招聘的概念

招聘(recruitment)是寻找空缺职位的合格候选人的可能来源,并采用适当的方式吸引他们到企业来的应聘过程。员工招聘主要是由招募、筛选、录用、评估等一系列活动构成。招聘工作是企业人力资源管理经常性的工作,这是因为一个企业要想永远留住自己所需要的人才是不现实的,也不是人力资源管理手段所能控制的。当工作机会充裕时员工流动比例高,工作机会稀缺时员工流动比例低,再加上企业内部正常的人员退休、辞退以及调动,使得人员的补充成为一种经常性的行为。

从理论上讲,招聘过程要解决两个问题:

1. 确定合适候选人的来源　此内容即决定是从企业内部资源中招聘,还是从外部资源中招聘。填补空缺职位的候选人可以来自企业内部,也可以来自企业外部。内部招聘能为企业员工提供岗位轮换和职务晋升的机会,招聘的成本也比较低,但内部招聘的选择面窄,并且不能增加企业人员总数,填补后的空缺职位仍然需要从外部引进新人补充。因此,企业招聘应该以外部招聘为主要途径。

2. 选择招聘的方法　选择招聘方法即用什么样的方法将那些合格的候选人吸引到企业来应聘。由于招聘成本在不断提高,因此企业需要利用最有效率的招聘资源和方法,寻找适当的候选人来源和选择恰当的招聘方法,这是提高招聘效率和效果的关键。

招聘是一项巨大的工程,会耗费大量的人力物力。没有充足的理由,企业不可轻举妄动。一般情况下,企业或组织招聘是源于以下几种情况的人员需求:

(1)新的企业或组织成立。

(2)企业或组织发展了,规模扩大。

(3)现有的岗位空缺。

(4)现有岗位上的人员不称职。

(5)突发的雇员离职造成的缺员补充。

(6)岗位原有人员晋升了,形成空缺。

(7)机构调整时的人员流动。

(8)为使企业的管理风格、经营理念更具活力,而必须从外面招聘新的人员。

二、招聘在人力资源管理中的地位

招聘是一项为企业把关的工作,在这个过程中,如果因为制度或执行的问题将不合适的人员引进企业,不仅会增加培训等方面的困难,而且会造成过高的人员流动率,增加企业的负担。因此,招聘工作的成败对于企业来说关系十分重大。图 4-1 显示了招聘与其他人力资源管理职能的关系。

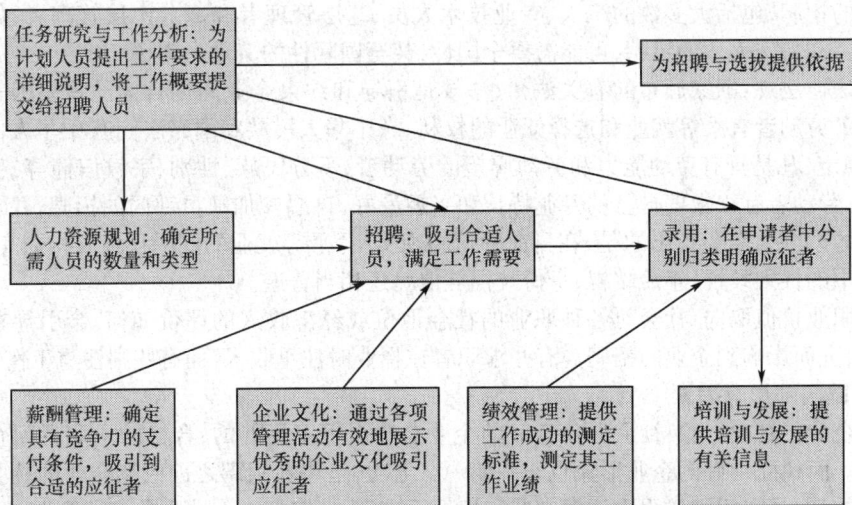

图 4-1　招聘与其他人力资源管理职能的关系

一般来说,招聘在人力资源管理中的重要性有以下几个方面:

1. 招聘是企业人力资源管理工作的基础　一方面,人员招聘工作直接关系到企业人力资源的形成。另一方面,招聘是人力资源管理中其他工作的基础。企业人力资源管理所包括的各个环节,从招聘、培训、考核、薪酬到人力资源保护、劳动关系、奖惩与激励制度等环节中,人员招聘是基础。如果招聘的人员不能够胜任,或不能满足企业要求,那么,企业人力资源管理的工作效益就得不到提高。

2. 招聘是企业人力资源形成的关键　无论是新成立的还是已经处于运作阶段的企业,招聘都是关系到企业发展的一项重要工作。对于新成立的企业来说,企业在前期已经投入了大量的物力、人力和时间,如果不能招到所需要的员工,企业会因缺少合适人选而无法按照预期的计划正常运营,从而造成资源的浪费。对于已经处于运作阶段的企业,一方面,由于企业总是在不断地发展壮大,对于人员的需求也随企业的不断发展而发展;另一方面,随着经济的发展,人员流动的渠道也越来越宽泛,企业中的人力资源也面临着经常性的淘汰与更新,企业需要持续不断地获得符合组织需求的合格人才的支持。

3. 成功的招聘是企业成功管理的基础　如果企业做出成功的招聘决策并留住优秀员工,则企业的经营活动就有了成功的保证。合格的员工清楚自己的工作职责,认同企业的文化和管理风格。"招聘那些符合我们企业的人"是企业进行招聘时潜在的指导思想。双方的认同感使员工的职业生涯发展与企业的发展易于融合,企业的经营压力会减小。较高的士气和低离职率易于企业营造一个稳定的持续发展的环境。而且,一次好的招聘策划与活动,一方面,可以吸收众多的求职者,为应征者提供一个充分认识自己的机会;另一方面,既是企业树立良好公众形象的机会,也是企业一次好的广告宣传。成功的招聘活动,将能够使企业在求职者心中、公众心中留下美好的印象。

三、招聘过程中的影响因素

招聘过程中会受到很多因素的影响,这些因素包括外部影响因素和内部影响因素。

1. 关键外部影响因素

(1) 劳动力市场:劳动力市场包括整体劳动力市场和各类专业人才劳动力市场。当劳动力市场供给大于需求时,企业的招聘过程比较简单和容易,向企业申请工作的人会比较多。相反,当劳动力市场需求大于供给时,企业在招聘时需要付出更多的努力,要开辟新的招聘来源,或者更换新的招聘方法。招聘过程也受劳动力市场范围的影响。地方性的劳动力市场可以满足对一般员工的招聘,包括大多数的工人、专业技术人员、基层管理者和部分中层管理者,但对于中高层管理者和特殊人才的招聘,可能需要全国性,甚至国际性的劳动力市场。

(2) 法律法规:国家颁布的有关法律、法规是引导和约束企业雇佣行为的重要因素。我国法律规定了劳动者有平等就业和选择就业的权利。《中华人民共和国宪法》和《中华人民共和国劳动法》规定:凡是具有劳动能力和劳动愿望的劳动者,不分民族、性别、宗教信仰等,享有平等的就业权;劳动者有权根据自己的专业特长和兴趣爱好,自愿参加缺员部门的招聘,并自愿协商劳动合同的期限。需要指出的是,在目前的招聘现实中,平等就业的问题还没有得到完全解决,招聘过程中的性别歧视、年龄歧视、身份歧视等情况还相当普遍。

(3) 职业价值取向:社会对各种职业的社会地位或经济收入的评价如何,会引导求职者的求职取向,进而影响到企业的招聘。有些求职者在择业时注重收入,而有些则注重工作性质。

2. 关键内部影响因素

(1) 企业的社会形象:社会形象良好的企业会吸引更多更好的、合格的求职者到企业来求职或应聘。而树立良好的企业形象也非一朝一夕之功,指望在招聘之前改变企业的社会形象是不大可能的,但是在招聘过程中注意细节和培训面试官,会对树立企业形象有所帮助。

(2) 企业文化:企业一般愿意招聘与自己企业文化有相适应的价值观和工作态度的人。比如,如果企业希望倡导合作精神,提高灵活性,它就可以来评估应聘者,选出具有灵活性和合作精神的人员,而不是只符合某种特定或固定角色需要的人。

(3)企业的提升政策:企业的提升政策对招聘有非常重要的影响。企业可以采取从内部提升的政策,也可以采取从外面招聘的政策。两种方法各有优缺点,采取哪种政策要视情况而定。内部提升政策有利于调动员工的积极性,但是,如果企业需要经常补充新的血液,提供的新的思想和创意,使企业保持活力和竞争力,就需要考虑从外部寻求新的人才。因此,大多数企业都采取内部提升与外部招聘相结合的方式。

(4)人力资源计划和职务分析:人力资源计划和职务分析是企业招聘和选拔的基础。人力资源计划将企业的战略计划转换成对人力资源数量和类型的要求,职务分析则将职务的性质转换为对人力资源的能力的具体要求。没有人力资源计划和职务分析,招聘过程只能是对职位空缺所做出的简单反应。

【实践中的人力资源】

美国礼来公司的人才招聘理念

美国礼来公司是以研发为主导的制药企业的领导者,基于旗下的产品品种和数量,礼来在2003 年被"美林证券"评为"全球最具增长和增值潜力的制药企业之一",其在中枢神经领域、抗肿瘤领域、内分泌领域和妇女保健、抗感染领域等诸多疾病治疗领域有着"最早"或"最佳"的产品,在全球有46 000 多名雇员,产品行销146 个国家和地区。

在人力资源管理方面,礼来的成就和其经营业绩一样已经得到各界的肯定,陆续赢得多方面的荣誉奖项,其中包括成为《财富》杂志评选的全美100 家"最佳雇主"公司之一,以及在世界最受崇拜的制药类公司中名列前15 名,更被美国《在职母亲》杂志连续两年评选为美国最适合在职母亲工作的10 家公司之一。

礼来是一家全球性的以研发为主导的制药企业,新药研发、生产制造和市场推广是其最重要的任务。同时,礼来承诺于"员工发展",公司内部实行内部提升体系,因此,就以往"礼来中国"的招聘职位来看,医药代表比重最大。在"礼来中国",医药代表是一个复合型人才,他们需要掌握医疗和制药的最新动态,通过学术和可靠可信的推广把礼来的产品介绍给中国市场。

礼来公司选择人才的标准是招募、发展和保留优秀人才。在招聘之前,礼来公司会制订一个相对精确的标准,通过这个标准来筛选简历,进行下个阶段的选拔。到了面试阶段,面试者一般需要回答以下三个问题:对于工作本身的意愿和理解;过去积累的经验和技能;对于我们所在行业的看法和学习的能力。

礼来公司当前在中国一共有700 多名员工,以过去几年的实际数据来看,平均每年对于新进员工的需求量大概是120 名左右,这里包括新增职位和现有员工的流动。一般来讲,礼来公司会在各种媒体上刊登广告,在北京、上海这样的大城市中,礼来公司会选择影响力较大的平面媒体和电视来发布其招聘广告,而在其他的省会城市,则会选择当地的地方性权威媒体来发布。礼来公司的人事部门还会与一些医科及药科大学保持良好的关系,安排一些讲座、宣讲会等活动。

第二节 招聘的基本流程

一、招 聘 原 则

企业在进行人员招聘时,需要掌握一定的原则,以保证招聘工作能在一定的原则指导下进行,这些原则包括:

1. 公开原则　企业需要把要招聘的职位名称、需要的数量、任职资格等相关信息向潜在的应聘者或者社会公众公开发布,公开进行。

2. 公正原则　要保证招聘过程中的公平性,一视同仁,不人为制造各种不平等的限制或条件和各种不平等的优先优惠政策。企业还应该正视法律中关于人权和平等的各项规定,不得制定歧视政策。

3. 战略导向原则　企业要根据战略发展规划,从长远出发,对于稀缺人才、高科技人才、拥有特殊技能的人才,要从企业的长远考虑,进行储备和提供其发展条件和发展空间。

4. 综合性原则　在员工招聘中,企业应当从发展的角度出发,尽量吸引那些知识面广、综合素质高的人才,这样的人才有更好的发展前景,能够为组织的长远发展做出更好的贡献。

5. 能级原则　按照人适其事、事宜其人的原则,根据个体间不同的素质和要求,将其安排在各自最适合的岗位上,做到人尽其才、物尽其用,即要保证公正要求与员工素质相匹配,岗位与岗位之间相匹配。

二、人员招聘与录用的系统过程

人员招聘工作是一项系统工程。完善的招聘工作过程或程序是人力资源管理的经验总结,也是每家企业做好招聘与录用工作的保证,具体而言,该工程由三个相互关联而又各自独立的操作系统组成。人员招聘系统运行的每个组成部分都是为了保证公司人员招聘与录用工作的质量,为企业选拔合格人才。这三个系统就是:人员招聘与录用的总过程,招聘面试与测试人员过程和人员录用的过程。人员招聘与录用工作过程具体包括招聘、选拔与测试、录用、评估等四大方面,如图4-2所示。

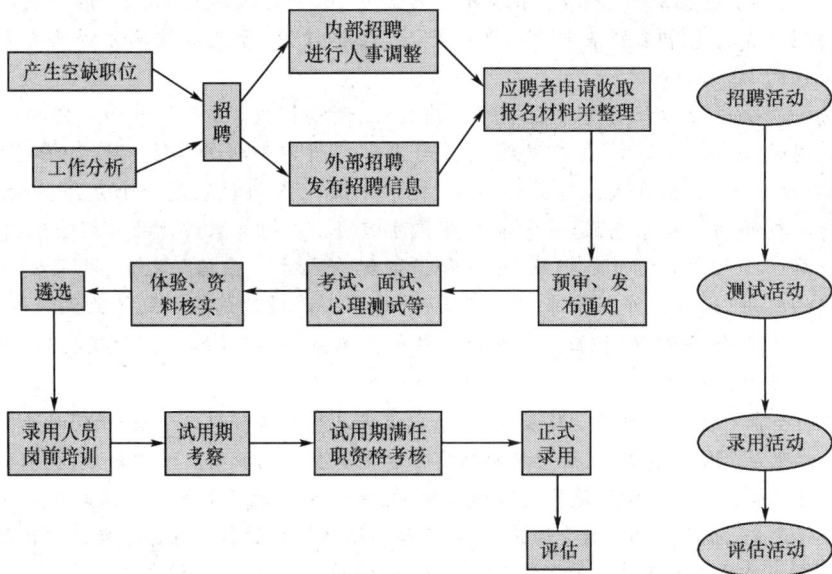

图4-2　人员招聘的系统过程

在招聘的过程中,企业需要完成以下几个方面的重要工作:

1. 明确招聘需求　企业的招聘一定要根据人力资源规划和当前的工作需要,明确有哪些空缺岗位需要招聘合适的人才来填补。

2. 工作分析　企业招聘需要寻找和吸收合适的候选人,如果对所要填补的工作职位定义模糊,招聘就很难取得令人满意的效果。无论是填补一项已有的工作还是新工作,为了让招聘效果更好,首先都要对工作的要求进行明确,并据此提出详细的职位说明书,并需明确提出该职位所需的主要关键才能或胜任特征,从而明确候选人必需的素质要求。

3. 组建优秀的招聘团队　在招聘前一定要让有招聘经验和招聘能力的人员组成招聘团队,这是保持招聘有效性的前提。一般情况而言,招聘工作是由企业的人力资源管理部门和具体用人部门共同协作完成的,具体招聘的人选因职位的不同而有所不同。这就需要招聘团队人员构成的多元化和多样化。有研究表明,招聘人员对于工作和组织的了解程度、对申请者的尊重和热情接待的程度,对于组织树立良好的形象,提高招聘成功率很有帮助。

4. 确定招聘渠道　企业还需要确定合理的招聘渠道,即哪些职位从外部招聘,哪些职位从内部招聘。虽然内部招聘相对最为普遍,但外部招聘也是必不可少的,也是企业非常重要的任务。外部招聘的职位一般包括:空缺的初级岗位、现有员工所不具备相应技术的职位、需要吸收新思想和不同背景的岗位。

5. 发布招聘信息　根据现有的招聘渠道,企业要有针对性地选择发布招聘信息的媒体,一方面让尽可能多的人了解到组织的用人需求,另一方面也要注意发布信息的成本和传播效果。

6. 招聘效果评估　招聘工作完成后,企业还要对整个招聘过程进行评估,以总结经验和发现不足,以作为未来招聘工作的参考。评估内容包括:招聘的成本和效益评估、招聘的时间评估、招聘的质量与数量评估。有一种被称为"招聘筛选"金字塔的方式可以帮助确定为了雇佣一定数量的新员工,需要吸引多少人来申请工作。图 4-3 金字塔形状的图案显示了最终雇佣的新员工与候选人之间的比例关系。

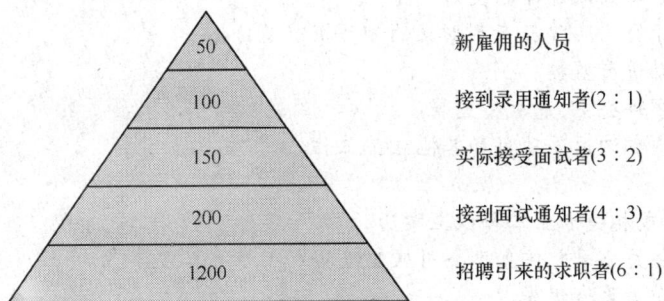

50	新雇佣的人员
100	接到录用通知者(2∶1)
150	实际接受面试者(3∶2)
200	接到面试通知者(4∶3)
1200	招聘引来的求职者(6∶1)

图 4-3　招聘筛选金字塔模式图

三、人员招聘工作的一般程序

企业人员招聘工作的一般程序为:

(1)根据企业人力资源规划,开展人员的需求预测和供给预测。确定人员的净需求量,并制定人员选拔、录用政策,在企业的中期经营规划和年度经营计划指导下制定出不同时期不同人员的补充规划、调配计划、晋升计划。

(2)依据工作说明书,确认工作的任职资格及招聘选拔的内容和标准,据此再确定招聘甄选的技术。

(3)拟定具体招聘计划,上报企业领导批准。

(4)人事部开展招聘的宣传广告及其他准备工作。

(5)审查求职申请表进行初次筛选。

(6)面试或笔试。

(7)测验。

(8)录用人员体检及背景调查。

(9)试用。

(10)录用决策以及签订劳动合同。

下面是某医药外资企业员工招聘录用的程序,见图4-4:

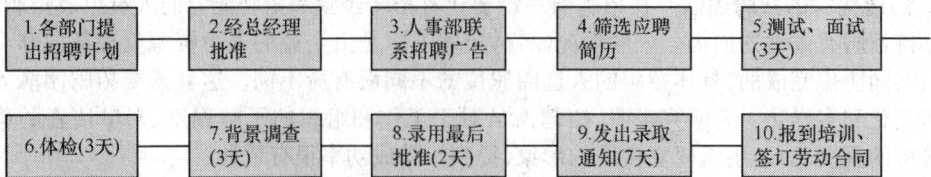

1.各部门提出招聘计划	2.经总经理批准	3.人事部联系招聘广告	4.筛选应聘简历	5.测试、面试(3天)

6.体检(3天)	7.背景调查(3天)	8.录用最后批准(2天)	9.发出录取通知(7天)	10.报到培训、签订劳动合同

图4-4　某医药外企的员工招聘录用程序

【实践中的人力资源】

隐藏在招聘启事中的玄机

绿叶医药企业曾刊登出这样一份招聘启事:

绿叶医药有限公司招聘启事

本公司招聘市场部公关经理3名。

工作职责:

1. 组织实施公司的公关活动。

2. 建立并维护与新闻媒体的良好关系。

3. 组织有利于公司品牌及产品形象的相关报道及传播。

4. 对公关活动进行监控。

5. 参与处理事件公关、危机公关等。

6. 组织实施内部沟通等项目和其他相关工作。

应聘要求:

1. 中文、广告或相关专业本科以上学历。

2. 3年以上公关公司或信息类公司从业经验。

3. 有良好媒介关系者优先。

4. 形象好,善沟通,文字表达能力强。

5. 具有良好的媒体合作关系。

6. 较强的客户沟通能力及亲和力。

7. 各种新闻稿件的媒体发放及传播监控工作能力。

8. 具有吃苦耐劳、认真细致、优秀的人际沟通能力。

一经录用,月薪4000元以上,具体面议。有意者请将简历于2008年3月23日之前寄给本公司,公司将对应聘人员统一进行初试和复试。

招聘启事登出后,引起众多关注。但是,很多应聘者发现,在这则启事中,尽管应聘条件、岗位职责、工资待遇等内容俱全,就是没有应聘的联系方式。多数人认为这是招聘单位疏忽或是报社排版错误,于是,便耐心等待报社刊登更正或补充说明。但有3位应聘者见招聘的岗位适合自己,便马上开始行动:小李通过互联网,找到公司详细信息,将简历发送过去;小强则通过114查询台,很快取得了该公司的联系方式;小孙则通过在某商业区的广告牌,取得了该公司的地址和邮编。

绿叶医药公司人事主管与他们三人相约面试,当即决定办理录用手续。三人对此颇感蹊跷,招聘启事中不是说要进行考试吗? 带着这一疑问,他们向老总请教。老总告诉他们:我们的试题其实就藏在招聘启事中,作为一个现代公关人员,思路开阔,不循规蹈矩是首先应具备的素质,你们三人机智灵活,短时间内迅速找到公司的联系方式,这就说明你们已经非常出色地完成了这份答卷。也就是说,招聘的玄机正好是隐藏在招聘广告中,公司希望通过这种隐藏的玄机寻找到自己所需要的人才。

第三节 招聘的渠道与方法

一、招 聘 渠 道

当企业确定了人员需求后,首先应考虑从哪里获得所需要的人员,即要考虑招募渠道和来源。为了把优秀、合格的人员招聘进企业,招聘的渠道可宽一些,但随之招聘的费用也将增加。如果采用窄的招聘渠道,招聘费用可减少,候选人员也将减少。企业人员补充有内部补充和外部补充两个方面的来源,即通过内部招聘或者外部招聘来完成。

1. 内部招聘 内部招聘是通过内部晋升、工作调换、工作轮换、人员重新聘用等方法,从企业内部人力资源储备中选拔出合适的人员补充到空缺或新增的岗位上去的活动。内部招聘具有以下优点:

(1) 准确性高:从招聘的有效性和可信性来看,企业一般对于内部员工的了解比较多,管理者对于内部员工的性格、工作动机、发展潜能等方面的了解往往有比较客观和比较真实的看法,因此招聘的成功率更高。

(2) 能够鼓舞士气:内部招聘能够给员工提供发展机会,有利于增强员工对组织的责任感,从而能够鼓舞员工士气。

(3) 适应性快:从运作模式看,内部员工更了解本组织的运营模式,与从外部招聘的新员工相比,他们能更快地适应新的工作。

(4) 费用较低:内部招聘可以节约大量的招聘费用,还可以省去一些不必要的培训项目,减少了组织因岗位空缺而造成的间接损失。

尽管内部招聘有如上所述的诸多优点,但其本身也存在着明显的不足,主要表现在以下一些方面:

(1) 不当做法产生一些不必要的矛盾:因处理不公、方法不当或员工个人原因,可能会在组织中造成一些矛盾,产生不利的影响。内部招聘需要竞争,竞争的结果必然会有成功和失败,而失败者会占大多数。如果在招聘过程中,存在着一些按资历不按能力或者其他的一些不正之风的事情,往往会给组织带来矛盾,使员工的士气被挫伤。

(2) 角色转换问题:被提升的人员可能会面临艰难的角色转换问题,特别是在过去的同事、朋友成为下级的情况下。

(3) 容易近亲繁殖,抑制创新:这是内部招聘的最大缺点。同一组织内的员工有相通的文化背景,可能会产生"团体思维"现象,抑制个体创新。还可能会因为缺乏新人和新思维的输入,让企业逐渐产生一种趋于僵化的思维意识,这不利于组织的长期发展。

2. 外部招聘 企业需要经常不断地从外部招聘员工,特别是当需要大量扩充其劳动力时。相对于内部招聘,外部招聘的成本较大,也存在着较大的风险,但它具有以下优势:

(1) 能带来新思想和新方法:通过从外部招聘优秀的技术人才和管理专家,可以在无形中给组织原有员工施加压力,激发斗志,从而产生"鲶鱼效应"。特别是在高层管理人员的引进上,这一优点尤为突出,因为他们有能力重新塑造组织文化。

(2) 有利于招聘一流人才:外部招聘的人员来源广,选择余地很大,能招聘到许多优秀人才,尤其是一些稀缺的复合型人才,这样可以节省内部培训费用。

(3) 有利于树立企业形象:外部招聘也是一种很有效的交流方式,企业可以借此在员工、客户和其他外界人士中树立良好的形象。

但是,外部招聘同样也存在一些不足,主要表现在以下几个方面:

(1) 筛选难度大,时间长:组织希望能够比较准确地了解应聘者的能力、性格、态度、兴趣等素质,从而预测他们在未来的工作岗位上能否达到组织所期望的要求。虽然企业可以采取多种多样的方法来进行招聘,但这些方法各有各的优势,同时也存在不同程度上的缺陷,这就使得录用决策耗费的时间较长。

（2）进入角色慢:从外部招聘来的员工需要花费较长的时间来进行培训和定位,才能了解组织的工作流程和运作方式,增加了培训成本。

（3）招聘成本高:外部招聘需要在媒体上发布信息或者通过中介机构招聘,一般需要支付一笔费用,而且由于外部应聘人员相对较多,后续的挑选过程也非常的繁琐与复杂,不仅耗费巨大的人力、财力,还占用了很多的时间,所以外部招聘的成本较大。

（4）决策风险大:外部招聘很容易因为一些外部的因素而做出不准确的判断,或者因为存在晕轮效应、感情效应等主客观原因而使得决策并不十分准确。

（5）容易打击内部员工的士气:如果组织中胜任的人未被选用或提拔,即内部员工得不到相应的晋升和发展机会,内部员工的积极性可能会受到影响,所以外部招聘的职位一定要慎重。

二、招聘的方法

1. 内部招聘的主要方法　内部人员的招聘方法主要包括:推荐法、档案法以及布告法等。

（1）推荐法:推荐法是由本企业员工根据单位和职位的需要,推荐其熟悉的合适人员,供部门或人力资源部门进行选择和考核。它既可用于内部招聘,也可以用于外部招聘。因推荐人对用人部门与被推荐者双方比较了解,也使组织很容易了解被推荐者,所以它比较有效,成功率也较大。

（2）档案法:企业人力资源部门都有员工的档案,从中可以了解员工的各种信息,帮助用人部门或人力资源部门寻找合适的人员补充空缺的职位,尤其是建立了人力资源管理信息系统（HRMIS）的企业,则更为便捷、迅速,并可以在更大范围内进行挑选。档案法只限于员工的客观或实际信息,如员工所在职位、教育程度、技能、教育培训经历、绩效等信息,而对主观的信息如人际沟通技能、判断能力等难以确认,而对很多工作而言,这些能力是非常重要的。

（3）布告法:布告法也称张榜法,它是内部招聘最常用的方法,尤其是对非管理层的职位而言。企业在确定空缺职位的性质、职责及所要求的条件等情况后,将这些信息以布告的形式公布于组织中,使所有的员工都能获得信息。所有拥有这些资格的员工都可以申请或"投标"该职位,人力资源部门或用人部门筛选这些申请,最合格的申请人被选中进行面试。

2. 外部招聘的主要方法　外部招聘的方法主要有广告招聘、校园招聘、借助人才中介招聘、人员推荐、网络招聘等。

（1）广告招聘:这是企业常用的一种招聘方法,其形式有在报纸、杂志、电视、电台或英特网上作招聘广告。广告招聘的优点是:信息面大、影响广、可吸引较多的应聘者;缺点是广告费昂贵,可能会因为应聘者较多,从而增加招聘预算。

招聘广告一般可以包括以下内容:企业的基本情况;是否经过有关方面的批准;招聘的职位、数量与基本条件;招聘的范围;薪资与待遇;报名的时间、地点和方式,以及所需的资料;其他有关注意事项。

（2）校园招聘:每年有大批应届生毕业,为企业招聘工作提供了大量的人选。职工招聘对象中有两类人员:一类是经验型,另一类是潜力型,应届生属于后者。一批青年人进入企业,给企业注入了活力,带来了生气,由于他们缺少实际工作经验,故企业必须要对他们进行培训。一些大公司还对新进公司的应届大学生,采用评价中心技术进行评估,选出发展潜力大的优秀者予以重点培养,若干年后不少人成了公司高级管理人员。

校园招聘的显著好处就是有利于企业找到相当数量的具有较高素质的合格申请者。不足之处则是毕业生缺乏实际工作经历,对工作和职位的期望值高,容易产生较高的流失率。为了保证校园招聘的效果,这就要求企业精心选择学校,对招聘者进行培训,与高等院校建立良好的关系,实施大学生实习计划以及考虑在招聘的时候采用真实工作预览的策略。

（3）借助人才中介招聘：随着人才流动的日益普遍，各类人才交流中心、职业介绍所、劳动力就业服务中心等就业中介机构应运而生。借助这些中介机构，单位与求职者均可获得大量的信息，同时也传播各自的信息。这些机构通过定期或不定期地举行交流会，使得供需双方面对面进行商谈，缩短了应聘与招聘的时间。常见的中介机构包括人才交流中心、招聘洽谈会、职业介绍所。职业介绍所又称猎头公司，为企业选拔中高级管理人员、技术人员提供了服务。人才交流市场则为企业招聘一般人员提供了方便。

（4）人员推荐：一般指本企业员工推荐或关系单位主管推荐。这种招聘方式的优点是：由于是熟人推荐，所以招聘、应聘双方在事先已有进一步的了解，可节约不少招聘程序和费用，尤其对关键岗位的职缺人员，如专业技术人员等，常用此法；此方式的缺点是由于是熟人推荐，有时会有碍于情面，而影响招聘水平。如果此类录用人员一多，易在企业内形成裙带关系，给管理带来困难。

（5）网络招聘：网络招聘是一种新兴的招聘渠道，它是指企业通过网络渠道来获得应聘人员的资料，从而选拔合格员工的方式。企业可用两种方式通过网络来进行招聘。一种方式是在企业网站上建立一个招聘渠道，由企业自己来进行求职者资料的获取和筛选；另一种方式是委托专业的招聘网站进行招聘，最后再进行验证测试即可。招聘网站其实是一种新型的网上职业中介机构，它通过计算机技术，在求职者和企业之间建立了一种方便沟通的桥梁。

1）它通过数据库技术，实现对庞大的求职者资料和企业职位空缺资料进行管理，可以方便地增加、修改和删除这些资料。

2）它通过网络技术，实现异地用户之间的信息传递。

3）它通过搜索技术，使资料的查询、求职者与职位空缺之间的匹配更加迅速、便捷。

因此，从企业管理的角度来看，互联网招聘不仅给人力资源管理带来了新的理念和新的模式，还让人员招聘方式也产生了深刻的变化。

三、招聘工作的评价

企业应该对招聘工作进行评价，原因很简单，是为了提高以后招聘工作的效率。同时，由于企业用于招聘过程及其相关活动的费用和时间不菲，因此也需要对资源的利用效果做出评价。招聘工作评价的内容有：

1. 申请人数量　制定招聘计划的目的是吸引大量可供选择的申请人，因此申请人的数量应该作为评价招聘工作的首要问题，即申请人的数量是否足以填满全部职位空缺。可以用应聘率指标来反映申请人的数量。应聘率除了可以反映申请人的数量外，同时也可以反映劳动力市场的供求情况和空缺职位的吸引力。应聘率越高，表明可供挑选的人越多，越容易选到合适的人选。应聘率的计算公式为：

$$应聘率 = \frac{应聘人数}{计划招聘人数} \times 100\%$$

2. 申请人质量　除了数量外，另一个需要考虑的问题是申请人中符合资格者是否足以填满全部职位空缺，即这些申请人是否符合工作要求以及是否有能力从事这些工作。可以用录用率指标来反映申请人的质量。录用率是反映从参加招聘的人中最终录用的人员所占比例情况。如果录用比越小，相对来说，录用者的素质越高；反之，则可能录用者的素质较低。

$$录用率 = \frac{录用人数}{应聘人数} \times 100\%$$

3. 平均招聘成本　平均招聘成本因空缺职位的数量而异，对该项问题的评价主要是考察用于某项招聘媒介的费用是否过高。如果企业每年花费在某项媒介上的费用过大，以成本效益衡量可能并不合算。计算招聘成本时，除了要计算直接的招聘费用，如招聘人员的工资、广告刊登费、差旅费、中介机构委托费、通讯费、办公费外，还应该包括临时设施和设备的租赁费、新员工的培训费、不合格员工的辞退费以及再招聘费等间接成本。

$$人员招聘成本 = \frac{招聘总成本}{招聘人数} \times 100\%$$

4. 招聘完成率　招聘完成率是录用人员和计划招聘人数的比值,是反映招聘完成情况的一个指标。一般来说,该指标越接近于1,则招聘的效果越好。如果招聘完成比等于或大于100%,则说明在数量上全面或超额完成招聘计划。

$$招聘完成率 = \frac{录用人数}{计划招聘人数} \times 100\%$$

通过招聘工作评价,可以帮助企业发现各种招聘方法、招聘来源之间的差异,找出省时、省力的招聘方法。因此,企业应该保存完整的招聘记录并经常进行分析研究,不断改进工作,提高招聘的效果和效率。

【实践中的人力资源】

美国强生公司的校园招聘

美国强生公司(Johnson & Johnson)是世界500强的跨国企业,在2003年美国《财富》杂志上排名前5名。强生公司的业务范围广泛,由制药、医疗器材、消费品三大类组成,因而在强生公司有很多的就业机会。强生公司非常注重外部招聘,特别是从应届毕业生中吸取新鲜的血液,那么校园招聘也成为强生公司人事部门的重头工作之一。

1. 校园招聘注重社会实践　每年的11月份是强生公司召开校园宣讲会的时候。例如,在复旦大学、上海交通大学、上海财经大学是强生制药每年主要的定点高校。每次宣讲会后,强生制药收到的简历数量大概在300份以上,但是,这其中只有20~30份能够进入下一轮。人事部门在这次大规模简历"过滤"中,注重的是个人组织活动能力。如果在简历中有很漂亮的社会实践成果,脱颖而出的机会就很大。由于很多大学生进入强生后都会被安排在销售岗位上,需要擅于跟人打交道,因此,那些经常参与社会实践、组织沟通能力强的学生,在第一轮竞争中显然就胜出一筹。

2. 面试的15项内容　强生制药的面试方式有很多种,需要根据不同的职务要求、用人标准以及公司的惯例来决定。比如市场部的面试会采用分组挑战形式,由10~12个求职者分成两个小组,由面试官出题,两组分别策划市场计划。面试中,个人的沟通表达能力、组织合作能力,创新思维能力及分析策划能力等素质会成为考核重点。

这样的面试会分三次进行,人事部、用人部门和相关部门的面试官会分别对求职者进行评估。评估的结果会记录在"面试评估记录"中,共分15项测试内容。这15项内容分基本素质、胜任能力和领导力三大栏。基本素质一栏包括仪容仪表、教育背景、清晰简要地表达、有效聆听、承受工作压力和挫折、影响力和成熟度7项;胜任能力一栏包括取得良好业绩、业务能力两项;领导力一栏包括信条价值观、以客户/市场为重、创新、驾驭复杂事务、建立合作/互赖关系及个人和组织发展6项。

3. 招聘的要求　大多数人认为医药公司的大门只向医药类专业学生开放,但强生注重的是个人能力。目前,强生会让新进的大学生首先从销售做起。强生的销售分为四个方向:商业、零售、健康食品、医院。其中除了负责医院渠道的销售人员最好能有医学/药学专业背景外,其他三个方向都没有绝对专业限制。因此,不是学医的求职者也大可放手一试。

强生公司要求有一定的英语水平和阅读能力。作为一家国际性的公司,英语是重要的沟通工具,不过根据不同的岗位,强生对英语的要求也不同。总体来说,英语能力可以通过训练来提高,所以并不是用人的绝对标准。但是,强生内部的E-learning系统(强生全球的网上学校)都是英文课程,因此,阅读能力是起码的要求。

第四节 选拔录用

一、选拔方法的科学性标准

选拔是要从诸多候选人中挑选出最适合空缺职位的人,实现人员和职位的最佳匹配。成功的选拔能够增强组织的生存能力、适应能力和发展能力,因此人力资源选拔决策应该是高质量的。但是,选拔是一种预测行为,它设法预见聘用哪位申请者会确保工作成功,只能根据一定的标准和特征来选拔自认为合适的人才,但这本身是存在风险的,也不能保证一定准确。选拔过程将会产生四种可能结果,见图4-5。

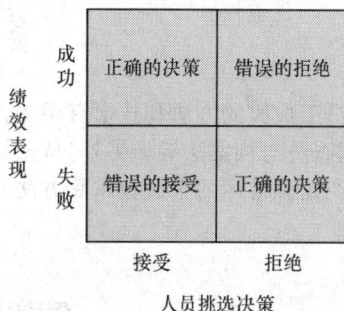

人员选拔的目标是决定哪些人可以加入组织,哪些人不适合在组织中任职。准确地讲,选拔是收集申请者的个人特征信息,并根据这些信息预测申请者未来工作绩效的过程。要做到高质量的人员选拔,必须要做好两方面的工作:一是选拔的科学性标准,二是合理选择和使用选拔技术。判断一个选拔决策是否有效,最主要的指标有两个:信度和效度。

	接受	拒绝
成功	正确的决策	错误的拒绝
失败	错误的接受	正确的决策

绩效表现／人员挑选决策

图4-5 人员选拔过程的四种可能结果

1. 信度(reliability) 信度是测试的一致性程度,又叫可靠性,为了保证选拔标准的可信度,选拔标准必须要保持一致性。信度是用相同的或等值的测试对同一个人重复测试所得到的分数的一致性程度。一个信度高的测试工具,其多次测试的结果应保持一致,否则就不可信。比如,用同一把弹簧秤称某一物体两次,如果两次的结果相同,则可以说测试的可靠性高;如果两次测量的结果大不相同,则其可靠性低。人员选拔中,估计测验效度的方法有很多,主要有再测信度、复本信度和分半信度。

(1)再测信度:再测信度指同样一个工具对同样的群体先进行测试,一段时间后再重复施测,两次结果之间的相关度即为再测信度,这种方法很有效,但两次试题的重复量不能太大。

(2)复本效度:复本效度指两个同质性工具(一个为另一个的复本)对同一群体施测,即对同一应聘者先后进行两次内容相当的测试,计算其相关度,以确定测试的信度。

(3)分半信度:分半信度是指将测验按一定规则分成相等的两半,对同一应聘者进行测试,计算两部分结果的相关度。

2. 效度(validity) 效度又称为有效性或正确性。效度通常指正式测试结果与未来工作绩效相关的程度,也就是说,有效的测试结果应该能够准确地预测求职者未来的工作绩效,即选拔结果与以后的工作绩效考评等分是密切相关的。测试结果与求职者未来的工作绩效的相关度越高,则说明测试结果越有效。人员选拔中,证明测试效度的方法主要有内容效度、结构效度、效标关联效度。

(1)内容效度(content validity):内容效度是指测试方法能真正测出想测的内容的程度。其方法是从对工作绩效十分关键的工作行为角度界定工作内容,然后随机挑选一些任务和工作行为作为测试中的行为样本。如招聘打字员,测试其打字速度和准确性、手眼协调性和手指灵活度的操作测试的内容效度是较高的。内容效度多应用于知识测试与实际操作测试,而不适用于对能力和潜力的测试。

(2)结构效度(construct validity):结构效度指确定一项测试能否衡量出对完成某项工作十分重要的特点或特征的有效性的测试方法。例如,如果工作要求高度的团队协作,测试可能会被用来衡量求职者在团队中有效工作的能力,诸如团队协作、领导能力、计划或组织能力等特质,首先必须通过工作分析仔细地辨别出来。

（3）效标关联效度（criterion-related validity）：效标关联效度指通过测试分数（预测因子）与工作绩效（效标）的相关性来证明测试有效性的一种效度类型。效标关联效度要证明那些在测试中得分高的求职者，在工作中的绩效考核得分也高，测试分数低的求职者，实际工作中的绩效考核结果也差。例如，某公司使用某种测试方法进行员工选拔，甲乙同时被录用，甲的测试分数比乙高，但在实际工作中，相同条件下乙的工作绩效明显比甲要好，就证明这种测试方法的效度不高。

二、员工选拔的方法与技术

员工选拔的方法和技术有很多，比较常用的有笔试、测试、工作样本技术、评价中心技术、面试、调查法与档案法等。另外，从分类上看，人员选拔的方法包括测验技术和非测验技术。下面来介绍几种常用的选拔技术和方法，常用的方法和技术如图4-6所示。

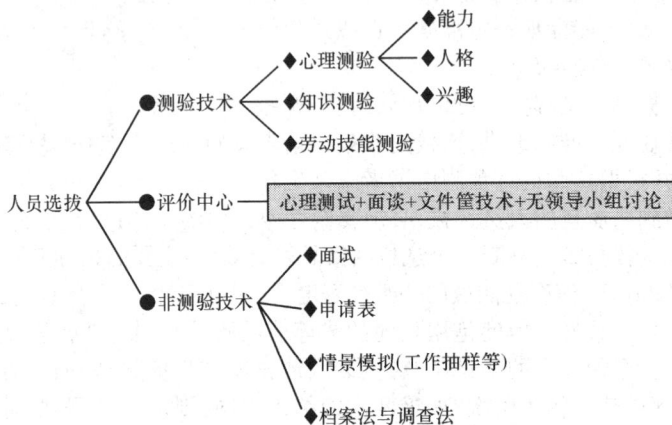

图4-6　人员选拔常用的方法和技术

1. 笔试　笔试主要用于测试求职者的基本知识、专业知识、管理知识以及综合分析能力、文字表达能力等方面的差异。笔试是使用频率非常高的一种人才选拔方法，相对很节省时间，成本也较低，效率较高，对求职者知识、技术、能力的考察信度和效度较高。但是笔试也有其缺点，它不能全面考察求职者的工作态度、品德修养和其他的一些隐性能力，所以笔试往往被作为其他选拔方法的补充或初步筛选的方法。许多企业把面试作为人员选拔的第一道关口。

2. 测验　测验是要通过各种直接或者间接的非那根法来预测和衡量求职者的工作绩效。认知能力测验、运动和身体能力测验、个性和兴趣测验是对求职者未来工作绩效的预测，而工作样本技术和评价中心技术则用来直接测量工作绩效。测验一般包括认知能力测验、运动和身体能力测验、个性和兴趣测验等。

（1）认知能力测验：认知能力测验主要是对人的智力能力的测试。认知能力测验可以衡量求职者的推理能力、记忆力、口头表达能力和数字能力等，帮助判断求职者的知识面，衡量一个人学习和完成工作的能力或潜能，包括智力测验和特殊认知能力测验。

（2）运动和身体能力测验：运动测验测量一个人的力量、灵活性及协调性，包括手指灵活度、手的灵活度、手腕的运动速度。身体能力测验包括力量和耐力测验。运动和身体能力测验常用来衡量工厂生产活动和某些办公室工作。

（3）个性和兴趣测验：个性测验测量求职者的个性特点及倾向。有些工作可能更适合具有某种个性特征的人来承担，而组建团队时则需要考察团队成员的个性特点。个性测验的效度一般比较低，而且目前个性测验工具繁多，测验结果需要主观判断和职业心理学家的分析。目前，个性测验工具大致可以分为两类，一是自陈量表法（问卷测试法），二是投射法。两类工具各有所长，结合起来测试更好。

3. 工作样本技术　工作样本技术是选择对拟招聘人员的职位十分关键的任务,然后就每一项被选任务对候选人施测,由一位观察者对候选人的表现进行监测,并在清单上记录候选人执行该任务的好坏。工作样本技术可以测量申请者在完成实际工作的某些基本任务时的表现。由于工作样本与工作的相关度很高,能够保证企业不违背公平就业的原则。工作样本的内容不涉及候选人的个性,不会侵犯候选人的隐私,设计良好的工作样本的效度也很高。

4. 评价中心技术　评价中心是指从多角度对个体行为进行标准化评估的各种方法的总称。它使用多种测评技术,通过多名测评师对个体在特定的测评情景中表现出的行为做出判断,然后将所有测评师的意见进行汇总,从而得出对个体的综合评估。简单讲,评价中心就是将受评人置于一系列模拟的工作情景中,由专业考评人员对其各项能力进行考察或预测,了解其是否胜任该项工作岗位要求的测量和评定的方法。评价中心技术有很多,包括无领导小组讨论、公文筐测试、管理游戏、案例分析等。它非常适合于中、高层管理人员的选拔。

（1）无领导小组讨论:无领导小组讨论是评价中心技术的主要组成部分,由一定数量的一组被评人(6~9 人),在规定的时间内(约 1 小时)就给定的问题进行讨论,讨论中每个成员处于平等的位置,并不指定小组的领导者或主持人。它通过松散群体讨论的形式,快速诱发人们的特定行为,并通过对这些行为的定性描述、定量分析及人际比较来判断被评价者的个性特征。无领导小组讨论被认为是企业招聘、选拔中、高层管理人才的最佳方法。

无领导小组讨论的目的主要是考察求职者的组织协调能力、领导能力、人际交往能力与技巧、想像能力、对资料的运用能力、辩论说服能力以及非语言的沟通能力等,同时也可以考察求职者的自信心、进取心、责任感、灵活性以及团队精神等个性方面的特点及风格。有研究表明,无领导小组讨论对于管理者集体领导技能的评价非常有效。

无领导小组成功的要点在于,①评价者要具备较丰富的知识和经验:要对评价者进行培训和选择,同时还要规范评分要素和评分表,尽量减少误差。②被评价者要有机会充分展现自己:无领导小组注重挖掘被评估者的内在素质。因此,被评价者要能根据题目尽量表现自身能力。③在题目设计上,要保持难度适中,同时也要具有一定的冲突性。

（2）公文筐测试:它是评价中心最常用、最核心的技术之一。该测试一般让求职者扮演组织中某一重要角色(需要选拔的岗位)。工作人员把事先准备好的资料交给求职者,这些资料是该组织所发生的实际业务和管理环境信息,包括财务、人事、市场信息、政府的法令公文、客户关系等十几份材料,要求在规定时间内对各种材料进行处理,做出决策,形成公文处理报告。通过求职者在规定条件下处理过程的行为表现和书面报告,评估其计划、组织、预测、决策和沟通的能力。

该测试非常适合对管理人员、行政人员进行评价,操作也比较简便,具有灵活性,可以根据需要设计问题。公文筐中的成绩与实际工作表现有很大的相关性,对求职者的未来工作绩效有很好的预测能力,每个受试者在平等的条件和机会下接受测试,还能够多维度评价个体。

公文筐测试的缺点在于:耗费的时间比较长,一般需 2~3 小时,编制公文筐的成本很高,评分主观性强,求职者需要单独作答,很难看到他们与他人交往的能力。

（3）情景模拟测试:把应聘者放到一个模拟的真实环境中,让应聘者解决某方面的一个"现实"问题或达成一个"现实目标",主要鉴别应聘者的工作能力、人际交往能力、语言表达能力等综合素质,招聘中、高层管理人员较常用。

（4）心理测试法:用一定方法,将人的某些心理特征数量化,来衡量应聘者的智力水平和个性方面差异的一套测量方法。结果是对应聘者能力特征和发展潜力的一种评定。

（5）角色扮演:角色扮演是一种比较复杂的测试方法,它模拟一个管理场景,多个求职者分别扮演一定的角色,模拟实际工作中的一系列活动。比如在某个管理决策活动中,有人扮演总经理,有人扮演销售部经理,有人扮演技术部经理,大家在一起分工合作。通过这种模拟,能够有效考察求职者的实际工作能力、团队合作能力、创造性、组织协调能力等,并且效度较高。

三、面　　试

1. 面试的概念与特点　面试是用来评估求职者所拥有的技能、经验、背景、成就和知识是否与某一特定职位相符合的方法,是指在特定的时间和地点,由面试考官与应聘者按照预先设计好的目的和程度,进行面谈,相互观察、相互沟通的过程。面试考官希望通过面谈来了解应聘者的业务知识水平、外貌风度、工作经验、求职动机、表达能力、反应能力、个人修养、逻辑性思维等情况,并对是否录用做出判断与决策。它主要用于员工的终选,也可用于初选和中选。面试既是一门艺术又是一门科学。它很复杂,既包含了丰富的人情世故,也掺入了面试官与应聘者之间的相互影响。面试的特点主要有以下几个方面:

(1) 以谈话和观察为主要工具。

(2) 面试是一个双向沟通的过程。

(3) 面试具有明确的目的性。

(4) 面试是按照预先设计的程序进行的。

(5) 面试考官与应聘者在面试过程中的地位是不平等的。

从面试的发展趋势来看,面试形式越来越丰富多样,而结构化面试成为面试的主流。在提问上,面试考官有较大的弹性,思路可以定好,但展开可以自然放开,前后自然衔接。而且,面试测评的内容不仅包括知识和仪表,还包括思维能力、反应能力、心理成熟度、求职动机和进取精神。就面试考官来说,专业化水平和程度的要求也越来越高,面试的理论和方法也在不断地发展。

2. 面试的类型

(1) 根据面试的标准化程度:面试可分为结构化、非结构化、半结构化面试。结构化面试又称为规范化面试,是指按照预先确定的题目、程序和评分标准进行面试,要求做到程度的结构化、题目的结构化和评分标准的结构化。非结构化面试是指在面试中事先没有固定的框架结构,也不使用有确定答案的固定问题的面试。半结构化面试是介于结构化和非结构化之间的一种面试形式。

(2) 按照面试实施的方式:面试可分为单独面试与小组面试。单独面试又称序列化面试,是指面试考官与每一位应聘者单独交谈的面试形式。小组面试又称同时化面试,是指面试考官同时对若干个应聘者进行面试的形式。

(3) 按照面试的进程:面试可以分为一次性面试和分阶段式面试。一次性面试是指用人单位将应聘者集中在一起一次性完成的面试。分阶段面试是指用人单位分几次对应聘者进行面试。

(4) 根据面试题目的内容:面试可分为情景性面试和经验性面试。在情境性面试中,面试题目主要是一些情景性的问题,即给定一个情景,看应聘者在特定的情景中是如何反应的。例如,对一个医药企业区域经理岗位的应聘者,可以问他,"如果医生说贵公司的某药品不如对手的药品好,主要原因是起效慢,你将会怎么来回答他"。在经验性面试问题中,主要提问一些与应聘者过去的工作经验相关的问题。

3. 面试的基本程序　面试的结果受很多因素的影响,如面试环境、面试考官、应聘者等。为了提高面试结果的科学性和可靠性,应对面试的每个部分进行研究,设计结构完整的面试,对整个面试过程提供详细的说明。具有合理、完整结构的面试程序,对于提高面试的有效性有着很大的帮助。面试的基本程序如图4-7所示。

(1) 面试前的准备:首先要组建面试团队,确定面试的目的,制定面试提纲。同时要认真阅读应聘对象的求聘申请表,面试问话提纲主要围绕要证实的疑点和问题,针对不同的对象应有不同的了解侧重点;确定面试的时间、地点;制定面试评分表,给所有考官以参考答案,避免失去面试打分的公正性。

（2）面试开始阶段：面试之前，面试官需要准备该职位的工作说明书和面试者的个人简历。同时需要准备一些基本问题，包括应聘者的个人介绍、求职动机、价值观理解及人际关系处理等，但这些问题应该结合职位的特点和要求来定。面试提问技巧上，需要运用问、听、观、评等几项基本功。

面试开始后，面试者要努力创造一种和谐的面谈气氛，使面试双方建立一种信任、亲密的关系，解除应聘者的紧张和顾虑。常用的方法是寒暄、问候、微笑、放松的姿势。可先让对方简要介绍一下自己的情况。此时面试者注意力要高度集中，注意倾听和观察。

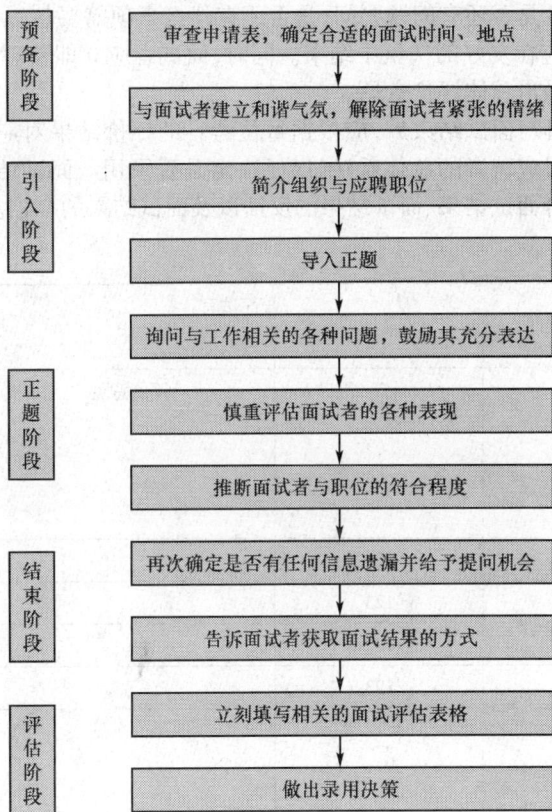

预备阶段	审查申请表，确定合适的面试时间、地点
	与面试者建立和谐气氛，解除面试者紧张的情绪
引入阶段	简介组织与应聘职位
	导入正题
正题阶段	询问与工作相关的各种问题，鼓励其充分表达
	慎重评估面试者的各种表现
	推断面试者与职位的符合程度
结束阶段	再次确定是否有任何信息遗漏并给予提问机会
	告诉面试者获取面试结果的方式
评估阶段	立刻填写相关的面试评估表格
	做出录用决策

图 4-7 面试的基本程序

（3）面试的引入阶段：在这一阶段，面试考官应提问一些应聘者一般有所准备的、比较熟悉的题目，如让应聘者介绍一下自己的经历、自己过去的工作等，以进一步缓解应聘者的紧张情绪，为进一步面试做准备。在本阶段常用一些开放性问题，使应聘者有较大的自由度，比如"请你介绍一下过去在管理上的一些成功经验"，"请你介绍一下 OTC 推广时的常用技巧和方法"，"在以前的企业中，你主要负责哪些工作？"等。

在面试中，通常有一些常见和通用的问题，例如：

在你此前的职位上，你所做出的最大成就是什么？它给企业带来了哪些正面影响？

你怎样管理需要优先处理的问题？你在一个小时内有多少是有效的工作时间？为什么？

你能给公司带来哪三项最关键的技能？

你是怎样处理团队中存在的压力和冲突的？

在所有的企业里都存在着个人政治。你是怎样让企业和企业中的人来做正确的事情的？你是怎样判断什么是正确的事情的？

（4）面试的正题阶段：在这一阶段，面试考官要求应聘者讲述一些关于核心胜任力的事例，面试考官将基于这些事实做出基本的判断，对应聘者的各项核心胜任能力做出评价，为最终的录用决策提供重要的依据。

在本阶段主要采用的是一些行为性问题，但通常与其他问题配合使用。例如，可以用一个开放性的问题引出一个话题，然后用行为性的问题将该话题聚焦在一个关键的行为事件上，接下去可以不断使用探索性问题进行追问，也可以使用一些假设性的问题，提问那些在应聘者过去的经历中找不到合适实例的问题。

（5）面试的结束阶段：在面试结束之前，面试考官完成了所有预计的提问之后，应该给应聘者一个机会，询问应聘者是否还有问题要问，是否还有什么事项需要加以补充说明，无论应聘者是否会被录用，面试均应在友好的气氛中结束。同时，面试者应立即整理面试记录，并填写面试评价表，核对有关材料做出总体评价意见。

（6）面试的评估阶段：面试结束后，应根据每位考官的评价结果对应聘者的面试表现进行综合分析和评价，形成对应聘者的总体看法，以便决定是否录用。面试结果的处理工作通常包括三个方面的内容：综合面试结果、面试结果的反馈以及面试结果的存档。图4-8是一个求职者评估表的样表。

求职人： 应聘职位		面试官： 日期：
详细经历 （技能,知识要求,背景）		评价意见
	123	
	123	
	123	
	123	
个人特点		评价意见
	123	
	123	
	123	
	123	

1-低于期望值;2-达到期望值;3-超过期望值

综合评价
招聘决定:是:　　　　否:

图4-8　求职评估表样表

评估阶段中最关键的程序就是做出录用决策,其他程序主要是用来缩小候选人的范围。录用决策就是从那些没有被淘汰的人中间做出选择。录用决策不一定要选择最好的人,而是要选择最合适的人,也就是条件和空缺职位要求最接近的人。

【实践中的人力资源】

招聘面试中如何进行有效的提问

国内某大型制药企业华中区需要招聘一名高级营销经理,华中区总裁王总请了一名从事人力资源管理咨询的朋友来做面试测评。但是由于飞机晚点,该朋友没有时间和王总做面试前的沟通,只好急冲冲赶到现场。面试刚刚开始,由于事先已经做了筛选,参加面试的只剩下两位候选人。由王总亲自担任主考官,在半小时里,他对第一位候选人提了三个问题:

1. 这个职位要带领十几个人的队伍,你认为自己的领导能力如何?

2. 你在团队工作方面表现如何?因为这个职位需要到处交流、沟通,你觉得自己的团队精神好吗?

3. 这个职位是新近设立的,压力特别大,并且需要经常出差,你觉得自己能适应这种高压力的工作状况吗?

当候选人回答完毕,王总的朋友马上叫了暂停,因为他意识到王总提出的问题不妥当,他花了五分钟对应聘者进行了询问,然后把应聘者的回答和他的真实想法告诉了王总。

候选人是这样回答三个问题:第一个问题,我的管理能力非常强:实际上王总也并不知道好不好;第二个问题,我的团队精神非常好:只能答YES,因为王总已经提供了太明显的暗示,即希望我的团队精神非常好;第三个问题,能适应,非常喜欢出差:实际上,如果把工作条件进行排行的话,我最痛恨的就是出差,还有就是占用自己的下班时间。但是老总的问话方式直截了当地给我暗示,使我必须说"是"。

事实上,王总问的是三个本应该设计成开放式的问题,第一个问有没有领导能力,第二个是有没有团队精神,第三个问能不能承受巨大的工作压力。但是王总都错误地采用了封闭式提问的方式,而候选人由王总提出的问题中很容易就知道他想听到的答案是什么,实际上这是面试中最大的忌讳,而且肯定无法得到真正的答案。接下来,王总的朋友花了10分钟的时间从三个方面重新为王总设计了以下问题:

1. 管理能力

(1)你在原来的公司工作时,有多少人向你汇报?你向谁汇报?

(2)你是怎么处理下属成员间的矛盾纠纷的?举个例子可否?(行为式问题)

2. 团队协作能力

(1)营销经理和其他部门特别是人力资源部门经常有矛盾,你是否遇到过这样的纠纷,当时是怎么处理的?(情景式问题)

(2)作为高级营销经理,你曾经在哪些方面做过努力以改善公司内部的沟通状况?

3. 能不能经常出差

(1)以前公司的工作频率如何?经常要加班吗?多长时间出一次差?

(2)这种出差频率影响到你的生活没有?对这种出差频率有何看法?

重新询问以上问题之后,王总从两位候选人中得到了更多的信息,最终选择了他所需要的人才。

本 章 小 结

招聘是寻找空缺职位的合格候选人的可能来源,并采用适当的方式吸引他们到企业来的应聘过程。员工招聘主要是由招募、筛选、录用、评估等一系列活动构成。企业在进行人员招聘时,需要掌握一定的原则,以保证招聘工作能在一定的指导原则下进行。这些原则包括:公开原则、公正原则、战略导向原则、综合性原则、能级原则。

企业人员补充有内部补充和外部补充两个方面的来源,即通过内部招聘或外部招聘来完成。内部人员的招聘方法主要包括推荐法、档案法以及布告法等。外部招聘的方法主要有广告招聘、校园招聘、借助人才中介招聘、人员推荐、网络招聘等。

要做到高质量的人员选拔,必须要做好两方面的工作:一是选拔的科学性标准,二是合理选择和使用选拔技术。判断一个选拔决策是否有效,最主要的指标有两个:信度和效度。

面试是用来评估求职者所拥有的技能、经验、背景、成就和知识是否与某一特定职位相符合的方法,是在特定的时间和地点,由面试考官与应聘者按照预先设计好的目的和程度,进行面谈,相互观察、相互沟通的过程。

思 考 题

1. 招聘过程中的影响因素有哪些?
2. 在招聘工作中,企业需要完成哪些重要的工作?
3. 招聘的渠道有哪些? 各有哪些优缺点?
4. 人才选拔的方法和技术有哪些? 如何评估人才选拔的效果?
5. 面试的特点和发展趋势是什么?

案例解析

无效的招聘广告

某医药企业人力资源部的招聘主管吴××,是从制药车间工作组长的职位上被提拔上来的。吴××在车间工作了5年,业务能力较强,同时也有较好的人际关系处理能力。作为招聘主管,刚上任她就面临着一个任务,就是为公司招聘4名处方药销售代表。经过对不同招聘方案的考虑后,吴××决定在当地一家发行量超过200万的报纸上刊登如下招聘广告:

处方药销售代表的就业机会

4个职位:希望进入医药行业的处方药销售代表

最好是具有良好形象的近期毕业的大学生

抓住时机! 充满信心!

请把简历寄到

××医药企业人力资源部

吴×× 收

在第一周内,吴××就收到了400多份申请,她十分高兴。但当她对简历进行筛选时,却发现很少有符合要求的人选。吴××感到有些失望。那么,造成这次招聘广告失败的原因是什么?

解析:

广告招聘是企业常用的一种招聘方法,其形式有在报纸、杂志、电视、电台或英特网上发布招聘广告。一个有效的招聘广告不仅能吸引众多有资格的申请人,而且还会影响潜在的工作申请人和一般大众,对树立和维护良好的组织形象起着非常重要的作用。

但是,一份招聘广告也不是那么随意发布的,广告中如果对所要填补的工作职位定义模糊,招聘就很难取得令人满意的效果。无论是填补一项已有的职位还是新职位,为了让招聘效果更好,首先都要对工作职位的要求进行明确。吴××设计的招聘广告虽然选择了发行量很大的媒体,吸引了足够多的应聘者,但是该招聘广告没有提到申请该项职位的具体条件以及基本要求,因此公司就会收到大量不符合该职位条件的候选人。

吴××应该仔细查看该职位的工作说明书,上面有明确的工作要求、工作权限以及任职资格等方面的说明,同时还应该去咨询用人部门负责人的意见,从而明确该项职位所需要的条件、资格、个性要求等,并且要在招聘广告中讲明这些要求,才能避免再次出现招聘广告失败的现象。

【案例讨论】

康元医药企业的人才选拔

康元医药公司的区域经理王经理正在审阅萧×的档案材料。他申请担任地区学术代表的职务。康元医药企业是本地医药销售企业,主要负责向医院代理销售几个品种的处方药,也面向药店销售几种常见的 OTC 药品品种。

该公司目前正考虑能否让萧×负责一批员工与拟新开发的医院中的医生们打交道。萧×是武×介绍进入公司的,而武×是公司负责西部地区的销售商中工作非常成功的一位,在他到公司的短短时期内,就将自己负责区域内的销售额增加了三倍。虽然他到公司仅两年,但其工作表现已明确表明他将前途无量。他和萧×从少年时代就是好朋友,后来又一起就读于某医药大学。

从档案上看,萧×似乎是一个能"折腾"的人。很明显的一点是在其大学毕业后的 10 年里,他没有一项固定的工作。在其工作历程中,持续时间最长的是在南京某医药公司里做了 8 个月销售部经理,其他时间还做过许多其他的工作比如记者、导游、卖保险、拍广告,包括酒店领班等,他所做的一切都有些出人意料。

由于没有足够的收入来源,所以不管在哪里,他都想办法谋生。针对他以往的这种情况,多数情况下公司会自动取消考虑他的资格。但王经理还是决定对萧×的申请给予进一步考虑。这主要是因为武×的推荐,因为武×的工作非常出色,而武×对萧×又很熟悉。

王经理和武×及另外一位朋友(作为顾问)一道会见了萧×。三人一致认为问题的关键在于:萧×能否安顿下来,为生活而认真地工作。萧×对此持诚恳的态度,并承认没料到会有这种答复,他清楚自己以前的工作情况,可他似乎又觉得会得到这份预想的工作。在会见后,王经理和顾问都认为,如果他能安顿下来投入工作,他会成为一名杰出的销售主管。但他们也意识到还有危险存在:那就是萧×有可能再次变得不耐烦而离开去某个更好的地方。不过王经理还是决定暂时雇佣萧×。按照公司挑选程序的一部分,最后雇佣之前需对每一位应聘者进行一系列心理测试。一些测试表明:萧×充满智慧且具有相当熟练的社会技能。

但是,其余几项关于个性和兴趣的测试,却呈现了一个令公司难以接受的侧面。测试报告说:萧×有高度的个人创造力,这将使他不可能接受权威,不可能安顿下来投入一个大的部门所要求的工作中去。他不是公司想雇佣的那种人。看了测试结果,王经理又拿不定主意是否向总裁建议雇佣萧×。

思考题:

1. 企业外部招聘的渠道主要有哪些? 本案例属于哪一种?
2. 面试的目的是什么? 面试的提问技巧有哪些? 分别举例说明。
3. 你认为公司应否录用萧×? 假如你是王经理,你会如何处理这件事情?

【模拟实践】

如何选拔合适的候选人

随着业务的迅速发展,某医药企业于 2002 年收购了一家外地的医药公司。收购行动主要由企业原财务总监 Y 先生负责,Y 先生具有很强的财务知识和谈判能力,办事雷厉风行,为该企业的收购成功立下汗马功劳。收购完成后,Y 先生在当地主持分公司的全面工作,与收购过程中卓有成效的工作相比,Y 先生在总经理职位上的表现不太令公司总部满意。是继续留任 Y 先生,还是从公布现有高级管理人员中选拔合适人选来替代 Y 先生的职务,总部高层需要仔细斟酌。为此,公司总部希望邀请专业的评估机构对 Y 先生和几位总部高管人员进行评估,以提供人事决策的科学依据。

为了让评估结果更准确,该制药企业特地聘请了希典咨询公司来做这项工作。希典公司接受该项目后,首先通过高层访谈和初步诊断,力求准确把握该企业的经营战略、企业文化以及对高级管理人员的要求。进而,希典咨询公司希望利用现有的能力素质模型库,结合该企业的行业特点和实际运作,为该企业提供具有针对性的高级管理人员能力模型,包括全局观念、计划能力、沟通技巧以及培养和辅导能力等八大能力。该模型是评估的基础和标准,同时也是高级管理人员未来能力发展的重要指引。然后,希典咨询公司决定派出由心理学博士和资深顾问领导的评估小组,运用评价中心技术,对每一位被测人员进行全方位的能力评估,力求为该企业找到最合适的人才。

模拟练习:

1. 请你搜集相关资料,为该公司设计一份具有针对性的高级管理人员的能力评价标准。
2. 根据这份能力评价标准,制定一份面试提纲。
3. 根据面试提纲,设计相应的面试题目。
4. 设计面试评分表。
5. 由部分同学扮演 Y 公司面试官,另由几名同学扮演求职者,进行现场模拟演练。

(饶远立)

第 5 章　培训与开发

本章要点

1. 了解培训与开发的含义
2. 掌握培训需求分析方法
3. 掌握培训方案的设计
4. 熟悉培训方案的实施流程
5. 掌握培训效果评估方法
6. 掌握员工职业生涯规划的方法和步骤

导入案例

白云山制药总厂依靠培训与开发提升竞争力

广州白云山制药总厂创建于 1973 年,是广东省首批上市的广州白云山制药股份有限公司的核心企业。总厂历经 30 多年的发展,曾经鼎盛一时,也经历过低谷,目前它已经进入稳定发展时期,它的持久与强盛是与人才的开发与培养分不开的,其主要做法是:

1. 企业高层领导的重视　总厂每年的培训费用是按照员工工资总额的 1.5% 提取的,企业高层领导对此是认同的,从经费上予以了保障。此外,各个部门领导也都认识到培训的重要性,对培训工作的开展给予了大力支持,包括培训计划的制定、实施以及评估。

2. 针对岗位设计课程库　总厂人力资源部门组织相关部门针对不同岗位设计了不同的岗位培训课程,包括理论和实操培训内容,均是各岗位应掌握的几门知识和技能,每一个新上岗员工都要经过岗前培训,学习岗位的"应知应会"并经过考核合格后,才予以上岗。在岗员工也要对照岗位"应知应会",不足的地方加以培训,这样确保每个岗位的员工都要掌握岗位要求的知识和技能。

3. 对核心员工和技术骨干的特殊培训　企业充分认识到技术骨干和核心员工的重要性,因此培训政策也更多地向他们倾斜。如对研发人员和质量管理骨干,经常外派培训,学习行业新技术、新知识,了解新动向;对拟晋升的技术人员或管理人员,进行轮岗培训,丰富其管理工作经验,为拟晋升的职位做好准备。

4. 建立内部讲师队伍　总厂的很大一部分培训工作是由内部老师完成的,这些老师都是来自各岗位资深的专业技术人员或管理人员,或者具有特殊技术和经验的员工担任,他们能结合企业的特点进行培训,向内部员工传授技术或经验。

5. 建立员工培训档案　总厂对每位员工都建立了培训档案,从其入职开始,每一次培训的记录都按要求的格式整理归档,包括培训记录、培训考核成绩等,这是培训需求分析和评估的重要一手资料,也是药品 GMP 检查的重要项目之一。

近 5 年来,白云山制药总厂销售规模均实现了年均 20% 的增长,每年都有新的突破,品牌价值不断提升,2008 年"白云山"品牌价值突破 105 亿元,企业有了长足稳定的发展,这些都与企业领导重视人才的培训与开发,而培训部门也进行了系统的、有效的培训是分不开的,从此可以看出,培训与开发在企业的重要性。那么,我们应该如何做好培训与开发呢?

第一节   培训与开发概述

一、培训与开发的含义

培训与开发是人力资源管理活动中一项重要的功能模块,现代企业越来越重视员工的培训工作。培训与开发(training and development)是指企业通过有计划的、系统的组织员工进行学习和训练等活动,提升员工的知识与技能,改善员工的工作态度和行为,积极开发个人潜能,使员工更好地胜任工作岗位,在实现组织目标的同时,努力使个人价值最大化。培训与开发往往是连在一起考虑的,但培训与开发也存在细微的区别,具体见表5-1。

表5-1   培训与开发的区别

比较项	培训	开发
关注内容	当前的工作绩效和胜任素质	未来的发展
发生时间	短期性	持续性
阶段性	较明显	较模糊
内涵范围	较小	较大
出发点	更多从企业需要出发	从企业和个人需要的结合点出发

培训与开发虽然有些细微的不同,但它们实质上都需要不断的学习与训练。企业为了使员工更能胜任工作,做出更好的工作绩效,需要不断的对员工进行知识、技能、思维方式等方面的提升与训练,员工的技能提高了,思维方式改善了,工作绩效和工作效率也就会随之提高,从而实现企业的目标;同时,员工为了发挥自身特长,使自己的所长为企业所用,从而实现个人价值,也需要不断开发自己的潜能,而只有当企业的需要和个人需要结合起来时,才能达到企业和个人的双赢。

二、培训与开发的类别

1. 按培训与开发的内容分   培训与开发主要分为知识培训与开发、技能培训与开发、态度培训与开发、思维培训与开发、心理培训与开发等。

知识培训与开发主要是不断补充及更新员工的知识层面,提高知识水平,以适应岗位和企业所需,如员工应掌握的"应知"。技能培训与开发主要是对员工进行实操方面的训练,使其掌握各种工作方法、操作技能、流程等,如员工应掌握的"应会"。态度培训与开发主要是对员工的团队协作精神、归属感以及对企业文化等方面的培训、教育,使其从意识和态度上认同企业的文化和价值观,更好的投入到工作中去,解决员工"勤"的问题。思维培训与开发主要是培养员工突破固有的思维模式,用一种全新的思维模式思考问题、解决问题,培养员工的创新意识。心理培训与开发主要是通过调整员工各种心理因素,开发其潜能,提高工作能力,主要是"能"的问题。

2. 按受训者的层次类别分类   培训与开发主要分为基层操作人员的培训与开发、专业技术人员培训与开发、基层管理人员的培训与开发、中层管理人员的培训与开发、高层管理人员的培训与开发等。不同层次的人员培训内容侧重点也不同,基层操作人员侧重在"应知应会"的培训,如车间操作工重点掌握岗位的操作规程以及相关的一些知识即可;专业技术人员培训与开发重点在提升其专业技术水平上;基层和中层管理人员除了要掌握本岗位的专业知识外,重点在管理技能和水平上进行培训与开发;高层管理人员则重点在企业运营、资本运作、战略决策等方面进行培训与开发。

3. 按员工在职阶段分类　培训与开发主要分为新员工培训、员工转岗培训、员工在岗培训、员工退休前培训等。新员工培训又包括导向培训和定岗培训,导向培训主要是使其了解企业的文化和规章制度等情况,尽快融入新的团队,定岗培训是指新员工要掌握新岗位所要求的知识和技能等方面。

4. 按培训与开发的时间分类　培训与开发主要分为全脱产培训与开发、半脱产培训与开发和业余培训与开发。

5. 按培训对象分类　培训与开发可以分为销售人员培训与开发、财务人员培训与开发、管理人员培训与开发、生产人员培训与开发等。

三、培训与开发的意义

1. 有利于提高员工的工作效率和工作质量　员工通过培训与开发活动,补充了新的知识,提高了工作技能水平,还可能用创造性的思维方式去工作,这些都对工作效率的提升起到关键作用。另外,员工通过培训与开发,可以熟练掌握岗位操作技能,也可以加强员工的服务意识,改善服务质量等,这都有利于提高其工作质量。如制药车间员工熟练掌握了岗位操作规程,并了解相关的工艺知识,对产品质量关键点进行了很好的控制,降低了因操作过程的失误引起的产品质量问题,大大提高了产品的一检合格率,这就是生产过程的质量控制。

2. 有利于提升企业的竞争力　员工培训与开发,有助于提升员工的整体素质。人是企业中最活跃的因素,也是最有竞争力的因素,通过培训与开发,一方面,企业可以拥有更多的高技术、高素质人才,具备人才优势;另一方面,研发人员的培训与开发也有利于提升企业的产品研发能力,使企业具备产品研发优势,这些都为企业赢得了竞争力。

3. 使员工获得更大的职业竞争力　培训与开发的直接结果就是提高了员工的职业素养,同时培训与开发也是与员工的职业生涯规划相结合的,员工在获得培训机会的同时,也开发了自身的潜能,使自己在个人的职业生涯晋升路线中获得了更多的资本,与没有经过培训与开发的员工相比较,具备更大的职业竞争力。

企业通过对员工的培训与开发,提升了员工的工作技能和工作绩效,同时也提高了企业的工作效率,降低了成本,提高了产品的质量,员工从培训与开发中挖掘了自己的潜能,也为自己赢得了职业竞争力。这是一个双赢的过程。

四、员工培训与开发的原则

1. 战略性原则　企业的培训与开发是为企业的战略目标服务的,因此,在制定员工培训与开发规划时,一定要考虑企业的战略目标。从人力资源管理的角度看,为实现企业人力资源战略的合理配置目标,从如何设置培训计划、提高现有人员构成的素质结构等方面来考虑培训方案的设计。

2. 效益性原则　我们在进行每一项活动前,都要考虑投入与产出比,在进行培训与开发前,也要做好投入产出分析,培训与开发的投入成本不仅包括会计成本,还包括机会成本,如员工因参加培训而损失的生产能力。因此,应该根据企业的发展目标制定培训计划和实施培训方案。

3. 先培训后上岗原则　员工只有在上岗前掌握了该岗位的应知、应会知识和技能,才能很好的履行其工作职责,保证工作的效率和质量。否则,靠员工自学与摸索熟悉岗位操作,只能延长员工胜任岗位的时间,加大企业成本。日本的"企业之神"、"重建大王"——坪内寿夫说过:"培训很贵,不培训更贵",从此,培训与企业成本的关系可见一斑。在制药行业的一些关键岗位更应遵循这一原则,如制药厂的质量管理员和质量检验员,在上岗前,必须经过权威机构的岗前培训,经考核合格,取得上岗证后,企业才予以其上岗,只有具备了合格资质的质量管理人员对生产过程进行把关,才能保证产品的质量。

4. 主动参与原则　员工培训与开发一定要遵循主动参与的原则,如自下而上了解培训需求、根据员工的需求制定培训机会等,这一原则培训由"要我学"变成"我要学",主动参与可以调动员工学习的积极性,有利于保证培训效果。

5. 针对性原则　针对员工存在的个体差异以及企业各岗位的不同要求,我们的培训与开发也要因材施教。除了少数公共课程外,不同岗位的员工应该使用不同的培训教材,即使同一岗位的不同素质的员工也应设置不同的培训教材或使用不同的培训方式,尽量做到"对症下药"。

6. 严格考核、择优奖励原则　培训作为人力资源管理的模块之一,要与其他人力资源管理的模块衔接起来,培训与考核、激励就是紧密相连的,培训与开发实施后,应对培训效果进行跟踪,严格考核培训效果,并对少数考核优秀的员工进行奖励,以鼓励它们的培训学习的积极性,对员工也是一种激励,并能在企业中树立一种良好的学习风气和氛围。

五、培训与开发的误区

1. 企业培训追赶潮流　一些企业的管理者喜欢赶潮流,社会上流行什么就培训什么,对培训内容的选择缺乏计划性和针对性,表面上看,企业培训工作开展得轰轰烈烈,实则无的放矢,效果并不一定理想。

2. 培训时重知识、轻技能,忽视态度　员工对知识的培训往往比较容易掌握,而技能在短时间内则不易掌握,这就使一些管理者出现了重知识、轻技能的误区。实际上,知识的遗忘较快,而技能一旦掌握了就不易失去。正确的做法应该是:在培训中以建立正确的态度为主,辅以知识的学习,重点在提高技能方面。

3. 新员工自然而然会胜任工作　一些企业忽视对新员工的培训或对其培训并不到位,错误的认为,新员工到了新的岗位上会慢慢适应并胜任岗位要求,实则不然,这样只能使新员工在较长时间内不能提高工作绩效,对企业来讲,也影响了整体的工作效率,增加了人力成本。

4. 高层管理人员不需培训　一些企业的高层领导错误地认为:培训只是针对基层的管理人员和普通员工的,而高层管理人员不需要培训。其理由是:他们都很忙,他们经验丰富,他们本来就是人才。显然这种认识是错误的,应该说,一个企业高层管理人员的素质高低对于企业发展的影响最大,因而高层管理人员更需更新知识,改变观念。国外许多知名企业就做出这样的规定:越是高层管理者,参加的培训就越多,有的甚至把培训作为一项福利按职级进行分配。

5. 培训是成本,能省就省　一些管理者错误地认为:培训是一种成本。作为成本,当然应该尽量降低,因此,能省则省,在企业培训方面投入的资金甚少。现代人力资源管理理论和实践告诉大家:培训其实是一项回报率极高的投资。任何设备的功能都是有限的,只有人的潜力是无限的,在同等条件下,通过培训,开发人力资源使企业效益成倍增长是可以实现的。

6. 培训急功近利　有的企业对培训急功近利,希望立竿见影,有的还企图通过培训解决企业人力资源的所有问题,把培训当成一剂灵丹妙药,误以为能药到病除,能立刻为企业创造绩效。

实际上,我们应该认识到,培训是一项持续性的长期投资,它的回报是需要一定的时间的;另外,培训也不是万能的,它能提高员工的知识与技能,但还需要企业配套的措施和机制跟上,才能解决企业出现的很多问题。

【实践中的人力资源】

人才开发应具备长远眼光

企业的培训工作应该做到不仅仅是为了实现当前的企业目标而进行的培训,应该与员工开发结合起来,才能留住人才,并为企业的长远发展提供人力资源保障。如某公司在 2007 年招聘了一名财务人员,是名牌大学硕士毕业生,经过一年的工作,企业领导发现其专业技术知识过硬,又具有管理的潜质,准备培养他为日后的财务管理人员,但考虑到其管理经验欠缺,因此,安排他到行政部工作一年。这样丰富了他的管理经验,使其具备专业知识的同时掌握必要的管理技能,这样的培养方式使员工更加愿意留下来为企业工作,也为企业储备了管理人才。

第二节　培训需求分析

一、培训需求分析的内容

企业培训首先要分析培训的目的,看看现在或者将来企业是否有培训的必要,避免盲目培训而浪费企业资源。培训的动机应该是来自员工绩效水平的差距,或者是企业发展对新技能的要求。

为了评价培训的效果和将来的培训需要,对培训需求的分析一定要形成一定的制度,定期地进行,并且必须在企业、作业、人员三个层次上全面展开,如图 5-1。

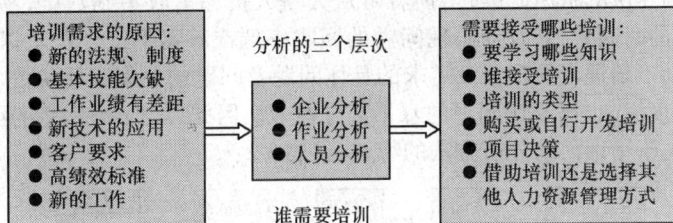

图 5-1　培训需求的分析过程

1. 企业分析　企业分析的重点在于确定企业范围内的培训需求,主要是检查企业的目标和资源,目的是保证培训计划符合企业的整体目标与战略要求。企业层面的分析涉及这些问题:组织的发展目标分析、组织的人力资源需求分析、组织效率分析、组织文化分析。

2. 作业分析　作业分析的重点在于确定培训的内容,即员工达到满意的工作绩效必须掌握哪些知识和技能。分析的内容包括:一项工作所包含的任务;完成每项任务需要掌握的技能;每项工作应达到的绩效标准。作业分析所需要的信息可以通过职务分析、绩效评价和对主管人员的调查获得。

3. 人员分析　人员分析的重点是要回答这样两个问题:谁需要接受培训? 需要接受什么培训? 人员培训需求分析可以按下述公式来进行:

$$培训需求 = 标准工作绩效 - 实际工作绩效$$

如果员工的实际工作绩效达标,就不需要进行培训。但是如果员工的绩效低于标准,则需要接受培训。培训可以缩小或弥补实际绩效与标准绩效之间的差距。

二、培训需求的作用模型

培训需求的作用模型是通过对比当前现状和理想状况,进而找出两者之间的差距,分析哪些差距是可以借助内部劳动力市场操作,尤其是培训和开发现有员工来缩小的。该过程如图5-2所示:

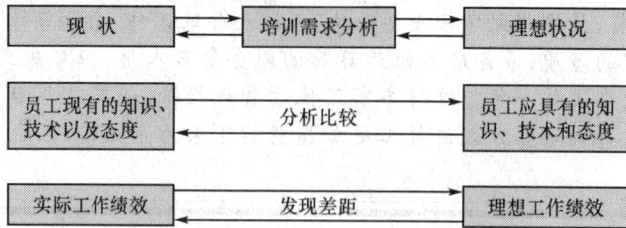

图5-2　培训需求分析的作用模型

三、培训需求分析的步骤与技术方法

进行培训的需求分析,一般来说应从寻找差距开始,然后从组织层次、任务层次、员工层次等三个方面着手,这些方法前面章节已经论述,大致的分析步骤如图5-3所示。

培训需求分析的方法有员工行为观察法、顾问委员会法、评价中心法、态度调查法、访谈法、态度调查法、业绩考察法、关键事件法、问卷调查法等。

例如,观察法是培训者通过对员工工作过程的观察得到有关工作环境的资料,并将需求分析活动对工作的干扰降到最低;它对观察者的水平要求高;员工的工作行为因为被观察而有一定的影响。调查问卷法的费用低廉,培训者可从大量人员那里收集到数据,易于对数据进行归纳总结;但它需要的时间长,有时会出现问卷的回收率低或答案不符合要求以及答案不够具体等缺点。访谈法利于培训者发现培训需求的具体问题及问题的原因和解决办法;但是也比较费时,而且分析的难度大,也需要访问者的水平高才有效。因此,培训者应综合运用多种方法进行培训需求分析。关于培训需求分析方法的特点,见表5-2:

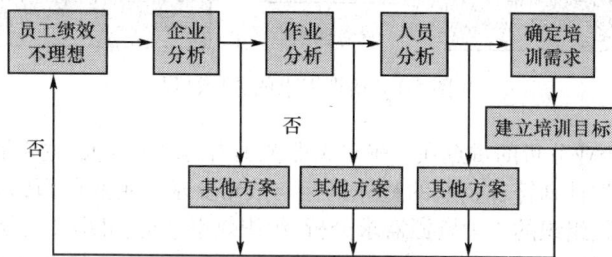

图5-3　培训需求分析的步骤

表5-2　培训需求分析方法比较

培训需求 分析技术	被培训者的 参与程度	管理层参 与程度	耗费时间 程度	培训需求 分析成本	分析过程量 化程度
顾问委员会	低	中	中	低	低
评价中心	高	低	低	高	高
态度调查	中	中	低	高	中
集体讨论	高	中	中	中	中

续表

培训需求 分析技术	被培训者的 参与程度	管理层参 与程度	耗费时间 程度	培训需求 分析成本	分析过程量 化程度
面试候选培训对象	高	高	低	中	高
调查管理层	低	低	高	低	低
员工的行为观察	中	高	低	中	高
业绩考核	中	中	高	高	低
关键事件法	高	中	低	高	低
问卷调查及清单	高	中	高	高	中
技能测试	高	高	低	高	高
评估过去项目	中	中	低	高	低
绩效档案	低	低	中	中	低

【实践中的人力资源】

绿叶医药有限公司的培训需求分析

绿叶医药企业的培训需求分析工作是由企业的人力资源部来组织完成的。在培训项目开展前,人力资源部都会根据培训的不同目的,展开培训需求调查。进行需求调查的最好方式就是拟定问卷。问卷的设计一定要简单,而且容易回答,激发被调查者的兴趣。此外,对于职位技能的培训,除了调查问卷外,人力资源部还结合访谈,向各级管理者和其下级进行调查,以分析绩效评估表、技能项目需求调查表、重点人群的抽样面谈等方式,确定销售人员及其管理者岗位技能差距和重点的技能培训项目。

另外,公司还要求人力资源部在正式培训展开前,对受训人员进行有关资质方面的评估,看一看到底哪些人愿意主动受训,哪些人有何种培训方面的需求,哪些人适合什么样的培训。比如,他们到底希望得到什么样的培训? 培训的课题、导师应该是什么类型的? 他们对于培训效果的期望值是什么?

调查结束后,人力资源部还会对调查所得来的数据进行系统的分析,评估受训人员学习资质,总结差距和根源,也就是明确组织能力、员工素质技能与业务目标要求的差距;明确差距的根源及解决方法;明确通过培训可以解决的差距及培训解决办法。

第三节 培训方案设计

一、培训计划的制定

(一) 培训计划的含义和分类

根据培训需求分析的结果,制定企业的培训计划。从广义上讲,培训计划也可称培训规划,培训规划是一个企业培训的中长期计划,属于人力资源开发的一部分,更多从企业战略考虑。狭义的培训计划是指培训实施计划,一般是短期计划,它也是根据培训规划进行分解的分计划,更强调具体的实施,目标更具体。本章所讲的培训计划,是指狭义上的培训计划。

根据不同的划分标准,培训计划也有多种分类:

1. 根据培训的时间长短   培训计划可分为长期、中期和短期培训计划。值得注意的是,不管是长期、中期还是短期培训计划,他们是互相联系的,都是为企业发展目标服务的,中期和短期培训计划是与长期培训计划一脉相承的,从某种意义上讲,是长期培训计划的一个分解。因此,中、短期培训计划的内容更具体,更易测评和衡量。

2. 根据受训对象不同   培训计划也可分为新员工培训计划、在职员工培训计划、转岗员工培训计划等。在职员工培训计划还可细分为财务人员培训计划、销售人员培训计划、专业技术人员培训计划等。这种培训计划可能是长期的,也可能是短期的培训计划,更多是一个专项的培训计划,而且培训目的性较强。

(二) 培训计划的内容

培训计划的内容可以根据 5W1H 来设计,Why(为什么要培训,培训目的),Who(培训谁和谁来培训),What(培训什么内容),When(选择什么时间培训),Where(培训的地点场所),How(运用何种培训方式)。这些构成了培训计划的几大要素,加以引申,还包括培训设施、设备的准备,培训负责人等。

1. Why——培训目的   通过培训需求,解决培训需求分析得出的差距就是培训要达到的目标。培训目标尽量具体化、可衡量,为以后的培训效果评估提供衡量指标。如:一个培训目的是让新员工通过培训掌握胶囊填充机的操作,那么,培训后可以通过上机实操来考核,看其是否能独立操作合格,如果可以,就是达到了较好的培训效果。只有培训目标明确了,我们才可能选择培训的内容以及方式等。

2. Who——培训对象和培训老师

(1) 培训对象就是要确定"谁"需要培训,在培训需求分析时也基本可以确定,如新上岗员工、绩效差的员工、转岗员工、技术骨干、晋升员工等。不同的培训对象根据岗位及个性的不同,最好设计不同的培训方式,以使培训效果最好。

(2) 培训老师就是解决"谁"来培训的问题,培训老师可分为内部老师和外部老师,内部老师包括企业的领导、专业技术人员、具备特殊知识和技能的员工;外部老师有专业培训机构、学校等。内部老师和外部老师各有优缺点,内部老师比较了解企业实际,培训时更能结合企业实际讲课,针对性更强,但理论水平及授课技巧则参差不齐;外部老师理论水平及授课技巧较好,但对企业的了解程度则不如内部老师,针对性难以保证。我们在选择时,最好两者兼用,要根据培训内容和培训对象进行选择。

3. What——培训内容   培训内容的选择也要根据培训需求分析得出。根据培训需求分析中得出的员工在知识、技能、能力或态度等方面的差距设计培训内容,这里的差距并不等于培训内容,还要进行设计和选择。如一个员工在知识方面欠缺,就选择相应的知识作为培训内容;在技能操作上的熟练程度不够,就进行技能的操作培训;而一个员工的工作态度不良,如果通过培训可以改善,就要选择好培训内容。

4. When——培训时间   培训时间包括培训期限的选择要根据培训目的和内容来决定,如新员工培训,目的是掌握新岗位的知识技能,就需要在上岗前一段时间进行,一般是短期培训;如新版药品 GMP 出台,对生产和质量的控制马上会产生影响,最好是越快培训越好,培训要使生产和质量管理人员掌握新政策,及时指导工作,对整个生产、经营都有利。但在现实中,很多生产企业由于淡旺季很明显,企业领导就把培训安排在淡季,旺季的培训几乎没有,这样做也是不对的,因为可能影响生产、质量的因素早就存在,等到淡季再培训,由于操作技能不够、质量意识不强等因素在旺季时造成的损失早已产生。因此,正确的做法应该是发现问题,需要培训时就应该安排培训。

5. Where——培训地点和场所   培训地点和场所一般是根据培训内容和培训方式进行选

择。培训地点有企业内部培训场地和外部培训机构和场地两种,还可分为教室、操作现场和户外三种。知识的培训一般在教室举行,技能培训多在工作现场或模拟现场开展。近些年兴起的拓展培训多在户外举行。

6. How——培训方式及培训的设施设备 企业培训的方式有多种,如面授法、演示法、案例法、讨论法、视听法、角色扮演法等,各种培训方式都有其自身的优缺点,为了提高培训质量,达到培训目的,往往需要各种方法配合起来,灵活使用。不同的培训内容和对象采用不同的培训方式。

随着现代培训方式越来越多样化,使用的设施设备也越来越多,我们在培训前务必要准备好培训中要使用到的各种设施设备,包括教材、笔记本、笔、模型、白板、白板擦,有的还需幻灯机、手提电脑、音响设备、激光笔、录像机、矿泉水等,不同的培训地点及培训方法最终确定了培训所用到的设施设备。如果其中一项在计划时没有准备好,都会影响培训的实施及效果。

(三) 培训计划的制定程序

培训计划的制定要按照一定的程序进行,主要分以下几个步骤:

1. 培训计划制定的前期准备 拟定负责培训计划制定的人员,开会动员及向各部门宣传培训计划制定方案等,自上而下进行。

2. 培训需求分析 培训需求分析是制定培训计划的重要依据,分析培训需求,找出员工差距所在,制定相应的培训计划。

3. 制定培训计划的具体内容 根据培训需求分析结果,确定培训目的、培训内容、培训对象、培训时间和地点、培训方式、培训老师等。在制定这些培训计划项目时,要考虑企业生产实际和培训对象的特点,尽可能保证培训效果。另外,还要考虑培训费用预算,否则超出预算,再好的培训计划也成无源之水。

4. 培训费用预算 培训费用的预算要根据各个企业的实际情况而定。

5. 编制培训计划 在做好以上各项工作时,要按一定的格式编写出培训计划,表格描述较直观,可以采用文字和表格结合的形式编写。

6. 培训计划的审批 培训计划的审批包括培训计划内容和培训费用预算的审批。经高层领导批准后的培训计划,需要对各个层级进行传达,以贯彻落实。

二、培训经费预算

(一) 培训费用的构成

培训费用包括直接培训费用和间接培训费用。

1. 直接培训费用 直接培训费用包括培训项目运作费用和培训项目管理费用。培训活动运作费用是直接培训费用的主体内容,包括培训场地费、培训教材费、培训食宿费、因培训发生的差旅费、老师讲课费、受训人员的工资等;培训项目管理费用是指人力资源部门或其他管理培训活动部门的管理费用。

2. 间接培训费用 该费用是指因培训而产生的机会成本和生产力浪费。机会成本是指因培训而失去的生产力以及找人代替的成本,成本专家统计,一个一线工人的工资是其创造价值的1/3,因此,机会成本最保守的算法是将学员工资乘以2得出;另外,据专家估计,在岗培训时所造成的生产力浪费是正常生产时的四倍。因此,培训的间接费用也是很大的一个数目。

(二) 培训费用预算的方法

培训费用预算有多种方法确定,在不同的企业也可能有不同的方法,有时也与企业的性质、高层的观念有关。这里主要介绍以下几种方法:

1. 按照基准值的一定比例确定　按比例确定就是企业按照一个基准值乘以一定的比例来确定培训费用。目前,很多企业的培训费用是按照销售额或工资总额的一定比例确定,平均比例在1.5%,国际大公司一般在1%～3%,有些甚至高出这个比例,如摩托罗拉是4%,通用电器是4.6%;也有一些规模小的企业的比例要低一些,大约在0.2%～0.5%,有的甚至更低。

2. 推算法　推算法就是企业根据上一年度或历史数据推算当年的培训费用,在往年的基础上增加一定数额或比例来确定,这一方法要求往年的历史数据具有科学性,推算起来才有意义。

3. 零基预算法　零基预算法是由美国德克萨斯州仪器公司的彼得·菲尔提出的,经采用取得很好的成效后,广为推广。零基预算法是指在每个预算年度开始时,将所有还在进行的管理活动都看做新开始,即以零为基础,根据组织目标,重新审查每项活动的意义和必要性,并在费用-效益分析的基础上,重新排出各项活动的优先秩序。

对于培训费用预算可以采取零基预算法,尤其对没有培训费用的历史数据或历史数据不科学的企业更适用。为了使其重新审视各项培训活动的意义,这就需要从企业战略出发,根据培训需求分析来规划各项培训,由相关管理人员进行全面审核,排出培训活动的优先顺序,给予分配相对应的培训经费。这有利于组织的长远目标和培训目标的紧密结合,增强了培训的目的性和必要性,但其缺点在于预算的过程中花费大量的人力、物力和时间,预算成本较高。

当然,还有一些企业是财务或高层直接划定一定的培训费用。采用哪种培训费用预算方法要根据企业情况而定,采用尽量科学、合理的预算方法,才能得到高层和企业的支持,培训活动才能更好的开展。

三、培训方案的评估及完善

培训方案设计出来,要经过评估,然后发现问题再修改,不断完善,最后确定最终的培训方案。培训方案的评估从三个维度来考察。

1. 从培训方案本身角度考察　我们可以将其细化为三个指标来进行:

(1) 内容效度:看培训方案的各组成部分是否合理、系统化,是从培训方案的本身来阐述的,分析其是否符合培训需求分析,各要素前后是否协调一致,该方案是最优选择。

(2) 反应效度:观察受训者反应,受训者是否对此培训感兴趣,是否能满足受训者的需要,如果否,找出原因。

(3) 学习效度:以此方案来培训,评估传授的信息是否能被受训者吸收,如果否,则要考虑到传授的方法以及受训者学习的特点等各个方面的因素。

2. 从受训者的角度来考察　评估受训者培训前后行为的改变是否与期望的一致,如果不一致,则应考虑是培训效果不理想还是缺乏应用培训所学内容的机会,或是由于习惯影响,使培训效果还未表现出来,需延长考察时间。

3. 从培训实际效果来考察　此内容即培训的成本收益比分析。培训的成本应包括培训需求分析费用、培训方案的设计费用、培训方案实施费用、受训者在培训期间的工资及福利。培训方案的收益则包括显性收益和隐性收益两部分,显性收益是指产量的提高,废品、次品的减少,采用更省原材料的生产方式的节约,生产事故的减少等可测量的收益;隐性收益则是指企业团队精神的生成、企业形象的提高等不可量化测量收益。成本低于收益才证明此方案具有可行性,成本高于收益则证明此方案破产,应找出失败原因所在,设计更优的方案。

【实践中的人力资源】

天元医药有限公司的培训课程

天元医药有限公司是近几年发展非常迅速的医药企业,让业内人士瞩目的是他们的人才培养做得非常出色,其中特别值得称道的是公司的培训课程的设计与开发。

在课程设计上,其培训课程按照课程结构分为基础课、知识课、技能课和观念课,也可以分为生产课、研发课、营销课、服务课等,或按学员的层次来分为新员工入职课、职业技能发展课、领导力课等。这些课程体系可以从三个角度来规划,一个是公司的战略:要求学员们会什么;一个是公司的"文化价值观":倡导员工要成为什么样的人;一个是他们个人成长:需要学什么。三者的结合,就是完美的课程体系规划。什么人要上什么岗,所以要学什么课,就如同员工不同的"发展通道",每个通道设有不同的台阶,对应各自的能力及技能要求,针对性地设置培训主题。更多的时候,企业还采用读书会、晨会、晚会、月度总结会等,或网络学习、光盘学习、问题解决学习等方式,把课程做得更有弹性。

另外,公司还非常重视课程的内部开发。在企业开办的商学院中,课程的开发需要包含以下内容:课程的思维导图、游戏说明、导师PPT、课程准备清单、导师用书、学员用书等。以上内容领导审核通过,并且内部试讲评审通过才可正式推出。就如同完成产品的上市一样,培训课程也是产品,需要进行严格的管理和检验。

第四节 培训的组织与实施

一、培训的组织

企业在进行培训时,需要对培训的整个过程进行组织和管理,明确和落实培训方案,以保证培训的顺利进行。具体来说,主要包括以下几个方面:

1. 明确实施责任 培训计划的制定和实施,关键是落实负责人或负责单位。要建立责任制,明确分工。培训工作的负责人要有一定工作经验和工作热情,要有能力让公司领导批准培训计划和培训预算,要善于协调与业务部门和其他职能部门的关系,以确保培训计划的实施。

2. 确定培训的目标和内容 在培训需求调查的基础上,结合组织分析、工作分析、个体分析等以决定培训重点、目标和内容。总之,应整合企业和员工的培训目的,以使培训目标准确,培训的内容符合实际需要。

3. 选择培训方法 关于培训方法,前面已经有所介绍。每种方法都有不同的侧重点,因此,必须根据培训对象的不同,选择适当的培训方法。方法的选择除了要考虑员工特点外,还要考虑到企业客观条件的可能性。

4. 决定被培训对象 除了普遍性的观念性培训外,参加培训的学员必须经过适当的挑选;因为培训要花钱,这笔钱应当用在有一定潜力的员工身上,也就是说学员的可塑性。这样就可以做到投资省、见效快。如果学员的可塑性较差,跟不上教学进度,不仅达不到培训的目的,而且对他的投资将大大增加企业的经济负担。以目前大多数企业的经济实力,还不可能在这些人身上投入更多的培训费用。

5. 选择培训讲师 员工培训的成功与否与任课教师有着很大关系。特别是21世纪的员工培训,教师已不仅仅是传授知识、态度和技能,而是受训者职业探索的帮助者。企业应选择那些有教学愿望、表达能力强、有广博的理论知识、丰富的实践经验、扎实的培训技能、热情且受人尊敬的人为培训教师。培训师的选择可以从企业内部进行培养和开发，也可以从外面聘请优秀的培训讲师。

6. 制定培训计划表　计划的目的是明确培训的内容、时间、地点、方式、要求等，使人一目了然。同时，也便于安排企业其他工作。

7. 对培训进行评估以不断改善培训体系　每次进行培训后，应从培训影响因素的几个方面进行培训评估，以利于有针对性地改进企业培训体系。

二、培训的实施

培训实施是员工培训系统关键的环节。在实施员工培训时，培训者要完成许多具体的工作任务，要保证培训的效果与质量，必须把握以下几个方面：

1. 选择和准备培训场所　选择什么样的培训场地是确保培训成功的关键。首先，培训场地应具备交通便利、舒适、安静、独立而不受干扰，为受训者提供足够的自由活动空间等特点。其次，培训场地的布置应注意一些细节：检查空调系统以及临近房间、走廊和建筑物之外的噪音；场地的采光、灯光与培训的气氛协调；培训教室结构选择方形，便于受训者看、听和参与讨论；教室的灯光照明适当；墙壁及地面的颜色要协调，天花板的高度要适当；桌椅高度适当，椅子最好有轮子，可旋转便于移动等；教室电源插座设置的数量及距离也要适当，便于受训者使用；墙面、天花板、地面及桌椅反射或引音能保持合适的音响清晰度和音量；最后，注意座位的安排，即应根据学员之间及培训教师与学员之间的预期交流的特点来布置座位。一般地，扇形座位安排对培训十分有效，便于受训者相互交流。也可根据培训目的与方法来布置教室，例如培训目的主要是获取知识时，讲座和视听演示为其主要培训方法，那么传统教室的座位安排就比较合适。总之，选择和准备培训场所应以培训效果为目的。

2. 课程描述　课程描述是有关培训项目的总体信息，包括培训课程名称、目标学员、课程目标、地点、时间、培训的方法、预先准备的培训设备、培训教师名单以及教材等。它是从培训需求分析中得到的。

3. 课程计划　详细的课程计划非常重要，包括培训期间的各种活动及其先后秩序和管理环节。它有助于保持培训活动的连贯性而不论培训教师是否发生变化；有助于确保培训教师和受训者了解课程和项目目标。课程计划包括课程名称、学习目的、报告专题、目标听众、培训时间、培训教师的活动、学员活动和其他必要的活动。

4. 选择培训教材　培训的教材一般由培训教师确定。教材有公开出版的、企业内部的、培训公司的以及教师自编的四种。培训的教材应该是对教学内容的概括与总结，包括教学目标、练习、图表、数据以及参考书等。

5. 明确培训时间　为适应员工培训的特点，应确定合适的培训时间，包括何时开始、何时结束、每个培训周期的时间等。

三、企业在不同发展时期的培训内容

1. 创业时期　创业初期，公司人数有限，主要精力放在市场营销上，主要业务活动由创业者独立支撑。此时，企业的当务之急是发现客户，推动企业快速成长，企业应集中力量提高创业者的营销公关能力、客户沟通能力。

2. 发展期　在企业发展期，企业有了稳定的销售量，组织开始快速扩张，企业需要培养一部分中层干部，组建管理团队，分担业务量。此时，企业应集中力量提高中层管理人员的管理能力，如培养并影响他们的管理风格和思维习惯，使之适应企业的要求；提高他们的管理知识，加深他们对行业发展的认识，以建立适应企业未来发展的管理体制；培养他们的管理观念和管理技能，促进企业长远发展。

3. 成熟期　企业的成熟期是指企业完成规模扩张,成为行业内主要竞争者的时期。企业需要提升自己的核心竞争力,推动企业中的每一个员工把自己的工作同企业的目标紧密结合起来,从根本上提高企业的素质。企业应该集中力量建设企业文化,将企业长期发展所必需的观念、规则和态度传播到每一个员工中去,并提升员工对企业目标的认同,增强对企业的归属感。

企业创业初期到企业成熟期的培训,是从核心管理人员向整个企业的员工扩展的过程,是一个企业人力资源不断增值的过程,也是企业核心价值从货币资本逐步转向人力资本、核心能力从简单生产逐步转向创新的提升过程。

【实践中的人力资源】

广州白云山制药总厂培训方式的多样化

培训的方式多种多样,无论哪种方式,目的都是为了使培训效果最好。广州白云山制药总厂的培训也有多种方式,对于制造型企业,车间一线员工的操作技能水平对产品的质量和产量的影响是巨大的,因此,总厂对车间操作工人的培训方式也多种多样。

对于新员工的培训一般是模式化的,要求他们系统学习理论知识和实操技能,理论知识包括公共知识和岗位针对性知识,公共知识如药品法律法规、药品 GMP 知识、安全生产和消防知识、微生物知识等;岗位针对性知识指某个岗位应掌握的操作规程,在制药行业是根据药品法律法规和 GMP 的要求而制定的标准操作规程(SOP)。在系统学习这些理论知识后,新员工还要在岗位上实操培训 3~6 个月,实操培训中会安排一名有经验的师傅帮带培训(一般是车间主任或班组长)。

对于在职员工的培训方式很多,例如,在生产淡季时开展技能竞赛,通过竞赛传播优秀的技能和经验,对员工的技能水平也是一种提高;又如,采用先考核再培训的方式,即让员工上机进行操作,由车间主任、部长等组成考核小组,进行考核,记录下成绩和关键点或薄弱环节,然后在针对这些关键点和薄弱环节加强培训,这样的培训效果较好,并且立竿见影;此外,还可以采用现场提问—员工回答—解答等方式进行培训及考核。

第五节　培训效果评估

一、培训评估概述

(一) 培训评估的含义

管理上的 PDCA 原则同样适用于培训活动,即培训计划的制定(plan)、培训方案的实施(do)、培训活动的评估(check)以及对培训活动的改进(action),本节所讲的就是其中"C"这一环节:培训评估。培训评估也叫培训有效性评估,是指通过各种方法,系统地收集必要的描述性和判断性信息,以帮助做出选择、使用和修改培训项目的决策。

培训评估不只是培训活动结束后的事情,它是贯穿整个培训活动的,包括培训前对培训计划的评估、培训实施过程的评估以及培训结束后的效果评估。对培训进行评估的目的是了解个人和组织通过培训获得了多少收益以及什么样的收益,并为培训决策提供依据。

(二) 培训评估的必要性

培训工作总是被一些人误认为是一项只花钱不赚钱的活动,这是因为他们只看到了培训的投入,而没有看到培训活动的产出。通过评估,可以将培训活动的效果通过定性或量化的数据反映出来,以及计算出培训的投入产出比,让组织的领导认识到培训也是一项产出比很高的投资。同时,对培训的评估也为培训决策者提供依据,不断调整培训项目,使培训效果最大化。因此,培训评估是一项很有意义的工作,它的必要性具体反映在以下几个方面:

(1)通过培训有效性评估,使组织认识到培训的价值。培训管理者通过对培训活动进行成本-收益分析,特别是用量化的数据说明培训的投资回报率,使组织认识到培训的价值以及对组织发展的重要性,使组织高层领导更加支持培训工作,这对培训工作的长远发展是有利的。

(2)通过培训评估,为培训组织者修正培训方案、选择培训项目以及决定是否继续某项培训项目提供依据。培训实施前和实施过程中的评估,可以及时发现问题,有利于培训组织者调整培训方式、内容等,以尽可能保证培训效果。同时,对培训效果的评估,往往也能发现许多新的问题和需求,这为下一次的培训活动的策划提供了依据。

(三)培训效果评估的层次

根据美国人力资源管理专家唐纳德·柯克帕特里克在1959年提出的评估模型,即"柯氏评估模型",将培训评估分为由浅入深的四个层次:反应层、学习层、行为层、结果层。这四个层次是递进的,即低层次的信息是更高层次评估的基础,各层次评估内容及方法的比较见表5-3:

表5-3　培训评估层次比较

层次	评估内容	评估方法	评估时间	评估主体
反应层评估	学员对培训课程、培训师及培训组织的满意度	问卷调查、访谈以及座谈	课程结束	培训机构
学习层评估	学员对培训内容、技能的掌握程度	提问、笔试、口试、模拟练习与评估、角色扮演、演讲、心得体会以及发表文章	课程结束、课程进行中	培训机构
行为层评估	学员培训后的行为改变	问卷调查、访谈、观察、绩效评估、管理能力评估、任务项目以及360度评估	三个月或半年后	直接主管
结果层评估	培训后对组织绩效的影响	个人与组织的绩效考核相关指标、生产率、缺勤率、离职率、成本-效益分析、市场调查以及360度满意度调查	半年或一年后	组织

以上四个层次的评估难度是由低到高的,反应层和学习层的评估比较容易,很多企业都进行了这两个层次的评估,而行为层和结果层的评估则较复杂,尤其是结果层的评估,需要大量的数据和采用科学的评估方法,才能得到评估的结果。因此,在评估前,先对评估方案做一个成本-效益分析,有时评估本身所耗费的人力、物力成本甚至大于评估结果的收益,这样的评估是不值得的,如果评估的负面效益太大,那么就不要轻易评估。当然,行为层和结果层的评估也更接近企业实际,它是将培训的成果真正转化到了实际工作中,如果评估的好,是很有价值的。

二、培训评估方案的设计

根据是否对培训前后都进行评估以及是否针对培训组设立对照组,培训评估方案可分为以下几种:

1. 仅有后测-无对照组的设计　这种方法是仅对受训人员培训后进行效果评估,不设对照组。这种评估可以了解受训人员的培训学习效果,但因为没有前测评估,不能与培训前的知识技能情况进行对比,很难说明学员的所学是培训引起的。

2. 前测-后测的设计　这种方法是在培训前对受训人员某方面的素质进行测量,在培训后再对其进行测量,通过前后的对比变化,来说明培训的效果。它比第一种先进之处在于多了前测,可以通过前后变化对比进行说明,但不足之处在于有些变化不一定是培训导致的,可能是其他因素造成的,如工作态度的变化可能是因为企业的制度变化所致,而不是培训的影响。

3. 后测-对照组的设计　这种方法增加了对照组的设计,假设对照组和培训组在培训前没有差异,培训后对两组在某一相同方面的素质进行测量,培训组和对照组的差异被认为是培训的效果,这与第一种存在相同的问题,因为培训前没有测量,很难评估有多少差异是培训导致的。

4. 前测后测-对照组的设计　这种方法是采用对照组和培训组进行比较,并对两组在培训前后都进行测量。这样可以很大程度上排出其他因素对培训效果的影响,更准确地说明培训的效果,因此在研究设计中也是用得较多的设计。

5. 所罗门四组设计　这种方法综合了前面几种设计,采用了四组设计,分别对一个对照组和一个培训组进行前测和后测评估,再对另一个对照组和一个培训组只进行后测评估,这样可以将干扰培训效果的其他因素减少到最低程度。这种方法也可以用于评估不同培训方式的效果。

6. 时间序列设计　这种方法是在培训前和培训后一段时间里对学员的某一方面的素质进行多次测量,以观测培训效果。它的假设是学员在培训后持续地表现出某种变化,则认为这种变化是培训引起的。如果采用对照组的时间序列设计,也叫多重时间序列设计,它与前测后测-对照组的设计不同之处在于,它不强调随机分配的做法,而是根据自然发生情况,对两组人员进行观察和测定,这种评估方式常用于评价那些较容易观察到变化的培训结果,如事故率、生产率和缺勤率等。

三、培训评估的实施

在设计好培训评估方案后,就要进行培训评估信息收集、整理和分析,进行培训效果评估。

(一) 培训评估信息收集与分析

培训评估信息收集主要有四种方法,即资料法、观察法、面谈法和调查问卷法。

1. 资料法　资料法是通过收集培训的有关资料为培训效果评估提供依据,如培训方案领导批示、有关培训的调查问卷、培训的考核资料、培训实施过程的资料记载、编写的培训教程等。在收集前先列出资料清单,避免盲目收集。

2. 观察法　通过观察法收集培训效果评估信息,贯穿培训整个过程,包括培训前、培训中和培训后观察,如培训组织准备工作的观察、培训实施现场观察、培训学员在培训中的反映情况观察、培训结束后一段时间受训者的变化等,为培训效果评估收集必要的信息。

3. 面谈法　面谈法是通过与相关人员面对面进行交流,获得培训评估信息的方法。一般在培训前和培训后进行,面谈的对象范围较广泛,如访问培训对象、培训的实施者、培训管理者、培训对象的领导和下属等。这种方法可以和访问对象充分交流,获得比较准确的信息,但花费时间长,对面谈者的谈话技巧要求较高,否则很难获得访问对象的真实想法。面谈法分个人面谈法和集体面谈法两种。

4. 调查问卷法　通过调查问卷收集培训效果培训信息可以在培训前、培训中和培训后进行。培训前的评估调查可以包含在培训需求调查中同时进行,获取信息;在培训中的调查问卷法应内容简短,不宜占用太多时间,以免影响培训项目的进行,因此,培训中的调查问卷也应重点突出。

对培训评估信息收集后,要进行归类整理,并要进行必要的统计分析,常用的统计分析方法有三种:平均数差异检验、方差分析和相关趋势分析。

1. 平均数差异检验　这种方法是用平均数来检验两组数据之间的差异,如学员在培训前后测验分数的差异、培训组和对照组测量分数的差异。根据两个组的关系,可以分为相关样本和独立样本,相关样本是指两个样本内个体存在对应关系,其中又有两种情形:一是两组样本根据一定的原则进行——匹配,再进行比较;二是同一组样本前后进行两次测量,用两组测量结果进行比较分析。独立样本是指两组样本内个体是随机抽取的,没有对应关系,如随机抽出一些员工进行培训,再随机抽出一组没有经过培训的员工作为对照,进行测量对比。通常通过 t 检验来进行测量检验,其公式为:

$$t = \frac{\dfrac{x_d}{s_d}}{n-1}$$

式中:x_d 代表两组差异的平均数;s_d 代表差异的标准差;n 代表样本数。在进行检验时,还需要设定置信区间,即设定在多少概率范围内可以接受或拒绝两组数据有无差异的结论,通常称为水平,一般设定为 0.95 或 0.99,即结论的可信度,参照 t 分布表,就可以做出统计推论。

2. 方差分析　方差分析用于对多个变量组数据的差异进行检验。与 t 检验法相比,它可以分析两个以上的变量,进行多组比较时能较准确地做出判断,具有更高的统计功效。采用方差分析要计算出组内变异和组间变异,组内变异指在同一组织内部,由个别差异或误差导致的变异;组间差异指不同小组之间的差异,如培训组和没有培训组、接受互动式教学的小组和接受传统教学的小组之间的差异。方差分析的目的在于,评估发生的变化是由于实施了不同的处理产生的,还是仅仅是误差所导致的。

3. 相关趋势分析　这种方法是利用相关性来分析培训项目和学员行为业绩变化的相关关系。如将受训者培训后的业绩考核和培训测试分数进行比较,如排出其他因素后,两者存在显著相关,则认为培训是有效的。具体计算应用最多的是皮尔逊相关系数,可参考统计学相关教材。

(二) 培训效果评估方法

培训效果评估的方法有很多,但很多人力资源专家认为,最合适的评价方法应该是以合理的成本就能够采集到数据,同时这些数据对关键决策的制定者最有意义的方法,因此,我们在选择培训评估方法时应该本着这样的原则进行选择。这里主要介绍一些常用的培训评估方法。

1. 面谈法　面谈法是通过与受训者面对面交谈,了解其在培训中学到的技能以及对工作业绩的帮助,这需要面谈技巧较好的人员担任,使面谈对象愿意讲出真实的情况,也可以让其直接主管或外部第三方进行面谈。

2. 观察法　观察法适用于以行动为基础的学习,评估者在培训结束后到受训者工作岗位上观察受训者的工作表现,与培训前进行比较,来衡量培训效果。

3. 关键事件法　关键事件法是将员工在完成某项任务时表现的特别有效和特别无效的行为记录下来。这种方法很难在不同员工之间进行比较,但可以作为评价员工的有效依据。

4. 比较法　比较法是一种相对评估法,包括纵向评估和横向评估两种。

(1) 纵向评估是针对同一个培训对象,将其过去与现在的绩效进行比较,看其是进步还是退步了,以此判断培训是否有效。

(2) 横向评估是选择一个培训组和一个对照组,这两组应该具备相似性,然后对两组人员进行同一方面的评估,发现两组的差异,以此衡量培训的效果。

5. 笔试　笔试有两种方式,一是在培训结束后进行测试;二是在培训前后进行两次测试,将分数进行对比,看是否有所提高。笔试只能评估知识层面的培训效果。

6. 问卷调查法　问卷调查法是针对某方面的评估内容设计一份问卷,由受训者进行填写,对答案进行统计分析,从而得出培训效果的方法。问卷设计是否得当,往往是该方法能否成功应用的关键所在。

7. 成本-收益分析法　通过成本-收益分析法,计算出培训的投资回报率(IR)是培训效果评估的一种最常见的定量分析方法。其公式为:

$$IR = \frac{TE - C}{C} \times 100\%$$

式中：IR：投资回报率；TE：培训收益；C：培训成本。

其中，培训收益（TE）是企业因培训而获得的经营成果的增加量。其公式为：

$$TE = (E_2 - E_1) \times TS \times T - C$$（TE：培训收益，E_1：培训前每个受训者一年产出的效益，E_2：培训后每个受训者一年产出的效益，T：培训效益可持续的年限，C：培训成本）

对投资回报率进行评估，用量化的指标来说明培训的效果，使人更加信服，也更容易让组织决策者看到培训的收益，从而更加支持培训工作。

8. 等级加权分析法　当培训效果的评估指标由多个指标组成时，就需要建立一个指标体系，对各指标赋予权重，并给予相应的分值，可以计算出各指标的得分，也可以加总计算出综合评价分数，然后再与培训前的得分进行比较，衡量培训效果。如表 5-4 所示：

表 5-4　对某机构人力资源部门员工培训后的评估表

	5 分	4 分	3 分	2 分	1 分	单项指标得分
敬业精神 0.4	10%	60%	20%	8%	2%	1.472
工作能力 0.2	55%	20%	10%	8%	7%	0.816
专业知识 0.2	30%	20%	25%	15%	10%	0.69
职业道德 0.2	40%	25%	20%	10%	5%	0.77

表中评价结果用百分数表示，如 10% 表示有 10% 的评估人员认为该员工的敬业精神得分为 5 分。那么，敬业精神的单项指标得分为：

$$5 \times 10\% + 4 \times 60\% + 3 \times 20\% + 2 \times 8\% + 1 \times 2\% = 1.472 \text{ 分}$$

……

最终评价得分为：

$$1.472 + 0.816 + 0.69 + 0.77 = 3.748 \text{ 分}$$

对不同层次的评估可以采取不同的方法。对第一层评估可采用问卷、评估调查表的方法；对第二层的评估可采用关键人物法、笔试、技能操作等；对第三层的评估可采用绩效考核法，即测量受训前后行为上的变化，也可采用比较评价法，即测量参加培训与未参加培训员工间的差别；对第四层的评估可采用收益评价法，计算出培训为企业带来的经济收益，还可以通过考察事故率、生产率、士气等来衡量。

四、培训成果的转化

学员接受培训后，将所学真正转化应用到实际工作中，这样才对组织的绩效有直接的作用，也是组织最关注的。

（一）培训成果转化理论

这里介绍三种培训成果转化理论，即同因素理论、激励推广理论和认知转换理论。

1. 同因素理论　同因素理论认为，培训转化只有在受训者的工作环境和培训环境完全相同时才有可能。能否达到最大限度的转化，取决于培训环境的特点和工作环境的相似性，如对设备的操作培训，培训时是在模拟现场或是工作现场培训操作技能，则培训后所学到的技能可以马上应用到实际设备操作工作中，转化程度较高。

2. 激励推广理论　激励推广理论指出，培训转化的关键是对最重要的一些特征和一般性原则的培训，同时要明确这些一般原则的适用范围。当工作环境和培训环境有差异时，受训者在培训中学到的一般性原则，在实际工作环境中加以变通使用，来解决不同的实际问题，如人际关系处理技巧的培训，在实际工作中，可能有多种情境出现，这就要求受训者将所学的一般处理原则在不同情境下灵活使用。

3. 认知转换理论　认知转换理论是建立在人体对外界的刺激进行信息加工并产生认知结果的基础上的。认知转换理论认为,转换与否取决于受训者恢复所学技能的能力,因此,可通过向受训者提供有意义的材料来增加受训者将工作中所遇到的情况与所学能力相结合的机会,从而提供转换的可能性;同时向受训者提供对所学技能进行编码记忆的能力,这样学员就会很容易恢复所学技能了;最后还要不断对受训者学习状况进行监控和反馈。

(二) 成果转化机制

受训者将所学知识、技能运用到实际工作中的这一转化过程会受很多因素的影响,如工作环境没有可使用先进技术的先进设备提供,组织没有鼓励转化的氛围,直接主管和上级管理者不重视,还有受训者本身的态度等都会使转化程度大打折扣。为了使培训成果得到最大化的转化,我们应在组织内部建立成果转化相关机制,促进培训成果的转化。

1. 培训前的准备　在培训前,我们就应该为成果转化做好准备。因受训者参加培训的态度和本身的文化水平都会影响到培训后的成果转化,因此,我们在培训开始前应做好一系列的准备工作,如要求受训者端正学习态度;明确告知受训者培训后将进行结果转化的考核,并与待遇挂钩;对不具备基本技能的受训者进行必要的技能培训等。

2. 工作氛围的营造　员工培训成果的转化是在实际工作中完成的,因此,良好的工作氛围对转化起着重要的作用。首先,根据同因素理论,在设计培训项目时,要尽量使培训环境和实际工作环境接近,这样有利于成果的转化;其次,在组织内要提倡培训成果的转化,包括同事的认同和协作、直接主管的支持等,如果员工将所学知识、技能成功运用到了工作中并促进了工作的改善,那么其直接主管乃至组织应对这一表现加以表扬宣传,形成一种培训文化,鼓励组织内其他成员也进行有利的培训成功转化。

3. 激励机制　激励机制包括物质激励和精神激励的机制。精神激励主要是对受训员工成功转化给予精神上的表扬和鼓励,物质激励机制主要是将员工的成果转化与其薪酬挂钩,形成一种长效机制,物质激励更能激励员工参加培训和进行成果转化的积极性,因此要形成以物质激励为主,精神激励为辅的激励机制。

4. 自我管理机制　自我管理是指受训者能积极主动地应用所学知识、技能等解决实际工作中遇到的问题,并能自我激励去思考培训内容在实际工作中可能的应用。自我管理是培训成果转化的最高层次,在组织中也要注重促进员工的自我管理,如组织对受训者进行自我管理技术的培训和指导,帮助其克服在转化过程中可能会遇到的障碍,如缺乏时间、资金、设备不合适、使用新技能的机会少等,使其顺利进行培训成果的转化。

【实践中的人力资源】

如何进行培训效果评估

某医药企业的培训效果评估主要有三个层次:第一,在课程结束后,该企业会发一份调查问卷,其中包括对培训课程的内容设置、培训时间安排是否合适、对授课老师的培训方法是否感兴趣等方面进行调查,了解员工对培训的反应;第二,对于理论知识的授课,培训结束后,一般会要求员工进行书面测试,了解员工通过培训掌握了多少知识量;第三,对现场操作培训设计考核项目,进行实操考核,评估员工的操作技能掌握程度;对于第四个层次的评估,该企业仅通过质量合格率的提高、产量的增加、缺勤率、绩效考核结果等进行评估。

该企业对培训效果的前三个层次都进行了评估,而对于第四个层次——结果层的评估做得还不到位,这一层次是最难评估的,但也反映培训效果最重要的一个层面,对于这一层面的评估,可以结合企业的特点,采用各种评估方法进行评估。

本 章 小 结

1. 培训是给新雇员或现有雇员传授其完成本职工作所必需的基本技能的过程,也是改进员工能力和企业绩效的过程。开发主要是指管理开发,指一切通过传授知识、转变观念或提高技能来改善当前或未来管理工作绩效的活动,如为员工未来发展而开展的正规教育、在职实践、人际互动以及个性和能力的测评等活动。

2. 实施培训与开发的主要目的有:

(1) 提高工作绩效水平,提高员工的工作能力。

(2) 增强组织或个人的应变、适应和学习能力。

(3) 提高和增强组织企业员工对组织的认同和归属。

3. 培训需求分析的方法有员工行为观察法、顾问委员会法、评价中心法、访谈法、态度调查法、业绩考察法、关键事件法、问卷调查法等。

4. 具体来说,一份培训规划应该包括培训目的、培训对象、培训课程、培训形式、培训内容、培训讲师、培训时间、培训地点、考评方式、调整方式、培训预算等内容。

5. 培训效果评估一般包括五个方面的工作:确定培训项目评价标准、评价方案设计、培训控制、对培训的评价、对培训后果的评价。

案例解析

如何进行培训需求分析?

某药品经营公司为了提高员工的整体业务素质,决定对公司的管理人员、技术人员和工人进行分层培训和轮训,但又苦于不清楚员工们到底缺乏哪些知识? 急需补充什么知识? 员工们的意见和想法是什么? 因此,人力资源部决定在开展培训之前,对公司的员工进行培训需求分析,以了解员工的培训需求。那么,人力资源部应该如何对学员进行培训需求分析呢?

解析

作为医药企业的人力资源部门或培训组织者,要做好培训前受训人员的需求进行调查,即根据培训的不同目的,展开培训需求调查。进行需求调查的最好方式就是拟定问卷。问卷的设计一定要简单,容易回答,激发被调查者的兴趣,此外,对于职位技能的培训,除了调查问卷外,还必须结合访谈,向各级管理者和其下级进行调查,以分析绩效评估表、技能项目需求调查表、重点人群的抽样面谈的方式,确定销售人员及其管理者岗位技能差距和重点的技能培训项目。

另外,作为培训组织和策划者还应了解,不是所有的人都适合同一种培训,也不是所有的培训都适合同一个人,更不是所有人都有学习和培训方面的主动意愿。所以,在正式培训展开前,应该对受训人员进行有关资质方面的评估,看一看到底哪些人愿意主动受训? 哪些人有何种培训方面的需求? 哪些人适合什么样的培训? 只有这样,才能因症施药、因材施教,取得更好的培训绩效。比如,他们希望得到什么样的培训? 培训的课题、导师应该是什么类型的? 他们对于培训效果的期望值是什么? 针对年度内某专题的需求调查,应该就某一主题展开调研,过于开放、分散的反馈是没有实际意义的,年度内的某一次培训最好围绕一个或几个主题展开,这样会更具有针对性。

对于通过调查所得来的数据必须进行系统的分析,评估受训人员学习资质,总结差距和根源,也就是明确组织能力、员工素质技能与业务目标要求的差距;明确差距的根源及解决方法;明确通过培训可以解决的差距及培训解决办法。

【案例讨论】

北山医药集团的管理难题

北山医药集团制定了外出培训申请流程,具体是:由申请部门填写《外出培训申请表》,本部门领导审核后交人力资源部审核,然后由人力资源部向厂领导审批,厂领导审批后由人力资源部返回给部门实施培训,并进行登记。在申请过程中出现了一个问题:厂领导问到该部门为什么要参加这个培训(如这几名研发人员为什么要参加这个微生物检验的培训班),这时人力资源部培训主管由于不是药学专业出身,也不懂专业术语,因此难以回答,又返回问递交申请的部门再回答,这样培训主管的角色变成了传声筒,也没有起到审核的作用。后来经过思考,培训主管对流程进行了部分改变,对各部门的培训经费设定一个数额(在上年度各部门培训费用的基础上制定的),各部门在该费用额度内则可以自行选择培训项目,当然审批程序还是不变,但人力资源部及厂领导主要是通过费用来控制,另外,从培训内容是否在培训计划内等进行辅助审核,这样一定程度上解决了上一个问题,但又有人质疑:这个培训费用的额度设置是否合理?

讨论:

该企业这种申请流程是否合理,培训费用设置的基础是否合理?企业培训主管应具备什么样的素质?

【模拟实践】

如何做好新员工的岗前培训计划

作为一家发展良好的大型制药企业,广州白云山制药总厂每年都会从各地院校招聘大学生补充到各个岗位上。根据岗位需要,招聘者大多数是在全国各地的著名医药院校药学相关专业的毕业生,少部分是其他专业的,如管理类、财务类等。这批新员工刚进入企业,对工作环境、人际关系、新岗位的要求均是一片茫然,他们心理上存在着不安和恐惧。如何消除新员工的陌生和恐惧感,使其尽快融入企业的大家庭,并熟悉企业的各项规章制度,以及掌握新岗位的要求,尽快胜任新的岗位,这是岗前培训的目标。但现实中很多企业并没有真正能针对新员工的这些特点设计培训课程,新员工培训后仍然一片茫然,办事找不到相应的部门,对新岗位的要求也是边干边学,靠自己的悟性工作,这都与新员工的岗前培训计划的设计有很大关系。

2009 年,总厂又招聘了一批大学生,其中有 5 人是准备填补质量管理部门岗位空缺的。在制药企业,质量管理人员的岗位是很重要的一个岗位,人力资源部要求培训主管制定一个 2009 年新员工的培训计划以及针对新入职的质量管理人员的岗前培训计划,该如何制定呢?

模拟练习:

1. 确定新员工培训的目的。如尽快使新员工适应企业环境,融入企业,胜任岗位需要。

2. 确定培训对象。其他新员工为一批培训对象,质量管理人员专门作为一批培训对象。

3. 确定培训日期及各项培训的时间长度。

4. 根据新员工的培训目的和新员工的需求,确定培训内容,如企业文化、企业发展史、企业的组织架构、住宿和用餐管理、消防安全知识、基本的药品法律法规和 GMP 的常识、企业的规章制度、团队协作与沟通、生产车间实践培训等。

5. 根据培训内容及新员工的特点,选择不同的培训方式,如课堂式授课或拓展训练等。

6. 根据培训的内容和方式,以及内部老师和外部老师的优缺点进行选择。

7. 针对质量管理人员的培训,除了以上的公共课程培训外,另外根据质量管理人员岗位要求,设计针对性的培训,如参加广州市医药行业鉴定站的 QA(质量管理人员岗位证书)培训,学习总厂质量管理岗位的岗位管理规程和操作规程等。

8. 预算新员工培训需要的费用。

9. 将以上培训项目制定成一份详细的计划,报领导审批。

(王秀亭)

第 6 章 绩效管理

本章要点

1. 明确绩效管理的概念和在人力资源管理中的地位
2. 了解绩效管理和绩效评价的区别
3. 熟悉绩效管理的流程和各阶段的任务
4. 掌握绩效评价指标设计与评价方法
5. 熟悉绩效管理体系设计的相关内容

导入案例

广州星河的绩效管理

广州星河医药股份有限公司(以下简称"广州星河")是一家国内外知名的医药流通企业,以药品零售、批发为主业,涵盖各类健康产品,旗下拥有5个子公司。广州星河于1999年成立以来,通过公司全体员工10年的努力,逐步发展壮大起来,2005年在广州业绩名列前茅,公司总人数3000人,管理人员250人,2008年年产值3.5亿元。

随着公司的正规化发展以及市场竞争的激烈,同时考虑到公司的经营现状以及未来的发展前景,公司董事会经研究决定在公司建立绩效管理体系,推动企业的全面管理。因此,广州星河在董事长、总经理的倡导和人力资源部的组织下,开展了许多有关绩效考核方面的培训,并多次召开总监级以上会议,探讨可行的措施和方法,并建立了一套考核方案。但是,该方案过多的强调任务业绩,忽视了对员工能力和相关绩效的考核,考核指标不够全面、考核标准不够明确、考核周期不够合理、考核沟通和反馈欠缺、考核结果没有被充分应用。公司建立的绩效管理体系没有能够发挥其应有的作用,造成了诸多负面影响,2007年人员的流动率达到45%。因此,总公司要求各分公司要依照地方法律法规和实际情况,建立健全员工的绩效考核方案,使之科学、合理、有效。同时,董事长提出需要结合实际情况,从企业外部聘请人力资源专家,对公司现行绩效考核进行研究和再设计,以促进企业的可持续发展。

在上述案例中,介绍了广州星河绩效管理的建设与应用情况。大家可能会问到底什么是绩效管理?什么样的绩效管理体系才是企业发展最为合适的?怎样保障绩效管理体系的建立与实施?本章将学习绩效管理的有关问题。

第一节 绩效管理概述

一、绩效考核

(一)绩效考核的概念

绩效考核又称绩效评估,是对员工的工作行为与工作结果进行全面、系统、科学地考察、分析、评估与传递的过程。对组织而言,绩效就是任务在数量、质量及效率等方面的完成情况;对员工个人来说,绩效是上级和同事对自己工作状况的评价。通过绩效考核判别不同员工的劳动支出、努力程度和贡献份额,有针对性地支付薪酬、给予奖励,并及时向员工反馈信息促使其努力方向和行为选择相一致,使他们最大限度地利用其人力资源来实现组织目标。绩效考核本身不是目的,而是一种管理手段,其实质就是从组织经营目标出发,对人的素质、工作状况以及组织的贡献程度进行评价,以促进员工绩效的提高。

(二) 绩效考核的原则

1. 公开与开放原则 绩效考核系统必须建立在公开性、开放性的基础上。开放式的绩效考核首先应该体现评价上的公开、公正、公平,因此,才能取得上下级的认同,使绩效管理得以推行;其次,通过工作岗位分析确定对员工的期望和要求,制定出客观和明确的绩效评价标准;第三,实现绩效考核工作的公开化,破除神秘感,进行上、下级之间的直接沟通对话,将技能开发与员工发展的要求引入考核体系中;第四,引入自我主体及自我申报机制,对公开的工作绩效考核做出补充,通过自我评价,可增进组织目标的实现。

2. 反馈与修改的原则 反馈与修改绩效考核之后,进行面谈讨论,把结果反馈给被考核者,同时听取被考核者的意见及自我评价情况。将正确的行为、方法、程序、步骤、计划、措施坚持下来,发扬光大;将不足之处加以纠正和补充。在现代人力资源管理中,没有反馈的绩效考核制度将失去存在的意义,不能发挥员工的潜能,调动员工的积极性。

3. 定期化与制度化原则 绩效考核是对员工工作能力、工作绩效、工作态度的评价,也是对员工未来行为表现的预测,因此只有程度化、制度化地进行绩效考核,才能真正了解员工潜能,发现组织中的问题,从而有利于组织的有效管理。

4. 可靠性与正确性原则 可靠性又称信度,是指某项测量的一致性和稳定性。绩效考核的信度是指绩效方法保证收集到的人员能力、工作绩效、工作态度等信息的稳定性和一致性,它强调不同的考核者之间对同一个人或同一组人考核的结果应该大体一致。如果考核的标准和尺度是明确的,那么,考核者就能在同样的基础上评价员工,从而有助于改善信度。

正确性又称效度,是指某项测量有效地反映其测量内容的程度。绩效考核的效度是指绩效考核方法测量员工的能力与绩效内容的准确程度。它强调的是绩效考核内容的效度,即绩效考核事项是否真实反映特定工作行为、结果和责任的程度。

5. 可行性与实用性原则 可行性是指任何一个绩效考核方案所需的时间、人力、物力、财力,要能够被使用者及其实施的客观环境和条件所允许。因此,在进行绩效考核方案时,应根据绩效管理的目标和要求,合理地进行方案设计,并对绩效考核方案进行可行性分析,分析绩效考核方案所拥有的资源、技术及其他限制条件,全面评价绩效考核方案对人力资源管理所能带来的直接和间接效益,预测绩效考核方案可能发生的问题、困难、障碍,问题发生的可能性以及可能产生的不良后果,并找出原因,提出应变措施。

所谓实用性包括两个方面的含义:一是指绩效考核的方式、方法,应适合不同的绩效管理目的和要求,要根据绩效管理的目的采用简便可行的方式、方法;二是指所设计的绩效管理考核方案,应适合企业的不同部门和岗位的人员素质。

二、绩 效 管 理

(一) 绩效管理的概念

许多人认为绩效评价就是绩效管理,而绩效管理就是填表和交表。那么,什么是绩效管理呢? 绩效管理是对绩效实现过程各要素的管理,是基于企业战略之上的一种管理活动。绩效管理通过对企业战略的建立、目标分解、绩效评价,并将绩效用于企业管理活动之中,激励员工持续改进业绩并最终实现组织战略以及个人目标,是为了实现一系列中长期的组织目标而对员工的绩效进行的管理。

20 世纪 80 年代后半期和 20 世纪 90 年代早期,随着人们对人力资源管理理论和实践研究的逐步重视,绩效管理逐渐成为一个被广泛认可的人力资源管理过程。由于绩效本身丰富的含义和认识理解事物的角度不同,在绩效管理思想发展的过程中,对绩效管理的认识也存在分歧,主要有以下三种观点:

1. 绩效管理是管理组织绩效的系统   这种观点将 20 世纪 80 年代和 20 世纪 90 年代出现的许多管理思想、观念和实践结合在一起,其核心是决定组织战略和通过组织结构、技术事业系统和程序等来加以实施。它看起来更像战略或计划,而个体因素即员工虽然受到组织结构、技术和作业系统等变革的影响,但在这种观点看来,员工并不是绩效管理所要考虑的主要对象。英国学者罗杰斯(Rogers,1990)和布瑞得鲁普(Bredrup,1995)是这种观点的代表。

2. 绩效管理是管理员工绩效的系统   这种观点将绩效管理看成是组织对一个人关于其工作成绩以及发展潜力的评价和奖惩。其代表人物艾恩斯沃斯(Ainsworth,1993)、奎恩(Queen,1987)等通常将绩效管理视为一个周期。

3. 绩效管理系统是管理组织和员工绩效的综合系统   这种观点将绩效管理看成是管理组织和员工绩效的综合体系。代表人物是考斯泰勒(Kostele,1994)等人。

本章主要讨论如何运用绩效管理来保证员工绩效的持续提升,因此,倾向于第二种观点,即将绩效管理主要看成是对员工绩效的管理。绩效管理不应简单地被看成仅仅是一个测量和评价的过程,而应该是管理者和员工之间创造互相理解的途径。在绩效管理过程中,员工和管理者应该明确:组织要求的任务是什么?这项任务应该由谁完成?到什么程度才算完成……而且,绩效管理系统还应该鼓励员工提高自身绩效,促进员工自我激励,并通过管理者和员工之间开放式的沟通来加强彼此的关系,这也是绩效管理非常重要的特点。

(二) 绩效管理的特点

具体来说,企业员工的绩效管理具有以下几个特点:

(1) 绩效管理的目标是不断改进组织氛围,优化作业环境,持续激励员工,提高组织效率。它既可以按公司、部门或小组目标定位,也可以按员工的个人目标定位。

(2) 绩效管理的范围,覆盖组织中所有的人员和所有的活动,它是企事业单位全员、全面和全过程的立体性动态管理。

(3) 绩效管理是企业人力资源管理制度的重要组成部分,也是企业生产经营活动正常运行的重要支持系统,它是由一系列具体工作环节所组成。

(4) 绩效管理是指一套正式的、结构化的制度,它通过一系列的考核指标和标准,衡量、分析和评价与员工工作有关的特质、行为和结果,考察员工的实际绩效,了解员工可能发展的潜力,以期获得员工与组织的共同发展。

(5) 绩效管理是以绩效评估制度为基础的人力资源管理的子系统,它表现为有序的、复杂的管理活动过程,它首先要明确组织与员工个人的工作目标,并在达成共识的基础上采用行之有效的管理方法,不但保障按期、按质、按量地达到和实现目标,还要考虑如何构建并完善一个更有效的激励员工、不断提升员工综合素质的运行机制。

总之,绩效管理是一个将公司与部门、员工个人目标紧密联系在一起的科学考核方法,从目标、程序到意愿、行为、效果导向,从事前的策划到实施过程的监测,从事后考核到绩效改进的动态过程。

(三) 绩效管理的功能

通过绩效管理,管理者可以引导员工朝着组织的目标努力。具体地说,绩效管理具有以下这些功能。

1. 激励功能　绩效管理可以充分肯定员工的工作业绩,使员工体验到成功的满足与成就的自豪,有利于鼓励先进、鞭策落后、带动中间,从而对每个员工的工作行为进行有效的激励。

2. 规范功能　绩效管理为各项人力资源管理工作提供了一个客观而有效的标准和行为规范,并依据这个考核的结果对员工进行晋升、奖惩、调配等。通过不断的考核,按照标准进行奖惩与晋升,会使企业形成按标准办事的风气,促进企业的人力资源管理标准化。

3. 发展功能　绩效管理的发展功能主要表现在两个方面:一方面是组织根据考核结果可以制定正确的培训计划,达到提高全体员工素质的目标;另一方面又可以发现员工的特点,根据员工特点决定培养方向和使用方法,充分发挥个人长处,将个人与组织的发展目标有效地结合起来。

4. 控制功能　通过绩效管理,不仅可以把员工工作的数量和质量控制在一个合理的范围内,还可以控制工作进度和协作关系,从而使员工明确自己的工作职责,按照既有规定做事,提高工作的自觉性和纪律性。

5. 沟通功能　绩效考核结果出来以后,管理者将与员工进行谈话,说明考核的结果,听取员工的看法与申诉。这样就为上下级提供了一个良好的沟通机会,使上下级之间相互了解,并增进相互间的理解。

三、绩效考核与绩效管理

绩效考核与绩效管理是两个不同的概念,绩效考核是绩效管理的核心部分,而两者在基本概念、目的、性质、过程和实际操作等方面都各有不同,绩效考核仅仅是绩效管理的关键环节。但是,企业在实际运用时往往只重视绩效考核而忽视绩效管理的系统过程。绩效管理是一个完整的管理过程,它侧重于信息沟通和绩效的持续提高,强调事先沟通与承诺,贯穿于管理活动的全过程。绩效考核则是管理过程的局部环节和手段,侧重于判断和评价,强调事后评价,而且仅在特定时期内出现。因此,绩效管理和绩效考核存在很大的区别。

(1) 绩效管理是人力资源管理体系的核心内容,而绩效考核只是绩效管理中的关键环节。

(2) 绩效管理是一个完整的管理过程,它侧重于信息沟通与绩效提高,强调事先沟通与承诺,它伴随着管理活动的全过程;而绩效考核则是管理过程中的局部环节和手段,侧重于判断和评估,强调事后的评价,而且仅在特定的时期内出现。

(3) 绩效管理具有前瞻性,能帮助企业和经理前瞻性看待问题,有效规划企业和员工的未来发展,而绩效考核则是回顾过去的一个阶段的成果,不具备前瞻性。

(4) 绩效管理有着完善的计划、监督和控制的手段和方法,而绩效考核只是提取绩效信息的一个手段。

(5) 绩效管理注重能力的大小,而绩效考核则注重成绩的大小,如表 6-1 所示。

总之,绩效管理和绩效评价存在较大的差异,绩效管理是人力资源管理系统中的核心内容,而绩效评价是绩效管理中的关键环节。但两者又是密切相关的,通过绩效评价可为组织绩效管理的改善提供参考依据,帮助组织不断提高绩效管理水平和有效性,使得绩效管理真正帮助管理者改善组织管理水平,帮助员工提高绩效水平,帮助组织获得满意的绩效水平。

表 6-1　绩效管理与绩效考核的区别

绩效管理	绩效考核
人力资源管理体系的核心内容	绩效管理的关键环节
完整的管理过程	管理过程的一个环节和手段
事先的信息沟通和承诺	判断和评估,强调事后评价
伴随绩效活动的全过程	特定时期
具有规划性、前瞻性	回顾过去
注重能力的培养	注重绩效的大小

四、绩效管理在人力资源管理体系中的作用

前面我们介绍了绩效管理的概念,界定了绩效考核和绩效管理的区别。那么,绩效管理又在整个人力资源管理系统中起到一个什么样的作用呢?

从系统论看,人力资源管理系统是企业经营管理系统中的一个子系统,一个较为完整的人力资源管理系统通常有组织架构设计、工作分析及工作设计、工作与技能评价、招募与甄选、培训与开发、绩效管理以及薪酬福利等构件组成。他们受到企业文化的影响,并且相互影响、相互作用,共同为企业的人力资源管理战略与规划提供支撑。绩效管理在人力资源管理系统中处于核心地位(图6-1),它与企业人力资源管理系统中的其他构件之间存在着非常密切的联系,其中,有一些是单向关系,但更多的是双向关系。只有全面、系统地了解并把握它们之间的相互关系,我们才能更好的发挥绩效管理的作用,以推动企业战略目标的实现。

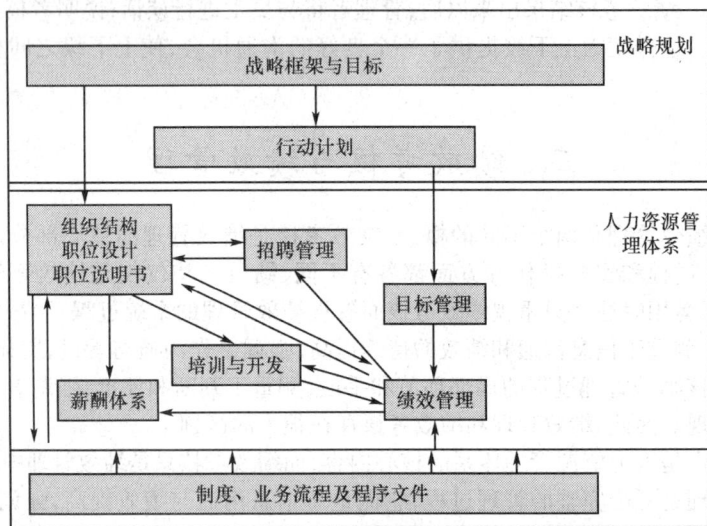

图6-1   人力资源管理系统模型

(一) 绩效管理与工作设计及工作分析的关系

工作设计和工作分析的结果会影响绩效管理系统的设计方式,同时,绩效管理的结果反过来也会对工作设计和工作分析产生影响。

首先,工作设计和工作分析的结果是设计绩效管理系统的重要依据。工作设计和工作分析对绩效管理系统的作用表现在评价的内容必须与工作的内容密切相关,简单说来就是一定要做到"干什么考什么"。为了确保绩效管理系统具有较高的效度,就必须尽力减少评价指标中缺失的部分和受污染的部分。

在设计绩效评价指标时,首先应根据工作设计和工作分析的结果,按照职能和职等的区别对各个评价涉及的职位进行分类,设计出一个大的指标体系框架,然后根据每个职位所具有的与组织的战略成功密切相关的核心职能或工作职责,对已有的指标体系框架进行具体化,从而设计出个性化的绩效评价指标。

同时,绩效管理也会对工作设计和工作分析产生影响。绩效管理的结果可能反映出工作设计中存在的种种问题。例如,在较长一段时间内某位公认的优秀员工在绩效管理中得到的评价结果都较差,在分析原因时,就应该考虑到可能是工作设计出现了问题。也就是说,绩效管理的结果也是对工作设计合理与否的一种验证手段。由于在绩效管理中发现了有关问题,可能需要

重新进行工作设计和工作分析,重新界定有关岗位的工作职责,从而达到提高绩效水平的目的。

(二) 绩效管理与招募、甄选的关系

绩效评价的结果可能会促使企业做出进行招募活动的决定。企业通过分析员工绩效评价的结果,可能发现存在的诸多问题。当问题体现在现有员工的能力和态度有所欠缺时,如果考虑到培训成本的问题,或者培训时效无法满足需要,企业就要制定相应的招募计划;如果通过分析绩效评价的结果发现问题不在于现有员工的能力和态度,而是工作量过于饱和,即现有的人力资源数量无法满足完成工作任务的需要,企业也会做出招募新员工的决策。

从录用的角度来看,在企业人员甄选过程中经常会发生两类错误:一是选拔录用了本该淘汰的人(我们称之为"错误的选拔");二是淘汰了本该选拔录用的人(我们称之为"错误的淘汰")。其原因是企业的甄选系统缺乏预测效度。所谓员工甄选的预测效度(predictive validity),就是根据求职者在进入企业之前的特征,对其进入企业之后的工作表现进行成功预测的程度。效度研究可以帮助一个企业选择正确的方法来对求职者进行甄选,一个好的甄选过程必须具有较高的效度。如果在甄选测试中成绩最好的人也是最可能在工作中取得成功的人,同时在甄选测试中成绩最差的人也是最不可能胜任工作的人,就说明这一甄选过程具有较高的预测效度;相反,如果甄选测试成绩较好的人,日后的工作表现(即员工的绩效)却不好,而甄选成绩较差的人,日后的工作表现(即员工的绩效)却较好,则说明企业目前的这一甄选系统缺乏预测效度。检验一个企业的甄选系统是否具有较高的预测效度,其依据就是员工绩效评价的结果。运用员工绩效评价的结果检验企业现有甄选系统的预测效度,并不断探索和开发更加适合本企业特点的甄选方法,是企业人力资源专业人员的一项非常重要的工作。

(三) 绩效管理同培训与开发的关系

绩效管理同培训与开发之间的关系是双向的。不论是培训与开发还是绩效管理,都是一种对员工的行为进行引导的机制,只是这两种机制发生作用的方式和时机不同。组织要通过引导员工的行为,使员工的行为能够满足组织实现其发展目标的需要。

绩效管理的目的中包括开发的目的。人员开发并不是盲目的开发,而是有目标的开发。这种目标在一定程度上是依据绩效管理的结果确定的。通过绩效管理能够发现员工中存在种种与能力和态度相关的问题。管理者通过与员工就绩效管理的结果进行绩效面谈,帮助员工了解自身存在的问题,从而对员工的自我开发形成一种外部的激励和引导。与此同时,人力资源管理人员在设计培训与开发计划时,也能够有的放矢,从而提高培训与开发的有效性。另外,人力资源管理人员往往通过对比受训者在培训前后的绩效表现,对培训与开发手段的效果进行评价,不断对培训方案进行调整,从而提高培训的有效性。

培训与开发也会对绩效管理产生影响。正是由于在绩效管理中发现了员工存在的能力不足,才需要进行相应的培训与开发。因此,如果员工这一方面的技能得到了充分的提高,绩效管理中相应的评价指标就可能不再有存在的必要,或应当通过调整评价的权重引导员工努力提高其他关键技能。绩效管理与培训及开发作为整个人力资源管理系统中的两个重要的行为引导机制,应该向员工发出相同的"信号",从而强化行为引导的效果。

(四) 绩效管理与薪酬福利的关系

一项好的薪酬制度应该由相对稳定(静止)的部分(基本工资)和相对动态的部分(绩效工资、奖金、绩效加薪)组成。绩效管理理论认为,绩效管理的结果应该与薪酬体系中的动态工资部分相联系。我们一般将这种与绩效管理结果相联系的薪酬方案称为绩效薪酬方案。只有将绩效管理的结果与人们所获得的回报相挂钩,才能够使绩效管理真正发挥应有的作用。

对于绩效薪酬方案能否起到期望的作用,实践中情况各异,人们也有着不同的看法。现实

中有许多组织单纯地使用以职位为基础的薪酬制度和以个人为基础的薪酬制度(包括以能力为基础的薪酬制度和以技术为基础的薪酬制度),有意将绩效管理与薪酬福利制度脱钩。这是因为在将绩效与薪酬相联系的实践中,人们遇到了困难,在绩效与薪酬相联系的情况下,人们往往会忽视绩效管理的开发目的,绩效管理成为简单的管理手段,仅用于做出有关薪酬支付等方面的管理决策。如何更好地解决这一问题,尚没有公认的最好做法。目前主流观点认为,绩效管理系统的设计应该与薪酬系统的设计保持逻辑上的一致。但绩效管理制度与薪酬制度是否挂钩,在很大程度上会影响员工对于组织文化和价值观的看法,因此,我们必须慎重地做出有关这两个制度的关系的决策。

人力资源管理最直接的目标就是提高员工的工作绩效,而绩效管理的结果正是对这一核心目标的最直接体现。绩效管理的结果在很大程度上决定了其他各项人力资源管理职能是否取得了预期的效果,因而成为指导各项人力资源管理职能的“风向标”。相应地,一些人力资源管理职能同时也对绩效管理系统提出了新的要求。另外,前面我们谈到,绩效管理的结果往往被视为衡量招聘选拔手段的效度和培训计划的效果的重要变量。因此,绩效管理方法能否准确地衡量员工的真实绩效水平,在很大程度上决定了其他人力资源管理职能能否充分发挥应有的作用。

【实践中的人力资源】

这就是绩效管理吗?

在广州多维医药公司,小邓是公认的销售状元,大学毕业进入公司仅五年,除前两年打基础外,后几年一直荣获“三连冠”,可谓“攻无不克、战无不胜”,也正因为如此,小邓从一般的销售工程师,发展到客户经理、三级客户经理、办事处副主任,最后到了办事处最高领导——办事处主任,小邓的发展同他的销售绩效一样,成了该公司不灭的神话。

小邓担任东莞办事处主任后,深感责任重大,上任伊始,他亲率20名同事决心再创佳绩。他把最困难的销售片区留给自己,并且经常给下属传授经验。但事与愿违,一年下来,他们办事处的绩效令自己非常失望!全公司23个办事处,除自己负责的办事处不但没升,反而有所下降外,其他办事处的销售绩效全面看涨。临近年末,除了要做好销售总冲刺外,公司年终才开始推行的“绩效管理”还要继续执行。

小邓叹了一口气,自语道:“天天讲管理,市场还做不做。管理是为市场服务,不以市场为主,管理还有什么意义。要规范化,还要考核,办事处哪有精力去抓市场。公司大了,人力资源部的人员多了,总得找点事来做。考来考去,考的主管精疲力竭,员工垂头丧气,销售怎么可能不下滑。但是不管怎么说该应付还是要应付啊。”

小邓给每位员工发送了一份考核表,要求他们尽快完成自评工作。同时自己根据员工一年来的总体表现,利用排列法将所有员工进行了排序。由于时间过去许久,下属又比较多,小邓无法一一了解,谁好谁坏确实有些难以区分。考虑到公司没有什么特别的比例控制,排序基本上是由小邓自己来控制把握的。

排完队,员工的自评差不多也结束了,小邓随机选取6名下属进行了5~10分钟的考核沟通。就这样,眼前的问题总算解决了,下一次考核又是下个年度的事情了,每个人又回到了“现实工作”中去。

……

上面的案例中,小邓错误地认为绩效评价就是绩效管理,而绩效管理就是填表和交表。因此,要想使绩效管理成功,必须对一些常见的错误概念有清醒的认识。

第二节　绩效管理过程

一、绩效管理流程概述

绩效管理的一般流程可以用图 6-2 表示,图中清晰地显示了该流程中不同环节之间的关联。绩效管理过程通常被看成是一个循环,这个循环周期一般分为绩效计划、绩效辅导与实施、绩效评价和绩效反馈四个阶段。

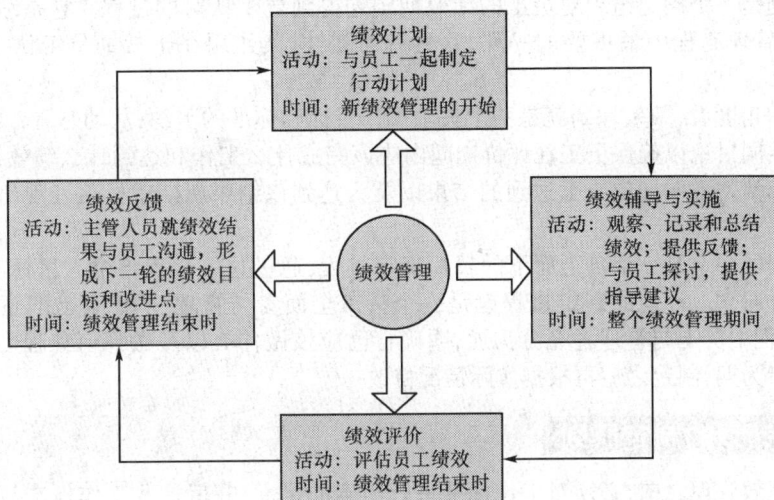

```
          ┌─────────────────────┐
          │      绩效计划         │
          │ 活动：与员工一起制定    │
          │       行动计划        │
          │ 时间：新绩效管理的开始  │
          └─────────────────────┘

┌──────────────────┐              ┌──────────────────────┐
│    绩效反馈        │   ┌──────┐  │   绩效辅导与实施        │
│ 活动：主管人员就绩效 │   │绩效管理│  │ 活动：观察、记录和总结   │
│ 果与员工沟通，形     │   └──────┘  │      绩效；提供反馈；    │
│ 成下一轮的绩效目     │              │      与员工探讨，提供    │
│ 标和改进点          │              │      指导建议          │
│ 时间：绩效管理结束时 │              │ 时间：整个绩效管理期间   │
└──────────────────┘              └──────────────────────┘

          ┌─────────────────────┐
          │      绩效评价         │
          │ 活动：评估员工绩效      │
          │ 时间：绩效管理结束时    │
          └─────────────────────┘
```

图 6-2　绩效管理流程

(一) 绩效计划阶段

绩效计划是绩效管理的第一个环节,也是绩效管理过程的起点。该阶段的主要任务是:首先,制订绩效计划,其主要依据是工作目标和工作职责;然后,管理者和员工共同讨论以明确员工将做什么、需要做到什么程度、为什么要做这项工作、何时应该做完以及员工所拥有的权力和决策权限等。在这个阶段,管理者和员工的共同投入和参与是绩效管理的基础。一般绩效计划都是做一年期,可在年终修订。

(二) 绩效辅导与实施阶段

制定绩效计划以后,员工就开始按照计划开展工作。在工作过程中,管理者要对员工的工作进行指导和监督,及时解决所发现的问题,并根据实际情况及时对绩效计划进行调整。在整个绩效管理期间,管理者要不断地对员工进行指导和反馈,即进行持续的绩效沟通。这种沟通是双方追踪计划进展情况、找到影响绩效的障碍以及得到双方成功所需信息的过程。

(三) 绩效评价阶段

在绩效期结束的时候,根据事先制订的绩效计划,对员工的绩效目标实际完成情况进行评价。绩效评价的依据是在绩效计划阶段由管理者和员工共同制订的关键绩效指标。同时,在绩效辅导期间所收集的能够说明被评价者绩效表现的事实和数据,可作为判断员工是否达到关键绩效指标要求的事实依据。绩效评价可根据具体情况和实际需要进行月考核、季考核、半年考核和年度考核。

（四）绩效反馈阶段

绩效反馈是绩效考核的重要环节,因为绩效考核的目的在于改进员工的绩效。通过反馈达到如下目的:对被评估者的表现双方达成一致的意见;使员工认识到自己的优点和缺点;指出员工有待改进的地方;制定绩效改进计划;协商制定下一个绩效管理周期的目标和标准。

二、绩效计划制定

绩效计划是一个确定组织对员工的绩效期望并得到员工认可的过程。它是绩效管理的起点,也是绩效管理流程中最重要的一环,它具有前瞻性,其作用在于帮助员工认清方向,明确目标。

从静态的角度看,绩效计划就是一个关于工作目标和标准的契约;从动态看,绩效计划是管理者与员工共同讨论以确保员工在评价期间内应该完成什么工作和达到什么绩效目标的过程。绩效计划必须清楚说明期望员工达到的结果以及为达到该结果所期望员工表现出来的行为和技能。

绩效计划的制定是一个自上而下的目标确定过程,通过这一过程将个人目标、部门目标与组织目标结合起来。计划的制定过程也是一个员工全面参与管理、明确自己职责和任务的过程,在这一过程中员工与管理者充分沟通,明确自己应该做什么以及做到何种程度。通常绩效计划都以一年为期,制定之后再根据实际情况修改。

（一）绩效计划的制定原则

在进行绩效管理之前,必须对工作标准进行明确的定义,并就这些工作标准与员工进行沟通。这些标准会帮助企业将它的战略目标反映到对岗位的要求上,然后再传递给员工相应的工作水平、完成时间等相关信息。具体来说,制定绩效计划的原则有以下几方面:

1. 参与原则　这就是说计划的制定不仅要人力资源部门和员工上级参与,更要让员工参与,只有员工知道组织的目标和组织或部门对自己的期望是什么,他们才有可能通过自己的努力达到期望的结果。也只有这样,绩效管理计划才能制定得切实可行,员工也更容易接受绩效管理计划并产生满意感。

2. 系统原则　系统原则是指员工个人计划必须服从团队或部门计划,团队或部门计划必须服从组织计划。

3. 实事求是原则　这是指在制定绩效计划时,各层次的员工要充分考虑自己的知识能力、精力、可支配的资源、可获得的支持等各种因素,量力而行,不可脱离实际。

4. 灵活原则　灵活原则一方面体现制定计划时要有较大的弹性,有应对各种紧急情况的处理方案;另一方面,绩效目标的制定不能一直不变,应随组织目标和环境的变化而变化。

（二）绩效计划的内容

绩效计划的内容应该包括以下内容:员工在本次绩效周期内所要达到的工作目标;员工完成这些职责的时间期限;员工在达到目标的过程中遇到的困难和障碍;管理者会为员工提供的支持和帮助;评价员工成功与否的标准;员工工作结果的信息来源;员工各项工作目标的权重情况;员工在完成工作时可以拥有的权力和可以得到的资源;在绩效周期内,管理者与员工进行沟通的方式;员工工作的好坏对公司的影响程度等。绩效计划并不是管理者简单地分配任务、员工被动地接受,而是管理者与员工相互沟通的过程,管理者与员工对此都有责任。

（三）绩效计划制定的程序

绩效计划制定分为绩效计划的准备、绩效计划的沟通与绩效计划的审核和确认三个阶段。

1. 准备阶段

（1）必要信息的准备：在绩效计划的准备阶段需要收集包括企业、部门和团队、员工三个方面的信息。制定绩效计划的目的是为了提升员工和组织的整体绩效，最终实现组织的战略。因此在制定绩效计划前，管理者与员工都需要重新回顾企业目标，保证在进行沟通之前双方都熟悉企业的目标。对于管理者来说，熟悉了企业目标才能对企业目标进行有效的分解落实；对于员工来说，只有熟悉了企业目标，才能在制定工作目标时保持正确的方向。

企业总目标分解成部门和团队目标后，管理者与员工对部门和团队目标的理解程度也直接影响到企业目标的实现。组织的经营指标可以分解到生产、销售部门，也可分解到业务支持性部门。如公司的总体经营目标是：将本地区市场占有率提高 20% 以上；提高销售额 1 亿元；返修率控制在 4%；提高产品性能，降低产品成本。人力资源部作为一个业务支持部门，在公司整体经营目标下，可以将自己部门的目标定为：在人员招聘方面，注重招聘那些具有认真仔细、开拓创新等素质的员工；在培训方面，要提供开发新客户、客户关系管理、质量管理和成本管理方面的培训；在考核制度方面，鼓励开发新客户、提高产品质量和降低成本的行为。

员工个人信息主要包括员工所在岗位的工作描述、员工上一个绩效周期的评价结果两个方面。工作描述规定了该岗位任职者的主要工作职责，它是进行工作目标分解的主要依据。绩效计划将个人的工作目标与组织的要求联系起来，最终使两者的目标都能实现。员工在每个绩效周期期间的工作目标通常是连续的或有关联的，在制定工作目标时也要参考员工以前的绩效。如果员工在上一个绩效周期内，所有绩效计划表上所列的目标都达到标准的话，这一期的绩效计划就需要提出新目标；如果上一期的目标没有完成或没有全部完成，就应该将它们转入到当期的绩效计划里来，作为继续考核的目标。

（2）沟通方式和环境的准备：在沟通过程中，管理者要将自己与员工放在一个平等的地位来讨论问题，多听取员工的意见。同时，管理者有责任在沟通过程中确定目标设定的方向和企业战略保持一致，调动员工的积极性，鼓励他们朝着共同的目标奋斗。在进行绩效计划沟通时，采取何种方式取得对绩效计划的共识，需要考虑不同的环境因素，如企业文化、企业性质、员工特点以及所要达到的工作目标的特点等。如果想激发员工的士气，使员工了解企业的战略目标，可以召开动员大会。如果一项工作需要一个部门或团队密切合作才能完成，可以召开部门会议集中讨论，并进行合理的分工协作。

沟通时间的确定尽量保证双方都有空闲，并且保证充分的沟通时间，避免无关人员的干扰，还要尽量防止意外事件打断沟通过程。沟通环境要尽可能舒适，气氛要尽可能轻松，不要使员工感到太大的心理压力，尽量使沟通在一个轻松愉快的环境中进行。

2. 绩效计划的沟通阶段　绩效计划的沟通是管理者与员工对每项工作目标进行讨论并达成一致的过程，这一过程包括五个环节。

（1）回顾目标和员工的基本职责：企业的目标和员工的基本职责是绩效目标的来源，沟通时要回顾企业的目标和员工的基本职责。其主要内容包括：企业的战略发展目标和计划、团队或部门的工作目标和计划、员工职责描述、员工上一绩效期间的绩效评估结果。

（2）明确考核对象和任务：这一过程对实现企业目标有促进作用，其主要包括：考核对象有哪些日常及专项工作任务？这些任务应完成到何种程度？员工应表现出什么样的工作行为？

（3）确定关键绩效指标和指标标准：由于部门和岗位不同，工作的具体要求也不一样，绩效的关键指标也不一样。沟通时管理者要与员工一起明确工作的目标，确定关键指标，使绩效评价重点突出。对关键指标也要确定标准，明确各个绩效指标应分别达到什么水平。

（4）确定关键绩效指标的权重：由于各项工作在实现绩效目标时发挥的作用不一样，其在总体绩效中所占的权重也不同，应根据重要性不同进行分配，对重要程度高的给予较大的权重，重要程度低的给予较小的权重。

（5）确定绩效的跟踪方式：在上述过程确定以后，管理者与员工还要在每项任务完成的进度、期限、检查监督时间上达成共识，以便对员工进行督导。

3. 绩效计划的审核和确认　通过绩效沟通过程，管理者与员工共同确定员工工作计划的要点，填写绩效计划书，以此作为员工未来绩效周期内的工作指南。绩效计划书也是管理者对员工工作进行监督、检查与评定的重要依据。

三、绩效实施与辅导

绩效实施与辅导阶段在整个绩效管理过程中处于中间环节，也是绩效管理循环中耗时最长、最关键的一个环节，是体现管理者和员工共同完成绩效目标的环节，这个过程的好坏直接影响绩效管理的成败。绩效管理强调员工与主管的共同参与，强调员工与主管之间形成绩效伙伴关系，共同完成绩效过程。这种员工的参与和绩效伙伴关系在绩效实施阶段主要表现为持续不断的双向沟通。具体来讲，绩效实施与辅导阶段的主要工作是持续不断的绩效沟通和对有关数据的收集，最终形成绩效评价的依据。

（一）持续的绩效沟通

持续的绩效沟通就是管理者和员工共同工作，分享有关信息的过程。这些信息包括工作进展情况、潜在的障碍和问题、可能的解决措施以及管理者如何才能给予员工帮助。它是连接计划和评价的中间环节。

1. 绩效沟通贯穿绩效管理整个过程，各阶段重点有所区别

（1）在绩效计划阶段，沟通的主要目的是管理者和员工对工作目标和标准达成一致契约。契约达成后，这些工作和标准就成为绩效管理评价员工绩效的依据和标准。在绩效实施阶段，沟通的目的主要有两个：员工汇报工作进展或就工作中遇到的障碍向管理者求助，寻求帮助和解决办法；管理者对员工的工作与目标计划之间出现的偏差及时进行纠正。

（2）在绩效评价和反馈阶段，管理者与员工进行沟通，主要是为了对员工在绩效管理周期内的工作进行合理、公正和全面的评价。最后，根据员工出现问题的原因与员工进行沟通、分析并共同确定下一期改进和提高的重点。

（3）在绩效实施阶段，员工与管理者达成的一致计划和评价标准并不是一成不变的。员工在完成计划的过程中可能遇到外部障碍、能力缺陷或其他意想不到的情况，这些情况都会影响计划的顺利完成。员工在遇到这些情况时应及时与管理者沟通，管理者则要与员工共同分析问题产生的原因。如不属于外部障碍而是员工本身技能缺陷的问题，管理者应该提供技能上的帮助或辅导，辅导员工达成绩效目标。最后，在绩效实施阶段，员工有责任向管理者汇报工作进展情况。通过这种沟通，能够使管理者及时了解员工工作进展，对员工出现的偏差进行及时纠正，尽早找到潜在问题以便在它们变得更复杂之前能够将其很好地解决。管理者有责任帮助下属完成绩效目标。

管理专家们常将管理者所扮演的角色定义为"教练"（coach）。管理者应该像教练一样进行辅导，帮助员工实现绩效目标，而不能听之任之。如果管理者一味地只重结果而不管过程，员工可能会由于得不到必要的帮助与支持而无法实现目标，最终导致部门和组织目标无法实现。如果员工因此而受到惩罚，那么这对员工也是不公平的。管理者在绩效实施阶段的缺位或失职，正是造成许多企业绩效计划落空的重要原因。在实施过程中，管理者应该保持与员工的持续沟通，主动地了解员工的工作进展情况、存在的问题、遇到的障碍和需要上级提供的帮助，还要分析外部环境的变化是否会影响工作目标的实现,判断原定目标是否需要做出调整。在员工遇到他们自己不能解决的困难时,管理者应积极帮助他们寻求解决办法,提供必要的资源支持,并鼓励他们完成工作任务。

2. 持续绩效沟通的方法 持续绩效沟通的方式有很多种,每种方法都有其优缺点,关键在于如何根据不同的情境选择适当的沟通方式。我们将沟通方式分为正式沟通和非正式沟通两大类,主要沟通方式如图6-3所示。

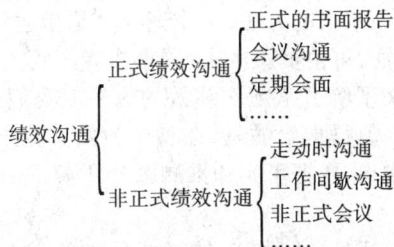

```
                        ┌ 正式的书面报告
              正式绩效沟通 ┤ 会议沟通
                        │ 定期会面
                        └ ……
绩效沟通 ┤
                        ┌ 走动时沟通
              非正式绩效沟通┤ 工作间歇沟通
                        │ 非正式会议
                        └ ……
```

图6-3 绩效沟通的方法

(二) 绩效信息的收集和分析

绩效实施与辅导阶段除了持续不断的绩效沟通外,还有一项重要的工作就是进行绩效信息的收集和记录,为下一阶段公正地评价员工的绩效水平提供依据。绩效信息的数据收集和分析是一种有组织地、系统地收集有关员工工作活动和绩效的方法。对绩效信息的记录与收集可积累和绩效结果相关的关键事件和信息,通过对知识、技能、态度和外部障碍四方面因素的分析,来诊断员工绩效,找出潜在问题。

绩效管理是一项长期、复杂的工作,对作为评估基础的数据收集工作要求很高。为了保证评价的正确性,管理者必须注重数据的收集工作,随时收集员工绩效的相关数据,使数据收集工作形成一种制度。

1. 绩效信息收集和分析的目的

(1) 提供以事实为依据的员工工作记录,为绩效评价及相关决策提供事实基础。

(2) 及时发现问题,提供解决方案。

(3) 掌握员工有关工作行为和技能的信息,发现其优劣势,为有针对性地提供培训和再教育提供参考依据。

(4) 通过有关争议仲裁保护组织利益。

2. 收集信息的内容 信息是无穷无尽的,我们权衡的是收集与员工绩效有关的信息,一般要收集的绩效信息主要有:工作目标或任务完成情况的信息、来自客户的积极的和消极的反馈信息、工作绩效突出的行为表现信息、绩效有问题的行为表现信息和面谈记录等。为了全面、准确、迅速地收集绩效信息,应该遵循如图6-4所示的信息收集流程。

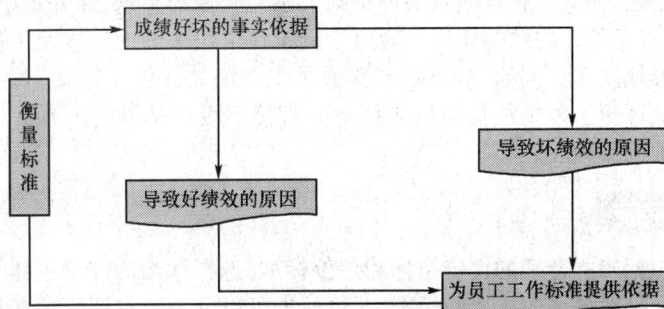

```
           ┌─────→ 成绩好坏的事实依据 ─────────────────┐
           │              │                          │
衡量标准 ──┤              ↓                     导致坏绩效的原因
           │       导致好绩效的原因                    │
           │              │                          ↓
           └──────────────┴───────→ 为员工工作标准提供依据
```

图6-4 搜集绩效信息的程序

3. 收集绩效信息的渠道和方法　收集绩效信息的渠道可以是组织中的全体员工和与之相关的客户。有员工自身的汇报和总结,有同事的共事与观察,有上级的检查和记录,有下级的反映和评价,还有相关客户的评价。如果组织中所有的员工都具备了绩效信息反馈的意识,就能给绩效管理带来极大的帮助与支持,各种信息渠道畅通,信息来源全面,便于做出更真实客观的绩效评价,使组织的绩效管理更加有效。

绩效信息收集的方法有观察法、工作记录法和他人反馈法等。观察法是指管理者直接观察员工在工作中的表现并将之记录下来的方法;工作记录法是指通过工作记录的方法将员工工作表现和工作结果记录下来的方法,可由员工本人、同事或者主管上级记录;他人反馈法是指管理者通过其他员工的汇报、反映来了解员工工作绩效的方法。我们提倡多种方法的综合应用,以避免信息收集不全面、不准确。值得指出的是,在整个绩效实施过程中必须注意收集信息的目的要明确,要让员工参与信息收集,要把事实和推测区分开来。

四、绩效分析与评价

绩效评价(per-formance appraisal,PA)是人力资源管理中技术性最强的环节之一,也是众多人力资源管理者最关心的内容。任何评价活动都包括以下环节:

(1) 确立评价的目的,选择评价对象。

(2) 建立评价的参照系统,确定评价主体、评价指标、评价标准和评价方法。

(3) 收集相关信息。

(4) 形成价值判断。

(5) 输出结果。

通过上面的几个环节可以看出,绩效评价过程就是一个收集信息、整合信息、做出判断的过程。

（一）确立目标

我们知道,评价除了可以做出基本的价值判断之外,还可以用于进行选择和预测,并发挥导向作用。而绩效评价作为绩效管理系统中的关键子系统,其最核心的目标就是通过它的选择、预测和导向作用实现组织的战略目标。不论组织绩效评价还是员工绩效评价,都基于这个共同的目标,所以我们必须将组织绩效评价与员工绩效评价联系起来考虑如何进行绩效评价系统的设计。

绩效评价的对象不同,绩效评价的工作也不同。一般来说,绩效评价包括两个评价对象:一是组织绩效,二是员工绩效。而组织绩效评价又可以划分为对于企业本身绩效的评价和对于企业高层管理者工作绩效的评价。不同的评价对象的选择取决于不同的评价目的,评价的结果对于不同的评价对象产生的影响各不相同。对于员工或高层管理者的绩效评价关系到奖惩、升降等人事管理的决策问题,而对于企业绩效的评价则关系到企业的扩张、兼并重组、业务收缩等经营决策问题。另外,对于员工的绩效评价也会由于员工在组织中的地位以及工作性质的不同而影响评价系统中的其他要素。例如,对于基层普通员工的绩效评价主体就不会涉及下级,而对于基层管理者的绩效评价主体则往往可以包括他的直接下级。车间生产人员和科研人员的绩效评价标准也有很大的不同。

（二）建立评价系统

评价系统应当包括确立合理的评价指标和评价标准,选择适当的评价主体等。绩效评价标准指的是用于判断评价对象绩效优劣的标准,评价标准可以分为绝对评价标准和相对评价标准两类。绝对评价标准指的是客观存在的评价标准,而相对评价标准指的是通过对比和排序进行评价的标准。另外,根据客观的评价标准是如何产生的,绝对评价标准一般又可分为外部导向的评价标准和内部导向的评价标准两类。其中,外部导向的评价标准指的是以其他企业的绩效为评价标准,而内部导向的评价标准则指的是评价标准来源于组织内部,通常是根据相关部门或人员过去的绩效情况来确定的。我们所熟悉的标杆法(benchmarking)就是典型的外部导向的绩效标准。

绩效评价指标决定了对评价对象的哪些方面进行评价。不论组织绩效评价还是员工绩效评价,绩效评价系统关心的是评价对象对企业战略目标有明显相关的行为因素,这些行为因素通过绩效评价指标去体现。

所谓评价主体,指的是那些直接从事评价活动的人。一般说来,组织绩效评价的主体是企业的外部出资者,而在进行员工绩效评价时,评价主体则要根据评价指标的相关特征进行选择。

(三) 整理数据

准确的数据是绩效评价公正性的重要保障,绩效评价的一个主要目的是把管理从依靠直觉和预感转变为以准确的数据和事实为依据。在绩效监控阶段收集的数据一般是零散的,因此,有必要把这些零散的数据整理成系统的体系。在绩效监控阶段,我们往往记录了一些关键事件,此时对这些关键事件要在不带任何主观色彩的条件下进行分析、界定、归类,判断所记录的关键事件、绩效结果和文档究竟应当归入哪个评价标准以及该标准中的哪个级别。可以说不带任何主观色彩是很难做到的,但是主观判断必须是科学的、反映客观事实的,这就需要评价者具有较高的职业素养和丰富的经验。

(四) 分析判断

分析判断就是具体应用评价方法确定评价对象评价结果的过程。评价要根据企业的特点和被评价对象的职位特点、评价内容和评价目的,选择合适的方法和形式。高层管理人员主要的评价指标是围绕战略的实施展开的相关指标和管理状况,述职的形式恰好能够达到这样的目的。中层管理者、业务和操作人员的评价相对就比较简单,也就是说,评价的关键在于指标的设计和评价体系的建立,有了好的评价体系,评价过程就会相对容易得多。

(五) 输出结果

通过使用适当的评价方法对评价对象进行评价后,就要得出一个具体的评价结果。评价结果不仅是好坏的评价或者简单的绩效得分及绩效排名,而且应当指出绩效优秀或绩效低下的具体原因。需要再次强调的是,绩效管理不是为了简单的评价,更重要的是为了运用绩效评价的结果。只有详尽的绩效评价输出结果,才能为进一步的绩效反馈和绩效结果应用提供依据。

五、绩效反馈与应用

大多数组织的绩效管理仅仅进行到绩效评价就结束了,各种各样的表格在花费了大量时间和精力填写完后被束之高阁,管理者觉得很累,员工们也觉得很累,评价结果没有反馈给员工,所以问题依然存在,绩效仍然不高,沟通仍然不顺畅。这还导致了从基层到高层对绩效管理有效性的怀疑,造成了继续推广绩效管理的障碍。

怎样才能实施真正的绩效管理?怎样才能让被评价者了解自己的绩效状况?怎样才能将管理者的反馈传递给员工?这需要通过绩效反馈与应用来完成。绩效反馈与应用虽然是绩效管理的最后一个阶段,但是它有承上启下的作用,一方面通过绩效评价结果的合理运用,完美地结束现有的绩效评价周期;另一方面通过绩效改进计划导入新的绩效评价的开始,使绩效管理不断循环、不断上升。

（一）绩效反馈面谈

1. 绩效反馈面谈的目的

（1）了解绩效目标的实现情况。让员工了解自己在本绩效周期内的业绩是否达到预定目标，能力和态度是否符合要求，双方达成对评价结果一致的看法。对于同样的行为、结果及其解释，不同的人有不同的看法。通过面谈，消除双方对同一行为和结果的认识差异，也使员工更加了解组织和上司对自己的期望，也更加清楚自己的绩效状况和需要改进的地方。

（2）探讨绩效目标未能实现的原因并制定绩效改进计划。管理者要帮助员工分析绩效目标未能实现的原因。员工也可以说明自己在工作中遇到的困难，解释没有完成目标的原因，并请求上司给予指导和帮助。在对于造成绩效问题的原因的认识达成一致后，双方进一步探讨解决问题的办法，制定绩效改进计划，并作为下一轮绩效计划的一部分。

（3）向员工传递组织的期望。绩效反馈面谈是一个传递组织目标的好时机。企业的整体目标需要层层分解到每一个工作岗位，并最终通过每个人工作目标的实现来保障组织目标的实现。在与员工讨论工作目标的过程中，管理者可以将组织的目标和对员工的期望明确传递给员工。而员工对组织目标的准确理解有利于引导其产生正确的工作行为和结果。

（4）协商下一个绩效周期的目标。在分析总结本绩效周期的绩效状况基础上，管理者和员工就下一个绩效周期的目标达成共识，这又构成新的绩效计划。

2. 绩效反馈面谈前的准备　要进行有效的绩效反馈面谈，事先做好充足的准备工作是必要的。如果不做准备，面谈很难顺利进行，要么出现长时间的沉默而"冷场"，要么发生激烈的争执而导致不欢而散。因此，在绩效反馈面谈前，管理者应做好相关准备。首先，管理者要充分了解员工的情况，包括员工的教育背景、家庭状况、工作经历、个性特点、职务以及过去和现在的绩效状况等。回顾一下过去面谈的谈话记录也有助于掌握面谈的重点。其次，管理者要事先计划好面谈的程序。即将进行的面谈要达到什么目的？面谈中要和员工讨论什么内容？先谈什么后谈什么？各部分内容要安排多少时间？准备运用哪些技巧来促进沟通的顺畅？管理者事先必须做好这些计划，才能保障面谈的顺利进行。最后，管理者要选择合适的面谈时间和地点。管理者可以跟员工商定一个双方都比较方便的面谈时间，以利于双方集中精力于绩效的反馈。而且要计划好面谈将持续的时间，以便员工预先安排好其他工作。至于面谈的地点，最好是选择在一个不会被电话和来访者打扰的场所进行面谈。很多管理者习惯地在自己的办公室与下属进行面谈，但是在办公室内，面谈可能会被频繁的造访、电话所打断。而且在上司的办公室讨论自己的绩效状况，很容易给员工造成压力。

在面谈前，员工也应该做好相应准备。员工要回顾自己在本绩效周期内的所作所为，对自己的绩效进行评价，并准备好能证明自己绩效的证据。同时，员工要审视自己的职业发展目标和职业规划，客观地评估自己的优点、缺点及需要改进的方面。另外，员工还要准备好向管理者提出问题，以解决自己在工作过程中的疑惑和困难。

3. 改进绩效反馈的建议　对别人进行绩效评价原本就不是一件令人愉快的事情，而面对面地跟对方讨论其绩效状况更让人不安，尤其是当对方的绩效评价结果不理想时。很多管理者都害怕进行绩效面谈，他们尽可能地避免直接向员工反馈绩效。而这样一来，员工就不能及时知道自己的工作绩效没有达到预期目标，也就不可能去改善绩效了。因此，管理者应该以一种能够激发积极行动的方式来向员工提供明确的绩效反馈。以下建议可以帮助管理者提高绩效反馈的有效性。

（1）反馈应该是经常性的：有的管理者错误地以为只有在绩效评价后才进行绩效反馈，使得绩效反馈成了"一年一次的游戏"。其实，在员工实施绩效计划的过程中，管理者应当保持与员工的沟通，持续地关注其绩效目标的实现情况，及时地发现问题并提供指导和帮助。当员工表现出色时，管理者应该及时肯定；而当员工的工作出现错误和偏差时，管理者也应该及时指出并予以纠正，让员工在第一时间就能改正错误。这种在工作过程中频繁的、持续的绩效沟通在帮助员工提升绩效水平的同时,也让员工更清楚地了解自己的绩效情况,从而对绩效评价的结果更容易接受。如果员工对评价结果"大吃一惊",那往往是由于缺乏平时的绩效反馈而造成的。

（2）在绩效反馈面谈之前鼓励员工先进行自我评价:进行绩效的自我评价,给了员工一个回顾自己在绩效周期内的表现的机会,促使他们去重新审视组织的期望和自己的表现,也可以帮助他们去分析自己的长处和存在的不足,为即将进行的面谈做好准备。自我评价还可以让管理者把面谈重点放在双方对绩效评价存在分歧的方面,从而提高绩效反馈的效率。

（3）鼓励员工积极参与:管理者害怕进行绩效反馈,主要是担心会陷入对分歧的争执当中。如果在制定绩效计划和进行绩效反馈的过程中都有员工的积极参与,那么,即使存在对评价结果的分歧,绩效反馈也能朝着解决问题的方向发展。另外,当员工积极参与到绩效反馈的过程中时,他们也更容易感觉到公平和满意。

（4）多肯定,慎批评:许多管理者认为绩效评价就是找出员工的缺点和不足,有的甚至把绩效反馈当成一个惩罚绩效不良者的机会,因而总是告诉员工其绩效如何糟糕。在绩效反馈中员工听到的都是批评指责,他们的自尊心受到了伤害,从而造成情绪低落或产生抵触情绪,因此,很难客观地看待并认同评价结果。事实上,绩效反馈的目的应该是让员工了解自己的绩效状况并不断改进。因此,管理者既要指出员工绩效不良的方面,又要肯定其绩效优良的方面。赞扬和肯定将强化员工的相应行为,也能化解员工的抵触情绪。

（5）把重点放在解决问题上:管理者在绩效反馈中要重点关注问题的解决。管理者应该和员工一起分析绩效不良的原因并寻求解决问题的办法。同时,在反馈绩效时,注意力应集中在员工的行为或结果上,而不是员工的个人特征。在进行负面反馈时要避免对员工本身的价值进行贬低或表示怀疑,更不能进行人身攻击。只有这样,才能引导员工正确地认识自我和改善绩效。

（6）制定具体的绩效改善目标,并规定检查时间:绩效改善目标制定后,将成为新绩效周期的绩效目标的一部分,管理者也将在新的绩效周期中考核员工绩效改善的情况。

（二）评价结果的应用

绩效评价结束后,评价结果除了用于管理者和员工共同探讨绩效改进以外,还可作为绩效薪酬的分配、有针对性地培训和职位调整等决策的依据。

1. 绩效薪酬的分配 作为绩效薪酬发放的前提条件,这是评价结果的一种非常普遍的用途。员工薪酬的一部分跟绩效挂钩,可以激励员工更努力地去实现绩效目标。当然,员工在组织中所处的层级不同,工作性质不同,薪酬构成中与绩效挂钩的部分所占比重也有所不同。此外,员工的薪资等级的调整也常跟绩效评价的结果有关。

根据强化理论,员工因为某种行为而获得薪酬(包括奖金)奖励,这反过来又具有强化作用,会促使员工继续表现该种行为。不过,如果选择了不合适的评价指标,又没有相应的监督约束机制,绩效薪酬的强烈刺激也可能引发员工的短期化行为。比如,如果以行政拘留人数来考核基层警察的工作绩效,并规定警察个人的奖金和他拘留的人数直接挂钩。那么,那些把辖区管理得好的民警会得不到奖励,因为管理得好的辖区内违法事件少,警察当然抓不到多少嫌疑人。因此,这种以拘留人数论功行赏的做法,实质上并不是鼓励警察去改善和维护辖区的治安环境。更糟糕的是,这种评价奖励机制有可能诱发"错抓人"的行为。

2. 职务的调整 绩效评价可以反映出员工的优点和缺点,也为职务的调整提供了依据。理想的做法是:通过职务调整,让每个员工都从事最适合他的工作,扬长避短,取得最大绩效。当然,如果某个员工经过多次职务调整都无法达到绩效目标,那么,企业就不得不考虑将其解聘。

3. 培训与开发 如果绩效评价中发现员工在技能方面有欠缺,那么,企业就应该给他提供有针对性的培训。员工在制定和修改自己的职业发展计划时,可以参考绩效评价的结果,更进一步地了解自己的长处和短处,从而校准自己的职业目标和发展方向。绩效评价也给员工提供了机会来定期检查自己的能力和开发目标的实现情况。

管理者在绩效管理中是当然的主角,发挥着不可或缺也是不可替代的作用。许多管理者并没有真正扮演好这个关键角色,在绩效管理中存在种种问题,妨碍了组织绩效的持续改进。管理者需要牢记:持续的绩效沟通应贯穿于绩效管理的全过程,在绩效计划、绩效实施、绩效评价和绩效反馈的各个环节,必须保持上下级之间充分的沟通,这样才能保障绩效目标的顺利实现。

【实践中的人力资源】

北京某医药公司的绩效管理

北京某医药公司是一家具有独立生产能力、中等规模的医药股份公司,在国内拥有十几家分公司和办事处,经济效益较好,技术研发实力较强。世纪之交,企业借助外部市场的有利条件和公司自身的原有优势,连续几年实现快速增长,企业营业额、利润额在国内同行业中位居前列,在国内医药市场获得了一定的知名度。但是,随着企业的进一步发展,这家公司并没有保持良好的发展势头,并没有保持住以往在市场竞争中不断积累的竞争优势,而表现出的实际状况却是:技术团队发展空间有限、人员流动频繁;市场营销团队薪资较高却士气低落、市场开拓能力明显低下;很多人认为严格的管理会导致部门和员工间的不团结、不合作,管理工作的开展会影响企业正常的生产经营活动或干脆认为绩效管理就是管部下、管眼前而不是管自己、管长远;业绩表现突出的员工应当奖励时,担心其他部门和员工的所谓"看法"或被认为是理所当然就不去奖励,业绩表现不佳的员工应当处罚时,又顾及情面和关系而不去处理;缺乏培训和监督的管理人员在工作中的非理性行为进一步加剧了管理的不公正……

结果是管理工作的许多领域处于实际的杂乱无序和无依据的状态,业绩表现天壤之别的员工几乎获得了相同的"待遇"!

根据对该公司管理中存在问题的清醒认识,咨询公司明确了为该公司实施管理再造的指导方针:在帮助其梳理企业发展战略的基础上导入全新的目标绩效管理系统;同时,伴随目标绩效管理系统的导入对该公司的全体员工(特别是中高层管理人员)进行一次观念再造。其目的是帮助企业从传统、落后的主观绩效管理模式逐步向先进、科学的客观绩效管理模式过渡,方法是将咨询服务与全过程的理念培训及专业培训相结合。根据该公司的经营发展新战略和企业文化开拓创新的要求,对各部门的职能及管理人员的职务说明书进行重新编写,同时指导基层管理人员按科学方法自己动手编写本岗位职务说明书。指导基层人员学习提取本岗位关键业绩指标的要诀。绩效管理新系统包括绩效计划、绩效实施、绩效考核和绩效反馈四个部分,而不再像过去那样仅有绩效考核一个孤立的部分。强调全过程的、完备的日常绩效管理记录而不再像过去那样到绩效考核时再让大家拼凑、编造、杜撰子虚乌有的所谓业绩和表现。

同时,新系统要求绩效管理者必须成为经过良好培训的、有职业道德的、公正的、客观的管理者而不是训练不足的、缺乏职业道德的、随心所欲的、不理智的管理者。一对一的绩效面谈对被考核者既是评价也是交流、又是辅导更是激励,而不再制造以所谓既成事实让被考核者消极接受的"无言的结局"。新系统将绩效结果应用的含义扩充到从最重大的嘉奖到最重大的处罚在内的许多内容,而不再局限于奖金发放的狭小范畴。将绩效管理的范围扩充到除董事长以外的公司全体员工。

良好的系统导入和不间断的员工培训收到了丰硕的成果:关键业绩指标和职业化管理规范的观念在该公司得到运用,各级员工的管理意识和标准化管理水平都取得了长足的进步,各部门绩效均获得了不同程度的提升且进步势头良好。最重要的是:各级员工的价值取向和行为习惯在潜移默化中发生了可喜的变化……而这对于该公司实现中期发展战略目标恰恰是最关键的。

用数据和事实说话的、规范的、得到认真执行的绩效管理是消除企业管理中不公正、不道德状况的灵丹妙药,也是指导、激励员工提升自身绩效并最终提升企业绩效的真正法宝……该公司的管理咨询实践充分证明了这一点。

第三节 绩效评价体系

企业绩效评价体系是指由一系列与绩效评价相关的评价制度、评价指标体系、评价方法、评价标准以及评价周期等形成的有机整体,许多人力资源管理的决策都需要绩效评价提供的信息作为依据。而在进行考核评价之前,组织需要预先确定将要考核员工的绩效指标和标准,选择合适的评价主体和评价方法,并约定评价绩效的时间。

一、绩效评价指标

(一) 绩效评价指标类型

绩效受多方面因素的影响,如员工工作的能力、态度以及环境因素等。因此,对员工的绩效也要从多个方面进行评价,按评价的内容来分,有工作业绩评价指标、工作能力评价指标和工作态度评价指标等。

1. 业绩指标 所谓业绩,就是员工职务行为的结果,业绩考核就是对员工职务行为的结果进行绩效评价。主要包括员工完成工作的数量、质量、成本费用以及为组织做出的其他贡献,包括岗位上取得的绩效和岗位以外取得的绩效。岗位绩效与岗位职责相关,是员工绩效的主体。在人力资源管理中,岗位职责体现为一系列任务和操作标准,如完成工作的质量、数量、经济效益和社会效益等。

2. 能力指标 一般说来,能力通常是指个体从事一定社会实践的本领。具体包括体能、知识、智能和专业技能等内容。在企业的绩效管理中,与一般的能力测量不同,员工能力考核是考核员工在岗位工作过程中显示和发挥出来的能力。如他在工作中判断理解指令时,是否正确、迅速;协调上下关系时,是否得体、有效。依据员工在工作中的行为表现,参照标准或要求,评价他的能力发挥得如何,判断其能力是大是小,是强是弱。总之,能力考核是根据岗位说明书人员规范要求,对员工所应具备的能力素质进行评定的过程。

3. 态度指标 通常说来,能力越强,业绩就越好,但在企业中常常有这样一种现象:一个人能力很强,但出工不出力,业绩很差;而另一个人能力不强,但工作兢兢业业,业绩却不错。两种不同的工作态度就产生了截然不同的工作结果。工作态度是工作能力向工作业绩转换的"中介"。所以,需要对员工的工作态度进行考核。工作态度的考核要剔除本人以外的因素和条件。例如,由于工作条件好而做出好的业绩,或因为工作条件恶化使业绩受挫,这样的工作结果与工作态度无关,在进行绩效考核时必须充分考虑。另外,态度考核并不考虑员工的职务高低和能力大小,考核的重点是员工工作的认真程度、责任的大小、工作的努力程度,是否有干劲、有热情,是否忠于职守,是否服从命令等。

(二) 绩效考核指标体系构建的原则

建立绩效考核指标体系,应该遵守如下基本原则:

1. 针对性原则 即针对考核目的、对象和侧重点的不同,从实际情况出发,选择体系内的绩效考核要素和具体指标,使其具有较强的针对性,充分体现出考核对象的性质和特点。

2. 科学性原则 充分运用生理学、心理学、管理学、行为科学等科学原理,采用科学的统计调查方法,借用先进的数据采集、整理、分析工具,保证绩效考核指标体系能够系统、全面、正确地反映和体现考核对象的特性。

3. 明确性原则 在所确认的绩效考核体系中,每个考核要素指标都要有明确的内容、定义或解释说明,必要时还要列出计算公式,使考核要素和指标的内涵明确、外延清晰。同时,考核要素指标的文字表述应力求精练、直观、易懂,选择的要素指标要少而精,考核体系设计要达到规范化和标准化的要求。

4. 其他　上述三个原则是构建指标体系最重要的原则,除此之外,还有一些原则在构建指标体系时也要注意遵循,如:定性指标与定量指标相结合的原则,过程指标与状态指标相结合的原则,普遍性与特殊性相结合的原则,实效性与经济性相结合的原则等。

(三) 绩效考核指标体系构建的步骤

绩效考核指标体系构建步骤要点为:

1. 明确绩效考核指标体系的设计目标　我们为什么要设计绩效考核指标体系? 希望设计出什么样的绩效考核指标体系? 在设计的过程中我们应该遵守什么样的原则? 这些均是进行绩效考核指标体系设计的基础。

2. 建立适合组织特点和发展战略需要的绩效考核指标库　指标库应该包括组织绩效考核指标、部门绩效考核指标与个人绩效考核指标,也包括每个层级上不同维度的所有指标,如业绩指标、能力指标等。指标库中的每个指标都要有自己的名称、定义和评价标准。需要说明的是,所建立的指标库不一定能完全涵盖最终确定的每个职位的绩效考核指标,许多指标可以在以下步骤中通过不同的操作方法逐一产生,并补充到指标库中。

3. 选择与职位相适应的指标　指标选择的标准有两个,一是按照职务种类不同而形成的横向分类;二是按照职能等级形成的纵向层次。

4. 确定指标权重　确定权重时要考虑的因素主要包括绩效考核的目的、被考核对象的特征和企业文化的要求。考核目的和考核对象的差别,影响着某个考核指标对于每个考核对象整体工作绩效的影响程度,所以,指标权重必须根据考评目的和考评对象而有所不同。绩效考核指标的权重也反映了企业文化倡导的行为或特征。

(四) 设计绩效指标的方法

1. 关键绩效指标(KPI)法　关键绩效指标法(key performance indicators, KPI)是目标管理法与帕累托定律(Pareto principle,也称 80/20 法则)的有机结合。KPI 法在分析和归纳出支撑企业战略目标的关键成功因素(critical success factors, CSF)的基础上,对企业的战略目标进行全面的层层分解,从中提炼出企业、部门和岗位的关键绩效指标。其核心思想是:企业 80% 的绩效可通过 20% 的关键指标来把握和引领,企业应当抓住主要矛盾,重点考评与实现战略目标关系最密切的那些关键绩效指标。与其他方法相比,KPI 法从繁多的绩效指标中提炼出少数关键指标来进行考评,在减少了对员工束缚的同时,还大大降低了绩效管理的成本。不仅有利于提高绩效管理的效率,还有利于增强企业的核心竞争力。

建立关键绩效考核指标要遵循"SMART"原则,"SMART"是五个英文单词第一个字母的缩写。"S"代表的是"specific",意思是指"明确具体的";"M"代表的是"measurable",意思是指"可度量的";"A"代表的是"achievable",意思是指"可实现的";"R"代表的是"realistic",意思是指"现实的";"T"代表的是"time-bound",意思是指"有时限的"。

关键绩效指标体系作为一种系统化的指标体系,包括三个层面的指标:一是企业级关键绩效指标,是通过对企业的关键成功领域和关键绩效要素分析得来的;二是部门级关键绩效指标,是根据企业级关键绩效指标进行承接或分解而得出的;三是个人关键绩效指标,是根据部门级关键绩效指标确定的。这三个层面的指标共同构成企业的关键绩效指标体系。关键绩效指标是通过以下步骤设计的:

(1) 企业级关键绩效指标的确定:下面以某制造业企业为例,介绍确定企业级关键绩效指标的步骤。

第一步,确定关键成功领域。首先需要根据企业的战略,寻找使企业实现组织目标或保持市场竞争力所必需的关键成功领域。确定企业的关键成功领域,必须明确三个方面的问题:一是这个企业为什么会取得成功,成功靠的是什么;二是在过去成功的因素中,哪些能够使企业在未来持续获得成功,哪些会成为企业成功的障碍;三是企业未来追求的目标是什么? 未来成功的关键因素是什么? 在实践中,某制造业企业通过访谈和头脑风暴法,寻找并确定了该企业能够有效驱动战略目标的关键成功领域:优秀制造、市场领先、技术支持、客户服务、利润增长和人力资源,如图 6-5 的方格中所示:

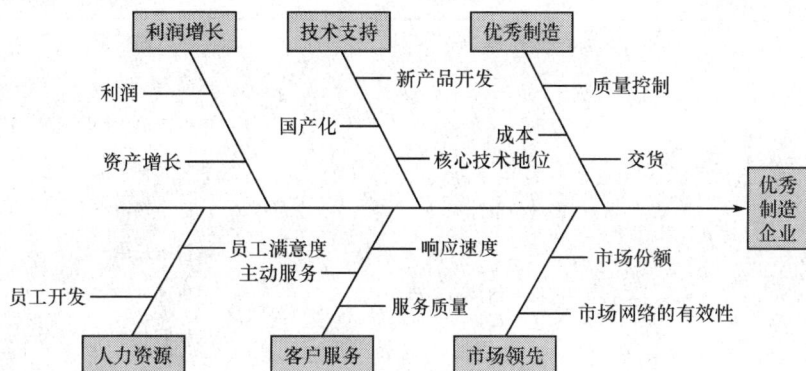

图 6-5 某制造企业的关键成功领域及关键绩效要素

第二步,确定关键绩效要素。关键绩效要素提供了一种"描述性"的工作要求,它是对关键成功领域进行的解析和细化。它主要解决以下几个问题:①每个关键成功领域包含的内容是什么;②如何保证在该领域获得成功;③达成该领域成功的关键措施和手段是什么;④达成该领域成功的标准是什么。上述制造企业的关键绩效要素如图 6-5 中所示。

第三步,确定关键绩效指标。对关键绩效要素进行进一步细化,并经过甄选,关键绩效指标便得以确定。选择关键绩效指标应遵循三个原则:①指标的有效性,即所设计的指标能够客观地、最为集中地反映要素的要求;②指标的重要性,即通过对企业整体价值创造业务流程的分析,找出对其影响较大的指标,以反映其对企业价值的影响程度;③指标的可操作性,即指标必须有明确的定义和计算方法,容易取得可靠和公正的初始数据,尽量避免凭感觉主观判断的影响。以优秀制造为例,该企业确定的关键绩效指标如图 6-6 所示。

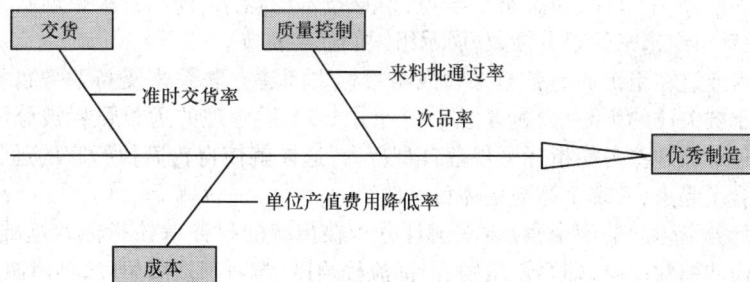

图 6-6 某制造企业的关键绩效指标

第四步,得出企业级关键绩效指标汇总表(表 6-2)。

(2) 部门级关键绩效指标的确定:企业目标的实现需要部门的支持。因此,企业级关键绩效指标应该分配或分解到相应的部门,形成部门级关键绩效指标。具体做法是:在获得企业级关键绩效指标后,首先要确认这些指标能否直接被企业内的相关部门承担。有些关键绩效指标是可以直接被部门承接的,如单位产值费用降低率、新产品立项数等,这些关键绩效指标就可以直接承接到部门成为该部门级关键绩效指标;另一些指标不能被直接承担或由一个部门单独承担,这时就必须对这些指标进行进一步的分解。对关键绩效指标进行分解通常有两条主线:一是按照组织结构分解;二是按主要流程分解。比如,对"次品废品率降低率"这一关键绩效指标进行分解,需要由采购部门的"采购有效性"、品质保证部的"不合格品再发生率"和生产部的"生产技术问题处理的有效性"几个指标来共同支撑才能实现。

表6-2　企业级关键绩效指标汇总表

关键绩效领域	关键绩效要素	关键绩效指标
优秀制造	质量控制	来料批通过率
		次品率
	成本	单位产值费用降低率
	交货	准时交货率
市场领先	市场份额	目标市场占有率
		销售增长率
	销售网络的有效性	销售计划完成率
		货款回收率
		业务拓展效率
……	……	……
	……	……
	……	……

(3)个人关键绩效指标的确定:在企业级关键绩效指标和部门级关键绩效指标确定后,将部门级关键绩效指标进行分解或承接,形成个人关键绩效指标。其基本思路与部门级关键绩效指标的确定相类似。

2. 平衡计分卡(BSC)法　平衡计分卡(the balanced scorecard)是美国哈佛商学院教授罗伯特·S·卡普兰和咨询公司总裁大卫·P·诺顿与1992年发表并推广的。平衡计分卡法的核心思想是通过财务、客户、内部经营过程、学习与成长四个方面指标之间相互驱动的因果关系,实现从绩效评估到绩效改进以及从战略实施到战略修正的目标。一方面,通过财务指标保持对组织短期绩效的关注;另一方面,通过员工学习,信息技术的运用与产品、服务创新来提高客户的满意度,共同驱动组织未来的财务绩效,展示组织的战略轨迹。

平衡计分卡通过在组织的财务结果和战略目标之间建立联系来支持业务目标的实现。它将组织战略置于被关注的中心,通过建立平衡计分卡,上层管理的远景目标被分解成一些考核指标。员工通过对照这些考核指标来规范自身行为,这样就使得首席执行官的远景目标与员工的具体工作结合了起来,实现个体与集体目标的统一。

(1)平衡计分卡包含的四个角度:平衡计分卡在传统的财务考核指标的基础上,兼顾了其他3个重要方面的绩效反映,即客户角度、内部流程角度、学习与发展角度,具体如图6-7所示。

应用平衡计分卡法,使组织中的各层经理们能从4个重要方面来观察组织,并为图6-7中4个基本问题提供方案。具体如下:

1)财务角度。应考虑以下问题:

A. 对股东来说哪些财务目标是最重要的?

B. 哪些财务目标最符合组织的战略并取得成功?

作为市场主体,企业必须以赢利作为生存和发展的基础。企业在各个方面的改善只是实现目标的手段,而不是目标本身。企业所有的改善都应该最终归于财务目标的达成。平衡计分法将财务角度作为所有目标考核的焦点。

2）客户角度。应考虑以下问题：

A. 我们对目标市场提供的价值定位是什么？

B. 哪些目标最清楚地反映了我们对客户的承诺？

如果我们成功兑现了这些承诺，我们在客户获取率、客户保留率、客户满意度和赢利率这几个方面会取得什么样的绩效？

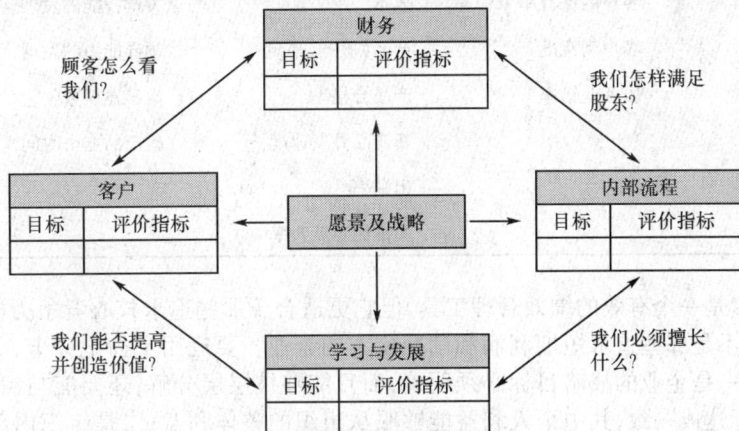

图 6-7　平衡计分卡

企业为了获得长远的财务业绩，就必须创造出让客户满意的产品和服务。平衡计分法给出了两个层次的绩效考核指标：一是企业在客户服务方面为了达到期望绩效而必须完成的各项目标，主要包括市场份额、客户保有率、客户获得率、客户满意度等；二是针对第一层次各项目标进行逐层细分，选定具体的考核指标，形成具体的绩效考核量表。

3）内部流程角度。应考虑以下问题：

A. 我们要在哪些流程上表现优异才能成功实施组织战略？

B. 我们要在哪些流程上表现优异才能实现关键的财务和客户目标？

这是平衡计分卡突破传统绩效考核的显著特征之一。传统的绩效考核虽然加入了生产提前期、产品质量回报率等，但是往往停留在单一部门绩效上，仅靠改革这些指标，只能有助于组织生存，而不能形成组织独特的竞争优势。平衡计分卡从满足投资者和客户需要的角度出发，从价值链上针对内部的业务流程进行分析，提出了四种绩效属性：质量导向的考核、基于时间的考核、柔性导向考核和成本指标考核。

4）学习角度。应考虑以下问题：

A. 我们的经理和员工要提高哪些关键能力才能改进核心流程，达到客户和财务目标从而成功执行组织战略？

B. 我们如何通过改善业务流程和提高员工团队合作、解决问题能力和工作主动性，来提高员工的积极性和建立有效的组织文化，从而成功地执行组织战略？

我们应如何通过实施平衡计分卡来创造和支持组织的学习文化并加以持续运用？这个方面的观点为其他领域的绩效突破提供了手段。平衡计分卡实施的目的和特点之一就是避免短期行为，强调未来投资的重要性，同时并不局限于传统的设备改造升级，更注重员工系统和业务流程的投资。注重分析满足需求的能力和现有能力的差距，将注意力集中在内部技能和能力上，这些差距将通过员工培训、技术改造、产品服务加以弥补。相关指标包括新产品开发循环期、新产品销售比率、流程改进效率等。表 6-3 列出了平衡计分卡四个角度常用的一些指标。

表6-3   平衡计分卡四个角度常用的绩效指标

财务角度	客户角度	内部流程角度	学习与发展角度
利润率	市场份额	生产率	员工满意度
现金流量	新客户增加	生产周期	提供新服务(产品)收入比例
收入增长	客户的保有率	成本	关键技能的发展
毛利率	客户满意度	产品(服务)质量	领导能力的发展
回款率	服务差错率	产品合格率	员工建议数
税后净利率		新产品开发速度	新产品上市时间
净现值		出勤率	
		关键员工流失率	

平衡计分卡是一个有效的绩效管理工具,但它更适合于那些追求核心竞争力的培育和持续增长的企业,而不是那些追求短期利润和削减成本的企业。要运用平衡记分卡,一般还应具备以下前提条件:一是企业的战略目标必须明确,而且能够被层层分解,还要能与组织内的部门、团队和个人目标达成一致,其中个人利益能够服从组织的整体利益;二是组织内部具备与实施平衡记分卡相配套的健全制度;三是充分而有效的沟通。

二、绩效评价常用的方法

(一) 排序法

排序法(ranking method)是绩效考核中比较简单易行的一种综合比较的方法。它是评价者按照一个特定的绩效评价维度,如产量、销售额、客户投诉等通过将被评价者的工作与其他员工工作相比较,从而排序出所有被评价者业绩的优劣顺序。该方法也可利用多个绩效评价维度对员工的整体工作状况进行综合比较。为了提高其精度,也可以将工作内容做出适当分解,分项按照优良的顺序排列,再求总平均的次序数,作为绩效考核的最后结果。

该种方法的优点是简单易行,省时省力。考核者可以在一个较小的范围内实施考核,从而减轻考核者的工作量。但是,由于排序法是相对对比性的方法,考核是员工间进行主观的比较,不是按照客观的标准比较,因此,具有一定的局限性。

(二) 强制分布法

强制分布法(forced distribution method)是假设员工的工作行为和工作绩效整体呈正态分布,那么按照正态分布的规律,首先将工作业绩分为优秀、良好、一般、较差、不合格五个等级,每个等级有一定的比例限制,然后将员工进行工作比较,排出绩效顺序后,再按照员工业绩的相对优劣程度强制将其硬性分配到某一业绩等级中。具体的百分比可根据情况而定,既可以是5%,20%,50%,20%,5%,也可以是10%,20%,40%,20%,10%等,如表6-4所示。

强制分布法可以克服不分优劣的平均主义,也可避免业绩评价过程中评价过严或过松的现象。但是,有时却会造成经理人员为了满足分布规则的要求而不按照员工的实际业绩状况进行归类,导致员工的不满。强制分布法只能把员工分为有限的几种类别,难以具体比较员工差别,也不能在诊断工作问题时提供准确可靠的信息。

为了避免强制分布法的这种缺陷,有的组织采用将部门业绩与员工个人业绩相结合的办法,当部门业绩优异时,该部门就会有更多的员工获得高业绩等级的评价;反之,当部门业绩不佳时,该部门员工获得高业绩等级评价的比例就相应降低。通过这种方法来改进强制分布法的不足。

表6-4　绩效等级状态与被考核者绩效比例分布举例

等级	分布
优秀	10%
良好	20%
合格	40%
较差	20%
不合格	10%

(三) 关键事件法

关键事件法(critical incident approach)是客观评价方法中最为简单的一种,是指在某些工作领域内,员工在完成工作过程中有效或无效的工作行为导致了不同结果—成功或失败,这些有效或无效的工作行为被称为"关键事件"。采用这种方法评价员工业绩时,要求管理者将被评价者在工作中所表现出来的最具代表性的有效行为和无效行为都记录下来,形成"考核日记"形式的书面报告,这样在评定一个员工的工作行为时,就可以利用关键事件作为衡量的尺度。关键事件对事不对人,让事实说话,考核者不仅注意对行为本身的评价,还要考虑行为的情境。需要说明的是,"考核日记"所记录的应该是与工作业绩直接相关的,而且是较突出的事件或行为。它关注的是事件或行为本身,所以,所记录的内容不应带有任何评价性或主观判断的色彩。

关键事件法的优点是:对员工的评价以具体的事实为根据,避免了评价者个人的主观片面性,较为客观公正,容易被考核者接受;使被考核者清楚地看到自己的长处与不足,有利于今后工作的改进。其缺点是:关键事件的记录和观察费时费力,只能做定性分析,不能做定量分析;不能区分工作行为的重要程度;很难使用该方法比较员工。

(四) 行为锚定等级评价法

行为锚定等级评价法(behaviorally anchored rating scale)实际上是将量表评价法和关键事件法结合起来的一种业绩评价方法,它通过建立与不同业绩水平相联系的行为锚定来对绩效维度加以具体界定。行为锚定等级评价法的步骤为以下几方面:

(1) 选定构成某职务工作绩效的重要维度,列出维度表,明确写出每个维度的定义。

(2) 为每个维度设计一系列关键事件,分别表示该维度上的不同绩效水平。

(3) 为每一个评价维度选择关键事件,并确定每一个维度等级与关键事件的对应关系。

(4) 将每个评价维度所包含的关键事件从好到坏进行排列,建立起行为锚定法评价体系。

表6-5列举了用行为锚定等级评价法评定销售营业部经理的一个实例,从中我们可以看到每一个绩效维度都存在着一系列的行为事例,每一种行为事例分别代表这一维度中的一种特定业绩水平。

在设计行为锚定等级评价法时,首先必须收集大量代表工作中的优秀和无效业绩的关键事件,然后再将这些关键事件划分为不同的业绩维度和等级。在这一过程中会涉及许多人,尤其是该职位的任职者是重要的参与者,这使得行为锚定等级评价法的信度和效度都大为提高。而且由于接受评价的员工参与了行为锚定等级评价法的整个过程,他们会更明确地知道在其岗位上如何工作才是最优秀的,这将最有效地发挥绩效管理的作用。

表 6-5　销售营业部经理管理绩效考评

```
                                                      9 ———  能全权领导一个全天办公的电器销售营业
                                                              部并能把其中两名员工培养成优秀人员

充分信任销售人员,并把很多重要工作
交给他们,使之具有很强的责任心          8 ———

                                                      7 ———  能够胜任培训销售人员的工作任务,满足
                                                              每期的培训计划和培训大纲的要求

能听取销售人员的意见与合理化建议        6 ———

                                                      5 ———  能够及时提醒销售人员热情接待客户,认
                                                              真遵守劳动纪律,在店面不交头接耳

根据销售部的实际情况,能够制定并修改
本部门严格的规章制度(在可能引起不满
的情况下)                              4 ———

                                                      3 ———  不论个人情况如何,都能够要求下属坚守
                                                              岗位,甚至是在其身体不适或有私事时

能收回对某人的承诺。如下属事先曾被告
知如果他对现工作岗位不满意,可以调回
原岗位的承诺                            2 ———

                                                      1 ———  能够在可能违背公司薪酬制度的情况下根
                                                              据本部门销售情况确定员工的薪资水平
```

　　但是,行为锚定等级评价法的开发过程和开发成本相对较高,这在很大程度上影响了该方法的实用性。另外,该方法容易受到评价者主观的影响,考核者往往容易回忆起那些与行为锚定最为近似的行为,这也影响了评价的客观性。

(五) 目标管理法

　　目标管理法(management by objectives, MBO)是指组织制定出一定时期内组织经营活动所要达到的总目标,然后层层落实,要求下属各部门主管人员以至每个员工根据上级制订的目标和保证措施,形成一个目标体系,并把目标完成情况作为考核的依据。目标管理法由员工与主管共同协商制定个人目标,个人目标依据组织的战略目标及相应的部门目标而确定,并与他们尽可能一致。该方法用工作结果作为衡量员工工作绩效的标准,以制定的目标作为员工考核的依据,从而使员工的工作目标与组织发展的目标相一致。目标管理法包括四个过程。

　　1. 评价目标的设定　在目标管理过程中,其核心是目标的设定。在组织目标确定的基础上,要将组织目标层层分解,形成部门目标、员工个人目标。各级目标都不是组织单方面确定的,而是组织与员工共同参与,相互沟通,一致认可的结果。

　　2. 目标的展开　目标制定完成后就进入目标展开环节。目标展开是将目标从上到下层层分解、落实的过程。目标分解就是将总体目标从纵向、横向或时序上分解到层次、各部门以至具体的个人,形成目标体系的过程。目标分解是明确目标责任的前提,是总目标得到实现的基础。

　　3. 目标的实施　目标管理可以采用目标管理卡的方式来进行。目标管理卡是实施目标管理的一种重要工具,它通过各级员工与直接上级的平等协商的方式签订,以全面量化的形式明确各级员工及其直接上级在员工年度绩效目标执行过程中的权利和义务,其作用贯穿于目标管理的全过程。

　　在实施目标管理过程中,上级管理者要充分放权,给员工以发挥主动性和创造性的余地。同时,管理者还要适时进行监督,为员工实现目标提供帮助、支持和咨询,保证目标最终得以实现。

4. 结果的评价 目标任务完成后,要根据目标要求,对工作结果进行评估,以此作为员工业绩评价的依据;还要通过分析目标要求和实际业绩之间的差距,进行业绩分析,制定改进措施,并为下一阶段工作目标的制定提供信息的准备。

目标管理对于提高业绩水平具有积极效果。从公平的角度来看,目标管理的业绩标准是按照相对客观的条件来设定的,因而评价结果较为公平。但是,目标管理也存在一些不容忽视的问题,首先是目标管理过分关注目标实现,而忽略工作行为,容易导致员工为追求结果而采用不当的行为,如有的销售人员为了完成销售任务而对顾客采用欺诈的行为;其次,有时目标管理者更关注短期目标的实现,导致组织产生短期行为,不关注组织的可持续发展;第三,目标的实现有时受员工不可控因素的影响。所以,在目标设定和目标实现的评价时必须考虑这些影响因素。

(六)图尺度评价法

图尺度评价法(graphic rating scale)也称为图解式考评法,是最简单和运用最普遍的工作绩效评价技术之一。如表6-6所示,它列举出一些组织所期望的绩效构成要素(质量、数量或个人特征等),还列举出跨越范围很宽的工作绩效成绩(从"差"到"优异")。在进行工作绩效评价时,首先针对每一位下属员工从每一项评价要素中找出最能符合其绩效状况的分数。然后将每一位员工所得到的所有分值进行汇总,即得到其最终的工作绩效评价结果。

表6-6 图尺度评价

姓名 职位 所属部门 评价者 评价者职位 评价时间			评价尺度说明: 5——超过了工作要求 4——很好地达到了工作要求 3——全部地达到了工作要求 2——基本达到工作要求 1——未能达到工作要求		
工作绩效评价要素	优异	很好	好	尚可	差
	5	4	3	2	1
质量:所完成工作的精确度、彻底性和可接受性					
数量:在特定的时间内所生产产品的数量					
能力:实践经验和技术能力					
勤奋:上下班的准时程度,出勤率					
独立:完成工作时不需要监督或只需很少监督					
小计					
总计					

当然,许多组织并不仅仅停留在一般性的工作绩效因素上,他们还将这些作为评价标准的工作职责进行进一步的分解,形成更详细和有针对性的工作绩效评价表。这一测评方法有很多种变形,比如通过对指标项的细化,可以用来测评具体某一职位人员的表现。指标的维度来源于被测对象所在职位的职位说明书,从中选取与该职位最为密切相关的关键职能领域,再进行总结分析出关键绩效指标,然后为各指标项标明重要程度,即权重。

1. 图尺度评价法具体使用方法 首先在一张图表中列举出一系列绩效评价要素并为每一要素列出几个备选的工作绩效等级;然后,主管人员从每一要素的备选等级中分别选出最能反映下属雇员实际工作绩效状况的工作绩效等级,并按照相应的等级确定其各个要素所得的分数。

2. 图尺度评价法的优缺点　优点:使用起来较为方便,能为每一位雇员提供一种定量化的绩效评价结果;缺点:它不能有效地指导行为,它只能给出考评的结果而无法提供解决问题的方法,它不能提供一个良好的机制以提供具体的、非威胁性的反馈。

这种方法的准确性不高。由于评定量表上的分数未给出明确的评分标准,所以很可能得不到准确的评定,常凭主观来考评。

三、绩效评价体系其他相关内容(标准、权重、主体、周期)

(一)绩效评价标准

绩效评价的标准包括员工工作的有评估价值的方面,它是员工被期待达到的绩效水平。从合理的角度来看,绩效标准应使员工有机会得以超过标准并实现组织的目标,未达到该标准的绩效则是无法让组织满意的。例如,"产品的合格率达到95%","接到投诉后两天内给客户以明确的答复"等。绩效标准的确定,有助于保证绩效考核的公正性,否则就无法确定员工的绩效到底是好还是不好。

绩效标准包括绝对标准、相对标准和客观标准三种。

1. 绝对标准(the absolute standard)　建立员工工作的行为特质标准,然后将该项标准列入评估范围内,而不在员工相互间进行比较。绝对标准的评估重点在于以固定标准衡量员工,而不是与其他员工的表现相比较。

2. 相对标准(the relatively standard)　将员工间的绩效表现相互比较,也就是以相互比较来评定个人工作的好坏,将被评估者按某种维度作顺序排名,或将被评估者归入先前决定的等级内,再加以排名。

3. 客观标准(the objective standard)　评估者在判断员工所具有的特质以及其执行工作的绩效时,对每项特质或绩效表现,在评定量表上每一点的相对基准上予以定位,以帮助评估者进行评价。

确定绩效标准时,应当注意以下几个问题:

1. 绩效标准应当明确　按照目标激励理论的解释,目标越明确,对员工的激励效果就越好,因此,在确定绩效标准时应当具体清楚,不能含糊不清,这就要求尽可能使用量化的绩效标准。量化的绩效标准主要有三种类型:一是数值型的标准,例如"销售额为50万"、"成本平均每个20元"、"投诉的人数不超过5人次"等;二是百分比型的标准,例如"产品合格率为95%"、"每次培训的满意率为90%"等;三是时间型的标准,例如"接到任务后3天内按要求完成"、"在1个工作日内回复应聘者的求职申请"等。

此外,有些绩效指标不可能量化或者量化的成本比较高,例如"能力"和"态度"这些工作行为的指标,对于这些指标,明确绩效标准的方式就是给出行为的具体描述,从而使这一指标的绩效标准相对比较明确。

2. 绩效标准应当适度　制定的标准要具有一定的难度但是员工经过努力又是可以实现的,通俗地说就是"跳一跳可以摘到桃子"。这同样是源自于目标激励理论的解释,目标太容易或者太难,对员工的激励效果都会大大降低,因此,绩效标准的制定应当在员工可以实现的范围内确定。

3. 绩效标准应当可变　这包括两个层次的含义:一是指对于同一个员工来说,在不同的绩效周期,随着外部环境的变化,绩效标准有可能也要变化,如对空调销售员来说,由于销售有淡、旺季之分,因此,淡季的绩效标准就应当低于旺季;二是指对于不同的员工来说,即使在同样的绩效周期,由于工作环境不同,绩效标准也有可能不同,仍以空调销售员为例,有两个销售员,一个在昆明工作,一个在上海工作,由于昆明的气候原因,人们对空调基本上没有需求,而上海的需求则比较大,因此,这两个销售员的绩效标准就应当不同,在上海工作的销售员,绩效标准就应当高于在昆明工作的销售员。

(二) 绩效考核指标的权重

决定各个评价指标权重的因素主要包括三个:一是评价的目的;二是评价对象的特征;三是企业文化的要求。

1. 评价目的　影响指标权重最重要的因素是绩效评价的目的。前面曾谈到,以绩效评价为核心环节的绩效管理是人力资源管理职能系统的核心模块。因此,绩效评价的结果往往运用于不同的人力资源管理目的。显然,对于不同的评价目的,应该对绩效评价中各个评价指标赋予不同的权重。但是,关于权重的这种规定并不需要明确到每个绩效评价指标上。通常的做法是,将评价指标分为业绩评价指标、能力评价指标和态度评价指标这三个大类(也就是通常所说的三个评价维度),然后根据不同的评价目的,规定这三个评价维度分别占多大的比重。

2. 评价对象的特征　评价对象的特征决定了某个评价指标对于该对象整体工作绩效的影响程度。例如,责任感是评价员工工作态度时常用的一个指标。但是对于不同种类的员工来说,责任感这一评价指标的重要程度则各不相同,对于一个保安人员来说,责任感可能是工作态度指标中权重最大的指标,而对于其他类型的员工,责任感的权重可能就不那么大。

3. 企业文化的要求　企业文化倡导的行为或特征也会反映在绩效评价指标的选择和权重上。需要强调的是,这种权重的不同并不一定直接表现在每个指标的权重上,而可能仅仅表现在三个常见的评价维度(工作能力、工作态度、工作业绩)的权重上,表6-7是一个例子。

表6-7　不同绩效评价目的下评价指标的权重

	奖金发放	绩效调薪
工作业绩	60%	60%
工作能力	——	20%
工作态度	40%	20%

(三) 绩效评价的主体

绩效评价的主体即评价者的选择对员工的行为具有引导作用。在进行绩效评价时,选择谁作为评价者,被评价员工就会关注相应人员对自己的工作期望,并努力使自己的工作表现令他们满意。评价者的任何主观失误或认识误差,都会在很大程度上影响绩效评价的准确性和有效性。实际上,企业的绩效评价常受到评价者误差的困扰。所以,需要对评价者进行相关培训,尽可能地减小误差,保证绩效评价的客观性和公正性。

1. 绩效评价的主体　一般来说,按照绩效考核的对象不同,将绩效考核主体分为上级、同级、下级、外人及本人五个方面,对员工在考核周期内可观察到的具体行为进行评定。

(1)直接上级:由被考核者的上级作为考核主体有许多优点,上级对被考核者承担着直接领导、管理与监督责任,对下属是否完成工作任务、是否达到预定的目标等工作情况比较了解,而且上级作为考核主体,有助于实现管理目标,保证管理的权威,所以在绩效考核中往往由上级作为考核的主体,其考核的分数对被考核者的考核结果影响很大,约占60% ~ 70%。上级考核的缺点在于考核的信息来源比较单一,容易产生个人偏见。

(2)同级同事:被考核者的同事与被考核者共商处事,密切联系,相互协作,相互配合,被考核者的同事往往比上级能更清楚地了解被考核者,他们的参与避免了个人的偏见,还有助于促使员工在工作中与同事相互配合。同事考核也有一定的缺点:人际关系的因素会影响考核的公正性,和自己关系好的就给高分,不好的就给低分;也有可能协商一致,相互给高分;还有可能造成相互的猜疑而影响同事的关系。所以在绩效考核中,同级的考核占有一定的份额,但不会过大,在10%左右。

(3)直接下级:对于管理者的工作作风和领导能力,下属应该有一定的发言权。所以他们作为考核主体的优点是:可以促使上级关心下级的工作,建立融洽的工作关系;容易发现上级在工作方面存在的问题。缺点是:由于顾及上级的反应,往往心存疑虑,不敢真实反映情况;有可能削弱上级的权威,造成上级对下级的迁就。所以其评定结果在总体评价中一般控制在10%左右。

(4)员工本人:员工的自我评提供给员工以回顾自己工作表现的机会,可以帮助员工认识自我。不过,要慎重地使用自我工作绩效评价。研究表明,员工对自己的工作绩效所做出的评价,一般总是比他的上级或同事的评价等级要高。分别由管理者进行工作绩效评价和由员工自己进行工作绩效评价的做法很有可能导致矛盾的出现。如何消除上下级间对于员工绩效评价的分歧,成为了管理者在进行绩效反馈时所要面对的挑战。正因为如此,许多企业的管理者并不赞成让员工对工作绩效进行自我评价的做法。

(5)外部人员:企业中从事采购、销售、客户服务等方面工作的人,经常需要与企业外部人员打交道。对这些员工进行绩效评价,应该参考外部相关人员(尤其是顾客)的意见。外部人员的评价可以比较客观地反映员工在职业道德、工作作风、服务意识等方面的表现。不过,从外部收集评价信息,比较费时费力。

上述各评价主体看问题的角度和关注的重点不同,企业往往会综合运用多评价主体的评价结果,来确保评价的全面性和客观性。

2. 绩效考核误差　在绩效评价过程中,出于信息来源、信息收集以及信息加工的局限性,使得绩效评价过程中不可避免地存在这样或那样的评价误差,从而损害了绩效管理的效果。认识评价误差,对于采取措施避免或减少误差,提高评价效果非常重要。

(1)晕轮效应:晕轮效应也称哈罗效应、晕轮误差,是指评价者由于过分看重被评价者某一特定方面的优异表现,而对其其他方面绩效要素也做出好的评价。当评价对象是那些"对主管人员表现特别友好"的员工时,这种问题最容易发生。而魔角误差与晕轮误差恰恰相反,当评价者对被评价者某一方面印象欠佳时,就会做出全面否定的评价。无论是晕轮误差还是魔角误差,实际上都是在以偏概全。要避免这一问题的发生,关键是评价者本人要能够意识到这一问题。其次是加强主管人员培训也有助于避免这一问题的发生。

这种效应在评定工作中的主要表现是:考评者往往带有某种成见来评定,或凭最初、最近印象来评定员工绩效。这种误差主要是缺乏明确、详尽的评价标准,或考评者没有按照评价标准进行评定造成的。

(2)过宽、过严、趋中:过宽误差是一些考核者出于各种主客观因素原因,总是以评定量表的高分来进行评价,其评定结果是大多数员工被评为优良,这就是所谓的过宽评价导致了过宽误差。相反,过严误差是一些考核者出于各种主客观因素原因,总是以评定量表的最低分来进行评价,其评定结果大多数员工被评为不合格或勉强合格,这就是所谓的过严评价导致了过严误差。趋中误差就是一些考核者无论员工的表现存在多大差异,总是将他们归于一般或高于一般,评定结果集中在某一分数段,或全部集中于平均水平。这三种误差都会使员工业绩区分非常困难。在使用考评量表时容易出现这类问题,其主要原因是对考核者的培训不充分,考核者本身能力有限,不能正确区分员工的行为表现的差异,也可能是考核者不愿做出严格的评定,怕对员工个人的报酬造成影响。克服这类误差的办法除了培训考核者,激励他们进行正确评定外,还可以用两种方法进行控制:一是控制评定结果的分布状况,将全体员工从优到劣依次排列,然后按各分数段的理论次数分布分别给予相应的评分,将员工的评价结果控制在接近正态分布的状态;二是降低评定量表本身标准制定得不清晰的程度,制定多维的、清晰明确的评价标准。

（3）暗示效应：所谓暗示，就是用含蓄的、间接的方法对人的心理状态产生直接而迅速的影响的过程。这种影响是深刻而有效的，权威暗示尤为如此。考核者在领导或权威人士的暗示下，就很容易接受他们的看法而影响到对员工的评价。例如，在开考评会时，有可能请领导讲话。这位领导如果说："在座的都是专家，我也没什么可说的，据我了解某某人的业务水平高，能力强，请专家们评议吧。"领导的话可能是有意的暗示，也可能是无意的暗示，但都会让考核者体会领导的意图，其结果往往是对某某的评价就会比实际业绩要高。在实际考核中，暗示效应引起的误差很难避免。为了防止产生这种误差，开会时主持者可以先让考核者发言并投票，然后再请领导或权威人士总结发言。这样领导或权威人士最后的发言就很难起到暗示作用了。

（4）近因误差：当组织考评间隔较长时间时，如许多组织一年进行一次绩效考评，当考评员工某一具体方面时，考评者不可能会想起在整个考评阶段中所发生的员工工作的行为。因此，考评易受到近期事件的影响。另外，由于员工都知道具体考评的时间，往往在评价前几天或几周内表现会有意无意的改善，这时，以近期的表现作为对一年的工作业绩评估会导致评估信息的扭曲。

为了防止或减少绩效考核工作的误差，提高绩效考核的信度和效度，首先必须选拔和培训考核人员，要选拔那些能够直接观察到员工工作的人来承担，或者说应当由最了解员工工作表现的人来承担，并且这些人具有政策性强、坚持原则、办事公道的品质，并对他们进行有关考核标准、考核程度和考核方法的培训。其次，用来评价绩效的标准必须是与工作相关的，必要时可以通过工作分析来确定职位信息。主观性较强的品质因素，如热情、忠诚和合作精神等是很重要的，但它们很难计量和界定，容易产生歧义。除非这些因素与被评价者的职位密切相关，并且能够清晰地定义，否则在评价时应尽量少采用。第三，选用具有信度和效度的评价方法，每一种评价方法都有优点和缺点。图表尺度法可以量化评价结果，但评价标准可能不够清楚，容易发生晕轮效应、宽松或严格倾向和居中趋势等问题；等级排列法和强制分布法虽可避免这些问题，但在所有员工的绩效事实上都较为优秀的时候也会造成另一种不公平。不论选择哪一种评价方法，都应使评价者能公平地区分不同表现的员工。第四，让员工了解评价过程和结果。大部分员工都希望知道自己的表现如何，因此，绩效评价必须配合评价面谈，由上级对下级逐一面谈，反馈评价结果，了解下级工作中的问题及意见。绩效评价的目的是提高绩效，如果不将评价结果告诉员工，则这个目的是很难达到的，对绩效评价结果保密只会导致员工的不信任和不合作。

（四）绩效评价的周期

绩效考核周期（performance measurement cycle）也可以称为绩效考核期限，就是指多长时间对员工进行一次绩效考核。由于绩效考核需要耗费一定的人力、物力，因此，考核周期过短，会增加组织管理成本的开支；绩效考核周期过长，又会降低绩效考核的准确性，不利于员工工作绩效的改进，从而影响绩效管理的效果。绩效考核周期的确定，要考虑以下几个因素：

（1）职位的性质：不同的职位，工作的内容不同，因此绩效考核的周期也应当不同。一般来说，职位的工作绩效比较容易考核，考核周期相对要短一些，例如，工人的考核周期相对就应当比管理人员的短；其次，职位的工作绩效对组织整体绩效的影响比较大，考核周期相对要短一些，这样有助于及时发现问题并进行解决，例如，销售职位的绩效考核周期相对比后勤职位的要短。

（2）指标的性质：不同的绩效指标，其性质是不同的，考核的周期也应当不同。一般来说，性质稳定的指标，考核周期相对要长一些；相反，考核周期相对就要短一些。例如，员工的工作能力比工作态度相对要稳定一些，因此，能力指标的考核周期相对比态度指标长一些。

（3）标准的性质：在确定考核周期时，还应当考虑绩效标准的性质，就是说考核周期的时间应当保证员工经过努力能够实现这些标准。这一点其实是和绩效标准的适度性联系在一起的，如"销售额为100万"这一标准，按照经验需要一个月左右的时间才能完成，如果将考核周期定为15天，员工根本无法完成；如果定为2个月，又非常容易实现，在这两种情况下，对员工的绩效进行考核都是没有意义的。

【实践中的人力资源】

让"绩效沟通"深入人心

有这样一个案例：张君是K公司的老员工，大学毕业即加入K公司，从普通的员工做到如今的高级销售经理。K公司在年初制定了销售计划，较上年度提高了近100%，同时改变了绩效考核办法，由原来的按季度考核改为按月考核，并且实行了负激励。尽管员工反对声音挺大，但新办法还是从1月开始实施了。然而一季度过后，公司业绩距离目标甚远，员工的绩效奖金也较去年大幅减少。张君认为是公司制订的计划不切实际，考核目标太高无法完成，而公司则认为是员工们的干劲不足。在数次沟通无效后，张君愤而离职，并带走了部分同事和部分客户资源。

张君的离职缘于无效的绩效沟通。成功的绩效沟通是一个系统工程，不仅要将沟通贯穿绩效考核的始终：事前沟通、事中沟通、事后沟通，还要注意沟通的方式、方法。

本 章 小 结

绩效管理是人力资源核心内容，在人力资源管理中占据核心地位。绩效评价不同于绩效管理，绩效评价只是绩效管理的一个环节。

绩效管理是一个完整的系统，通常被看成是一个循环，这个循环周期分别为绩效计划、绩效实施、绩效评价和绩效反馈四个阶段。绩效管理是对绩效实现过程各要素的管理，是基于企业战略之上的一种管理活动。绩效管理通过对企业战略的建立、目标分解、绩效评价，并将绩效用于企业管理活动之中，激励员工业绩持续改进并最终实现组织战略以及个人目标，是为了实现一系列中长期的组织目标而对员工的绩效进行的管理。绩效管理具有激励功能、规范功能、发展功能、控制功能、沟通功能，绩效管理体系主要包括以下几个方面：

1. 绩效考核指标及其标准的设置
2. 绩效考核方法的选择
3. 绩效考核主体的选择
4. 绩效考核周期的确定

绩效考核方法主要包括：排序法、强制分布法、关键事件法、行为锚定等级评价法、目标管理法、图尺度评价法。

思 考 题

1. 绩效管理与绩效评价有什么不同？
2. 绩效管理在人力资源管理中的地位和作用是什么？
3. 绩效考核指标体系构建的步骤是什么？
4. 绩效考核指标设计的方法是什么？
5. 绩效考核的方法是什么？
6. 绩效管理体系包含的内容是什么？

案例解析

提前完成任务惹的祸

广州长城医药公司是一家传统制药企业,2004年完成了国有企业改制。2005年底,为使公司的管理机制与改制后的股份制企业体制相适配,公司引入了人力资源管理变革项目,规范了内部的薪酬管理体系,推行了绩效管理体系。但在绩效管理体系运行的过程中,出现了一些意想不到的事情:

销售一部前几天刚接了个大订单,他们已经提前一个季度完成了全年的合同额,却由此产生了一些麻烦——快到十月份了,公司组织各部门制定第四季度的考评表,结果销售一部认为,他们已完成全年任务,不干活也应该拿工资,不能再给他们设定考核任务。而公司老总却认为虽然一部完成了全年合同额指标,但二部还没完成,公司整体的销售收入指标也还有一段差距,所以不能不参与考核,还批评他们缺乏大局意识。销售一部的人认为:如果考核指标继续设销售合同额任务,万一完不成,绩效工资就要大受影响。所以销售一部纷纷向王部长请假以示抗议。

该公司遇到的这种问题,不仅在工业品销售中会出现,在其他行业里也会遇到。实际上,只要单个合同的合同额较大,属于"半年不开张,开张吃半年"这种性质的销售行业,由于单个合同的签订时间带有一定的偶然性,都有可能遇到类似问题。

如果员工没有按计划完成全年销售合同额任务,公司一般不会调低业绩考核指标。而一旦员工提前完成了年度销售合同额任务,自然就不希望再追加任务。正如该医药公司这样,如果第四季度继续追加销售合同额这一业绩指标的考核,会被员工认为考核只是"驱赶员工前进的鞭子",只给员工传导公司压力,而没有起到激励先进的作用,因此会使员工对绩效考核大失所望。面对这种现象必须解决以下几个问题:

1. 提前完成年度销售合同额指标,到底要不要参与考核?
2. 相应的激励措施要不要调整?
3. 怎样设立销售指标,才能有效解决以上问题?

解析1:

根据绩效管理要实现个人与团队、团队与组织绩效共同提升这一基本管理目的,对于提前完成某项业绩指标的销售部门,不应再追加任务,也不应对销售合同额再作硬性考核。但这不等于不干活就可以拿工资,也不等于不参与绩效考核。对于月度回款额、新客户开发、二年以上账款回收率等按月度进行考核的项目,要继续保留,不予增减;另外,可以酌情增加老客户关系维护这种考核项;而对于销售合同额这一按季度考核的指标,可以作为加分项,来激励员工向新的高点冲刺。也就是说,按月度考核的项目,保持不变;原先按季度考核的销售合同额,作为加分项,来引导员工继续关注销售收入。

解析2:

对提前完成销售合同额的人员,应适当调整相应的激励措施,以确保销售部门继续保持昂扬的斗志,迎接新挑战。销售人员的薪酬结构是由固定工资、绩效工资、销售提成三部分组成的。为强化薪酬的激励作用,在设计薪酬制度时,一般规定销售人员的固定工资只占40%~50%的比例。为保证企业基本的运营成本,当初在设计绩效工资时,设定一个最低限,即当员工的月考核得分低于此下限值时,本月的绩效工资就为零。由于市场的不稳定性与难以预测性,必然会使销售人员有些月份是超额完成的,有些月份的绩效结果却为零。对于企业来讲,首先关注的是全年的销售合同额及回款额的完成情况。所以当员工完成了全年销售合同额或回款额时,就应将被扣掉的部分绩效工资作为业绩达标奖,返还给员工。

达标奖计算方法：$B = \sum Pi \times K$　（B 为达标奖；Pi 为本年度销售部员工被扣月绩效工资；K 为提取比例，视销售合同额在员工的日常考核中所占的权重大小而定，一般可取 40%～60%）。

如果销售一部在第四季度拿到了新订单，那提成的额度要不要加大呢？这些解决办法形成制度，如果明年也出现了这种情况，就依此处理吗？其实对于这种大定单式的工业品销售，可以通过改变年度销售指标的设置方法，来更好地解决这个问题。

解析 3：

对于这一类的行业销售，在为销售部制定年度销售合同额指标时，可采取目标区间值的办法，如对于业务人员 A，他的年度销售任务不是 600 万这一确定的数值，而是一个区间，比如 600 万～800 万。最低界限 600 万为必达任务值；最高限 800 万为挑战任务值，700 万是中位值。除根据奖励政策，获取公司规定的提成比例外，年底再根据完成的销售任务额度，获得不同比例的年终奖励。

对完成年度合同额的销售人员，有三种激励手段可以并用：一是将此项指标作为考核加分项；二是将本年度被扣掉的部分绩效工资返还；三是加大超额部分的年终奖励比例。看来，对于绩效考核过程中出现的问题，应正确对待、认真思考才行。

【案例讨论】

某保健食品公司的员工考评

小曾在某保健食品公司担任地区经理快一年了。他分管 10 家供应站，每站有 1 名主任，负责向一定范围内的客户销售和服务。该公司不仅服务于大型超市，也向成批订购的小食品店提供产品。供应站主任要负责订计划，编预算，监控分管指定客户的销售服务员等活动。

小曾上任的头一年，主要是巡视各供应站，了解业务情况，熟悉各站的所有工作人员。通过巡视，他收获不少，也增加了自信。小曾手下的 10 名主任中资历最老的是老程。他只念过一年大专，后来就进了该公司，从业务员开始干起，三年多前当上了如今这个供应站主任。

近一年的接触，小曾了解了老程的长处和缺点。老程很善于和他重视的人，包括他的部下和客户们搞好关系。他的客户都是"铁杆"，三年来没一个转向别的公司去订货的；他招来的部下，经过他指点培养，有好几位已被提升，当上其他地区的经理了。不过他的不良饮食习惯给他带来严重的健康问题，身体过胖，心血管病加胆囊结石，使他这一年里请了三个月病假。他对医生的警告置若罔闻。再则，他太爱表现自己了，做了一点小事，也要来电话向小曾表功。他给小曾打电话的次数，超过另 9 位主任的电话数总和。小曾觉得过去共过事的人没有一人是这样的。由于营业扩展，小曾需添一名副手。老程公开表示，站主任中他资格最老，地区副经理非他莫属。但小曾觉得自己无法忍受老程来当他的副手，两人管理风格太悬殊；而且老程的行为准会激怒地区和公司的工作人员。

正好年终考绩要到了。公正地讲，老程这一年的工作是干得挺不错的。公司的年度考绩表总体评分是 10 级制，10 分是最优；7～9 分属良；5～6 分合格、中等；3～4 分是较差；1～2 分最差。小曾不知道该评老程几分。评高了，他就更认为该提升他；太低了，他准大为光火，会吵着说对他不公平。老程自我感觉良好，觉得自己是鹤立鸡群。他性格开放豪迈，爱去造访客户，也爱跟手下人打成一片。跟小曾谈过几次后，他就知道小曾讨厌他事无巨细，老打电话表功，不过他还是想让他知道自己干的每项成绩。他也知道小曾对他不听医生劝告，饮食无节制的看法。但是他为自己学历不高但成绩斐然而自豪，觉得副经理就该提他，而这只是他实现更大抱负的过程中的又一个台阶而已。考虑再三后,小曾给老程考绩总体分评了个6分。他觉得这是有充足理由的:因为他不注意卫生,病假三个月。他知道这分数远低于老程的期望,但他要用充分理由来坚持自己评的分。然后他开始考虑给老程各考评维度的分项分数,并准备怎样跟老程面谈,向他传达所给的考绩结果。

问题:

1. 你认为小曾给老程的考绩是用的什么方法?

2. 小曾对老程绩效的考评合理吗?为什么?老程不服气有哪些令他信服的理由?

3. 该公司的考绩制度有何需要改进的地方?你建议该公司应做哪些改革?

【模拟实践】

创诚医药股份有限公司绩效指标体系设计

创诚医药股份有限公司成立于2001年,现坐落于中山市。公司注册资本2亿元,总资产24亿元,拥有6000多平方米的现代化仓库,并已全面通过国家GSP认证。公司以医药商品批发为主,以医药零售连锁为翼。为保证所经营药品的质量,公司坚持"以绿色采购,绿色运输渠道,绿色营销,绿色售后服务"为宗旨;利用自身优势营销平台,积极选择国内其他药品生产企业的优秀品种,建立完善的产品代理销售体系,目前已同众多企业建立了良好的代理合作关系。企业现处于发展壮大阶段,由面向珠三角,发展到面向整个华南地区。公司拥有资深的医药营销专案和物流专业管理人才团队,组织结构见图6-8,具备对医药产品进行市场分析、市场定位、市场拓展以及构建市场网络体系的综合能力,为客户提供综合的解决方案。公司配送中心药品品种齐全,拥有完善的仓储、配送条件,可充分满足医疗及药品经营单位对药品的采购需求。

主营业务:主要经营中药材(收购)、中成药、中药饮片、化学原料药、化学药制剂、抗生素、生化药品、诊断药品、治疗诊断性生物制品等,经营品种5000余个,服务客户13 000余家。

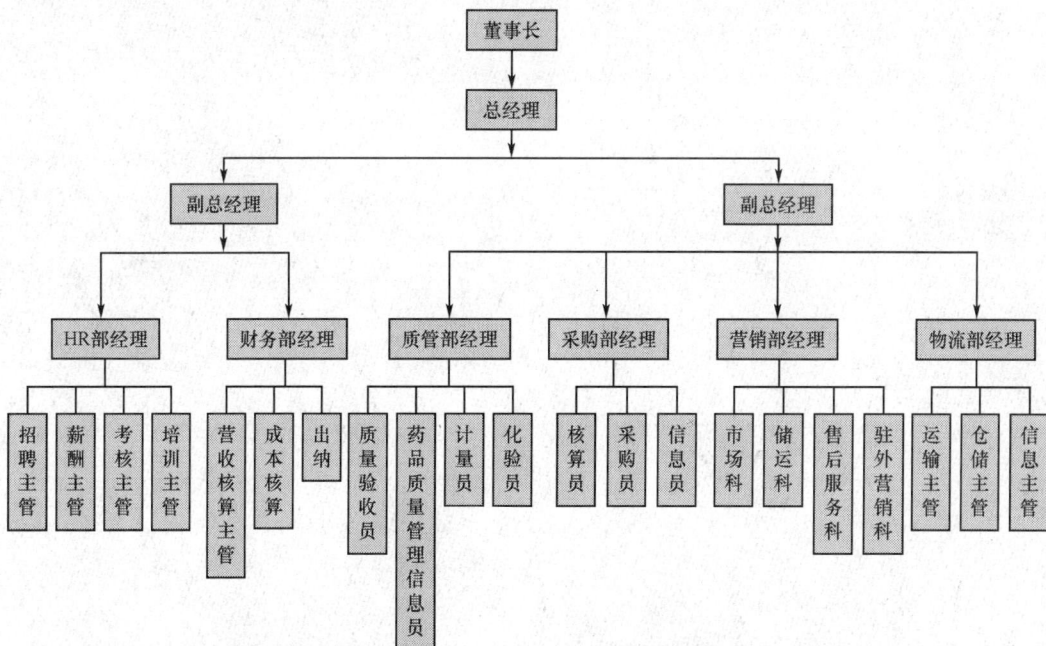

图6-8 创诚医药股份公司组织架构图

公司目标:公司规划了三个阶段的目标:中期目标5年左右,要成为中国领先的国际化医药企业;中长期目标为5～10年,要成为具有国际竞争力的中国营销药企;长期目标是成为全球主流市场的一流企业。

公司战略:公司以促进人类健康为使命,围绕医药业务的发展,以内涵式增长为基础,以营销业务为核心,以创新战略为先导,积极推进成本差异化战略与绿色品牌经营战略,由做细、做透、做专转为做稳、做强、做大,并在中国医药商业领域力求保持领先地位。

模拟练习:

1. 以上述企业为背景,在班级模拟组建企业,参加试验的学生模拟企业中职务,确定每一个成员所扮演的岗位角色。

2. 研究模拟企业的各种信息。比如,组织发展战略、部门的工作目标、个人的岗位职责等信息。

3. 根据企业的战略目标,结合模拟岗位的工作职责,确定模拟岗位的主要工作产出;选择所在岗位的关键绩效指标(注意定性指标和定量指标的结合)并和主管上级交流、沟通,统一认识。

4. 确定指标间的关系和权重。一般来讲,对工作影响最大,对组织产出贡献最大的指标应该给予最大的权重。

5. 确定评价标准。

6. 再次和主管上级交流沟通,判断关键绩效指标的可操作性,是否符合SMART原则。

7. 确定绩效考核者并填入绩效考核汇总表。

(单国旗)

第 7 章 薪酬管理

本 章 要 点

1. 掌握薪酬的概念和构成
2. 了解薪酬管理的基本内容
3. 熟悉基本薪酬制度
4. 熟悉薪酬设计理论
5. 掌握薪酬设计的流程
6. 熟悉工作评价的方法
7. 熟悉薪酬结构的设计步骤
8. 了解福利项目类别

导入案例

小张为什么要跳槽？

小张大学毕业后被某合资医药公司聘为销售员。他对这个岗位挺满意,不仅工资高,尤其令他喜欢的是这个公司给销售业务员发的是固定工资,而不采用佣金制。他担心自己没受过这方面的专业训练,若拿佣金自己会吃亏。

工作的前两年,小张的销售成绩只属一般。可是随着他对业务的逐渐熟练,又跟那些客户们建立了良好的关系,其销售额渐渐上升。到第二年底,他觉得自己已经在全公司几十名销售员中进入前20名之列。不过公司的政策是不公开每人的销售额,也不鼓励互相比较,所以他还不能确定自己的良好业绩。

去年,小张干得特别出色。尽管定额比前年提高了25%,可到9月初他就完成了全年销售定额。而且他也没发现有什么迹象说明其他同事接近完成各自的定额了。10月中旬,公司销售经理召他去汇报工作。听完他的汇报后,经理对他说:"咱公司要有几个像你一样棒的推销明星就好了。"小张觉得这已经意味着承认他在销售员队伍中出类拔萃、独占鳌头了。

今年,公司又把他的定额提高了25%。尽管一开始不如去年顺手,但他仍是一马当先,比预计干得要好。他根据经验估计,10月中旬前准能完成自己的定额。不过他觉得公司不告诉大家彼此的业绩,没有任何反馈,很让人烦恼。他听说本市另外两家中外合资的相关企业都搞销售竞赛和奖励活动,其中一家总经理亲自宴请最佳销售人员,而且还有内部发行的公司通讯之类的刊物,让人人都知道每人的销售情况,还表扬每季和年度的最佳销售员。想到自己公司的做法,他就特别恼火。起初他干得不怎么样时,他并不大关心排名的问题,如今却觉得这对他越来越重要。不仅如此,他开始觉得公司对销售员实行固定工资制是不公平的,一家合资企业怎么也搞"大锅饭"?应该按劳付酬嘛。

他主动找了公司经理,谈了他的想法,建议改行佣金制,至少实行按成绩给予奖励的制度。但是,那位经理说,公司的薪酬制度一贯如此,这正是公司的文化特色,拒绝了他的建议。最终,小张辞职而去,应聘到另一家竞争对手那儿去了。

你认为导致小张辞职的原因是什么?如果你是公司老板,你是否会改革公司的薪酬制度,以避免像小张一样优秀的营销人才的流失呢?

第一节   薪酬管理概述

随着全球性竞争日益加剧,企业如何吸引、留住人才;如何在增加企业利润的同时处理好员工收入分配之间的关系;如何客观、公正、公平、合理地补偿劳动者,从而既发展企业,又能保证员工获得经济和心理上的满足,成为企业亟待解决的重要难题之一。无数理论和实践表明:只有在了解和掌握薪酬理论和激励理论的基础上,把握薪酬管理的发展前沿,才有可能做好薪酬管理工作,促进企业的发展壮大。

一、薪酬与薪酬管理

(一)薪酬内涵与构成

所谓薪酬(compensation)有广义和狭义之分。广义的薪酬又被称为报酬、整体薪酬、总薪酬以及360度薪酬等。

1. 广义薪酬   广义的薪酬分为经济类薪酬和非经济类薪酬两种。经济类薪酬又可分为直接薪酬和间接薪酬。直接薪酬是指雇用单位以工资、奖金、红利、股权等形式支付给员工的报酬;间接薪酬是指雇用单位以各种形式的福利、保险、津贴等支付给员工的报酬。非经济类薪酬是指员工从工作本身获得的成就感、满足感、良好的工作氛围、发展机会等。

2. 狭义薪酬   狭义的薪酬仅仅是指雇员因从事雇用单位所需要的劳动,而从雇用单位得到的经济性报酬补偿。本章所使用的薪酬概念是指狭义的薪酬。广义薪酬与狭义薪酬的关系及其构成可见图7-1所示。

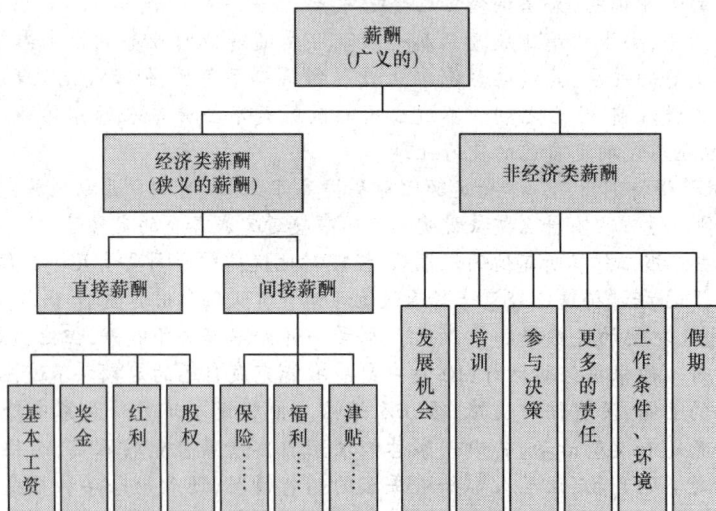

图 7-1   广义薪酬与狭义薪酬的关系

(二)薪酬的构成

薪酬 = 直接薪酬 + 间接薪酬

1. 直接薪酬   直接薪酬通常是指直接以现金形式支付的薪酬,包括基本工资、加班及假日补贴、绩效奖金、长期激励(如利润分红、公司股票购买权或股票期权)等。直接薪酬可进一步分为固定薪酬、可变薪酬。

（1）固定薪酬：指员工因完成工作而得到周期性发放的经济性报酬，其数额相对固定。组织可根据组织中的各职位确定相对价值，结合同行业的市场水平并根据员工的技术水平、所付出的努力程度、工作的复杂程度、完成工作所承担的责任和工作环境等因素来确定固定工资的金额。如基本薪酬、岗位工资、任职标准工资、技能工资、技术等级薪酬、责任薪酬、年功工资（主要是随工龄每年递增的工资）等，都可归入固定薪酬的范畴。

（2）可变薪酬：指员工因达到某一既定的工作目标而得到的奖励，其实质就是将薪酬与绩效紧密结合，这要求组织必须具备完善的、相应的绩效考核体系。可变薪酬可分为短期可变薪酬和长期可变薪酬，如月/年度绩效薪酬、业绩薪酬、奖金、奖励、补助薪酬、特殊薪酬、效益分成、股权或期权等。

2. 间接薪酬　间接薪酬指组织为员工提供的福利与津贴，多以实物或服务的形式支付，如养老金、医疗保险、带薪休假、各种服务、额外津贴（如住房津贴、交通津贴）等。间接薪酬可分为法定福利和弹性福利。

（三）薪酬的功能

薪酬的功能与人力资源管理的功能总体上说是一致的，就是要吸引来、保留住和激励起企业所需的人力资源。具体来说，薪酬主要包括四大功能：

1. 补偿功能　员工在劳动过程中消耗的体力和脑力必须得到补偿。利用薪酬，他们可以获得基本生活保障，保障劳动力的再生产；利用薪酬，他们可以进行教育投资，提高自身素质，满足自己更高层次要求的目的等。

2. 激励功能　薪酬作为企业人力资源管理的重要工具，可以用来商量员工的工作绩效，促进员工工作数量和质量的提高，从而保护和激励他们的工作积极性。因此，从企业管理角度看，激励功能是薪酬的核心职能。

3. 协调和配置功能　薪酬的配置功能主要表现在引导劳动者合理流动。薪酬管理和企业的其他管理活动结合起来，能够促使薪酬激励企业各个环节人力资源的变动，从而有效配置企业内部各种资源。同时，薪酬水平的变动，也可以将企业的战略目标和管理者的意图及时、有效地传递给企业员工，促进个人行为与企业目标一致化，从而起到协调员工与企业、员工与员工之间关系的功能。

（四）薪酬管理

薪酬管理是指企业在经营战略和发展规划的指导下，综合考虑内外部各种因素的影响，确定自身的薪酬水平、薪酬结构和薪酬形式，并进行薪酬调整和薪酬控制的整个过程。

薪酬水平是指企业内部各类职位以及企业整体平均薪酬的高低状况，它反映了企业支付薪酬的外部竞争性。企业的薪酬水平决策一般要根据市场薪酬调查结果结合企业的经营战略、薪酬预算等因素综合确定。薪酬结构是指企业内部各个职位之间的薪酬的相互关系，它反映了企业支付薪酬的内部一致性。薪酬形式则是指在员工和企业总体的薪酬中，不同类型的薪酬组合方式。薪酬调整是指企业根据内外部各种因素的变化，对薪酬水平、薪酬结构和薪酬形式进行相应的变动。薪酬控制是指企业对支付的薪酬进行测算和监控，以维持正常的新酬成本开支，避免给企业带来过重的财务负担。

二、影响薪酬管理的主要因素

在市场经济条件下，企业的薪酬管理必须综合考虑企业内外的各种因素的影响。一般来说这些因素可以分为三类，一是企业的外部因素；二是企业内部因素；三是员工个人因素。

(一) 企业外部因素

1. 国家政策以及法律法规　国家的政策和法律法规对企业的行为具有强制性约束,薪酬管理活动必须在法律法规的允许范围内进行。在政府规定的这些法规中,一些是出于对劳动者合法权利的保护,例如政府的最低工资立法规定了企业薪酬支付的下限;社会保险法则规定了企业必须为员工交纳一定数额的社会保险费。而另一些法规则是出于维护社会公平的目的,如个人收入所得税和资本收益税,在一定程度上限制了企业薪酬支付的实际上限水平。另外,很多法规具有时代性特征,如我国证券法中关于股票期权的限制。因而,企业的薪酬管理制度的变革必须与国家法规的兴废保持同步。

2. 劳动力市场的供求状况　薪酬是劳动力付出的补偿,它的高低涨落取决于劳动力供给和需求的对比关系。当劳动力供给小于需求,企业的薪酬水平就会上涨;反之,当劳动力供给大于需求,企业的薪酬水平就维持不变或适当下调。此外,劳动力市场通常具有一定的层次性和地域性。例如,高级经理人和非熟练工人就是两个相互割裂的劳动力市场,因而在同一时间、同一地区,这两个市场的供求状况可能会大相径庭;而不同地区之间,同一类劳动力市场也可能会由于某些流动障碍而相互割裂。因此,企业在进行薪酬设计和调整时,更应关注特定地区、特定劳动力层次的供求状况。

3. 其他企业的竞争　在设计和调整企业薪酬水平的时候,企业必须考虑到来自其他企业对同一类劳动力的竞争。首先,企业必须估计特定劳动力市场的竞争态势,以及本企业的竞争地位。某些开放度较低的地区,个别大企业常常是劳动力的主要需求者,因而,可以在一定程度上决定该劳动力市场的价格水平。但对于大多数开发程度较高的地区,企业不得不参考其他企业薪酬水平和薪酬组合方式。与竞争对手相比,如果企业的薪酬水平过低或组合过于单一,就可能会造成员工不满甚至流失,但过高的薪酬水平又可能会给企业带来不必要的经济负担,而过于复杂的薪酬组合方式则可能会引起操作和协调上的困难。

4. 社会经济文化环境　特定地区的经济制度、经济发展阶段和社会文化环境对于企业内部的薪酬结构、薪酬形式有重要的影响。例如在福利社会,各种保险在人们劳动收入中的比重就高,而对于美国这类比较强调个人主义的社会,不同岗位之间的差距就比注重集体主义的亚洲地区要大。社会经济文化方面的差异在薪酬管理方面带来的问题,通常在跨国经营的企业中表现得比较突出。

5. 企业所处的行业特点　企业所处的行业在一定程度上决定了行业内通行的技术和经济特点以及组织构成模式,进而会形成一些符合行业要求的薪酬惯例。

(二) 企业内部因素

1. 企业的经营战略和政策　企业的薪酬管理制度和措施必须与企业经营发展战略以及人力资源政策相互匹配。一方面,薪酬结构和形式的激励导向必须与企业经营战略的导向相一致;另一方面,薪酬设计的水平必须符合经营战略中对成本控制的要求。例如,在以成本领先为经营战略的企业中,薪酬设计的重点在经济性薪酬方面,尤其应当把成本节约和生产率提高作为员工激励性薪酬的主要依据,同时对薪酬成本进行有效控制,而在以产品创新为经营战略的企业中,薪酬设计的重点则转移到非经济性薪酬方面,激励的重点在于员工的创造性。

2. 企业的不同发展阶段　企业的发展阶段不同,其经营战略不同,企业的赢利能力也不同,因此,企业的薪酬战略也不同,企业薪酬战略应与企业战略相适应。同样,薪酬管理措施也应当做出相应的调整。

3. 企业财务状况　企业财务状况是企业高层管理者和人力资源部门必须要考虑的因素。企业财务状况对企业薪酬开支计划和资本性投资计划具有限制作用,因而薪酬设计必须与企业财务状况以及资本投资计划相互配合,既要避免因刚性的薪酬支出而导致的财务风险,又要避免因薪酬支出的剧烈波动而导致的人员流失。

4. 企业文化　一方面,薪酬制度是形成企业文化的重要基础;而另一方面,现存的企业文化会对后续的薪酬设计和薪酬调整具有重要的导向和约束作用。某些特定的薪酬措施历经时日可能会成为员工利益集团默认的惯例,尽管有些惯例会随着企业内外环境的变化而与企业的发展要求不相适应,但薪酬设计人员必须全面考虑废弃这些惯例后可能产生的各种后果。

(三) 员工个人因素

1. 员工的学历　一般来说,员工的学历较高时,工资也较高,主要因为学历越高,员工自身的投资也越大。

2. 员工的工龄　一般来说,员工的工龄越长,工资也越高,福利也越好,主要因为工龄长意味着对企业的贡献多。

3. 员工的能力　员工的能力主要从绩效中反应出来,因此,员工的能力越强,员工绩效也越好,其薪酬也应该越高。

【实践中的人力资源】

医院薪酬构成的几种常用模式

1. 薪酬＝单一固定数额或协议薪酬　适用于外聘的名誉教授、专家、医院内退或退休后仍参与医院一定工作的高级人员等。

2. 薪酬＝基本薪酬＋任职标准工资＋岗位工资＋津贴、补贴＋福利＋月/年度绩效薪酬＋奖金＋年功工资　可适用于各职能部门的部门管理人员。

3. 薪酬＝基本薪酬＋岗位工资＋技能工资＋津贴、补贴＋福利＋月/年度绩效薪酬＋奖金＋年功工资　可适用于各诊疗科室及辅助诊疗科室的医疗人员、医技人员以及医护人员。

4. 薪酬＝基本薪酬＋技术等级薪酬＋责任薪酬＋业绩薪酬（＋补助薪酬＋特殊薪酬）＋津贴、补贴＋福利＋年功工资　可适用于各诊疗科室及辅助诊疗科室的科主任、医师、护士长等。

5. 薪酬＝基本薪酬＋责任薪酬＋短期奖金或奖励＋效益分成（＋股权或期权）＋津贴、补贴＋福利　专门适用于院长、副院长等高层管理者。

6. 薪酬＝基本薪酬＋岗位工资＋月度奖金（＋津贴、补贴＋福利）　适用于来医院的实习生、临时工及新近试用期内的员工等。

第二节　基本薪酬制度

基本薪酬制度是企业薪酬制度的重要组成部分。实践中的基本薪酬制度有很多种称谓,如岗位绩效薪酬、职能薪酬、岗位技能薪酬、协议薪酬、计件薪酬等不下10余种。但是,不论何种形式的基本薪酬制度都应紧紧围绕企业的价值评价来设计。一般情况下,企业的价值评价主要包括岗位价值、个人价值和业绩贡献价值三个方面。相应的薪酬制度也可以概括为三种主要形式:基于职位的薪酬制度、基于能力的薪酬制度、基于绩效的薪酬制度。只要掌握其基本原理,在实践中,对前三种基本薪酬制度模式进行巧妙组合,就能够设计出适合自己企业特点的薪酬制度。基本薪酬制度体系如图7-2:

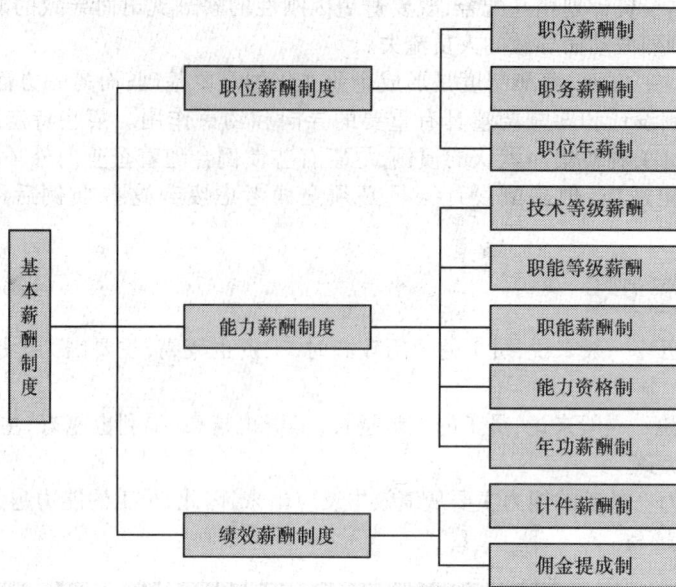

图 7-2   基本薪酬制度体系

一、基于职位的薪酬制度

（一）基于职位的薪酬制度的含义

基于职位的薪酬制度，就是以职位的价值作为支付薪酬的基础和依据，在职位价值基础上构建的支付薪酬的方法和制度。它主要考虑的是职位价值，即员工承担的具体工作和责任，担任某种具体的职位也就获得与之相匹配的待遇。岗位的相对价值高，其薪酬也高；反之，薪酬则低。在这种制度下，员工薪酬的增长主要依靠职位的晋升。基于职位的薪酬体系的常见模式主要有三种：职位薪酬制、职务薪酬制和职位年薪制。

（二）基于职位的薪酬制度实施的基本条件

企业采用基于职位的薪酬制度，应当满足以下几个基本条件：

第一，要建立一套规范的职位管理体系，包括规范的岗位设置、职位序列、职位说明书等。

第二，要运用科学的量化评估系统对岗为价值进行评价，即岗位评估。

第三，员工的能力要与职位要求基本匹配。基于职位的薪酬制度要求职位所需的能力和员工的能力应当基本匹配，否则就会发生不公平的现象，给企业带来很多的问题。如果员工的能力低于职位要求的能力，员工就会不合理地多获得一部分薪酬，正常的工作也无法按时、保质完成；如果员工的能力高于职位要求的能力，员工就会不安于现状，工作积极性降低导致人力资源浪费。

（三）基于职位的薪酬制度的优缺点

1. 基于职位的薪酬制度的优点

（1）分配相对公平：基于职位的薪酬体系主要建立在岗位价值评价的基础上，反映了岗位之间的相对价值，内部公平性较强。

（2）调动积极性：职位晋升，薪级也晋升，调动了员工努力工作以争取晋升机会的积极性。

（3）薪酬和工作目标结合比较紧密：基于职位的薪酬体系主要的考虑因素是职位内容和职位价值，而职位内容和工作内容与工作目标又紧密相连，因此，这样的薪酬体系与工作目标结合是比较紧密的。

2. 基于职位的薪酬体系还存在一些缺点 一是对于能力强而又无法晋升的员工的激励性不够；二是由于基于职位的薪酬制度更看重内部岗位价值的公平性，在从市场上选聘比较稀缺的人才时，很可能由于企业内部薪酬制度的内向性而满足不了稀缺人才的薪酬要求，也就难以吸引到急需的专门人才。

（四）基于职位的薪酬制度的适用范围

根据工作的性质划分，企业的职位可以分为管理类、销售类、研发类、生产类和工勤类等职类。以上的职类性质有的是能力导向，有的是过程导向，有的是结果导向。基于职位的薪酬制度主要应用于过程导向的岗位，这类岗位的典型特点是对能力和业绩不容易区分和界定，如管理岗位、行政工勤岗位、部分专业管理岗位、部分生产技术管理岗位等，对这些岗位上的任职者要求有效地履行其职能职责是最重要的。

二、基于能力的薪酬制度

（一）基于能力的薪酬制度的含义

基于能力的薪酬制度，就是以能力的价值作为支付薪酬的基础和依据，在能力价值基础上构建的支付薪酬的方法和制度。这里所谓的"能力"严格来说实际上是一种绩效行为能力，即达成某种特定绩效或者是表现出某种有利于绩效达成的行为的能力。基于能力的薪酬设计是根据员工所拥有的而且是组织所需要的能力来支付薪酬。基于能力的薪酬制度的常见形式主要有技术等级薪酬制、职能等级薪酬制、职能薪酬制、能力资格制以及年功薪酬制。

（二）基于能力的薪酬制度实施的基本条件

企业采用基于能力的薪酬体系时，需要满足以下两个主要条件：一是能够科学、合理地界定组织所需要的能力；二是能够科学、合理地评价员工的能力。在现阶段的中国企业，界定这两种能力是一件比较复杂的事情，大多数采用能力薪酬制度的企业还处在摸索阶段。所以，基于能力的薪酬制度在中国的应用相对较少。采用能力薪酬体系的企业对于能力的评价和界定多数还处于主观、简单和概括阶段，对能力评价和界定的精度还不够高。

（三）基于能力的薪酬制度的优缺点

1. 基于能力的薪酬制度具有许多优点 如：减少企业推进组织变革和流程重组的阻力，提高企业的灵活性和适应性；鼓励员工对自身的发展负责，使员工对自己的职业生涯有更多的把握；能使员工承担更多、更广泛的责任，而不仅仅是职位说明书中涉及的责任；容易向员工阐述薪酬与能力、职位之间的关系，使员工有动力去提升其能力。

2. 基于能力的薪酬制度也存在明显不足 它通常需要周期性更新能力评估体系，重新鉴定员工的技能，在能力淘汰呈现加速度趋势的今天，无疑会大大增加企业管理工作的成本和难度；增加了企业的人力成本。

（四）基于能力的薪酬制度的应用范围

基于能力的薪酬制度主要适用于员工的能力与组织的绩效以及个人绩效有直接的、较大关系的职位,这种职位的工作过程难以控制,结果难以衡量。例如,公司里面的技术骨干、软件公司的主要研发人员、足球俱乐部的球员和教练、生产型企业的技工等。

三、基于绩效的薪酬制度

(一) 基于绩效的薪酬制度的含义

基于绩效的薪酬制度,就是以绩效价值作为支付薪酬的基础和依据,在绩效价值基础上构建的支付薪酬的方法和制度。基于绩效的薪酬制度注重对员工绩效差异的评定,绩效的差异反映了员工在能力和工作态度上的差异,并且员工个人的薪酬水平与员工个人的工作绩效直接挂钩。所以,基于绩效的薪酬制度强调以达到目标为主要评价依据,注重结果。基于绩效的薪酬制度常见形式有两种:计件薪酬制和佣金提成制。

(二) 基于绩效的薪酬制度实施的基本条件

企业采用基于绩效的薪酬制度需要满足以下两个前提条件:①岗位的工作业绩、工作产出比较容易量化。实行基于绩效的薪酬体系的岗位业绩必须可以量化或者易于考核,如果员工的工作业绩难以量化,则很难确定工作绩效和薪酬之间的关系,也就难以计算和发放薪酬。②企业要有比较完善的职责线和目标线,即岗位职责体系明确,目标分解合理。其中,绩效目标及衡量标准的确定最为关键,它关系到对员工是否具有激励作用及激励作用的大小。

(三) 基于绩效的薪酬制度的优缺点

1. 基于绩效的薪酬制度具有以下优点

第一,有效促进企业战略目标的传递和分解,使得员工工作目标明确。

第二,员工的收入与工作目标完成情况挂钩,能增加员工的公平感,激励作用大。

第三,企业根据员工的实际工作业绩来发放薪酬,企业的支付风险比较小,在整体绩效不好时能够节省人工成本。

2. 基于绩效的薪酬制度存在以下缺点

第一,对绩效评估的客观性、科学性和准确性要求高,实践中往往难以实现。基于绩效的薪酬制度要求企业制定出科学、合理的绩效管理办法和绩效标准。如果绩效办法和绩效标准不够科学合理,会导致考核结果的信度和效度较低,对基于绩效的薪酬制度难以形成有效支撑。同时,基于绩效的薪酬制度也要求绩效管理与企业的管理模式以及经营环境的变化保持同步,否则不利于整个薪酬制度的有效执行。

第二,容易造成员工之间或员工群体之间的恶性竞争,不利于团队协作的开展。由于员工或员工群体关注的是本人或本群体的直接工作业绩,这往往会造成对本企业整体利益的忽略,对员工或员工群体之间的工作配合、信息共享和培训帮助等难以形成良好的氛围。

第三,容易造成企业管理者和员工之间的一些矛盾。因为在绩效标准制定和考核的过程中,会存在一些分歧和讨价还价的可能,这些问题的出现会引起管理者和员工的一些矛盾。

(四) 基于绩效的薪酬制度的适用范围

基于绩效的薪酬制度主要适用于:劳动成果、工作业绩在一定时期内比较容易客观量化并易于计量和考核的职类。一般的企业中,工人生产出来质量合格的产品数量比较容易量化;销售人员的销售量、销售额比较容易量化。所以,这两类岗位的薪酬体制是典型的基于绩效的薪酬。其他符合条件的岗位也可以纳入基于绩效的薪酬制度。

【实践中的人力资源】

组合薪酬制度

实践中,基本薪酬制度的设计常常要结合企业的薪酬激励目标,根据决定薪酬的不同因素及薪酬的不同职能而将薪酬划分为几个部分,每一部分对应一种付酬因素,并通过对几部分数额的合理确定,汇总后确定员工薪酬总额。由此形成了一种吸收几种基本薪酬制度优点,进行灵活组合搭配的组合薪酬制度。组合薪酬制度一般包括基本薪酬(保障员工基本生活需要的薪酬)、职务(技术、岗位)薪酬、年功薪酬、技能薪酬、效益薪酬等内容。这种薪酬结构广泛适用于包括医药部门在内的机关、企事业单位。

第三节　薪酬设计

一、薪酬设计的原则

要设计出一个科学合理的薪酬系统,必须遵循战略导向原则、公平性原则、经济性原则、激励性原则、竞争性原则、合法性原则。

(一) 战略导向原则

战略导向原则强调企业设计薪酬时必须从企业战略的角度进行分析,制定的薪酬政策和制度必须体现企业发展战略的要求,成为实现企业发展战略的重要杠杆。企业的薪酬不仅仅只是一种制度,它更是一种机制,合理的工资制度驱动和鞭策那些有利于企业发展战略的因素的成长和提高,同时使那些不利于企业发展战略的因素得到有效的遏制、消退和淘汰。战略导向原则强调薪酬政策和制度为企业发展提供战略性、前瞻性的支撑;它在关注为所有员工提供一般意义薪酬激励的同时,设计出有重点、有区别的薪酬政策,以有效地引导和改变员工的态度和行为方式,使其与组织的战略相配合。而一旦实现了这种配合,企业就可以通过人的行为来获取竞争优势,因为落实到每个员工日常工作行为的竞争战略才是竞争对手所难以模仿的战略。

(二) 公平性原则

《论语·季氏篇》提到:"有国有家者,不患贫而患不均,不患寡而患不安。盖均无贫,和无寡,安无倾。"它蕴含的基本思想就是财富的分配必须要体现出公平性。美国心理学家亚当斯(Adams)于20世纪60年代提出的公平理论认为,员工会通过比较自己和他人的收益付出比率来判断自己所得的报酬是否公平。员工在工作中的付出包括教育水平、技术能力、工作经验、努力程度以及花费的时间等;员工的收益包括薪酬、福利、成就感、认同感、工作挑战性、职业前程等外在和内在的报酬。比较的标准可以来自企业内部或企业外部的其他员工,也可以来自员工自己以往的经历。如果员工目前的收益付出比率低于别人的或自己以前的得到付出比率,员工就会觉得不公平。就企业分配领域而言,当员工感觉自己的薪酬所得不公平时,它很可能会选择在工作中减少自己的付出,消极怠工,或者跳槽另谋高就。因此,为了保证员工工作的积极性,留住人才,企业管理者在制定薪酬政策时必须处理好三个公平性问题:外部公平性、内部公平性和员工公平性。

1. 内部公平性　薪酬内部公平性,就是公司内部的职位与职位之间的等级必须保持相对公平,即薪酬政策中的内部一致性。内部公平性产生于职务内容本身,具有一定的客观性,在决定工资率的过程中起着重要作用,它指示企业或组织内部各职位间的薪酬平衡水平是否与该职位的价值相符。内部公平是内部员工的一种心理感受平衡,这种平衡的衡量标准是是否能让员工对薪酬的公平性感到满意。如果员工认为薪酬不公平,则公司的薪酬没有达到内部均衡。员工对薪酬公平性认可度越高,薪酬的内部均衡性就越高。在实践中,企业往往通过工作评价来强化员工对于薪酬内部公平性的认可。

2. 外部公平性　外部公平性是指企业作为市场形成价格的接受者,应采用市场上劳动力供求函数所确定的工资率,是企业在人才市场上加强竞争力的需要。决定工资率与就业水平的因素包括:劳动力需求、劳动力供给、外部工资结构。这时的均衡是同区域同行业之间的一种平衡,这种平衡的衡量标准是公司能否用最合理的薪酬招募到最合适的员工,以最合理的人力资源成本留住现有人才。

3. 员工公平性　员工公平性是指员工将个人的投入产出比率同他人比较,来决定个人的满足程度,以及据此决定怎样使投入产出比率相等,最终使个人感到公平,感到满意。员工公平性主要体现在两个层面:首先,企业内"同工同酬",这也是公平性的基本内涵,很显然这里的"同工"不仅指相同工种,还指相同工作强度,相同工作时间、工作环境、工作量、工作绩效等,这是公平性原则的最直接、最初级的体现;其次,企业内"不同工不同酬",是公平性原则精髓的体现,既是我们进行薪酬设计遇到的最大难题,也是最容易让员工产生不公平感的原因。薪酬公平性原则的实现如图7-3所示。

公平比较的焦点	工资决策领域	实现工具
外部公平	工资水平	薪酬调查
内部公平	工资等级结构	工作评价
员工公平	工资政策	绩效评价
		资格标准

图7-3　薪酬公平性的实现

（三）经济性原则

薪酬设计的经济性原则强调企业设计薪酬时必须充分考虑企业自身发展的特点和支付能力。薪酬是产品成本的一个主要组成部分。高标准的薪酬在提高企业薪酬的竞争性与激励性的同时,也不可避免地会提高企业的人工成本,人工成本过高必然会影响产品的市场竞争力。因此,企业在进行薪酬决策时不能对薪酬水平简单地确定高薪或者低薪,而是必须遵循经济性原则,量力而行,充分考虑企业实际能力的大小,一方面要保证薪酬水平有一定的竞争性和激励性;另一方面要保证留存企业的资金能保证企业的可持续发展。

（四）激励性原则

在市场经济条件下,对员工的激励除了精神激励(员工自我价值的实现)之外,也不能忽视物质利益的刺激。现实生活中,员工一方面要追求自身的价值、主人翁感和认同感;另一方面更重视追求实在的利益,而劳动则是员工获取收入以提高自己满足水平的基本手段。在这种情况下,企业在设计薪酬时必须充分考虑薪酬的激励作用,通过科学合理的薪酬设计,把收入与员工对企业提供的劳动贡献联系起来,激励员工不断地提高自身的工作能力、技术业务水平,从事责任较大、难度较大的工作,达到薪酬的激励效果。

美国著名的比较经济学家埃冈·纽博格指出:"不管采用什么样子的激励结构,这种结构要有效,就必须同所要影响的当事人的目标函数相一致。"这段话对我们设计薪酬激励机制非常有启发。要发挥薪酬的激励功能,就必须研究不同员工的多样性需求,设计与之相匹配的薪酬形式。不同的薪酬设计对员工所产生的激励效果是不一样的。如果一个人的动机主要是受到他人尊重,那么刺激应当是类似名誉和称号这样的无形的非物质性的刺激;相反,如果一个员工的动机主要是生理上的需求和不断提高的物质生活水平,那么名誉和光荣称号这样的刺激就是无效的。因此,企业在进行薪酬设计时要充分考虑各种因素,使薪酬的支付获得最大的激励效果。

(五) 竞争性原则

企业想要获得具有竞争力的优秀人才,必须要制定出一套对人才具有吸引力并在行业中具有竞争力的薪酬系统。如果企业制定的薪资水平太低,那么必然在与其他企业的人才竞争中处于不利的地位,甚至连本企业的优秀人才也会流失。当然,要使薪酬具有竞争力并不意味着一定要支付高薪,根据赫兹伯格的双因素理论,货币性薪酬主要属于一种保健因素而非激励因素,即高的货币薪酬水平可能会保证员工不会产生不满感,但是并不能自然导致员工产生满意感。事实上,这种情况在我国许多企业员工尤其是那些受教育水平较高的人身上体现得非常充分。劳动力市场上很多人为了个人的能力发挥,以及寻求适应自己的企业文化和领导风格而辞去高薪酬的工作,宁愿接受薪酬水平稍微低一些的工作。很多时候,当员工抱怨对企业的薪酬水平不满时,真正的原因并不一定是薪酬本身有问题,很可能是员工对于企业人力资源管理系统的其他方面有意见,比如绩效考评问题、人员晋升问题、个人发展机会问题等,只不过是借薪酬说事罢了。这时,加薪仅仅是对员工在其他方面不满所导致的心理损失提供一种补偿,却丝毫不会产生企业所期望的激励效果。在这种情况下,即使再高的薪水也不能称之为有竞争力。

(六) 合法性原则

薪酬管理要受法律和政策的约束,例如,国家最低工资标准的规定、有关职工加班加点的工资支付的规定等,企业必须遵照执行。中山大学管理学院教授、博士生导师汪纯孝教授在对企业守法程度与员工薪酬满意感的关系研究中表明,企业守法程度对员工对工资制度与管理、薪酬水平和福利的满意感有持久的影响,企业严格遵守劳动法规,支付员工法定的加班费、节假日工资和福利,可增强员工的薪酬满意感。可见,遵守劳动法规等法律和政策是企业薪酬管理工作的一项基本原则。它要求企业在制定自己的薪酬政策时必须要以不违背国家的法律法规为基本前提,理解并掌握劳动法规如《中华人民共和国劳动法》和有关最低工资标准、薪酬支付行为规范等方面的规定。

二、薪酬设计的流程

一个好的薪酬管理体系应该是对内具有激励性,对外具有竞争性的,也就是要达到能吸引人、留住人、激励人的目的,为实现企业经营管理目标提供强有力的人力资源保障。企业要设计出一套行之有效的薪酬管理体系,一般要经历以下六个步骤,如图 7-4 所示:

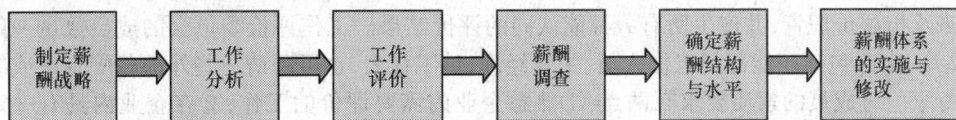

制定薪酬战略 → 工作分析 → 工作评价 → 薪酬调查 → 确定薪酬结构与水平 → 薪酬体系的实施与修改

图 7-4　薪酬设计的流程

(一) 制定薪酬战略

美国学者 Luis R. Gomez-Mejia 和 Theresa M. Wellbourne 将薪酬战略定义为"在特定条件下会对组织绩效和人力资源的有效使用产生影响的一系列重要的报酬支付选择。"其核心是通过一系列报酬选择来帮助组织赢得并保持竞争优势。它将薪酬上升到企业的战略层面,来思考企业通过什么样的薪酬策略和薪酬管理系统来支撑企业的竞争战略,并帮助企业获得竞争优势。薪酬战略是薪酬设计的整体指导思想和纲领性文件,是以后诸环节的前提,对后者起着重要的指导作用。

企业薪酬战略的确定及此后的薪酬管理体系的设计,必须基于组织的战略来展开,即组织必须从战略的角度(包括组织核心价值观及组织发展目标等)进行分析,对薪酬进行定位,制定出薪酬政策并对薪酬模式、薪酬结构、薪酬水平及薪酬形式做出选择。

组织可选择的薪酬模式有以职位或岗位为中心、以能力为中心及以技能为中心三种模式;薪酬结构策略有高弹性、高稳定及调和型模式;薪酬水平策略包括市场领先策略、市场跟随策略、成本导向策略或混合薪酬策略;薪酬形式策略是指员工所得的总薪酬的组成部分。具体实施中究竟选择哪种策略模式,必须从有利于组织战略目标的实现角度进行。

（二）工作分析

工作分析又称职位分析,是指从组织战略、经营目标及业务流程出发,对组织中各个工作岗位的设置目的、职责、工作内容、工作关系、工作环境等工作特征以及对该岗位任职员工的素质、知识、技能要求等任职条件进行调查、分析后进行客观描述的过程。工作分析的结果是形成工作流程、工作关系图及岗位说明书,其目的是为了保证企业活动的有序和规范。通俗地说,薪酬设计中的工作分析就是先把要做的事情"看"清楚,然后再进行相关人员、绩效等其他方面分析。

通过工作分析可以确定薪酬等级。现在企业在设计薪酬体系时,岗位价值是确定该职位薪酬等级的主要依据,通过工作分析,能够从工作责任、所需技能、完成的任务等几个方面对工作岗位的相对价值进行界定,确定工作岗位在组织中的相对价值,使组织中使用的工资水平有明确的、可解释的基础,从而有助于维持薪酬的内部公平性。所以要对每个岗位的职位价值进行评估,形成企业的相对价值体系,而不管采用哪种评估办法,都是把通过工作分析得到的岗位职责、任职资格(包括学历、工作经验和工作技能等)、工作环境等因素作为职位价值评估的主要要素。因此,工作分析是职位价值评估的前提。

（三）工作评价

工作评价又可称为岗位评估,是指在岗位分析的基础上根据岗位所需技能、职责大小、决策的影响力、工作复杂程度、重要性等因素对岗位进行综合评价的过程。工作分析的结果是岗位分析的事实依据,而工作评价是科学、合理地设计工资制度的理论依据。工作评价一般包括以下基本程序:

1. 工作评价方法的选择 目前,工作评价方法一般分为两大类:定量法和非定量法。非定量的方法包括岗位排序法、岗位分类法等;定量的方法包括岗位参照法、评分法和因素比较法等。

2. 制定或购买工作评价方案 企业可以自行制定工作评价方案,也可以从外部咨询公司购买或与其他公司联合研制评价方案。

3. 组建工作评价委员会 因为评价主体的评价角度不同,所以需要组建专门的工作评价委员会来承担评价职责,并产生所有人都能认同的评价结果。工作评价委员会的成员数量一般有5~12 个,来源包括职能部门工作人员、主管经理、员工代表,也可聘请一些外部薪酬专家或统计分析专家。对成员的素质要求有两点:①熟悉企业内需要评价的工作;②在企业内具有一定的威信。

工作评价委员会的职责包括:①检查工作描述与工作分析;②执行工作评价;③处理员工对工作评价结果的申诉。通常工作复杂、人数较多的大公司会按照工作系统建立若干个委员会。

4. 评价人员的培训 评价委员会的成员必须接受包括工作评价的相关理论和实务操作的专业培训。培训的目标主要有两点:①熟悉所要评价职位的工作分析内容;②理解并牢记评价准则和评价方法,在分析工作的相对价值时能够达成一致意见。通过培训之后,评价委员会的成员不仅要了解整个工作评价的意义、程序和规则,还要能够掌握评价标准和方法。

5. 评价方案文本化 在培训结束之后,制定工作评价计划,并做成文本格式。这样做的好处在于:严密、规范的评价方案可以明确工作的具体评价标准;使员工清楚他们的工作是如何被评价的以及评价结果如何;确保整个评价过程公平、合法。

6. 工作评价的开展　工作评价人员根据工作评价方案,对各工作岗位逐一进行评价,确定岗位价值。

7. 建立沟通机制与申诉制度　在整个工作评价的过程中,企业应当通过各种方式与员工进行有效沟通,以确保员工理解和接受工作评价的结果。同时,企业应当建立申诉机制和程序。由于随着时间的推移,评价结果的应用价值会逐渐降低,因此,定期进行工作再评价也是非常必要的。

(四) 薪酬调查

薪酬调查就是指企业通过搜集信息来判断其他企业所支付的薪酬状况这样一个系统过程。这种调查能够向实施调查的企业提供市场上各种相关企业(包括自己的竞争对手)向员工支付的薪酬水平和薪酬结构等方面的信息。这样,实施调查的企业就可以根据调查结果来确定自己当前的薪酬水平相对于竞争对手在既定劳动力市场上的位置,从而根据自己的战略定位来调整自己的薪酬水平和薪酬结构。薪酬调查的实施一般包括以下四个环节:

1. 调查预备会议或调研宣传会议　在形形色色的调查中,薪酬调查具有很大的特殊性,特别是数据的取得。首先,对绝大多数企业来说,薪酬分配和福利政策是最高机密之一,只有得到总经理的同意,调查单位才有可能获得有关资料;其次,企业要有足够多的参与薪酬调查的样本,这样才能保证数据具有较好的代表性。因此,要顺利地开展薪酬调查并取得预期效果,最好的办法是由一个权威机构或者行业龙头企业发起调查。比如,可以通过商会和行业协会,由参加商会和行业协会的企业经理提出要求,然后由各企业人事部门人员负责具体配合、实施。如果无法取得商会和行业协会的支持,那么可以通过召集宣传会议来征集参加公司,并邀请参与企业的人事经理举行调查预备会议,以实现以下两个目的:一是让参加公司充分提出要求,确定调查范围和内容;二是让参加公司明确数据统计、填表的方法,以免错漏而返工。

2. 数据收集　收集调查数据的方法有很多,包括问卷调查法、访谈法和文献收集法。

(1) 问卷调查法:问卷调查法是一种比较常见的调查方法。它是通过向目标企业或个人发送事先根据企业自身需要设计好的调查问卷,通过书面语言与被调查者进行交流,来获取企业所需的信息和资料的一种方法。调查问卷的内容包括:①企业本身的有关信息:如企业名称、地址、所在行业、企业规模等。②有关职位和任职者的信息:如职位类别、职位名称、任职者的教育程度、相关工作年限要求等。③员工薪酬方面的信息:如基本薪酬、奖金、津贴、员工福利、其他收入等,有关调薪幅度和措施的规定,有关工作时间和假期的规定等。

薪酬调查问卷要涵盖上述有关内容,有时还需要做更详细的划分。比如员工福利就包含养老金、医疗、住房、休假制度、交通膳食服务等多项内容,并且福利常不以现金形式发给员工,员工一般很难回答。因此,对于福利一般以单项福利标准为调查的内容。调查问卷设计好后,可以通过派专人收集问卷、电子邮件传递问卷、邮寄问卷等形式进行问卷调查。

(2) 访谈法:访谈法也是比较常用的薪酬调查方法之一。访谈法是调查者通过与调查对象面对面谈话来搜集信息资料的方法,是获取信息的通用方法。通常有三种访谈的形式可用来收集调查资料:个别面谈、集体面谈、管理人员面谈。

(3) 文献收集法:文献收集法是指通过查阅、收集、分析、综合有关薪酬调查的文献材料,获取所需的信息、知识、数据和资料的研究方法,是一种比较简单易行的方法。

3. 调查数据的处理和分析　调查问卷或访谈记录收回来后,就要立即进行逐个检查、核对。数据核查、统计完成后,接下来就要对统计结果进行分析,最后确定所需要的信息。薪酬数据的统计分析方法有很多,频率分析法、居中趋势分析法、离中趋势分析法以及回归分析法等都是非常流行的分析方法。

4. 调查报告的撰写　薪酬调查报告分为综合性分析报告和专项分析报告两种。综合性报告涵盖薪酬调查地区不同性质、规模、行业领域的企业,对这些企业的薪酬福利数据进行综合分析与统计处理,全面反映被调查地区企业薪酬与福利现状的全貌。专项调查报告则根据企业需要从参加薪酬调查的企业中选择一定数量具有可比性的企业,经过数据分析处理,获得针对性、指导性更强的专项薪酬信息。这两种报告对于企业制定薪酬策略都具有重要的参考价值。

(五)确定薪酬结构与水平

薪酬结构是指组织内各项工作的劳动价值或重要性与其所对应的应付工资之间的关系。薪酬结构设计就是把组织各项工作劳动价值或重要性的顺序、等级、分数或象征性的货币值转换成实际的工资值,使组织内所有工作的薪酬都按同一的贡献律原则定薪,从而保证了组织薪酬体系的内在公平性。然后将众多类型的薪酬归并组合成若干个等级,形成一个薪酬等级系列,进而确定组织内每一个职务具体的薪酬范围。

薪酬水平是指组织中各职位、各部门以及整个组织的平均薪酬水平,它决定了组织薪酬的外部竞争性。在当前的经济形势及市场环境下,薪酬水平应更多的关注职位与职位之间或者不同组织中同类工作之间的薪酬平均水平,而不是整个组织平均水平的对比。常见的薪酬水平政策有以下四种:

1. 领先型薪酬水平政策　企业支付给员工的薪酬在同行业竞争者中保持领先。

2. 市场追随型薪酬水平政策　根据市场平均水平来确定本企业薪酬水平的一种常用做法。

3. 滞后型薪酬水平政策　企业支付给员工的薪酬比同行业竞争者支付的薪酬低。

4. 混合型薪酬水平政策　企业对不同岗位的员工制定不同的薪酬水平政策。

薪酬水平与企业负担能力的大小存在着非常直接的关系,如果企业负担能力强,则员工的薪酬水平高且稳定;如果薪酬负担超过了企业的承受能力,那么企业就会亏损、停业或破产。

在实践中,公司总是参照其他竞争对手的做法来进行工资制度设计,但是这应该与公司的总体战略目标相互结合。换言之,实际薪酬水平不能完全依赖市场价格,而要综合考虑是否能够吸引和保持所需要的员工,本组织是否有支付的能力,是否能实现组织的战略目标等因素。

(六)薪酬体系的实施与修改

在建立了薪酬体系之后,必须继续对其进行管理以确保其有效性。在薪酬制度的执行过程中,管理者要根据员工工作的行为和取得的实际效益,对薪酬制度进行评价,同时还要根据不断变化的客观环境及时调整薪酬政策,使薪酬战略与组织的整体发展战略趋于一致。组织薪资制度一经建立,如何投入正常运作并对之实行适当的监督、评价、修正和控制等管理,使其发挥应有的功能,是一个相当复杂的问题,也是一项长期的工作。

薪酬管理体系的设计是一个系统工程,不是一两个人所能决定的,也不是一蹴而就的,大多数情况下需要通过反复测算才能建立一个科学的薪酬体系。企业薪酬管理体系设计的是否高效合理,是否有利于企业战略目标的实现,可以根据以下三方面标准予以判断:①能否通过该薪酬管理体系实现吸引、培养和维系企业想要的人才,使企业保持核心能力优势;②能否通过该薪酬管理体系帮助企业有效激励员工,改变员工态度和行为,促进员工的行为与组织目标保持一致,从而推动企业战略的有效实施,赢得竞争优势;③能否通过该薪酬管理体系实现企业的和谐劳资关系以及薪酬成本控制的目标。

三、工作评价的方法

目前,工作评价的方法主要有以下几种:

(一)岗位参照法

岗位参照法,顾名思义就是用已有工资等级的岗位来对其他岗位进行评价。具体的步骤是:

（1）成立岗位评价小组。

（2）评价小组选出几个具有代表性、并且容易评价的岗位，对这些岗位用其他办法进行岗位评价。

（3）如果企业已经有评价过的岗位，则直接选出被员工认同价值的岗位即可。

（4）将（2）、（3）选出的岗位定为标准岗位。

（5）评价小组根据标准岗位的工作职责和任职资格要求等信息，将类似的其他岗位归类到这些标准岗位中来。

（6）将每一组中所有岗位的岗位价值设置为本组标准岗位价值。

（7）在每组中，根据每个岗位与标准岗位的工作差异，对这些岗位的岗位价值进行调整。

（8）最终确定所有岗位的岗位价值。

（二）岗位排列法

排列法，是由评价人员对各个岗位的重要性做出判断，并根据工作岗位相对价值大小按升值或降值顺序来确定岗位等级的一种评价方法。排列法的一般步骤如下：

第一步，进行作分析。在这一步骤中，熟悉企业全部工作的评价委员或部门主管把各种不同的工作名称分别记在一张卡片上，然后依据工作难度数量、工作责任、给予或接受的监督管理、必要的训练和经验、工作条件等要素对各个工作进行分析，并将工作分析的结果制成工作说明书。

第二步，由工作评价委员会的全体委员分别根据工作说明书，或者自己头脑中对该项工作的印象，对工作按照难易或价值大小的次序进行排列。

排列法的主要优点是在理论与计算上简单，容易操作，省事省时，因而可以很快地建起一个新的工资结构；另一个优点是，每一个岗位作为一个整体比较，凭人们的直觉来进行判断，因而可以吸收更多的人员参加，并且容易在岗位数量不太多的单位中获得相当满意的评价结果。排列法虽不很精确，但较易使用，特别适合小企业和机关办公室的工作评价。一般来讲，如果评价委员们通过日常的接触，熟悉了他们要考察岗位的工作内容，那么这种方法就可提供符合实际的岗位等级。

（三）岗位分类法

分类法与岗位参照法有些相同，不同的是，它没有进行参照的标准岗位。它是将企业的所有岗位根据工作内容、工作职责、任职资格等方面的不同要求，划分不同的类别，一般可分为管理工作类、事务工作类、技术工作类及营销工作类等。然后给每一类确定一个岗位价值的范围，并且对同一类的岗位进行排列，从而确定每个岗位不同的岗位价值。

（四）因素比较法

因素比较法不须关心具体岗位的岗位职责和任职资格，而是将所有岗位的内容抽象成若干个要素。根据每个岗位对这些要素的要求不同，而得出岗位价值。比较科学的做法是将岗位内容抽象成下述五种因素：智力、技能、体力、责任及工作条件。评价小组首先将各因素区分成多个不同的等级，然后再根据岗位的内容将不同因素和不同的等级对应起来，等级数值的总和就为该岗位的岗位价值。因素比较法的步骤为：

（1）成立岗位评价小组。

（2）确定岗位评价所需要的因素，即智力、技能、体力、责任和工作条件。

（3）选出若干具有广泛代表性的标杆职位或关键岗位。

（4）将各种标杆岗位/职位按照各因素对各岗位的要求和重要性进行依次排列，形成标杆岗位/职位分级表。

（5）将各种标杆岗位/职位的现行工资，按前面所确定的五项标准进行适当的分配，编制标杆岗位/职位工资表和因素工资分配尺度表。

（6）将标杆岗位/职位以外的各岗位/职位逐项与建立起来的标杆岗位工资表和因素工资分配尺度表进行比较，一个要素一个要素地进行判定，找到最类似的相应标杆职位，查出相应的工资，再将各项因素工资相加，便得到该岗位/职位的工资。

（五）因素计点/评分法

1. 计点法的基本原理　其基本原理是基于工作的相对价值来对每一个特定的工作或职位进行比较；对于工作性质不同而无法直接比较的工作或职位，就要寻找不同质的工作中的同质因素来进行比较；将一些具有代表性的同质因素从工作簇中选择出来，并将这些因素分为次因素（sub-factors）和程度等级（degree）；通过计点的方式衡量因素的价值，构建职位和薪酬等级结构。计点法有三个基本特征：①报酬因素体系；②因素的等级可以量化；③权数反映各因素的相对重要性。每个职位所分配到的总薪点数决定于它的相对价值，即它在组织报酬等级结构中的相应位置。

2. 计点法的基本步骤

（1）进行工作分析、选择基准工作：选择一些有代表性的基准工作，这些工作需要详细的工作描述和工作分析。

（2）选择、定义薪酬因素：根据工作描述而不是工作人员的特征或要求选择薪酬因素。薪酬因素可以归纳为四类：工作责任、努力程度、知识结构（个人条件）、工作环境。这些因素可以称为一级因素，需要进行严格的内涵界定。

（3）分解薪酬因素：将一级薪酬因素分解为二级报酬子因素，例如，知识技能可以分解为学历水平、工作经验、工作能力三个二级子因素，也可继续分解为三级子因素。对二级或三级子因素都要进行内涵界定。

（4）划分、定义薪酬因素等级：将最末一级子因素按照标准差异分成相应等级，一般为 4～6 个等级，并对每个等级的内涵进行定义。例如，将所有的薪酬因素均分为 5 个等级。每一个薪酬因素等级数量取决于组织内部所有被评价职位在该薪酬因素上的差异程度，差异越大，则薪酬因素的等级数量就越多；反之，则会相对较少一些。

（5）确定薪酬因素的权重：薪酬因素在总体薪酬因素体系中的权重是以百分比的形式表示的，它代表了不同薪酬因素对企业价值的贡献程度。一般而言，重要性越强，则权重越大；反之，则越小。首先，确定一级薪酬因素的权重；然后，确定每一个二级薪酬因素的权重，而二级薪酬因素在整个评价方案中的总权重就等于它在一级因素中的权重乘以一级因素的权重。

（6）确定薪酬因素总点数与各薪酬因素点数：确定薪酬因素评价体系的总点数的原则是，区分足够的评价因素，并且将组织内的不同工作价值区分开来。点数通常采用 1000 点、600 点或 500 点三种形式。一般情况下，企业的职位越多，点数就应该越多。在总点数确定的基础上确定各级薪酬因素的点数，再根据各因素的权重将点数分配到每一个因素上。

（7）为各薪酬因素的等级赋值：一旦确定了总点数和因素与子因素的点数，就可以给因素中的等级赋值。

（8）运用岗位评价方案评价每一个职位：根据制定的岗位评价方案，岗位评价委员会按照工作说明书的内容评价基准工作的点数，然后比照基准岗位评价其他非基准工作，最后将所有职位按照相应的点数形成点值序列。

（9）编制岗位评价手册：岗位评价委员会的工作结果必须记录在岗位评价手册中，如果没有一个表述清晰的岗位评价手册，就无法进行具体的评价指导。岗位评价手册的内容应当包括：选择薪酬因素的逻辑依据、确保薪酬因素权重的理由、给因素赋值的过程和理由、因素和子因素及其等级的描述。

（10）根据评价的点数建立职位等级结构：当所有职位的点数确定之后，根据岗位评价手册的内容，评价委员会按照点数高低对各职位进行排列。统计分析人员利用各种技术方法划分职位等级，即将一定分数范围内的工作压缩在事先确定的等级结构框架中。例如，某企业职位评价的点数是200～900点，职位等级确定为10，则可按照等距或不等距的方法，将这些点数按照数值大小划分为10个等级。

四、薪酬结构的设计

（一）薪酬结构的构成

一个典型的薪酬内部等级结构如图7-5所示。

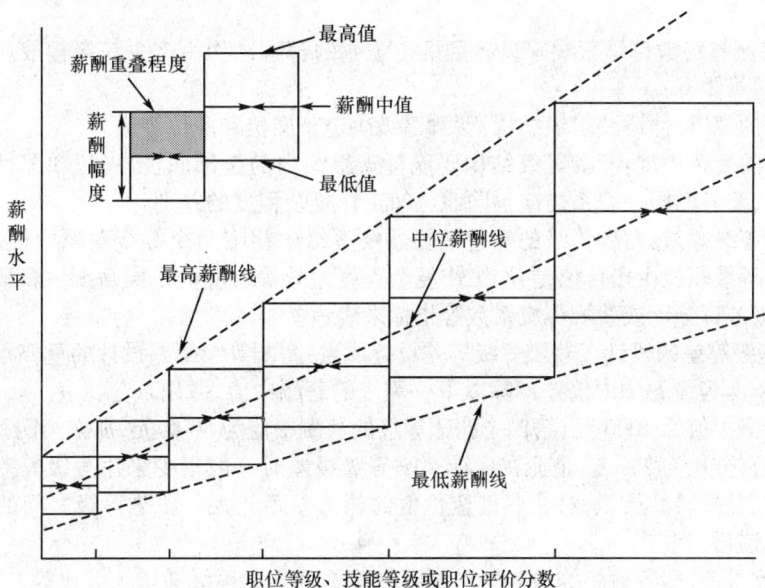

图7-5　薪酬结构构成

根据图7-5所示：一个典型的薪酬结构的基本构成部分包括：薪酬的等级数量、薪酬趋势线（最高薪酬线、中位薪酬线、最低薪酬线）、薪酬等级内部范围（薪酬幅度、薪酬中值、最高值、最低值），以及相邻薪酬等级的交叉或重叠程度等。

（二）薪酬结构设计的基本方法

简单地说，薪酬结构设计就是对建立起来的职位等级和技能等级进行定价的过程。因此，一个规范的企业薪酬结构设计需要从两个维度进行考察：一是如何形成职位等级（是否采用工作评价法）；二是如何确定薪酬水平（是否采用市场薪酬调查）。据此，可以将薪酬结构设计的基本方法分为四类：

1. 基准职位定价法　利用基准职位的市场薪酬水平和基准职位的工作评价结果建立薪酬政策线，进而确定薪酬结构。基准职位定价法能够较好地兼顾薪酬的外部竞争性和内部一致性原则，在比较规范和与市场相关性强的企业的薪酬结构中应用比较广泛。

2. 直接定价法　企业内所有职位的薪酬完全由外部市场决定，根据外部市场各职位的薪酬水平直接建立企业内部的薪酬结构。这是一种完全市场导向型薪酬结构的设计方法，体现了外部竞争性，但忽略了内部一致性，比较适合于市场驱动型企业，其雇员的获取及薪酬水平的确定直接与市场挂钩。

3. 设定工资调整法 企业根据经营状况自行设定基准职位的薪酬标准,然后再根据工作评价结果设计薪酬结构。企业设定薪酬水平的典型做法是:首先,设定最高与最低两端的薪酬水平,然后以此为标杆,酌情设定其他职位的薪酬水平。这种薪酬结构的设计比较重视内部一致性原则,但忽略了外部竞争性,比较适合与劳动力市场接轨程度较低的组织。

4. 当前工资调整法 在当前工资的基础上对原企业薪酬结构进行调整或再设计。薪酬结构调整的本质是对员工利益的再分配,这种调整将服从于企业内部管理的需要。

(三)薪酬结构设计的要点

1. 薪酬政策线的制定 薪酬政策线是指每个薪酬等级中值点所形成的趋势线,它的主要作用是确定企业薪酬的总体趋势。在特定情况下,薪酬政策线也可以看做公司认可的市场基准水平线。

2. 确定薪酬等级数目 薪酬等级数目是指企业的薪酬结构由多少等级构成。影响等级数目的因素很多,具体有:

(1)企业的规模、性质及组织结构:薪酬等级决定于岗位和职位等级。

(2)工作的复杂程度:薪酬等级结构要能覆盖组织内的全部职位、岗位和工种。在确定薪酬等级数目时,要考虑同一职系内或不同职位间工作复杂程度的差别。

(3)薪酬等级等差:薪酬等级的等差是指薪酬等级中相临两个等级薪酬中值之间的比率,它反映了不同等级职位由于价值差异、工作复杂程度差异等对应的不同薪酬。薪酬等级等差可以用绝对额、级差百分比或薪酬等级系数等指标来表示。

3. 薪酬等级等差的设计 薪酬等级等差设计要点:薪酬等级等差设计的重要指标是等差百分比,其值等于两等级薪酬中值差额除以下一等级的薪酬中值,并用百分比表示。比如,第三个薪酬等级的薪酬中值为4000元,第四个薪酬等级的薪酬中值为5000元,那么第四等级与第三等级之间的等差百分比为25%。企业在设计薪酬等级级差时一般很少采用等级等差百分比递减的方式,因为越是高层的员工,对企业创造价值的能力差距越大。薪酬等级之间的等差百分比可按四种方式递增:

第一:等比等差,即各薪酬等级之间以相同的等差百分比逐级递增。等比等差有两个优点:第一,薪酬数额以相同的百分比递增,等差随绝对额逐级扩大,但等级之间的差距并不悬殊;第二,便于进行人工成本预算和企业薪酬计划的制定。

第二:累进等差,即各等级薪酬之间以累进的百分比逐级递增。如表7-1:

表7-1　薪酬累进等差的设计

薪酬等级	1	2	3	4	5	6	7	8
级差百分比(%)		13	14.2	15	16	17.5	18.2	19

按照累进方式确定的薪酬等差,等级之间的绝对额悬殊明显,收入差距大。与等比等差相比,这种等差对员工的激励作用强,适于劳动强度大、技术差别小、需要对员工定期升级以及突出个人能力的工作。

第三:累退等差,即各薪酬等级之间以累退的比例逐级递增。如表7-2:

表7-2　薪酬累退等差的设计

薪酬等级	1	2	3	4	5	6	7	8
级差百分比(%)		27	21.3	17.6	14.9	13	11.5	10.3

第四:不规则等差,即各等级薪酬之间按照"分段式"来确定级差百分比和等差绝对额的变化。各段分别采取等比、累进或累退等形式。例如,一些企业采用"两头小、中间大"或"两头大、中间小"的等差。如表7-3:

表7-3 薪酬不规则等差的设计

薪酬等级	1	2	3	4	5	6	7	8
级差百分比(%)		12	12	20	20	18	16	14

不规则等差在等级确定上比其他方式更为灵活,也比较符合薪酬分布的一般规律,在企业薪酬等级等差的确定中应用比较广泛。

4. 薪酬等级中值位置的确定 薪酬等级中值,也称薪酬范围中值或薪酬区间中值。它通常代表该等级职位在外部劳动力市场上的平均薪酬水平。

在薪酬结构的设计中,除了考虑每个职位等级本身的价值之外,还需要考虑任职者的素质因素。一般的处理原则是,职位的价值可通过其对应的薪等的中值点来确定,而任职者的个人能力的价值则体现在每个薪等内部的薪级中。这样形成以"等"来体现职位价值、以"级"来体现个人价值的薪酬结构。薪酬结构就像一座高楼,每一层是一个"薪等",而每层的每一个台阶就是一个"薪级"。员工如果想跨越薪等,则需通过职位变动;如果想跨越薪级,则需要提高职位胜任力。

薪酬中值与其相对应的薪酬等级形成了薪酬政策线上的点。与薪酬中值相对应的另一个概念是"相对比率"(COLD. pa-ratio),它通常是指某一职位任职者实际获得的基本薪酬与相应薪酬等级中值之间的比例。形象地说,相对比率表明了该任职者的基本薪酬在特定薪等中的哪个薪级上。薪酬等级相对比率是企业薪酬管理诊断经常使用的一个指标。

5. 薪等幅度的设计 在确定了每个薪酬等级的中值之后,就要确定该薪等变动范围中的最高值和最低值。薪等最高值与最低值之间形成该等级的薪酬变动范围,也称为薪酬区间、薪酬等级幅度等,它实际上是指在某一薪等内部允许变化的最大幅度。

6. 薪级的设计 如果员工的职位没有发生变动,那么员工的薪酬水平将在一个薪等内部由最低值沿着薪级升到最高值。晋级的依据和标准通常有三个,它们分别是业绩、技能、资历。

7. 相邻薪酬等级之间重叠度的设计 在同一薪酬结构体系中,相邻薪酬等级之间的薪酬区间可以设计成有交叉重叠和无交叉重叠两种。无交叉重叠的设计通常分为衔接式和非衔接式两种。衔接式是指上一薪酬等级的薪酬区间下限与下一薪酬等级的薪酬区间上限持平,薪等与薪等之间表现为相互衔接的关系;非衔接式是指上一薪酬等级的薪酬区间下限高于下一薪酬等级的薪酬区间上限。

企业薪酬结构的设计通常会使薪酬等级有交叉重叠,即各相邻薪酬等级的最高值和最低值之间往往有部分交叉。薪酬等级之间的薪酬区间交叉与重叠程度取决于两个因素:一是薪酬等级内部的区间变动比率;二是薪酬等级的区间中值之间的级差。企业之所以会倾向于将薪酬结构设计成为有交叉重叠,主要为了给那些没有晋升机会但表现卓越的员工以更高的薪酬。其设计原理是:在下一个薪酬等级上技能较强的、绩效较高的员工对企业的价值贡献比在上一个等级上新晋级员工的贡献更大。

然而,如果薪酬区间重叠度过大,也会出现薪酬压缩现象,即不同职位或技能之间的薪酬差异太小,不足以反映它们之间的价值差别。具体为:在某一等级上已获得最高薪酬值的员工当晋升到上一薪酬等级之后,发现薪酬水平没有提高多少,甚至降低。这样做的结果会导致晋升效能减弱。因此,一些专家认为薪酬区间的重叠度一般不宜超过50%,即较低薪酬等级的薪酬范围的最高值低于相邻最高薪酬等级范围的中值。

【实践中的人力资源】

薪酬设计中常见的误区

误区一：缺乏战略眼光

1. 没有从企业的总体战略和人力资源战略高度出发来设计薪酬系统，而是就薪酬而论薪酬，把公平合理地分配薪酬本身当成了一种目的，而不是关注什么样的薪酬制度才会有利于企业战略和人力资源管理的实现。

2. 产生的问题是，薪酬管理工作所花的功夫不少，但是收效甚微——员工对薪酬制度的满意度低。

3. 解决方向——企业必须从战略层面来看待薪酬以及薪酬管理，其必须能够支持企业的经营战略并与企业的文化相容，而且应具有面对外界压力做出快速反应的能力。

误区二：职位设计的不合理而给薪酬管理带来麻烦

1. 例如一个职位其20%的工作任务需要具备高能力的人员去做，而80%的工作任务只需具备低能力的人去做，则企业就必须用较高薪酬聘请一个较高能力的人从事这个职位的工作。

2. 产生的问题是，①人力成本高；②工作无挑战性，造成员工积极性不高。

3. 解决方向——合理设计职位。

误区三：薪酬结构不合理，平均主义思想严重

1. 许多企业特别是国有企业的薪酬结构上存在较严重的问题，即俗称"大锅饭"的现象。

2. 产生的问题是，①想留的人留不住，不想留的人一个也不走；②员工工作积极性低。

3. 解决方向——薪酬水平应依据具体工作的重要性、复杂性以及工作的难度、压力而拉开档次。

误区四：只关注外在报酬而忽视内在报酬

1. 员工对薪酬抱怨并非一定是因薪酬而起——企业忽视员工所需的内在报酬也会使员工感到不满。

2. 产生的问题是，①员工以要求提高外在报酬的方式要求弥补；②员工缺乏主观能动性与创新精神。

3. 解决方向——应在外在报酬和内在报酬之间做好平衡，鼓励员工参与决策及从事其感兴趣的工作，提供其学习与进步的机会等。

第四节　员工福利

福利是企业薪酬体系的一个重要组成部分。它是企业为员工生活提供方便与保障，提高员工工作生活质量，增加员工归属感与企业凝聚力的重要手段。

一、员工福利的概念及分类

（一）员工福利的概念

员工福利是一个综合性概念，是指企业基于雇佣关系，依据国家的强制性法令及相关规定，以企业自身的支付能力为依托，向员工共提供的、用以改善其本人和家庭生活质量的各种以非货币工资和延期支付形式为主的补充性报酬与服务。员工福利具有补偿性、均等性、补充性、集体性等特点。

1. 补偿性　员工福利是对劳动者所提供劳动的一种物质补偿，享受员工福利须以履行劳动义务为前提。

2. 均等性 员工福利在员工之间的分配和享受,具有一定程度的机会均等和利益均沾的特点,每个员工都有享受本单位员工福利的均等权利,都能共同享受本单位分配的福利补贴和创办的各种福利事业。

3. 补充性 员工福利是对按劳分配的补充。因为实行按劳分配,难以避免各个劳动者由于劳动能力、供养人口等因素的差别所导致的个人消费品满足程度不平等和部分员工生活困难,员工福利可以在一定程度上缓解按劳分配带来的生活富裕程度的差别。所以,员工福利不是个人消费品分配的主要形式,而仅仅是工资的必要补充。

4. 集体性 员工福利的主要形式是举办集体福利事业,员工主要是通过集体消费或共同使用公共设施的方式分享员工福利。虽然某些员工福利项目要分配给个人,但这不是员工福利的主体。

(二) 福利的分类

福利本身具有复杂性,项目繁多,形式多样,根据不同的分类依据可将其进行以下划分:

1. 以员工对福利项目是否具有可选择权划分 据此将其划分为固定性福利和弹性福利。前者是员工被动接受的福利计划;后者是由企业所设定的、允许员工按自己意愿选择的福利项目。

2. 以福利项目的实施范围为依据划分 据此可将其划分为全员性福利、特种福利以及特困补助。福利是为全体员工提供的福利;特种福利是为企业高层人才设计的福利;特困补助是为企业困难员工提供的福利。

3. 以福利项的提供是否具有法律强制性划分 据此将其划分为法定福利和自愿性福利。前者包括基本社会保险、法定休假等;后者包括带薪休假、教育福利、员工持股、利润分享、住房福利、商业保险等项目。

二、法定福利

法定福利是国家通过立法强制实施的对员工的福利保护政策,包括社会保险和各类休假制度。

(一) 社会保险

1. 社会保险的含义及特点 社会保险是国家通过立法而建立起来的旨在保障劳动者在暂时或永久丧失劳动力时,或在工作中断期间的基本生活需求的一种保险制度,即国家通过立法强制建立社会保险基金,对参加劳动关系的劳动者在丧失劳动能力或失业时给予必要的物质帮助的制度。社会保险具有以下特点:

(1) 强制性:社会保险的经营主体是国家,而且受法律约束,不管受保人的意愿如何,都必须强制参加。受保人必须参加,承保人必须接受,双方均不能自愿。缴费的个人和企业,都必须按照规定的费率足额缴纳。

(2) 保障性:社会保险保障劳动者的基本生活需要,劳动者在一旦暂时或永久失去劳动能力,从而失去工资收入的情况下,仍能享有和在业期间相差不大的基本生活权利,以利于社会安定。

(3) 普遍性:社会保险的实施范围很广,一般在工薪劳动者及其亲属中实行。就一个国家而言,在经济条件尚不具备的情况下,可先在部分劳动者中实行,随着经济条件的发展再扩大到所有劳动者。

(4) 互助共济性:社会保险是以多数人的经济力量来补偿少数人的损失。在公平原则的前提下,社会保险强调在全体社会成员中互助共济,资源共享,风险共担。

2. 社会保险的内容 《劳动法》第七十条规定:"国家发展保险事业,建立社会保险制度,设立社会保险基金,使劳动者在老年、患病、工伤、失业、生育等情况下获得帮助和补偿。"这就明确规定了我国社会保险的内容包括:养老保险、疾病保险、工伤保险、失业保险和生育保险。

(1)养老保险:养老保险是国家和社会根据一定的法律和法规,为解决劳动者在达到国家规定的解除劳动义务的劳动年龄界限,或因年老丧失劳动能力退出劳动岗位后的基本生活而建立的一种社会保险制度,养老保险一般具有以下几个方面的特点:

第一:养老保险具有社会性、普遍性。因为在劳动领域的各种风险中,工伤、失业、疾病和生育等风险对于每个个体而言都属偶然风险,而因年老丧失劳动能力,从而丧失劳动收入,却是每个劳动者所不能回避的必然风险,要保证每个劳动者老年的基本生活,养老保险必须尽可能多地将劳动者纳入其范围内,这已成为各国养老保险制度发展的一项共同原则,目前还有一些国家拟将养老保险扩及到全体社会成员的发展趋势。因此,养老保险影响面大,享受人多且时间较长,费用支出庞大,必须设置专门机构,实行专业化、社会化的统一规划和管理。

第二:由国家立法,强制实行,企业单位和个人都必须参加,符合养老条件的人,可向社会保险部门领取养老金。

第三:养老保险费用来源一般由国家、企业和个人三方共同负担,并实现广泛的社会互济。

(2)失业保险:失业保险是社会保险制度中的重要组成部分。它是指国家通过建立失业保险基金,对因失业而暂时中断生活来源的劳动者在法定期间内给予失业保险金,以维持其基本生活需要的一项社会保险制度,与其他社会保险项目相比,失业保险制度的特点主要表现在:

第一:针对的劳动风险不同。失业保险所针对的劳动风险是失业,是劳动者因为种种原因失去工作,而劳动者所具有的劳动力没有丧失;其他养老、疾病、工伤保险等针对的劳动风险是劳动者劳动能力的暂时或永久丧失。

第二:间接的目的不同。失业保险同其他社会保险项目一样,其直接目的都是保障基本生活,而失业保险的间接目的是通过提高劳动者就业能力和提供工作机会,促进劳动者再就业;其他养老、疾病、工伤保险等不具备这一目的。

第三:享受条件不同。与其他社会保险项目不同,失业保险的享受条件不仅和劳动者的工作年限、缴纳保险费情况有关,而且还决定于劳动者的就业意愿。失业保险通常遵循非自愿失业原则,只有非劳动者个人原因导致的失业,才可享受失业保险。我国对失业保险对象进一步限定为已经就业但非因本人意愿中断就业的,并办理失业登记的那部分劳动者,未曾就业者不在此列。

第四:享受失业保险待遇有一定期限。失业保险属于短期支付的险种,即享受失业保险待遇一般有期限限制。一方面,这是因为劳动者失业通常与经济发展的周期性或经济的结构性调整有关,失业多表现为一种暂时的现象;另一方面,规定享受失业保险有一定的期限,也是为了促使劳动者积极寻找就业机会,实现再就业。

(3)医疗保险:医疗保险又称为疾病保险或健康保险,是指劳动者因患病或非因工负伤治疗期间,可以获得必要的医疗费资助和疾病津贴的一种社会保险制度。医疗保险具有以下特点:

第一:适用范围具有广泛性。如果将疾病作为一种风险,那么这种风险对每个人而言都是难以避免的,由于医疗保险是化解这种风险的重要手段,医疗保险就具有广泛适用的必要性。一般来说,医疗保险的对象适用于所有的劳动者,许多福利国家还规定医疗保险的范围适用于全体国民。

第二:享受医疗保险待遇具有长期性。由于疾病与每个人的一生相伴,而不是一个暂时性或短期的风险,因此,参加医疗保险,对每个参加者来说都具有长期性,即都能终身获得必要的医疗保障。

第三:医疗保险的范围具有限定性。医疗保险的范围通常都是有限制的,一般来说,医疗保险的范围限于必要的治疗和医药费,对于可以享受医疗保险的疾病和药品的范围立法都会有明确的界定,以避免医药费用无限扩大。

（4）工伤保险：工伤保险是国家立法建立的，对在经济活动中因工伤致残，或因从事有损健康的工作患职业病而丧失劳动能力的劳动者，以及对职工因工伤死亡后无生活来源的遗属提供物质帮助的社会保险制度。

（5）生育保险：生育保险是国家通过立法，筹集保险基金，对生育子女期间暂时丧失劳动能力的职业妇女给予一定的经济补偿、医疗服务和生育休假福利的社会保险制度。生育保险的内容一般包括产假、生育津贴和生育医疗服务三项内容。

（二）法定休假

休假是根据国家法律规定和用人单位的作息制度，劳动者在履行劳动义务中可以休息一定的时间，不必从事工作，休息完毕后继续工作。休假制度是为保障劳动者休息权利而实行的带薪休息假期的制度。目前，中国的休假制度主要包括三项内容，即公休假日制度、法定节假日制度、年休假制度。休假制度通过立法形式保障劳动者的休息权利。我国的休假制度包括四种形式：

1. 公休假日制度 公休假日又称"公休日"，指法律规定或者依法订立的每工作一定时间必须休息的时间，如每工作5天以后休息2天，这2天就是公休假日。中国目前就实行每周2天的休假制度。

2. 法定节假日制度 法定节假日指根据各国、各民族的风俗习惯或纪念要求，由国家法律统一规定的用以进行庆祝及休假的休息时间。各国对法定节假日的规定不太一样。《中华人民共和国劳动法》第四十条规定：用人单位在元旦，春节，国际劳动节，国庆节，法律、法规规定的其他休假节日，应当依法安排劳动者休假。

3. 年休假制度 年休假是指单位的劳动者每年享有保留工作，带薪连续休假的制度。目前，世界各国已广泛地实行年休假制度。假期一般规定为5～30天，工资照发。年休假长短，一般按照劳动者的劳动时间的长短来确定假期的长度。对于特别繁重或者有害健康的工作，假期比一般工作时间长。假期内，一般不得被单位解除劳动合同。我国劳动法规定劳动者连续工作一年以上的，享受带薪年休假。

4. 探亲假制度 探亲假是指给予与配偶和父母分居两地的职工在一定时期内回家与配偶或父母团聚的假期制度。中国自1958年开始实行探亲制度，1981年重新修订颁布了《关于职工探亲待遇的规定》。这是与计划经济体制相联系的制度，随着我国市场经济体制的逐步确立和年休假制度的实行，探亲假渐渐被年休假所代替。

三、企业福利

按企业中福利项目内容的不同，可将福利项目分为以下几类：

1. 经济性福利项目 除了工资和奖金外，对员工提供其他的经济性补助的福利项目，如企业年金、团体人寿保险、住房补贴、结婚礼金等。经济性福利项目可以减轻员工的负担或增加额外收入，进而提高士气和工作效率。

2. 设施性福利项目 从员工的日常需要出发，向员工提供设施性服务的福利项目，如员工免费宿舍、阅览室与健身房等。设施性福利项目是从关怀员工的日常生活出发，进而提供相关的硬件服务设施。

3. 娱乐性福利项目 为了增进员工的社交和康乐活动，促进员工的身心健康及增进员工的合作意识，提供娱乐性的福利项目，如旅行、免费电影等。此类福利项目的设计是基于重视员工的管理理念，以满足员工参与感、被接纳、被认同的社会性需求。

4. 员工服务福利项目 为员工提供各种各样的生活上、职业发展上等各方面服务的福利项目，如员工的身体健康检查和外派进修等。

5. 其他福利项目　以上所列福利项目未包含的其他福利项目,如以本企业员工的名义向大学捐助专用奖学金等荣誉性福利。

四、企业福利制度的弹性化

传统上企业所提供的福利都是固定的,而强调福利由员工自由选择的弹性做法则是20世纪90年代福利制度改革的趋势。

(一) 弹性福利制的含义

弹性福利制又称为"自助餐式的福利",即员工可以从企业所提供的一份列有各种福利项目的菜单中自由选择其所需要的福利。弹性福利制是一种有别于传统固定式福利的新员工福利制度。弹性福利强调让员工依照自己的需求,从企业所提供的福利项目中选择组合适于自己的一套福利"套餐"。每一个员工都有自己"专属的"福利组合。另外,弹性福利制非常强调员工参与的过程。实践中,实施弹性福利制的企业,并不会让员工毫无限制地挑选福利措施,通常企业都会根据员工的薪水、年资或家眷等因素来设定每一个员工所拥有的福利限额。而在福利清单上所列出的福利项目都会附一个金额,员工只能在自己的限额内认购喜欢的福利。

(二) 弹性福利制的类型

弹性福利制从20世纪70年代初期开始兴起,历经30多年的发展,已经演变出多种不同的类型。

1. 附加型　附加型弹性福利计划是最普遍的弹性福利制。所谓附加,顾名思义就是在现有的福利计划之外,再提供其他不同的福利措施或扩大原有福利项目的水准,让员工去选择。例如,某家公司原先的福利计划包括补助费、意外险、带薪休假等。如果该公司实施附加型的弹性福利制,可以将现有的福利项目及其给付水准全部保留当作核心福利,然后再根据员工的需求,额外提供不同的福利措施。每个员工则根据他的薪酬水准、服务年资、职务高低或眷属数等因素,发给数目不等的福利限额,员工再以分配到的限额去认购所需要的额外福利。有些公司甚至还规定员工未用完自己的限额,余额可折发现金,不过,现金的部分于年终必须合并其他所得课税。此外,如果员工购买的额外福利超过了限额,也可以从自己的税前薪酬中扣除。

2. 核心加选择型　此类型的弹性福利计划是由一个核心福利和弹性选择福利所组成。核心福利是每个员工都可以享有的基本福利,不能自由选择,可以随意选择的福利项目全部放在弹性选择福利之中,这部分福利项目都附有价格,可以让员工选购。员工所获得的福利限额,通常是未实施弹性福利制前所享有的福利,总值超过了其所拥有的限额,差额可以折发现金。

3. 弹性支用账户　弹性支用账户是一种比较特殊的弹性福利制。员工每一年可从其税前总收入中拨取一定数额的款项作为自己的"支用账户",并以此账户去选购雇主所提供的各种福利措施。拨入支用账户的金额不须扣缴所得税,不过账户中的金额如未能在年度内用完,余额就归公司所有,即不可在下一年度中并用,也不能以现金的方式发放。各种福利项目的认购款项如经确定就不能挪用。此制度的优点是福利账户的钱免于纳税,相当于增加净收入,所以对员工极有吸引力。缺点是行政手续过于繁琐。

4. 套餐　这种类型是由企业同时推出不同的福利组合,每一个组合所包含的福利项目或优惠水准都不一样,员工只能选择其中一种。就好像西餐厅推出的A餐、B餐一样,顾客只能选其中一个套餐,而不能要求更换套餐里面的内容。在规划此种弹性福利制时,企业可根据员工的背景,如婚姻状况、年龄、有无眷属、住宅要求等来设计。

5. 选高补低型　此种福利计划提供几种项目不等、程度不一的福利组合供员工选择,以组织现有的固定福利计划为基础,再据此规划数种不同的福利组合。这些组合的价值和原有的固定福利相比,有的高,有的低。如果员工看中了一个价值较原有福利措施还高的福利组合,那么他就需要从薪水中扣除一定的金额来支付其间差价。如果他挑选的是一个价值较低的福利组合,就可以要求雇主发给其间的差额。对于此类型的弹性福利,员工至少有三种选择:①所选择的福利范围和价值均较大,需从员工的薪酬中扣除一定的金额来补足;②所选择的范围和价值相当于原有的固定福利措施;③所选择的福利价值较低,可获现金补助差额,但该项现金必须纳税。

弹性福利制对员工而言,可根据自己的情况,选择对自己最有利的福利。这种由企业所提供的自我控制,对员工具有激励作用。同时,也可以改善员工与企业的关系。对企业而言,弹性福利制通常会在每个福利项目之后标示其金额,这样可以使员工了解每项福利和成本之间的关系,方便雇主管理和控制成本;另外,由员工自选,员工较不易抱怨,也可以减轻福利规划人员的负担。但是,实施弹性福利制,通常会伴随着繁杂的行政作业,会造成承办人员的极大负担。在实施弹性福利制初期,行政费用会增加,成本往往不减反增。

总之,弹性福利制对企业而言有一定的益处,但也有一定的弊端。因此,对于处于经济迅速发展阶段的我国,为适应社会主义市场经济的需要,每一个企业都应认真地考虑有关员工的福利保险方面的问题,根据企业自身的特点,灵活运用各种形式发放福利。

【实践中的人力资源】

药企"胡萝卜政策"大变轨

"胡萝卜政策"特指福利和激励制度。为了保住人才,"胡萝卜政策"必不可少。调查发现,公司如果花钱替员工谋身心健康福利的话,每1块钱的投资可以达到6块钱的回报,也就是说,这种投资的回报率是600%。而有许多医药公司不愿意在雇员身上花钱,结果反而损失更大。在现代医药企业中,员工不仅需要较高的工资,他们还需要长远的获利可能、继续学习和发展的机会,还要有良好的工作环境。医药企业只有提供上述条件,雇员才可能将他们的技能、时间和精力用于最佳表现之上。

福利是对员工工作的肯定,各种由公司发放的福利金,举办的各项文化休闲活动、慰问、教育奖励等福利活动十分常见。在西方激励文化的影响下,许多医药企业也开始尝试将年终分红入股的福利形式了。福利这种表现方式所产生的评价体系,清楚地表现了企业文化的价值取向。利用这种看得见的衡量体系,可以提高企业的凝聚力。

本 章 小 结

薪酬(compensation)有广义和狭义之分。广义的薪酬又被称为报酬、整体薪酬、总薪酬以及360度薪酬等。广义的薪酬分为经济类薪酬和非经济类薪酬两种。经济类薪酬又可分为直接薪酬和间接薪酬。直接薪酬是指雇用单位以工资、奖金、红利、股权等形式支付给员工的报酬;间接薪酬是指雇用单位以各种形式的福利、保险、津贴等支付给员工的报酬。非经济类薪酬是指员工从工作本身获得的成就感、满足感、良好的工作氛围、发展机会等。狭义的薪酬仅是指雇员因从事雇用单位所需要的劳动,而从雇用单位得到的经济性报酬补偿。薪酬主要包括补偿功能、激励功能、协调和配置功能等四大功能。

在市场经济条件下,企业的薪酬管理必须综合考虑企业的外部因素、内部因素及员工个人因素等各种因素的影响。

基本薪酬制度是企业薪酬制度的重要组成部分。根据企业对岗位价值、个人价值和业绩贡献价值三个方面的价值评价标准,相应的基本薪酬制度也可以概括为基于职位的薪酬制度、基于能力的薪酬制度、基于绩效的薪酬制度以及组合薪酬制度四种主要基本薪酬制度形式。

企业要设计出一个科学合理的薪酬系统,必须遵循战略导向原则、公平性原则、经济性原则、激励性原则、竞争性原则、合法性原则等。一个好的薪酬管理体系应该是对内具有激励性,对外具有竞争性的,也就是要达到能吸引人、留住人、激励人的目的,为实现企业经营管理目标提供强有力的人力资源保障。企业要设计出一套行之有效的薪酬管理体系,一般要经历制定薪酬战略、工作分析、工作评价、薪酬调查、确定薪酬结构与水平、薪酬体系的实施与修改等几个步骤。

员工福利是一个综合性概念,是指企业基于雇佣关系,依据国家的强制性法令及相关规定,以企业自身的支付能力为依托,向员工提供的、用以改善其本人和家庭生活质量的各种以非货币工资和延期支付形式为主的补充性报酬与服务。员工福利具有补偿性、均等性、补充性、集体性等特点。法定福利是国家通过立法强制实施的对员工的福利保护政策,包括社会保险和各类休假制度。按企业中福利项目内容的不同,可将企业福利项目分为经济性福利项目、设施性福利项目、娱乐性福利项目、员工服务福利项目、其他福利项目等。

传统上企业所提供的福利都是固定的,而强调福利由员工自由选择的弹性做法是20世纪90年代福利制度改革的趋势。弹性福利制又称为"自助餐式的福利",即员工可以从企业所提供的一份列有各种福利项目的菜单中自由选择其所需要的福利。对于处于经济迅速发展阶段的我国,为适应社会主义市场经济的需要,每一个企业都应认真地考虑有关员工福利保险方面的问题,根据企业自身的特点,灵活运用各种形式发放福利。

思 考 题

1. 如何理解薪酬的概念和构成?
2. 影响薪酬设计的因素有哪些?
3. 如何理解基于岗位、绩效及职能的工资制度?
4. 薪酬设计应遵循哪些原则?包括哪些程序?
5. 员工福利有哪些类型?如何理解弹性福利制度?

案例解析

奖金分配:王院长面临的难题

临近年底,医院筹备召开年度工作会议。刚上任不久的王院长,正在审阅拟提交年度工作会议的文件——《医院临床与医技科室员工奖金分配办法草案》。老王担任副院长时,就分管医院科室核算和人力资源部门的工作,那时,医院实行目标管理,在科室核算基础上确定科室奖金总额,科室再根据每个人实现效益的大小,决定其奖金的数额。此前,卫生行政主管部门已明确规定,要改革医院不适当的经济激励机制,不允许医务人员的收入与经济收入挂钩。同时,由于就诊患者不断增加,临床和医技科室业务量不断加大,原来医院实行的奖金分配办法已无法继续实行,中青年医务人员面临的社会、经济压力日益加大。部分青年医务人员开始表示不满,甚至出现了个别人不愿意加班手术的现象。如何建立科学的、有激励、有约束、使医院充满活力的新机制,成为本次年度工作会议的主要议题,也是全院员工关注的焦点。

王院长的原则是:在科学核定科室岗位职数、保证医疗安全的前提下,奖金额的50%根据员工的职称、学历、岗位等因素确定;另50%的奖金额根据员工的工作数量、质量、态度等绩效考核分数进行分配。科主任的绩效考核分数为临床一线医生绩效分数的平均数;护士长的绩效考核分数为临床一线护士绩效分数的平均数。承担临床教学和科研任务的高年资医生、护士适当加分。出现医疗差错或造成医源性医疗纠纷者适当扣分,出现医疗事故则当月绩效分数为零。该《草案》还具体规定了打分办法和实施细则。

王院长深知奖金分配是医院员工最为关注的问题之一,具有较强的行为导向作用。这种奖金分配办法是否合理可行? 员工绩效考核能否顺利实施? 这份《草案》还要如何完善? 提交上去能否获得通过? 这个方案能否真正调动员工的工作积极性? 一连串的问号使王院长陷入了沉思之中……

解析:

诚如案例所述,奖金分配是涉及大家切身利益、医院职工关注的问题,也是能否调动员工积极性、促进医院发展的重要问题。王院长所在医院目前奖金分配中存在的问题在各医院十分普遍:重经济效益轻技术质量,未能消除"大锅饭"现象。应该说,新制订的奖金分配草案已经有了很大的进步,由单纯强调经济效益转而强调数量、质量、态度等因素;将奖金分配与绩效考核挂钩;鼓励参与教学和科研工作;强化科主任和护士长的管理责任等。但是,改革是一项综合配套的系统工程,建议王院长从以下几个层面系统地考虑改革奖金分配的问题:

首先,年度工作会议的主要议题是建立科学的、有激励、有约束、充满活力的新机制,调动全院职工的积极性。这需要从多方面入手,而不仅只考虑奖金分配问题。如:在岗位聘任和职务晋升方面实行奖优汰劣形成竞争激励,加强考核评估形成目标激励,通过评优评先形成荣誉激励等。因此,除了收入分配这根重要的"经济杠杆"外,王院长还应考虑构建一个多手段、多方式、多层次的医院激励体系。

其次,收入分配制度的改革并不是孤立的,它是一个综合配套的系统工程,它与人事制度改革、岗位管理体系的关系十分密切。岗位价值的评价是确定薪酬水平的依据,是进行分配制度改革的前提。王院长的改革并未进行岗位评价,可以预见,一定会"按下葫芦起来瓢",此次分配改革虽然解决了激励的导向问题,但是医院各类各级岗位人员收入水平的合理排位问题又将浮出水面。

第三,此次改革只是涉及奖金部分,但员工收入中还有工资等其他收入,因此,在分配制度改革中,要通盘考虑、整体设计。王院长应确定医院的可分配总额,这涉及处理好医院积累与消费的关系,医院是否可以持续发展,收入水平是否具有竞争力,能否留住和吸引人才等重要问题。其次,要设计好员工收入的结构与比例,包括身份工资、岗位工资、绩效工资三部分的比例,固定部分与变动部分的比例等,从案例中看,出现了个别人不愿意加班手术的现象,因此,收入中"活"的部分或者说与业绩挂钩的部分应加大比重,加大激励力度。

另外,这份奖金分配的方案中,还有一些问题需要商榷,如:绩效考核中未提及成本管理的相关指标,而成本管理在医院管理中占有重要地位;科主任与护士长的绩效考核分数分别为医生和护士的平均值能否体现出他们管理的价值;科主任与护士长分别对医师和护士负责是否会造成医护管理的"两张皮"现象等。当然,任何改革方案都不是十全十美的,只要在改革过程中,认真进行现状调查、明确存在的问题,让广大员工积极参与讨论,吸取兄弟单位的经验教训和听取专家的建议,充分调动科主任和护士长的积极性,改革就应该会达到预期效果。

【案例讨论】

B 医院是位于某地级市中心区的一所综合性民办医院,现有住院床位 315 个。除了设有全部的传统常规医疗服务项目外,还设有心脏病监护、肿瘤治疗和急诊服务,有近千名支付全职工资的雇员。B 医院的薪酬体系非常强调内部公平性,在运用因素计分法评估打分的基础上被分成 25 个薪金级别。每一个薪金级别在原来的基础上还有上下 25% 的浮动。没有经验的或经验很少的雇员,只得到其所属级别中的最低限度薪水。随着雇员们在工作中不断进步,他们会被支付与其工作中所表现出来的水平相称的薪水。

雇员们似乎对 B 医院的薪金体系很满意，几乎没有什么抱怨。然而，在回顾了这个医院的人员流动数字后，主管薪酬的人力资源部黄主任注意到，医院的理疗师中存在着不寻常的高流动率。黄主任决定对这件事进行调查，看一看是不是医院的薪酬分配造成了这一问题。理疗师在薪酬等级中属于第 8 级。B 医院对这一级别的薪酬范围是 6000~8000 元人民币。黄主任做了一些考察后发现，B 医院的主要竞争对手——Y 医院支付给理疗师的薪水为 7500~10 000 元人民币。显然，B 医院支付的薪酬不具备外部竞争力。

针对这一问题，黄主任决定召开一次会议来讨论如何应对。出席会议的有主管人力资源部的陈副总裁和他的助手老李。老李建议 B 医院将理疗师的工作级别升至第 10 级，以使其对理疗师薪酬标准能与 Y 医院的付薪情况相当。而陈对这一提议表示怀疑，他觉得这样的变动将会破坏 B 医院工作评估计划的可信度，并会导致士气问题，特别是对那些被分在薪金级别第 8 级中的雇员们。

问题：

1. 你是否同意陈副总裁的观点？薪酬管理应遵循哪些原则？

2. 请你就 B 医院理疗师不寻常的高流动率提出问题分析，并策划一个更好地解决此问题的办法。

【模拟实践】

H 医药有限公司的薪酬体系设计

H 医药有限公司成立于 1998 年，主要从事化学原材料、化学药制剂、生物制品、抗生素、生化药品、中成药等产品的生产和经营。该公司具有很强的研发能力，先后通过了 GMP 和 GSP 认证，拥有较为畅通的产品渠道和一批核心的高素质销售人员，是华中地区的重点医药生产和流通企业之一。该公司以"高附加值的员工是公司的最大资产"为人力资源管理理念，实施岗位轮换制、员工建议系统、EVA 奖金计划等一系列人力资源措施，以提高员工的忠诚度和价值。但近年来，公司骨干人员流失率呈逐年上升趋势，尤其以高管、研发人员最为突出。如何吸引、激励和保留关键人才，已成为困扰 H 公司董事会和人力资源管理者的一大难题。

1. 薪酬管理现状　H 公司的薪酬体系包括工资、补贴、福利和奖金四个单元。所有员工分为管理职、技术职和一般职三个序列。其中，工资单元实行典型的岗位工资制，其价值分配基础以职位为主，以能力为辅，整个工资体系共含 11 个等级，其中，第 1 级分 3 等，第 2 级分 4 等，第 3~7 级分 5 等，第 8~9 级分 6 等，第 10 级分 7 等，第 11 级分 8 等。最低工资水平（1 级 1 等）为 600 元/月，最高工资水平为 9500 元/月。补贴单元的名目较多，包括车补、餐贴、通讯补贴、房补、差补、安家补贴、学位补贴、技术职称补贴等 8 个项目。其中，除技术职称补贴根据公司聘任职称发放，学位补贴根据国家国民教育系列学位发放外，其他补贴均以职位为基础进行发放。福利单元除国家规定的社保险种之外，还包括补充商业保险、带薪年假、退休金等 8 个项目。奖金单元则包括月度奖金（绩效工资）、服务质量奖、年终目标奖、最佳建议奖、特别贡献奖、EVA 奖金计划等 7 个项目。

H 公司现行薪酬体系的调整主要包括晋升调薪、考核调薪和通货膨胀调薪三种类型。晋升调薪分为职位晋升调薪和职称晋升调薪两种形式，均在员工晋升的下月开始执行；考核调薪的频率为每年一次；通货膨胀调薪每年调整一次，在通胀率超过 10% 的情况下，该调整为每半年一次。

2. 现行薪酬体系的突出问题

（1）薪酬理念与人力资源管理理念错位：H 公司提倡能力主义，强调以能力为取向，在公平的原则下，内部拔擢有实力的员工，为公司贡献实绩并获得相应的报酬。同时，通过资格认证、工作论调、能力发展计划等一系列措施进一步强化高素质、高效能、高待遇的思想，是典型的基于能力的人力资源管理。然而，其薪酬体系设计则基本以职位价值为基础，虽然对技术职通过技术职称补贴进行弥补，但未充分体现该系列的能力价值。

(2) 劳动力市场定位偏差:H公司的人才结构为研:产:销:辅 = 4:2:3:1,与典型的哑铃型人才结构相近。该公司对研发(含技术)人员素质要求较高,虽然该公司地处华中,但此类人才的劳动力市场从该公司的人力资源实践来看,是属于全国性市场,而非区域性市场。

根据该公司的产品市场定位,除公司主导产品的覆盖范围为全国性之外,其他产品的市场(尤其是该公司的商业产品市场)基本以华中为主,故此,该公司营销人员的劳动力市场以区域市场为主(该公司的人力资源实践也证明此结论)。但H公司现行薪酬体系设计时的劳动力市场定位,除一般职外,其他职位均为全国性劳动力市场,定位偏差较大。

(3) 薪酬水平定位偏差:公司外部劳动力市场定位偏差导致了公司在薪酬水平定位方面的偏差。一方面是因不同劳动力市场内部结构不同而导致的参照系错误;另一方面是由于劳动力市场薪酬水平的差异导致的绝对薪酬水平偏差。

(4) 价值评估体系不严谨:H公司的薪酬体系以职位为基础,其基本设计思路是通过职位评估来确定各职位之间的相对价值,再通过职位序列和市场薪酬数据之间的映射来建立基础工资体系。能力评估是该职位评估体系中的一部分,但该公司另外又设计了学历补贴和技术职称补贴,这虽然在某种程度上体现了公司人力资源管理政策当中"能力主义"的理念,但对能力要素的重复计算在根本上破坏了该公司薪酬体系的内部公平性和一致性。

(5) 薪酬调整机制不健全:H公司薪酬体系的调整方式包括晋升调整、考核调整和通胀调整,但是缺少与市场薪酬水平变化相应的调整方式,从而导致该薪酬体系虽然在设计之初在某种程度上具有了"外部竞争性",但是并没有建立一种持续保持这种"外部竞争性"的管理机制。

(6) 工资等级范围和重叠度不尽合理:H公司各工资等级范围过窄,在一定程度上抵消了各工资等级内部薪酬调整的激励作用。同时,各工资等级之间基本没有重叠(重叠度为负数,意味着该公司内部等级森严),对员工的职业发展倾向产生误导,对团队合作造成严重冲击,是造成该公司高管、研发人员流失的主要原因之一。另外,该公司高管人员平均薪酬水平仅为员工平均薪酬水平的11.3倍,远低于行业平均水平(16倍),这也是该公司高管人员流失率持续攀升的主要原因之一。

(7) 其他:以上仅是H公司在薪酬体系方面存在的一些主要问题,除此之外,补贴和福利项目的设计、绩效工资、奖金、销售提成等方面也不同程度的存在各种问题。

模拟练习:

1. 将学员分成6~8人的小组,成立薪酬改革委员会。
2. 分析企业薪酬体系存在的主要问题。
3. 检讨企业的薪酬序列设置是否合理。
4. 检讨并重新确定企业各薪酬序列实施的基本薪酬制度。
5. 进行市场薪酬调查,确定不同薪酬序列应优先考虑的薪酬设计原则。
6. 为各薪酬序列设计薪酬组合。
7. 进行薪酬组合每一部分的设计。
8. 形成整体的薪酬改革方案。

(饶惠霞)

第 8 章 　劳动关系管理

本章要点

1. 熟悉劳动关系的概念与性质
2. 掌握劳动关系的主体和类型
3. 了解调整劳动关系的法律基础
4. 了解劳动合同的概念与特征
5. 掌握劳动合同的种类与内容
6. 了解劳动合同订立的原则、变更的含义
7. 熟悉劳动合同解除的种类与终止的法律规定
8. 了解劳动争议的概念
9. 熟悉劳动争议处理的原则与方式
10. 掌握劳动争议处理机构的类型及其处理程序

导入案例

王某悔约解除劳动关系未获支持

　　王某是北京某医疗设备公司产品检测员,尽管每天上下班需要乘4个小时的公交车,但她工作尽职尽责,对自己的工作也很满意。2008年6月,王某生了一个漂亮女儿,女儿的出生虽然给她带来了欢乐,但也带来了苦恼——每天早出晚归,不能很好地照顾女儿。2008年9月12日,她以上班路途远,不能照顾自己幼小的女儿为由,申请与公司提前解除劳动合同。2008年11月10日,又因后悔与公司解除劳动关系,向当地劳动争议仲裁委员会申请恢复劳动关系仲裁,仲裁裁决王某与该公司恢复劳动关系,并由该公司支付她拖欠工资及同期社保费1.2万元。该公司对仲裁裁决不服,向法院提起诉讼,要求不恢复与王某的劳动关系,不支付工资及社保费用。

　　法院经审理查明,王某虽处于哺乳期,但在2008年9月22日,她与公司办理了工作移交手续,她填写的工作移交清单明确反映双方劳动关系解除情况和方式。公司还在非发薪日支付王某当月工资,亦领取了补偿金,9月23日公司又开具了退工证明。另外,王某在明知自己处于哺乳期的情况下,仍与公司协商解除劳动关系,可视为对行使权利的自行放弃,是她自己的真实意愿。同时,王某也没有证据证明解除劳动关系是出于公司的欺诈或胁迫所为。

　　虽然《中华人民共和国劳动合同法》规定:女职工在孕期、产期、哺乳期的,用人单位不得依照本法第四十条、第四十一条的规定解除劳动合同,但并不禁止其他的解除条款,如第三十六条规定:用人单位与劳动者协商一致,可以解除劳动合同。依据上述事实和法律规定,法院判决:王某与某医疗设备公司的劳动关系是经双方协商解除的,对王某要求与该公司恢复劳动关系、支付拖欠工资及同期社保费的请求均不予支持。

　　上述案例涉及人力资源管理的一项重要内容——劳动关系管理。通过本章学习,我们将了解劳动关系管理中的劳动关系、劳动合同和劳动争议等有关内容。

第一节 劳动关系概述

一、劳动关系的概念与性质

(一) 劳动关系的概念

所谓劳动关系(labor relation),是指劳动者与劳动力使用者在实现劳动过程中所建立的社会经济关系。劳动关系的基本内容包括三个方面:

第一:劳动者(员工)与劳动力使用者(雇主)在实现劳动过程中,就工作任务、劳动报酬、劳动纪律与奖惩、工作和休息时间、劳动安全卫生、福利保险、职业培训等方面形成的关系。

第二:代表劳动者利益的工会与劳动力使用者(雇主)之间发生的关系。

第三:劳动行政部门、法律部门与劳动者和劳动力使用者在劳动就业、劳动争议等方面发生的关系。

虽然由于政治经济体制或研究视角的不同,在不同的国家和研究领域,劳动关系被称为诸如劳资关系、雇佣关系、劳工关系和产业关系等。但是,劳动关系这一称谓最为通用,因为它更能反映劳动者与劳动力使用者之间社会经济关系所具有的本质特征。

(二) 劳动关系的性质

我们从上述劳动关系的含义中可知,劳动关系既有经济关系的性质,又有社会关系的性质。

1. 劳动关系是一种经济关系 劳动关系是一种经济关系,是指劳动者和劳动力使用者之间是以满足彼此经济利益为纽带联系在一起的。雇主以支付报酬为代价,购买劳动者的劳动,并为自己获取利润;劳动者通过出卖劳动获取雇主支付报酬,以满足自己的经济利益需求,并进行劳动力的再生产。"劳动"的买卖双方都是以实现自己的经济目标为目的,经济利益构成劳动关系的核心,它贯穿于劳动者和劳动力使用者双方劳动关系存在的始终,并产生相应的权利义务关系,双方基于有偿劳动所形成的权利义务关系构成了劳动关系的重要内容。

2. 劳动关系是一种社会关系 劳动关系并非是一种简单的经济关系,同时又是一种社会关系,在劳动关系双方的互动过程中,劳动者在追求经济利益的同时,也寻求其他方面的利益,如荣誉、渴望尊敬、归属感、成就感、安全感等,劳动者和劳动力使用者双方之间,除了经济利益的关系外,还有非经济的社会、文化关系及政治关系。此外,劳动关系双方与工会、劳动行政部门、法律部门之间除经济关系外,也表现各种社会关系的性质。

二、劳动关系的主体

从狭义的经济关系角度讲,劳动关系的主体包括劳动者和劳动力使用者(雇主)双方。从广义的社会关系角度讲,劳动关系的主体不仅包括劳动者和劳动力使用者双方,还包括与之发生关系的各有关方面,如代表劳动者利益的工会、政府的劳动行政管理部门、法律部门以及代表劳动力使用者利益的雇主协会组织等。

(一) 员工

员工也称雇员、雇工、劳工、受雇人,是指在用人单位中本身不具有基本经营决策权力并从属于这种决策权力的工作者。员工和雇主的主要区别在于经济上的从属权,员工完全被纳入到雇主具有所有权的经济组织之内,通过向组织提供劳动(出卖劳动力)获取收入,但不具有该组织的基本经营决策权。经济上的从属性也是区分员工与独立劳动者的一个根本标准。

员工的范围应当包括：蓝领工人、医务人员、办公人员、教师、社会工作者等。但不包括自由职业者、自雇佣者。

（二）雇主

雇主也称雇佣者，是指在一个用人单位中，使用雇员进行有组织、有目的活动，并且向雇员支付工资报酬的法人或自然人。

雇主是相对雇员而言的，雇主是员工劳动的购买者和使用者，既可以是法人组织，也可以是个体的自然人，具有经济组织的所有权和经营决策权。需要特别指出的是，在许多经济组织中，中低层管理者也是受雇人员，而不是雇主代表或雇主。

（三）工会

工会是由员工自愿组织起来的，代表员工共同利益的团体。在劳动关系中，由于员工与雇主之间对双方追求利益的认知上经常出现差异，从而导致冲突的发生，在冲突过程中，因经济上的从属性，员工总是处于弱势地位。为了提高与雇主抗衡能力，员工就需要组织成立能够代表全体员工共同利益的自己的团体（工会）。

工会的主要职责是代表员工与雇主进行集体谈判，以维护员工的合法权益，如提高员工的经济地位、维护和改善员工的劳动条件等。

（四）雇主协会

雇主协会由雇主组成，代表和维护雇主的利益，它主要通过集体谈判和协商的方式，与工会协调解决员工与雇主之间紧张的劳动关系。

（五）政府

政府在员工与雇主的劳动关系中扮演着监督者和调解者的双重角色。作为监督者，政府通过法律手段介入和调整劳动关系，监督劳动关系双方权利和义务的使用与执行，由于员工相对于雇主的弱势地位，因此，需要加大对雇主的监督力度；作为调解者，政府要以《劳动法》为基础支持劳动关系中的调解和仲裁程序，鼓励员工与雇主双方尽可能利用调解和仲裁程序解决劳动纠纷。

三、劳动关系的类型

（一）按照主体力量的均衡性进行划分

劳动关系可分为均衡型劳动关系、倾斜型劳动关系和政府主导型劳动关系。

1. 均衡型劳动关系   它的主要特征是劳动关系双方主体力量相对均衡，具有相互制衡性。其主要表现为：能够基本保证员工与雇主的权利和义务的使用与执行；在相关法律、法规和制度下，员工及工会有权了解组织内部信息；组织的基本生产经营决策由雇主、员工和工会协商做出。

2. 倾斜型劳动关系   它的主要特征是劳动关系双方主体力量严重失衡，一方在组织中居主导地位，一方居从属地位。依据力量的倾斜方向，又可分为雇主主导型和雇员主导型，前者表现普遍。

3. 政府主导型劳动关系   它的主要特征是政府成为控制劳动关系的主要力量，并决定劳动关系的事务。新加坡是典型的政府主导型劳动关系国家。

(二) 按照员工与雇主双方利益的一致性程度进行划分

劳动关系可分为利益冲突型劳动关系、利益协调型劳动关系和利益一致型劳动关系。

1. 利益冲突型劳动关系　它的主要特征是员工与雇主之间存在严重的利益冲突。该类型劳动关系通常存在于工会力量比较强大的产业中,工会在代表员工与雇主就员工的工资和福利等问题进行谈判时往往表现强硬,引发冲突。

2. 利益协调型劳动关系　它的主要特征是员工与雇主之间的权利对等和地位平等,该型劳动关系强调民主性,在处理利益冲突时,双方遵循平等协商的原则。

3. 利益一致型劳动关系　它的主要特征是以企业管理者或雇主为中心,强调雇主的权威性,以员工与雇主利益一体论为经营哲学理念,主张通过企业内部的管理制度和激励机制来协调员工与雇主之间的利益冲突。

四、调整劳动关系的法律基础

劳动关系是劳动者与劳动力使用者在实现劳动过程中所建立的社会经济关系,它既属于人力资源管理的范畴,也属于法律调整的范畴,具有明确的法律内涵。下面介绍一些调整和规范劳动关系的主要法律、法规以及司法解释。

(一) 调整劳动关系的法律法规

1.《中华人民共和国劳动法》(以下简称《劳动法》)　该法于1994年7月5日第八届全国人民代表大会常务委员会通过,自1995年1月1日开始施行,它是调整劳动关系的基本法律。调整的主要对象为劳动合同、集体合同、工资、劳动安全卫生、女职工和未成年工保护、职业培训、社会保险和福利、劳动争议处理等方面。

2.《中华人民共和国工会法》(以下简称《工会法》)　该法于1992年4月3日第七届全国人民代表大会第五次会议通过,自1992年4月3日开始施行,调整的主要对象为工会与用人单位、职工之间在代表和维护职工合法权益时发生关系。

3.《中华人民共和国劳动合同法》(以下简称《劳动合同法》)　该法于2007年6月29日第十届全国人民代表大会常务委员会第二十八次会议通过,自2008年1月1日开始施行。

4.《中华人民共和国劳动争议调解仲裁法》(以下简称《劳动争议调解仲裁法》)　该法于2007年12月29日第十届全国人民代表大会常务委员会第三十一次会议通过,自2008年5月1日开始施行。

5.《中华人民共和国民事诉讼法》(以下简称《民事诉讼法》)　该法于1991年4月9日第七届全国人民代表大会第四次会议通过并开始施行。2007年10月28日第十届全国人民代表大会常务委员会第三十次会议通过《全国人民代表大会常务委员会关于修改〈中华人民共和国民事诉讼法〉的决定》,修订后的《民事诉讼法》自2008年4月1日开始施行。

6.《中华人民共和国劳动合同法实施条例》(以下简称《劳动合同法实施条例》)　该条例于2008年9月18日由国务院公布并开始施行。

7.《中华人民共和国企业劳动争议处理条例》(以下简称《劳动争议处理条例》)　该条例于1993年6月11日由国务院公布,自1993年8月1日开始施行。

8.《中华人民共和国劳动保障监察条例》(以下简称《劳动保障监察条例》)　该条例于2004年11月1日由国务院公布,自2004年11月1日开始施行。该条例的颁布实施,规范了劳动保障监察程序,明确了劳动保障行政部门、用人单位和劳动者在劳动保障监察工作中的权利与义务,标志着我国以《劳动法》为主体的调整劳动关系的法律法规体系的进一步完善。

（二）调整劳动关系的司法解释

1.《最高人民法院关于审理劳动争议案件适用法律的若干问题的解释》（法释〔2001〕14 号）　该解释于 2001 年 3 月 22 日由最高人民法院审判委员会第 1165 次会议通过,自 2001 年 4 月 30 日开始施行。

2.《最高人民法院关于人民法院审理事业单位人事争议案件若干问题的规定》（法释〔2003〕13 号）　该规定于 2003 年 6 月 17 日由最高人民法院审判委员会第 1278 次会议通过,自 2003 年 9 月 5 日开始施行。

3.《最高人民法院关于劳动争议仲裁委员会逾期不做出仲裁裁决或者做出不予受理通知的劳动争议案件人民法院应否受理的批复》（法释〔1998〕24 号）　该解释于 1998 年 6 月 8 日由最高人民法院审判委员会第 991 次会议通过,自 1998 年 9 月 9 日开始施行。

4.《最高人民法院关于人民法院对经劳动争议仲裁裁决的纠纷准予撤诉或驳回起诉后劳动争议仲裁裁决从何时起生效的解释》（法释〔2000〕18 号）　该解释于 2000 年 4 月 4 日由最高人民法院审判委员会第 1108 次会议通过,自 2000 年 7 月 19 日开始施行。

5.《最高人民法院关于劳动争议仲裁委员会的复议仲裁决定书可否作为执行依据问题的批复》（法复〔1996〕10 号）　该解释于 1996 年 7 月 21 日由最高人民法院颁布并施行。

6.《最高人民法院关于民事诉讼证据的若干规定》（法释〔2001〕33 号）　该规定于 2001 年 12 月 6 日由最高人民法院审判委员会第 1201 次会议通过,自 2002 年 4 月 1 日开始施行。

7.《最高人民法院关于实行社会保险的企业破产后各种社会保险统筹费用应缴纳至何时的批复》（法复〔1996〕17 号）　该解释于 1996 年 11 月 22 日由最高人民法院颁布并施行。

8.《最高人民法院关于在民事审判工作中适用〈中华人民共和国工会法〉若干问题的解释》（法释〔2003〕11 号）　该解释于 2003 年 1 月 9 日最高人民法院审判委员会第 1263 次会议通过,并开始施行。

【实践中的人力资源】

某药品经销公司的麻烦

2007 年 7 月某医科大学毕业的小郝于同年 8 月应聘到某药品经销公司,从事医药代表工作,为了自己日后找到更好的工作便于跳槽,小郝主动提出不与该公司签订劳动合同,并亲自出具一份自己不愿意签订劳动合同的书面声明。但她与公司口头约定试用期为 3 个月,如果试用期满考核合格,转为正式员工。试用期不到一个月,小郝的主管销售经理向公司反映,她不具备从事医药代表的岗位条件和能力,要求公司另行安排工作,公司拟调其到质检部工作,小郝不同意,公司就以"试用期不符合录用条件"为由解除了与小郝的劳动关系。

小郝认为:她与该公司口头约定的试用期是无效的,因为从进入公司工作始,其与公司就已经形成了事实劳动关系。没有劳动合同,就没有劳动合同期限,试用期包含在劳动合同期限内的,因此,即使有与该公司口头约定试用期的存在,也是无效的。没有试用期,公司以"试用期不符合录用条件"为理由单方解除双方已经存在的事实劳动关系是不成立的。因此,小郝向当地劳动争议仲裁委员会申请劳动仲裁。

第二节 劳动合同

一、劳动合同的概念与特征

（一）劳动合同的概念

关于劳动合同的概念，在我国的《劳动法》中是这样表述的："劳动合同是劳动者与用人单位确立劳动关系、明确双方权利和义务的协议。"劳动合同是维护劳动者和用人单位合法权益的法律保障。劳动合同的这一概念具有以下含义：

（1）劳动关系是以劳动合同来确立，雇主和员工之间建立劳动关系，必须签订劳动合同。它是雇主和员工双方之间劳动关系成立的法律凭证。

（2）劳动合同作为确立劳动关系的协议，其主要内容是在劳动关系存在期间双方需要履行的有关责任、权利和义务的规定条款。同时，劳动合同也是双方协调劳动关系的重要法律直接证据和依据，劳动合同一经签订，具有法律效力，对合同双方当事人产生约束力，合同双方必须认真履行，否则，要承担相应的法律责任和违约成本。

（3）劳动合同的主体是员工和雇主。作为劳动合同关系的当事人，只有双方具备法律规定的基本条件，才有参与劳动合同关系的资格，才有可能成为劳动合同关系中的一方当事人，即员工必须达到法定的最低劳动年龄，用人单位（雇主）必须是依法设立的企（事）业组织、国家机关、社会团体或者私营经济组织。

> 注：在我国有关劳动关系的各种法律法规中较少使用"雇主"和"员工"称谓，相应地使用"用人单位"和"劳动者"的概念。
>
> 用人单位主要包括：在中国境内的企业单位，如国有企业、集体企业、私营企业、外商投资企业等；国家机关、事业单位、社会团体等与劳动者订立了劳动合同的单位；个体工商户、个体承包经营户等个体经济组织。
>
> 劳动者主要包括：与中国境内的企业、个体经济组织建立劳动合同关系的职工和与国家机关、事业组织、社会团体建立劳动合同关系的职工。
>
> 公务员、农业劳动者、现役军人和家庭保姆没有纳入到我国《劳动法》调整范围。

（二）劳动合同的特征

劳动合同是经济合同的一种，它具有一般经济合同所共有的特征：

1. 依法订立 劳动合同必须依法订立，要求主体合法、内容合法、形式合法、程序合法。任何一方面不合法，都是无效的劳动合同。

2. 协商一致 劳动合同是双方当事人之间的协议，只有双方当事人意思表示一致，在协商一致的基础上达成协议，劳动合同才成立，不是单方意思表示的结果。

3. 合同主体地位平等 双方当事人的法律地位是平等的，劳动合同的订立是双方当事人的自愿行为。

4. 有偿性 劳动合同是一种有偿合同，劳动者向用人单位（雇主）提供劳动，用人单位向劳动者支付报酬。

劳动合同除具有上述一般经济合同所共有的基本特征外，还有其自身的法律特征：

（1）劳动合同主体的构成具有特定性，劳动合同是由特定的劳动者个人和用人单位双方依法订立的，任何两个组织之间订立的有关劳动（劳务）问题的协议不属于劳动合同。

（2）劳动合同是确立劳动关系的普遍法律形式。我国《劳动法》规定，建立劳动关系就应订立劳动合同,劳动合同是确立劳动关系的法律凭证,这表明劳动合同是确立劳动关系的普遍性法律形式。

(3)虽然劳动合同是劳动者个人和用人单位确立双方劳动关系的协议,但其内容要以劳动法律、法规为依据。用人单位必须遵守有关劳动法律、法规中最低劳动条件和劳动标准的规定,劳动关系双方当事人不能以自愿协商为由,随意降低法律法规所规定的劳动条件和劳动标准。

(4)在劳动合同履行期限内,劳动合同主体之间具有从属性,这种从属性有两种表现形式:经济上的从属性和工作上的从属性。当然,这种从属性是以劳动合同当事人双方权利义务对等为基础的,是在实现一定劳动过程中,因当事人双方在这一过程中的职责而形成的。随着劳动关系的解除,当事人双方的这种从属关系也就自然消失。一般地讲,用人单位居主导地位,劳动者居从属地位。

(5)劳动合同具有间接保障性,在一定的条件下,劳动合同往往附加与劳动者有关的第三人的物质利益保障条款。也就是说,劳动合同内容不仅限于说明劳动者本人的权利和义务,有时还要说明劳动者的直系亲属在一定条件下享受的物质帮助权。

(6)订立劳动合同的目的在于确立劳动关系,以实现劳动过程,而不是为了直接获取劳动成果。劳动者提供劳动和用人单位支付劳动报酬的目的都是为推动劳动过程的开展。

二、劳动合同的种类与内容

(一)劳动合同的种类

我国《劳动法》和相关的劳动法规将劳动合同划分为有固定期限的劳动合同、无固定期限的劳动合同和以完成一定工作为期限的劳动合同。

1. 有固定期限的劳动合同　又称定期劳动合同,是指劳动合同当事人双方(用人单位与劳动者)所订立的劳动合同规定了具体起始时间和终止时间。对于有固定期限的劳动合同,合同期限届满,劳动关系也随之终止。

2. 无固定期限的劳动合同　又称不定期劳动合同,是指劳动合同当事人双方(用人单位与劳动者)所订立的劳动合同没有明确规定具体的起止时间。对于无固定期限的劳动合同,只有在符合法定或有约定条件的情况下,劳动关系才可以终止。

3. 以完成一定工作为期限的劳动合同　劳动合同当事人双方(用人单位与劳动者)约定以某项工作任务的开始时间为合同的起始时间,以该工作任务的完成时间为合同的终止时间。对于这类劳动合同,开始某项工作,劳动合同即生效,该工作任务完成,劳动关系自行终止。

(二)劳动合同的内容

劳动合同的内容是指劳动者与用人单位双方就劳动权利、义务和责任的具体约定内容。根据《劳动合同法》规定,劳动合同的内容分为必备法定条款和协商约定条款两部分。

1. 必备法定条款　根据《劳动合同法》规定,劳动合同的必备法定条款主要包括以下几个方面:

(1)主体资格:为了明确劳动合同中双方的主体资格,《劳动合同法》规定,劳动合同中必须具备:①用人单位的名称、地址和法定代表人或者主要负责人;②劳动者的姓名、住址和居民身份证或者其他有效证件号码。

(2)合同期限:劳动合同期限是指当事人双方所订立的劳动合同起始至终止之间的时间。没有具体合同期限的劳动合同是无效合同,一般来说,合同生效时间为当事人双方的签字时间,合同终止时间为合同期届满或法律规定的终止条件出现时间。

(3)工作内容:工作内容主要是指劳动者为用人单位提供的劳动,具体包括工作岗位(工种)、工作任务和工作要求,还包括劳动者履行劳动合同时的具体工作地点。

（4）工作时间和休息休假:工作时间应按《劳动法》和国家规定执行,低于国家要求的,由合同当事人双方另行约定。工作时间方式的确定也由双方协商确定。关于休息休假,《劳动法》的第三十八条、第四十条、第四十五条有明确规定。

（5）劳动报酬:劳动合同中约定的劳动报酬必须符合国家法律、法规和政策的规定。支付劳动报酬是用人单位的义务,获取劳动报酬是劳动者履行劳动义务后应当享有的经济权利。劳动合同中的劳动报酬条款一般包括:①工资标准;②奖金获得方式;③津贴与补贴(如交通补贴、住房补贴、医疗补贴、通信补贴等)标准;④加班工资标准;⑤病假工资计算方法;⑥工资支付办法;⑦其他约定条款。

（6）劳动保险待遇:劳动者养老、患病、工伤、失业、生育等待遇,凡是国家有规定的,按规定执行,国家没有规定的,由双方协商约定。

（7）劳动保护与劳动条件:在劳动合同中订立劳动保护与劳动条件条款是用人单位的义务,其目的在于保障劳动者的生命安全和健康。用人单位必须按国家有关规定向劳动者提供劳动安全和劳动卫生方面的设施、设备和防护措施等。

2. 协商约定条款 劳动合同的双方当事人可以在必备法定条款之外,通过协商订立约定条款,在必备法定条款基础上,以不违反国家法律法规为前提进一步扩大双方权利、义务和责任的范围。协商约定条款一般包括试用期、教育培训、保守商业秘密、竞业禁止、违约等内容。

（1）试用期:一般情况下,用人单位都在劳动合同中与新录用劳动者约定试用期,以考察新劳动者是否胜任工作岗位。《劳动法》对于试用期的期限有具体规定,试用期包括在劳动期限内。

（2）教育培训:由用人单位提供教育培训费用,对劳动者进行岗位(专业)技术培训时,双方可以订立协议,协议内容包括服务期限、违约金的支付标准或计算办法等。

（3）保守商业秘密:在劳动合同中订立保密条款主要是针对劳动者而言的,其目的在于防止劳动者泄露用人单位的商业秘密(如专利技术、专有技术、市场情报、客户信息、营销策略等),保护用人单位的经济利益。

（4）竞业禁止:所谓竞业禁止,是指在劳动合同中,用人单位与劳动者约定,在终止或解除劳动合同后一定期限内,劳动者不能到与本单位生产经营同类产品或从事同类业务且有竞争关系的其他用人单位任职,自己也不能生产经营同类产品或从事同类业务。竞业禁止期内,用人单位应当给予劳动者补偿。

（5）违约赔偿:在劳动合同中,一般订立违约赔偿条款,主要包括违约金的支付标准或条件等。

三、劳动合同的订立、变更、解除与终止

（一）劳动合同的订立

1. 劳动合同的订立原则

（1）合法原则:合法原则是指用人单位和劳动者的主体资格、合同内容、合同订立程序、合同形式等必须符合国家有关法律法规的规定。合法是劳动合同有效并受国家法律保护的前提条件,否则,即使是双方当事人协商一致自愿订立的劳动合同也是无效合同,不具有法律效力。

（2）平等自愿原则:平等原则是指用人单位和劳动者的法律地位平等,劳动合同的订立是双方以平等主体身份协商一致的结果。自愿原则是指劳动合同的订立,完全出于双方当事人的意志,合同内容是当事人真实意愿的表达,不存在一方胁迫另一方的问题。

（3）协商一致原则:协商一致原则是指在符合法律法规的前提下,由双方当事人共同讨论

劳动合同的全部内容,取得一致性的意见表示,合同方能成立。

2. 劳动合同的生效　我国《劳动法》规定,用人单位与劳动者建立劳动关系,就应当订立书面劳动合同。劳动合同由双方当事人协商一致,并经双方当事人在合同文本上签字或者盖章后生效。劳动合同文本由用人单位和劳动者各执一份。

依法订立的劳动合同,从合同订立之日或者双方约定合同生效之日起就对双方当事人产生法律约束力,具有法律效力。对于违反国家法律法规订立的劳动合同,或一方采取欺诈、胁迫另一方等手段订立的劳动合同,属于无效的劳动合同,不受法律的承认和保护,没有法律效力。

(二) 劳动合同的变更

由于各种主客观原因,使履行合同的条件发生变化,致使合同的全部或部分条款不能履行时,而当事人双方均认为有履行合同的必要,由双方协商,可以变更劳动合同。

劳动合同的变更是指当事人双方对尚未履行或尚未完全履行依法订立的劳动合同,依照法律规定的条件和程序,在平等自愿、协商一致基础上,对劳动合同的部分条款进行修改、补充或删除的法律行为。

《劳动合同法》第三十五条规定,用人单位与劳动者协商一致,可以变更劳动合同约定的内容。变更劳动合同,应当采用书面形式。变更后的劳动合同文本由用人单位和劳动者各执一份。

(三) 劳动合同的解除

劳动合同的解除是指劳动合同签订生效以后,尚未全部履行之前,由于某种原因的出现,导致当事人双方提前终止合同的法律行为。可以当事人双方协商解除,也可以单方解除。

1. 协商解除　协商解除是由于某种原因的出现,导致合同不能全部履行或没有继续履行的必要时,经当事人双方相互协商达成一致提前终止劳动合同。我国《劳动合同法》规定,劳动合同当事人双方协商一致,可以解除劳动合同。

2. 单方解除

(1) 用人单位单方解除劳动合同:用人单位解除劳动合同可分为三种情况:过失性解除、无过失性解除和经济性裁员。

1) 过失性解除是指因劳动者出现过错而导致用人单位单方解除劳动合同。我国《劳动法》第25条的规定,劳动者有下列情形之一者,用人单位可以解除劳动合同:①在试用期间被证明不符合录用条件的;②严重违反用人单位规章制度的;③严重失职、营私舞弊,对用人单位利益造成重大损害的;④劳动者同时与其他用人单位建立劳动关系,对完成本单位的工作任务造成严重影响,或者经用人单位提出,拒不改正的;⑤因以欺诈、胁迫的手段或者乘人之危,使用人单位在违背真实意思的情况下订立或者变更劳动合同的;⑥被依法追究刑事责任的。

2) 无过失性解除是指劳动者无主观过错但由于出现某种原因而导致劳动合同无法继续履行,用人单位单方解除劳动合同。我国《劳动法》第26条的规定,有下列情形之一者,用人单位可以解除劳动合同:①劳动者患病或者非因工负伤,在规定的医疗期满后不能从事原工作,也不能从事由用人单位另行安排的工作的;②劳动者不能胜任工作,经过培训或者调整工作岗位,仍不能胜任工作的;③劳动合同订立时所依据的客观情况发生重大变化,致使劳动合同无法履行,经用人单位与劳动者协商,未能就变更劳动合同内容达成协议的。

需要注意的是,用人单位单方无过失性解除劳动合同时,应提前30日以书面形式通知劳动者,并给予劳动者一定的经济补偿。

3) 经济性裁员是指当下列情形出现时,用人单位依据一定法律程序,进行的裁员:①依照企业破产法规定进行重整的;②生产经营发生严重困难的;③企业转产、重大技术革新或者经营方式调整,经变更劳动合同后,仍需裁减人员的;④其他因劳动合同订立时所依据的客观经济情况发生重大变化,致使劳动合同无法履行的。经济性裁员用人单位需根据有关规定向劳动者支付经济补偿金。

（2）劳动者单方解除劳动合同:由于劳动者自身的主观原因,要解除劳动合同,需要提前30日以书面形式通知用人单位。在试用期内,需要提前3日通知用人单位。

由于用人单位的过错导致的合同解除,我国《劳动合同法》第三十八条规定,用人单位有下列情形之一者,劳动者可以解除劳动合同:①未按照劳动合同约定提供劳动保护或者劳动条件的;②未及时足额支付劳动报酬的;③未依法为劳动者缴纳社会保险费的;④用人单位的规章制度违反法律、法规的规定,损害劳动者权益的;⑤《劳动合同法》第二十六条第1款规定的情形;⑥法律、行政法规规定劳动者可以解除劳动合同的其他情形。

（四）劳动合同的终止

《劳动法》规定,劳动合同期满或者当事人约定的劳动合同终止条件出现,劳动合同即行终止。劳动合同的终止意味着劳动合同当事人双方约定的相互之间权利和义务关系的结束。

《劳动合同法》规定,有下列情形之一的,劳动合同终止:①劳动合同期满的;②劳动者开始依法享受基本养老保险待遇的;③劳动者死亡,或者被人民法院宣告死亡或者宣告失踪的;④用人单位被依法宣告破产的;⑤用人单位被吊销营业执照、责令关闭、撤销或者用人单位决定提前解散的;⑥法律、行政法规规定的其他情形。

但是有下列情形之一的,劳动者提出延缓终止劳动合同的,应当续延至相应的情形消失时,劳动合同方可终止:①从事接触职业病危害作业的劳动者未进行离岗前职业健康检查,或者疑似职业病病人在诊断或者医学观察期间的;②在本单位患职业病或者因工负伤并被确认丧失或者部分丧失劳动能力的;③患病或者非因工负伤,在规定的医疗期内的;④女职工在孕期、产期、哺乳期的;⑤在本单位连续工作满15年,且距法定退休年龄不足5年的;⑥法律、行政法规规定的其他情形。

【实践中的人力资源】

谁应该支付经济补偿金

某医药集团拥有10家具有独立法人资格的子公司。张某2000年7月毕业于某药科大学,应聘进入该集团在广州的A子公司,并与之签订了劳动合同,合同期限从2000年8月1日至2001年7月31日。2001年6月因工作需要,张某被派往天津的B子公司,双方未签任何合同或协议。2002年1月该集团准备将张某调往广州的C子公司工作,发现与张某签订的劳动合同已经过期,就要求他与C子公司补签了期限自2001年8月1日到2006年7月31日的劳动合同,2002年2月张某回广州补签了5年劳动合同,并到C子公司工作。2005年3月该集团进行业务调整,决定撤销C子公司,C子公司的所有员工的劳动关系均转到杭州的D子公司。张某不同意到D子公司工作,提出解除劳动关系,并要求C子公司支付经济补偿金。

但在计算补偿金的问题上双方发生了争议,C子公司认为,本公司是独立法人,与张某签订的劳动合同的期限是自2001年8月1日到2006年7月31日,张某自2002年2月起进入C子公司,补偿金应该自2002年2月开始计算。张某则认为,自己自2000年8月一直在该集团工作,工作调动是根据该集团的安排,自己与该集团有事实劳动关系,应该自2000年8月1日起计算。双方争执不下。

第三节　劳动争议与处理

一、劳动争议的概念

劳动争议也称劳动纠纷,一般是指劳动关系双方当事人(劳动者和用人单位)因实现劳动权利、履行劳动义务发生分歧而引起的纠纷。

按照我国《劳动争议调解仲裁法》的界定,劳动争议的表现形式有:①因确认劳动关系发生的争议;②因订立、履行、变更、解除和终止劳动合同发生的争议;③因除名、辞退和辞职、离职发生的争议;④因工作时间、休息休假、社会保险、福利、培训以及劳动保护发生的争议;⑤因劳动报酬、工伤医疗费、经济补偿或者赔偿金等发生的争议;⑥法律、法规规定的其他劳动争议。劳动争议的处理有协商、调解、仲裁、诉讼等四种形式。

二、劳动争议处理的原则与方式

(一)劳动争议处理的原则

我国《劳动法》规定,解决劳动争议,应当根据合法、公正、及时处理的原则,依法维护劳动争议当事人的合法权益。《劳动争议处理条例》规定,处理劳动争议,应当遵循下列原则:①着重调解,及时处理;②在查清事实的基础上,依法处理;③当事人在适用法律上一律平等。

1. 合法原则　合法原则是指负责劳动争议处理的机关在处理劳动争议的过程中,必须以有关法律法规为依据。

2. 平等公正原则　平等原则是指负责劳动争议处理的机关在处理劳动争议的过程中,对双方当事人在适用法律上一律平等。公正原则是指负责劳动争议处理的机关在处理劳动争议的过程中,公正地对待双方当事人,依据客观事实与法律规定进行裁决。

3. 及时处理原则　及时处理原则是指对于已经发生的劳动纠纷应尽快处理解决。及时处理要求:①对于劳动争议的解决,双方当事人协商不成的,应及时向劳动争议处理机关申请仲裁;②负责劳动争议处理的机关对于已受理的劳动争议案件,应尽快调查、尽快调解、尽快裁决或判决;③双方当事人如对调解、裁决或判决无异议,应尽快执行。

4. 着重调解原则　调解原则是处理劳动争议的重要原则,这不仅是指用人单位的劳动争议调解委员会对劳动争议的调解,即使是劳动争议仲裁委员会或人民法院对受理的劳动争议案件的处理,也将调解作为首要处理手段,只有调解失败,才做出裁决或判决。

(二)劳动争议处理的方式

我国《劳动法》规定:"劳动争议发生后,当事人可以向本单位劳动争议调解委员会申请调解;调解不成,当事人一方要求仲裁的,可以向劳动争议仲裁委员会申请仲裁。当事人一方也可以直接向劳动争议仲裁委员会申请仲裁。对仲裁裁决不服的,可以向人民法院提起诉讼。"《劳动争议处理条例》规定:"劳动争议发生后,当事人应当协商解决;不愿协商或者协商不成的,可以向本企业劳动争议调解委员会申请调解;调解不成的,可以向劳动争议仲裁委员会申请仲裁;当事人也可以直接向劳动争议仲裁委员会申请仲裁,对仲裁裁决不服的,可以向人民法院起诉。"

依据上述法律规定,劳动争议的处理方式可以概括为:协商、调解、仲裁和审判。四种处理方式的参与主体分别为:双方当事人,双方当事人与用人单位劳动争议调解委员会,双方当事人与劳动争议仲裁委员会,双方当事人与人民法院。

1. 协商 劳动争议发生后,在无第三者参与的情况下,双方当事人自愿协商,在符合法律法规规定的前提下达成和解协议。

2. 调解 劳动争议发生后,用人单位劳动争议调解委员会作为第三方,以平等公正为原则,协调解决当事人双方的劳动纠纷。

3. 仲裁 劳动争议发生后,当事人双方不愿协商、协商不成、或者劳动争议调解委员会调解失败时,当事人一方可以向劳动争议仲裁委员会申请仲裁。

4. 诉讼 当对劳动争议仲裁委员会的仲裁不服时,当事人可以向人民法院起诉。审判是处理解决劳动争议的最终程序。

三、劳动争议处理机构

按照国家的规定,有权负责受理劳动争议案件的专门机构有:用人单位劳动争议调解委员会、各级劳动争议仲裁委员会和同级人民法院。

(一) 劳动争议调解委员会

我国《劳动法》和《劳动争议处理条例》均规定,用人单位可以设立劳动争议调解委员会。它由员工代表、用人单位代表和工会代表三方组成。劳动争议调解委员会主要职责就是负责调解本单位发生的劳动争议。劳动争议调解委员会调解劳动争议的程序如下:

1. 申请调解 当事人欲通过本组织劳动争议调解委员会调解劳动争议时,需要以书面或口头方式提出调解申请。

2. 受理申请 劳动争议调解委员会收到当事人的调解申请后,首先要审查当事人的主体资格和申请调解的争议事项是否属于劳动争议;其次,征询另一方当事人是否愿意接受调解,当均得到肯定的回答后,可以受理调解申请,并将调解决定及时送达双方当事人。

3. 争议调查 劳动争议调解委员会受理申请后,首先听取双方当事人对争议事项的事实和原因的详细陈述,再通过其他途径对争议事项的事实和原因进行全面核实和调查,搜集有关证据。了解双方当事人对解决争议的意见和要求。劳动争议调解委员会以争议调查结果为依据,制定初步调解方案。做好争议调查工作,是劳动争议调解成功的前提和基础。

4. 实施调解 劳动争议调解委员会实施调解时,一般按照下列程序进行:

(1) 听取双方当事人对争议事项的事实、原因及调解请求的陈述。

(2) 劳动争议调解委员会公布对争议事项核实和调查的结果及有关证据,依照有关的法律法规提出调解意见。

(3) 双方当事人对劳动争议调解委员会公布的争议事项核实和调查的结果、有关证据以及调解意见进行意见陈述。

(4) 双方当事人以劳动争议调解委员会的调解意见为基础,进行协商,调解人员以说服教育的方式实施调解。

(5) 经调解达成协议的,劳动争议调解委员会制作调解协议书,以书面的形式明确和记录双方当事人调解协议的具体内容。双方当事人应自觉履行调解协议。虽然劳动争议调解协议不具有法律效力,但《劳动争议调解仲裁法》规定,如果一方当事人不履行调解协议,另一方当事人就可以依法申请仲裁,在仲裁期间,该调解协议可以作为劳动争议仲裁委员会裁决劳动争议案件的重要证据。

(6) 对于调解不成功的劳动争议,劳动争议调解委员会可告知当事人可以向劳动争议仲裁委员会申请仲裁。

(二) 劳动争议仲裁委员会

1. 劳动争议仲裁委员会组成 劳动争议仲裁委员会由劳动行政主管部门代表、同级工会代表、用人单位代表组成。劳动争议仲裁委员会组成人员为单数,其主任由劳动行政主管部门的负责人担任。劳动行政主管部门的劳动争议处理机构为劳动争议仲裁委员会的办事机构,负责仲裁委员会日常事务。

《劳动争议条例》第十六条规定:"仲裁委员会处理劳动争议,应当组成仲裁庭。仲裁庭由三名仲裁员组成。简单劳动争议案件,仲裁委员会可以指定一名仲裁员处理。仲裁庭对重大的或者疑难的劳动争议案件的处理,可以提交仲裁委员会讨论决定;仲裁委员会的决定,仲裁庭必须执行。"经仲裁而生效的裁决决定书具有法律效力。

2. 劳动争议的仲裁管辖　所谓仲裁管辖,就是明确各个(级)劳动争议仲裁委员会审理案件的管辖范围和权限。《劳动争议条例》第十七条规定:"县、市、市辖区仲裁委员会负责本行政区域内发生的劳动争议。设区的市的仲裁委员会和市辖区的仲裁委员会受理劳动争议案件的范围,由省、自治区人民政府规定。"

3. 劳动争议仲裁的程序　劳动争议仲裁委员会进行劳动争议仲裁的一般步骤如下:

(1)申请仲裁:我国《劳动法》和《劳动争议处理条例》均规定,劳动争议发生后,不愿协商解决或协商不成的,不愿申请调解或调解不成的,当事人可以向劳动争议仲裁委员会申请仲裁。

劳动争议发生后,要申请劳动争议仲裁的当事人,必须在仲裁时效期间内向有管辖权的劳动争议仲裁委员会提出书面的仲裁申请。

(2)受理申请:劳动争议仲裁委员会在收到仲裁申请后,在法律规定的时限内对仲裁申请进行审查,并做出是否受理的决定。

(3)先行调解:《劳动争议条例》第二十七条规定:"仲裁庭处理劳动争议应当先行调解,在查明事实的基础上促使当事人双方自愿达成协议。"先行调解是以当事人双方自愿为原则的,经调解达成协议的,仲裁庭应当根据协议内容制作仲裁调解书,调解协议的内容必须符合法律规定。仲裁调解书具有法律效力。

(4)实施裁决:对于调解无效的案件,由仲裁庭做出裁决决定,制作仲裁裁决书,并按规定时限及时送达双方当事人。裁决决定书具有法律效力。

(5)裁决执行:自收到裁决书之日起15日内,当事人若不向法院起诉,仲裁裁决书即生效,当事人必须执行;一方当事人若不执行,另一方可以申请法院强制执行。

(6)结案处理:仲裁庭处理劳动争议后,应填写《仲裁结案审批表》报劳动争议仲裁委员会主任或劳动争议仲裁委员会审批。

需要指出的是《劳动争议处理条例》规定,劳动争议仲裁是一次裁决。无论哪个(级)劳动争议仲裁委员会做出的仲裁裁决,都是最终裁决。当事人要么执行裁决,要么在规定的时限内向人民法院起诉。

(三) 人民法院

劳动争议当事人如果对劳动争议仲裁委员会做出的仲裁裁决不服,可以自收到仲裁裁决书在规定的时限内向人民法院提起诉讼,人民法院依法受理后,人民法院根据《中华人民共和国民事诉讼法》的规定,对劳动争议案件进行审理,实行二审终审制。

【实践中的人力资源】

刘明与杰宁公司的劳动关系

刘明是维新制药有限公司的质检员,2003年2月与维新公司签订了为期3年的劳动合同,劳动合同的期限自2003年3月1日至2006年2月28日,2005年12月维新公司被杰宁医药集团公司收购,其员工的劳动关系均转移到杰宁医药集团公司,刘明继续在原来的质检部上班,直到2006年3月16日,刘明在上班途中遭遇车祸,并住院治疗,经交通部门认定,责任在肇事车辆,刘明住院期间,杰宁公司送去 1 万元的慰问金,并招聘 1 人代替刘明的工作。2006 年 4 月 2 日,杰宁公司以刘明与维新公司的劳动合同期限已满,杰宁公司与其没有劳动合同关系为由,单方面解除了与刘明的劳动关系,并拒绝提供刘明的工伤待遇。刘明认为自己确实没有与杰宁公司签订劳动合同,但杰宁公司兼并维新公司时,自己的劳动关系已转到杰宁公司,虽然与维新公司的劳动合同已到期,但杰宁公司并没有在合同到期前 30 日通知是否续签劳动合同,责任在杰宁公司。按照相关法律法规,这种情况应视为已经形成事实劳动关系。刘明与杰宁公司多次协商,未能达成一致,刘明申请劳动仲裁。

劳动仲裁委员会经过调查,明确了刘明与维新公司从 2003 年 3 月 1 日至 2006 年 2 月 28 日的劳动关系,以及 2005 年 12 月杰宁公司兼并维新公司后,刘明的劳动关系已转移到杰宁医药集团公司,并一直在该公司工作到 2006 年 3 月 16 日的事实。仲裁裁决如下:①杰宁公司解除与刘明的劳动关系无法律依据,与相关法律法规相矛盾;②刘明依法享有工伤待遇;③刘明医疗期满后,再与杰宁公司补签劳动合同,协商解除劳动关系。

本 章 小 结

劳动关系是指劳动者与劳动力使用者在实现劳动过程中所建立的社会经济关系。劳动关系既有经济关系的性质,又有社会关系的性质。狭义的劳动关系主体包括劳动者和劳动力使用者(雇主);广义的劳动关系主体除劳动者和劳动力使用者外,还包括工会、劳动行政管理部门、法律部门、雇主协会组织等。按照主体力量的均衡性,劳动关系可分为均衡型劳动关系、倾斜型劳动关系和政府主导型劳动关系;按照员工与雇主之间利益的一致性,劳动关系可分为利益冲突型劳动关系、利益协调型劳动关系和利益一致型劳动关系。

劳动合同是劳动者与用人单位确立劳动关系、明确双方权利和义务的协议。劳动合同除具有一般经济合同所具有的基本特征外,还有其自身的法律特征。劳动合同一般分为固定期限劳动合同、无固定期限的劳动合同和以完成一定工作为期限的劳动合同。劳动合同的内容分必备法定条款和协商约定条款。

劳动合同的订立原则包括合法原则、平等自愿原则、协商一致原则。劳动合同的变更是指当事人双方对尚未履行或尚未完全履行依法订立的劳动合同,依照法律规定的条件和程序,在平等自愿、协商一致的基础上,对劳动合同的部分条款进行修改、补充或删除的法律行为。劳动合同的解除有当事人双方协商解除和单方解除(包括用人单位单方解除和劳动者单方解除)两种方式。劳动合同期满或者当事人约定的劳动合同终止条件出现,劳动合同即行终止。

劳动争议是指劳动关系双方当事人(劳动者和用人单位)因实现劳动权利、履行劳动义务发生分歧而引起的纠纷。劳动争议处理的原则包括合法原则、平等公正原则、及时处理原则和着重调解原则。劳动争议处理的方式包括协商、调解、仲裁和审判。处理劳动争议案件的专门机构有:用人单位劳动争议调解委员会、各级劳动争议仲裁委员会和同级人民法院。

思 考 题

1. 何谓劳动关系?它具有什么性质?其主体有哪些?
2. 何谓劳动合同?它具有哪些特征?劳动合同的内容有哪些?
3. 何谓劳动合同解除?具体形式有哪些?
4. 劳动合同终止的法律条件是什么?
5. 何谓劳动争议?处理劳动争议的原则与方式有哪些?
6. 简述劳动争议调解委员会和劳动争议仲裁委员会处理劳动争议程序。

案例解析

是劳动合同的延续还是单方解除?

贾高是某大型企业职工医院的职工。2001年底,该医院依据市政府文件的规定实施改制,成立股份制的博爱医院,聘用原职工医院的所有员工。贾高于2001年12月31日与博爱医院签订了《聘用合同书》,聘用期限为2002年1月1日至2002年12月31日。

贾高被聘用后在X线科工作。2002年12月31日,双方的劳动合同期满,贾高继续在医院工作并领取了2003年1月的工资,医院也为其缴纳了医疗保险。同月,医院做出了《关于聘用丁某等65位同志的决定》,并予公示,贾高亦属此范围。但是自从2003年2月20日起,贾高就不到博爱医院上班。2003年2月25日,贾高以博爱医院未经双方协商,单方面解除了劳动合同(未续聘)为由,向市劳动争议仲裁委员会仲裁申请,要求博爱医院支付解聘风险金38820.00元。

市劳动争议仲裁委员会做出博爱医院支付贾高28112.00元解聘风险金的裁决。博爱医院对此裁决不服,于2003年4月向法院提起诉讼。

解析:

本案例中,当事人双方订立的劳动合同期满后,贾高继续在博爱医院工作,博爱医院亦未表示异议,根据《最高人民法院关于审理劳动争议案件适用法律若干问题的解释》(以下称《解释》)第十六条第1款规定:"劳动合同期满后,劳动者仍在原用人单位工作,原用人单位未表示异议的,视为双方同意以原条件继续履行劳动合同。一方提出终止劳动关系的,人民法院应当支持。"因此,本案应视为原被告双方同意以原合同约定条件继续履行劳动合同。2003年1月,博爱医院做出了《关于聘用丁某等65位同志的决定》,并予公示,贾高也属被聘人员,充分说明博爱医院愿意继续聘用贾高,贾高继续上班并领取2003年1月的工资,说明贾高也愿意继续在博爱医院工作。同时,博爱医院与贾高签订的《聘用合同书》的内容不违反法律、法规的规定,劳动合同合法有效。

自从2003年2月20日起,贾高就不到博爱医院上班,应视为贾高本人不愿意继续在博爱医院工作。《解释》第十六条的规定:有利于保护用人单位和劳动者的选择权,也符合劳动法的主旨。劳动合同虽然期满被视为劳动合同的延续,双方之间的事实劳动关系仍然存在。这种劳动合同关系无论是定期的还是不定期的,每一方均可提出终止劳动合同,实际上是保留了每一方解除劳动合同的权利。因此,贾高不能以未被续聘为由要求博爱医院支付解聘风险金,而应当是向博爱医院提出单方面解除劳动关系。据此,法院应支持博爱医院不向贾高支付解聘风险金的要求。

【案例讨论】

如何管理劳动合同?

2005年7月,小李毕业于某医科大学临床检验专业,毕业后应聘到一家民营医院——复康医院,双方签订了为期5年的劳动合同,合同期限自2005年8月1日至2010年7月31日,约定试用期为1年,工作岗位为医院检验科化验员。2005年10月中旬,小李自感身体不适,经本医院诊断为过敏症,休假4天痊愈。11月10日该症状再次发生,小李提出聘请母校附属医院的专家会诊,复康医院按其请求聘请相关专家进行会诊,最终诊断为小李患A诊断试剂过敏症,不脱离过敏源,该症状将反复发作,长期反复发作影响患者健康。小李经治疗痊愈,12月5日上班。

院方了解其情况后,感到不解:医院检验科现有员工22位,先后在化验科工作过的有几十人,从未有人因接触A诊断试剂而患过敏症。但是为了保障小李的健康,建议其调整工作岗位,到病案室工作,远离 A 诊断试剂,并且让她利用元旦假期认真考虑医院意见。元旦后小李明确表示不愿到病案室工作,并提出自己性格外向,具有较强的语言表达和沟通协调能力,希望到医院机关相关职能部门工作。因医院机关各职能部门有严格定员标准,没有空余岗位,医院没有满足其要求,双方没有达成一致意见,但医院又给了小李 3 天时间,让她再考虑调整工作岗位的建议。1 月 11 日,小李仍坚持自己的意见,表示不能接受医院的建议。

2006 年 1 月 12 日,复康医院以"试用期内,经发现不符合录用条件"为由,解除了与小李的劳动关系。小李则以劳动合同中没有"试用期内,经发现不符合录用条件"的约定条件为依据,向劳动争议仲裁委员会申请仲裁。

问题:

1. 复康医院能否调整小李的工作岗位? 理由是什么?
2. 复康医院应怎样合法地处理与小李的劳动关系?

【模拟实践】

因工作岗位变动引发的劳动争议

八方制药公司是上海一家著名的中外合资药品生产企业,小李是公司的一名技术人员。2004 年 10 月公司与小李签订了无固定期限劳动合同,劳动合同中约定:甲方八方制药公司聘请乙方小李担任抗生素事业部副经理,公司可根据工作需要和小李的工作能力及表现变更其工作岗位。如无正当理由,小李将服从公司调动。小李在聘任岗位上工作近 2 年,他所负责几个市场的销售业绩一直不好,经常不能完成公司下达的销售任务指标,至 2006 年 9 月,小李被公司调至培训部担任医药代表培训主管一职。

2007 年,八方制药公司进行结构调整和资源重组,准备开展海外业务。对培训部的工作职能也进行了调整,其各主管人员业务要求均有较大提高,基本要求是主管人员要具备熟练的计算机操作技能和良好的英语听、说、读、写能力,考虑到小李在这方面已经不能胜任医药代表培训主管岗位,基于与其签订的劳动合同中有"公司可根据工作需要和小李的工作能力及表现变更其工作岗位,如无正当理由,小李将服从公司调动"的约定,公司决定将小李调至人力资源管理部后勤主管岗位,享受新岗位的工资待遇。

小李对公司的安排不满意,向劳动争议仲裁委员会申请仲裁,要求公司继续履行原劳动合同,恢复其原工作岗位,恢复其原工资待遇。

八方制药公司认为,因为企业结构调整,规模扩大,对小李原医药代表培训主管岗位的要求也按业务发展的需要进行了调整。小李无力胜任调整后岗位能力要求,公司为其安排新工作岗位符合劳动合同的约定,且具有合理性。因此,请求劳动争议仲裁委员会对小李的请求不予支持。

模拟练习:

1. 请两位同学分别扮演八方制药公司的代表和小李。
2. 请按照劳动争议仲裁委员会的组成原则,由几位同学分别担任不同利益方的代表,组成该案模拟仲裁委员会,并由其指定三名仲裁员组成仲裁庭。
3. 由于是模拟仲裁,仲裁委员会应先行收集与该案有关的法律法规条款。
4. 按照劳动争议仲裁的程序和步骤进行仲裁。

(孔祥金)

第 9 章　职业生涯管理

本 章 要 点

1. 掌握职业生涯管理的基本概念
2. 了解职业生涯选择理论和发展阶段理论
3. 熟悉影响职业生涯管理的因素
4. 熟悉个人和组织的职业生涯规划流程

导入案例

Y 医药公司人才流失现象得以改善

　　Y 医药公司于 1992 年创建，经过 10 年的发展，现固定资产达 4 亿元，职工近 2000 人，其中大专以上学历占 80%，博士后、博士、硕士、副高级职称以上科技人员达 200 余人。该公司是国家认定的博士后科研工作站、省级企业技术中心。公司销售人员有近千名，分布在全国各大城市，平均年龄 25 岁左右，学历水平均为大专及以上，具有良好的专业背景和相关销售技能。大部分销售人员单身、思想活跃、社会需求广泛、物质需求强烈，同时，他们自主意识和适应能力较强、自我控制能力较差，不愿俯首听命、任人驾驭，流动意愿强。

　　近年来，该公司销售人员出现了流失比较严重的现象，纷纷跳槽到规模更大的医药公司，以求自己有新的发展。公司领导迅速召开会议进行分析，发现公司缺乏较为完善的员工职业生涯发展规划是导致销售人员跳槽的重要原因之一。

　　针对这种情况，公司人事部门针对各类员工的特点(包括性格、兴趣、爱好、特长和公司对该职位人员的需求等)制定了多通道的职业生涯规划机制。对于科研、营销、生产等方面的员工，传统的单一职业发展通道对其个人成长并没有很大的帮助，因此，应该给他们提供一种不同于管理阶梯的升迁机会。在这种机制下，销售人员可以根据其业绩等考核情况逐步由最初的销售代表晋升为地区经理、大区经理、培训经理、营销总经理等。此外，还可以在特定阶段通过对他们的考核实现横向的职业选择，从而拓宽了职业选择的渠道。这种多阶梯的生涯通道制度，避免了过去"挤独木桥"的情况，使各岗位上的员工有了更多的发展机会，从而激发了员工的工作积极性，人员流失现象逐渐得以改善。

　　从该案例可以看出，建立完善的职业生涯管理体系对公司的稳定发展具有至关重要的作用。那么，究竟什么是职业生涯管理？职业生涯管理的理论有哪些？如何才能制定出完善而科学的职业生涯管理体系呢？通过本章的学习将会得到答案。

第一节　职业生涯管理概述

　　职业生涯规划与管理是人力资源管理领域中一项非常重要的内容之一，企业已经认识到在人力资源管理工作中既要最大限度地利用员工的能力，又要为每一位员工提供一个不断成长以挖掘个人最大潜力和建立成功职业规划的机会，这对促进企业和员工个人职业发展都具有十分重要的意义。

一、职业生涯管理的基本概念

1. 职业 职业是指人们在社会生活中所从事的、以获得物质报酬作为自己主要生活来源并能满足其精神需求的、在社会分工中具有专门技能的工作,它是人类文明进步、社会经济发展和劳动分工的结果。同时,职业也是社会与个人或组织与个体的结合点,通过这个结合点的动态联系形成了人类社会共同生活的基本结构。也就是说,个人是职业的主体,但个人的职业活动又必须在一定的组织中进行。组织的目标靠个体通过职业活动来实现,个体则通过职业活动对组织的存在和发展做出贡献。因此,职业活动对员工个人和组织都具有重要的意义。

2. 职业生涯 职业生涯就是一个人从首次参加工作开始的一生中所有的工作活动与工作经历按编年的顺序串接组成的整个过程。也有研究者把职业生涯定义为:以心理开发、生理开发、智力开发、技能开发和伦理开发等人的潜能开发为基础,以工作内容的确定和变化、工作业绩的评价、工资待遇及职称职务的变动为标志,以满足需求为目标的工作经历和内心体验的全过程。可见,职业生涯是一个人一生的工作历程,它以时间为主线,以工作活动内容为载体,具有动态性和发展性。

3. 职业生涯管理 职业生涯管理指组织和员工对企业及员工个人的职业生涯进行设计、规划、执行、评估、反馈和修正的综合性过程。通过员工和组织的共同努力与合作,使每个员工的职业生涯目标与组织发展目标一致,使员工的发展与组织的发展相得益彰。由此可见,职业生涯管理包括两个方面:个人职业生涯管理和组织职业生涯管理。个人职业生涯管理是个人对自己所要从事的职业、要去工作的组织、在职业发展上要达到的高度等做出规划和设计,并为实现自己的职业生涯目标而积累知识、开发技能的过程,它一般通过选择职业、选择工作组织、选择工作岗位,在工作中技能得到提高、职位得到提升、才干得到发挥等来实现;组织职业生涯管理是组织为了自身战略发展的需要,协助员工规划其职业生涯的发展,建立各种适合员工发展的职业通道,针对员工职业发展的需要提供必要的教育、培训、轮岗、晋升等发展机会,并给予员工必要的职业指导,促使员工职业生涯的成功。

个人和组织的职业生涯管理存在相互依存,相互配合的必然联系。组织是个人职业生涯得以存在和发展的载体,个人的职业生涯设计得再好,如果不进入特定的组织,就没有职业位置和工作场所,如果没有组织提供的良好职业管理措施和发展机会,个人职业目标就难以实现;同样,组织的存在和发展依赖于员工个人的职业工作和发展,如果员工能够积极参与由组织系统规划的职业生涯,那么双方定会获得良好的配合,以实现共同的目标。因此,职业生涯管理是员工与组织的双向职业活动,是员工与组织双方动态运动的过程。

4. 职业生涯规划 职业生涯规划是指组织与员工共同制定的、基于个人和组织方面需要的个人发展目标与组织发展道路的活动。职业生涯规划的主体是组织与个人,其内容主要包括:职业选择、职业生涯目标的确立、职业生涯路径的设计、职业生涯发展战略的制定。

5. 职业生涯发展 职业生涯发展是指个人经过一连串阶段的发展,每个阶段皆由与职业生涯相关的独特议题、主题与任务所组合而成的一个不间断的过程。在这个连续过程中,依其所关注的事业问题、个人挑战、发展任务与心理需求等划分为各个阶段。职业生涯发展是职业生涯计划的实施,其本质是帮助员工确认自己的职业兴趣以及制定明智的职业发展计划。

二、职业生涯管理的内容

1. 个人职业生涯管理的内容 员工个人职业生涯管理的主要内容可分为以下四个方面:

(1)确定职业目标:规划个人的职业生涯首先要确定自己的职业目标,判断自己心目中的成功是哪种类型,是不断进取、攀上高峰,还是安稳生活、自由自在。要确定自己真正想要什么,然后沿着这个方向不断努力。在目标设定上,应根据自己的主客观条件来设计,要保证目标适中,不可过高或过低,把长远目标和短期目标结合起来,通过不断实现短期目标最终实现长远目标。

(2)自我评估和环境分析:要想使理想转为现实,首先就要对自己和环境有个客观的分析。自我评估的内容包括兴趣、性格、技能、特长、思维方式等,评估方式可采取自我认识和他人评价相结合;环境分析的内容主要包括社会环境、职业环境和组织环境,应注意每种环境的特点和发展变化情况,并分析个人与环境的关系、环境对个人的有利与不利因素等。只有把自我条件和客观环境结合起来,才能在现实中趋利避害,实现自己的职业目标。

(3)选择职业生涯路线:选择职业生涯路线应把握四条原则:择己所爱、择己所能、择己所需、择己所利,就是要选择自己喜欢的、有条件实现的、自己需要的和对自己有利的职业生涯路线,勇往直前,决不退缩。

(4)制定行动计划与考核措施,并进行评估、反馈和调整:职业生涯目标确定以后,行动是关键,要通过制定周密的行动计划,并辅以考核措施,以确保目标实现。影响职业生涯规划的因素有很多,故很有必要对职业生涯设计的合理性和科学性进行及时地评估与修订,修订的内容可包括职业的重新选择、职业生涯路线的重新选择、人生目标的修订、实施措施与计划的变更等。

2. 组织职业生涯管理的内容　组织对员工职业生涯管理的最终目的是通过帮助员工的职业发展来促进组织的持续发展,并实现组织目标。其主要内容包括以下四个方面:

(1)建立组织的职位结构:建立组织的职位体系,需要在职位族、类上进行科学的划分,既要与组织结构一致,也要与职位要求一致,还要对职位做合理的分层,这样可以为组织职业生涯规划提供真实的职位信息。

(2)建立员工职业发展通道:职业通道是指组织为内部员工设计的自我认知、成长和晋升的管理方案,职业通道设计指明了员工可能的发展方向和发展机会,组织内的每一个员工可能通过本组织的发展通道变换工作岗位。具体地说,职业生涯通道就是个体在一个组织中所经历的一系列结构化职位变动。

(3)建立评估体系:评估体系包括两个方面的内容:①对企业现状进行合乎实际的理性评估,从而规划职位的变动情况,并确定企业发展的阶段和调整方向,结合经营状况,控制职位的薪酬总量;②对员工的业绩、素质、技能等进行评价。对员工业绩的评价有利于整个组织的绩效管理,也有利于保持员工职业生涯设计时的组织绩效导向;对员工素质和技能的评价有利于明确现有人力资源的状况,并在此基础上分配合适的人力资源到合适的岗位上。

(4)建立职位的替补与晋升计划:职位替补与晋升的原因有:组织结构的变动、员工离职、辞退、突发事故等。建立职位替补与晋升计划有利于及时了解组织的人力资源现状,促进员工进行结构性职业变动,以实现组织和员工的职业发展。

三、职业生涯管理的特点

职业生涯管理具有三个特点:

1. 职业生涯管理是组织与员工双方的责任　组织和员工都必须承担一定的责任,双方共同完成对职业生涯的管理。在职业生涯管理中,员工个人和组织须按照职业生涯管理工作的具体要求做好各项工作。无论是个人或组织都不能过分依赖对方,因为许多工作是对方不能替代的。从员工角度看,个人职业生涯规划必须由个人决定,要结合自己的性格、兴趣和特长等进行设计;而组织在进行职业生涯管理时,所考虑的因素主要是组织的整体目标以及所有组织成员的整体职业发展,其目的在于通过对所有员工的职业生涯管理,充分发挥组织成员的集体潜力和效能,最终实现组织发展目标。

2. 职业生涯信息在职业生涯管理中具有重要意义　组织只有具备完善的信息管理系统,做好信息管理工作,才能有效地进行职业生涯管理。在职业生涯管理中,员工个人需要了解和掌握有关组织各方面的信息,例如组织的发展战略、经营理念、人力资源的供求情况、职位的空缺与晋升情况等。组织也需要全面掌握组织成员的情况,例如员工个人性格、兴趣、特长、智能、潜能、情绪以及价值观等。此外,职业生涯信息总是处于变动之中,如组织的发展、经营重点、人力需求,员工的能力、需求、目标等,这就要求组织对管理信息进行不断地维护和更新,以保证信息的有效性。

3. 职业生涯管理是动态管理,贯穿于员工职业生涯发展和组织发展的全过程　每个组织成员在个人职业生涯和组织发展的不同阶段,其特征、任务以及应该注意的问题是不同的,每个阶段都有各自的特点、目标和发展重点,故对各个发展阶段的管理也应有所不同。随着职业生涯主客观条件的变化,组织成员的职业生涯规划和发展也会发生相应变化,职业生涯管理的重点也应有所调整,以适应新的情况。

四、职业生涯管理的意义

职业生涯管理对企业和员工都具有重要意义。对员工来说,搞好职业生涯规划是不断提高自身素质、努力实现自身价值的重要手段;对企业来说,搞好员工的职业生涯规划可以为企业储备充足的人力资源,增强企业的凝聚力和向心力,不断提高市场竞争力。

1. 职业生涯管理对员工个人的意义

(1)职业生涯管理可以增强员工对职业环境的把握能力和控制能力。职业生涯开发与管理不仅可以使员工个人了解自身的长处和短处,养成对环境和工作目标进行分析的习惯,还可以使员工合理安排时间和精力开展学习和培训,以完成工作任务,提高职业技能。这些活动的开展都有利于强化员工的环境把握能力和困难控制能力。

(2)职业生涯管理可帮助员工协调好职业生活与家庭生活的关系,更好地实现人生目标。良好的职业规划和管理工作可以帮助员工从更高的角度看待职业生活中的各种问题,将分离的时间结合在一起,共同服务于职业目标,使职业生活更加充实和富有成效。同时,职业生涯管理能帮助员工综合考虑职业生活同个人追求、家庭目标等其他生活目标的平衡,避免顾此失彼、左右为难的窘境。

(3)职业生涯管理可以使员工的自我价值得到不断提升和超越。员工寻求职业的最初目的仅仅是为了满足生理的需要和安全的需要,随着社会的进步和发展,员工会逐步追求社交的需要、尊重的需要和自我实现的需要,这与马斯洛的需求层次理论相吻合。职业规划和职业生涯开发与管理对职业目标的多次提炼可以不断使员工工作目的超越财富和地位,追求更高层次自我价值的实现。因此,职业生涯开发与管理可以发掘出促使人们努力工作最本质的动力,并凝聚、升华,走向成功。

2. 职业生涯管理对组织的意义

(1)职业生涯管理可以帮助组织了解内部员工的现状、需求、能力及目标,协调它们同企业的职业机会与挑战间的矛盾。职业生涯开发与管理的主要任务就是帮助组织和员工了解职业方面的需要和变化,帮助员工克服困难,提高技能,实现企业和员工共同发展的目标。

(2)职业生涯管理可以更加合理有效地利用人力资源。合理的组织结构、组织目标和激励机制有利于加强对人力资源的开发和利用,与薪水、奖金、待遇、地位、荣誉等的单纯激励相比,对员工进行深层次职业需要的职业生涯开发与管理具有更有效的激励作用,并能进一步开发员工的职业价值。此外,职业生涯开发与管理由于针对组织和员工的特点量身定做,与一般激励措施相比具有较强的独特性和排他性。

(3)职业生涯管理可以为员工提供平等的就业机会,对促进企业持续发展具有重要意义。

职业生涯开发与管理考虑了员工不同的特点和需要,并据此设计了不同的职业发展路线,这有利于不同员工在职业生涯中根据自身的条件选择适合自己的发展机会。比如,根据年龄、学历、性别等因素,扬长避短,为员工设计不同的职业发展规划,不同的发展方向和途径,这就为员工提供了更为平等的就业和发展机会。因此,职业生涯开发与管理的深入实施,有利于组织人力资源水平的稳定和提高。通过开展职业生涯开发与管理工作可以使全体人员的技能水平、创造性、主动性和积极性不断提升,这对促进组织的持续发展具有至关重要的作用。

第二节　职业生涯管理理论

职业生涯管理的基本理论主要包括两大部分:职业选择理论和职业生涯阶段理论。

一、职业选择理论

1. 择业动机制论　美国心理学家佛隆(Victor, H. Vroom)通过对个体择业行为的研究,认为个体行为动机的强度取决于两个方面的因素,即效价大小和期望值的高低,动机强度与效价和期望值成正比,即

$$F = V \cdot E$$

其中 F 表示动机强度,即积极性的激发程度;V 表示效价,即个体对某一目标重要性的主观评价;E 表示期望值,即个体估计的目标实现概率。

择业动机的强弱则表明了择业者对目标职业的追求程度,或者对某项职业选择意向的大小。按照上述理论,择业动机取决于职业效价和职业概率,即

$$择业动机 = f(职业效价,职业概率)$$

其中职业效价指择业者对某项职业价值的主观评价,取决于择业者的职业价值观和择业者对某项具体职业要素(如兴趣、劳动条件、报酬、职业声望等)的评估;职业概率指择业者认为获得某项职业的可能性大小,它通常取决于以下四个因素:①某项职业的社会需求量;②择业者的竞争能力,即择业者自身的工作能力和求职就业能力;③竞争系数,即谋求同一种职业的竞争者的人数;④其他随机因素。职业概率与职业需求量和择业者的竞争能力呈正相关关系,与竞争系数呈负相关关系。

一般而言,择业者可对其视野内的几种目标职业进行职业价值评估和获取概率评价,然后再进行择业动机的比较。择业动机是对自身条件和职业价值和获取概率的全面评估,并对多种择业影响因素进行全面考虑和得失权衡,故择业者多以择业动机分值高的职业作为自己的最终目标。

2. 职业性向理论　美国心理学教授约翰·霍兰德(John Holland)认为,职业性向(包括价值观、动机和需要等)是决定一个人职业选择的重要因素。约翰·霍兰德基于自己对职业性向的测试研究,共发现了六种基本的人格类型或性向。

(1)实际性向:具有这种性向的人会被吸引去从事那些包含体力活动并且需要一定技巧、力量和协调性才能承担的职业。这些职业有:森林工人、耕作工人及农场主等。

(2)调研性向:具有这种性向的人会被吸引去从事那些包含较多认知活动(思考、组织、理解等)的职业,而不是那些以感知活动(感觉、反应或人际沟通以及情感等)为主要内容的职业。这类职业有:生物学家、化学家以及大学教授。

(3)社会性向:具有这种性向的人会被吸引去从事那些包含大量人际交往内容的职业而不是那些包含大量智力活动或体力活动的职业。这种职业有:诊所的心理医生、外交工作和以及社会工作者等。

(4)常规性向:具有这种性向的人会被吸引去从事那些包含大量结构性的且规则较为固定

的职业,在这些职业中,员工个人的需要往往要服从组织的需要。这类职业有:会计、银行职员等。

(5) 企业性向:具有这种性向的人会被吸引去从事那些包含大量以影响他人为目的的语言活动的职业。这类职业有:管理人员、律师以及公共关系管理者等。

(6) 艺术性向:具有这种性向的人会被吸引去从事那些包含大量自我表现、艺术创造、情感表达以及个性化活动的职业。这类职业有:艺术家、广告制作者以及音乐家等。

然而,大多数人实际上都并非只有一种性向(比如,一个人的形象中很可能同时包含着社会性向、实际性向和调研性向)。霍兰德认为,这些性向越相似,相容性越强,则一个人在选择职业时所面临的内在冲突或犹豫就会越少。为了帮助描述这种情况,霍兰德建议将这六种性向分别放在一个如图 9-1 所示的正六角形的每一个角上,每个角代表一个职业性向。根据霍兰德的研究,图中的两种性向越接近,则他们的相容性就越高。霍兰德相信,如果某人的两种性向是紧挨着的话,那么他将会很容易选定一种职业。然而,如

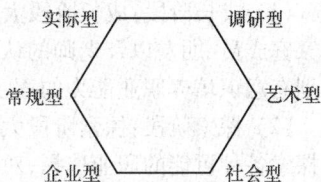

图 9-1　职业性向分类

果此人的性向是相互对立的(比如同时具有实际性向和社会性向)的话,那么他在进行职业选择时将会面临较多犹豫不决的情况,因为他的多种兴趣将驱使他在多种十分不同的职业之间进行选择。

3. 帕森斯的职业——人匹配论　该理论最早由美国波士顿大学帕森斯教授提出,是用于职业选择、职业指导的经典性理论。1909 年,帕森斯在他的《选择一个职业》著述中明确阐明了职业选择的三大要素或条件:①应该清楚地了解自己的态度、能力、兴趣、智谋、局限和其他特征;②应该清楚地了解职业选择成功的条件、所需知识、在不同职业工作岗位上所占有的优势、不利和补偿、机会和前途;③上述两个条件的平衡。帕森斯的理论内涵是在清楚认识个人主观条件和社会职业岗位需求条件的基础上,将主客观条件与社会职业岗位(对自己有一定可能性的)相对照、相匹配,最后选择一种职业需求与个人特长匹配相当的职业。职业——人匹配分为两种类型:一种为因素匹配(又称条件匹配),如所需专门技术和专业知识的职业与掌握该种特殊技能和专业知识的择业者相匹配,或具有脏、累、苦等较差劳动条件的职业与吃苦耐劳、体格健壮的劳动者相匹配;另一种为特性匹配(又称特长匹配),如具有敏感、易动感情、不守常规、个性强、理想主义等人格特性的人宜于从事审美性、自我情感表达的艺术创作类型的职业。

作为职业选择的经典理论,帕森斯提供了职业设计的基本原则,并形成职业选择和职业指导过程的三个步骤:①进行人员分析,评价个体的生理与心理特征;②分析职业对人的要求,并向求职者提供有关信息;③人——职匹配,个人在了解自身特点和职业要求的基础上,借助职业指导者的帮助,选择一项既适合自己特点又具有获得可能性的职业。它对职业生涯管理学、职业心理学的发展具有重要的指导意义。

4. 心理动力理论　心理动力理论是 20 世纪 60 年代后期提出的、一种以强调个人内在动力和需要等动机因素在个人职业选择过程中重要性的职业选择与职业指导理论,其代表人物有西格蒙德·弗洛伊德(Sigmudn Fordn)和美国心理学家爱德华·鲍亭(Edward Bordin)。心理动力论者认为,社会上很多职业都能归入代表心理分析需要的,分属以下范围的职业群:养育的、操作的、感觉的、探究的、流动的、抑制的、显示的、有节奏的运动等,并认为这一理论可适用于除那些受文化水平和经济因素影响之外的其他所有人。心理动力论注重从个人职业发展及个人内在因素来探索职业选择,并强调发展当事人的自我概念,通过个人人格的重建达到职业选择,重视当事人在职业选择中的自主作用。但是,它过于偏向个体内在因素的作用,忽视了当事人所处的社会环境,具有一定的局限性。

二、职业生涯阶段理论

每个人的职业生涯都要经历许多阶段,只有了解了不同阶段的特征、知识要求和职业偏好,才能更好地促进个人的职业生涯发展。

1. 萨柏的职业生涯阶段理论　萨柏是美国一位有代表性的职业管理学家,他把人的职业生涯发展划分为五个主要的阶段:成长阶段、探索阶段、确立阶段、维持阶段和衰退阶段。

(1)成长阶段:成长阶段大体上可以界定为0~14岁这一年龄段上。在这一阶段,个人通过对家庭成员、朋友以及老师的认同,逐步建立起自我概念,并经历从职业好奇、幻想,到感兴趣,再到有意识培养职业能力的逐步成长过程。

(2)探索阶段:探索阶段大体上发生在15~24岁这一年龄段上。在这一阶段,个人将认真地探索各种可能的职业选择,对自己的能力和天资进行现实性评价,并根据未来的职业选择做出相应的教育决策,完成择业及最初就业。

在大多数情况下,处于探索阶段的员工如果没有他人的指导和帮助,往往难以完成工作任务和承担工作角色。从公司管理的角度来说,必须帮助员工进行岗位培训和参加社会化的活动,促使他们尽可能快地适应新的工作和工作伙伴,从而实现公司的目标。这一阶段也是公司管理员工职业生涯阶段的真正开端。

(3)确立阶段:确立阶段一般在25~44岁这一年龄段,它是大多数人工作生命周期的核心部分。个人在这一阶段会找到合适的职位,并为之全力以赴地奋斗。然而,这一阶段的人们仍然会不断地尝试与自己最初职位选择不同的各种能力和理想。对于这一阶段的员工来说,公司需要制定政策来协调其工作角色和非工作角色。

这一阶段又可划分为三个不同的时期:尝试期、发展期和职业中期危机阶段。尝试期的人们将会确定现在的工作是否适合自己,如果不适合,则会进行其他的尝试;发展期的人们往往已经定下了较为坚定的职业目标,并制定了较为明确的职业计划来确定自己晋升的潜力、工作调换的必要性以及实现这些目标所要开展的教育活动等;职业中期危机阶段的人们开始对自己半生的职业生涯发生怀疑,可能发现自己偏离职业目标或发现了新的目标,认为自己前半生的梦想并不是自己真正想要的,此时他们将会面临一个艰难的选择。

(4)维持阶段:维持阶段约在45~64岁这一年龄段上。这一阶段的人们关注技能的更新,希望人们将其看成是一个对公司有贡献的人。他们拥有多年的工作经验和丰富的工作知识,对于公司及其目标、文化的理解较为透彻,往往能够充当新员工的培训导师。在这一阶段的后期,人们将大多数精力都花在保持这一工作方面。从企业管理的角度来讲,对于这一阶段的员工主要是防止他们的技能老化,并为他们提供学习和更新知识的机会,帮助他们达到职业顶峰。

(5)衰退阶段:人达到65岁以上,临近退休时,其健康状况和工作能力逐步衰退,即将退出工作,结束职业生涯。因此,这一阶段要学会接受权利和责任的减少,学习接受一种新的角色,适应退休后的生活,以减缓身心的衰退,维持生命力。

萨柏以年龄为依据,对职业生涯阶段进行了划分,但现实中职业生涯是个持续的过程,各阶段的时间并没有明确的界限,其经历时间的长短常因个体差异及外在环境的不同而有所变化,有长有短,有快有慢,有时还可能出现阶段性反复。

2. 金斯伯格的职业生涯阶段理论　美国著名的职业指导专家、职业生涯发展理论的先驱和典型代表人物金斯伯格对职业生涯的发展进行过长期的研究,其研究的重点是从童年到青少年阶段的职业心理发展过程。通过研究美国富裕家庭的人从童年期到成年早期并直至成熟这一过程中的有关职业选择的想法和行动,他将职业生涯分为幻想期、尝试期和现实期三个阶段。

(1)幻想期:11岁之前的儿童时期,该时期的职业需求特点是:单纯由自己的兴趣爱好所决定,并不考虑也不可能考虑自身的条件、能力水平及社会的需要与机遇,完全处于幻想之中。

（2）尝试期：11~17 岁，接受初等和中等教育并由少年向青年过渡的时期。这一时期职业需求呈现出的特点是：不仅注意自己的职业兴趣，而且还更多地和客观地审视自身各方面的条件、能力和价值观，开始注意职业角色的社会地位、社会意义以及社会对该职业的需要。

（3）现实期：17 岁以后的青年和成年期，这一时期已经形成了具体的和现实的职业目标，表现出的最大特点是客观性与现实性。现实期又可分为三个阶段：

1）试探阶段：根据尝试期的结果进行各种试探活动，试探各种职业机会和可能的选择。

2）具体化阶段：根据试探阶段的情况做进一步的选择，并进入具体化阶段。

3）专业化阶段：根据自我选择的目标做具体的就业准备。

金斯伯格的职业生涯阶段实际上是指最初就业前人们的职业意识或职业追求的变化与发展过程，它曾对实践产生过广泛的影响。

3. 格林豪斯的职业生涯阶段理论　萨柏和金斯伯格都是从人生不同年龄段对职业的需求与态度来研究职业生涯发展过程并划分职业生涯阶段的，而格林豪斯则是从人生不同年龄段职业生涯发展所面临的主要任务这一角度来研究的，并以此为依据将职业生涯发展划分为五个阶段：准备阶段、组织阶段、职业生涯初期阶段、职业生涯中期阶段、职业生涯后期阶段。

（1）准备阶段：准备阶段的年龄范围为 0~18 岁，该阶段的主要任务是：发展职业想像力，培养职业兴趣和能力，接受必要的职业教育，开始选择和评估职业。

（2）组织阶段：组织阶段的年龄范围为 18~25 岁，该阶段的主要任务是：加入一个比较理想的组织，在获取足量信息的基础上，获得一份合适且满意的工作。

（3）职业生涯初期阶段：职业生涯初期阶段的年龄范围为 25~40 岁，该阶段的主要任务是：学习职业技术，胜任现任工作，提高工作能力，学习组织规范，学会协作与共处，逐步适应职业与组织，不断塑造自我。

（4）职业生涯中期阶段：职业生涯中期阶段的年龄范围为 40~55 岁，该阶段的主要任务是：学习新知识，更新技能，对早期职业生涯重新评估，强化或转变职业理想，重新选择职业和生活方式。

（5）职业生涯后期阶段：职业生涯后期阶段的年龄范围为 55 岁直至退休，该阶段的主要任务是：安于现有工作，继续保持职业成就，准备光荣引退，调整心态，作好退休后的打算。

4. 施恩的职业生涯阶段理论　美国著名的心理学家和职业管理学家施恩教授根据人的生命周期的特点及不同年龄段所面临的问题和职业工作的主要任务，将职业生涯分为九个阶段：

（1）成长、幻想、探索阶段：处于这一职业发展阶段的年龄一般为 0~21 岁，在这一阶段充当的角色是学生、职业工作的候选人、申请者。其主要任务是：发现和发展自己的需要、兴趣、能力和才干，接受教育和培训，开发工作中所需要的基本习惯和技能。

（2）进入工作世界：处于这一职业发展阶段的年龄一般为 16~25 岁，在这一阶段充当的角色是应聘者、新学员。其主要任务是：查看劳动力市场，谋取可能成为一种职业基础的第一项工作，并在个人和雇主之间达成正式可行的契约，个人成为一个组织或一种职业的成员。

（3）基础培训：处于这一职业发展阶段的年龄一般为 16~25 岁，与进入工作世界阶段不同，此阶段已经迈进职业或组织的大门，其角色是担当实习生、新手。此时主要任务是了解、熟悉组织，接受组织文化，融入工作群体，尽快取得组织成员资格，适应日常的操作程序，成为一名有效的成员。

（4）早期职业的正式成员资格：处于这一职业发展阶段的年龄一般为 17~30 岁，在这一阶段充当的角色是取得组织正式成员资格。面临的主要任务是：承担责任，发展和展示自己的技能和专长，根据自身才干和价值观以及组织中的机会和约束，重估当初追求的职业，决定是否留在这个组织或职业中，或者在自己的需要、组织约束和机会之间寻找一种更好的配合。

（5）职业中期：处于这一职业发展阶段的年龄一般为 25 岁以上，在这一阶段充当的角色是正式成员、任职者、终身雇员、主管、经理等。主要任务是：选定一项专业或查看管理部门，保持技术竞争力,继续学习,力争成为一名专家或职业能手,承担较大责任,开发个人的长期职业计划。

(6)职业中期危险阶段:处于这一职业发展阶段的年龄一般为35~45岁,在这一阶段充当的角色是现实地评估自己的才干、动机和价值观,进一步明确自己的职业抱负及个人前途,在只能接受现状与争取看得见的前途两者间做出具体选择。主要任务为:现实评估自己的进步、职业抱负及个人前途,针对接受现状还是争取看得见的前途做出具体选择,建立与他人的良好关系。

(7)职业后期:处于这一职业发展阶段的年龄一般为40岁以后至宣布退休,在这一阶段充当的角色主要有骨干成员、管理者、有效贡献者等。此时的职业状况或任务是:成为良师,扩大、发展、深化技能以担负更重大的责任;若求安稳,就此停滞,则要接受和正视自己影响力和挑战能力下降的事实。

(8)衰退和离职阶段:处于这一职业发展阶段的年龄一般在40岁之后到退休期间,不同的人在不同的年龄会衰退或离职。这一阶段要学会接受权利、责任、地位的下降;培养新的工作以外的兴趣、爱好,评估自己的职业生涯;准备退休。

(9)退休:离开组织或职业的年龄因人而异,在失去工作或组织角色之后,要学会适应角色、生活方式的变化,保持良好的自我价值观,以各种资深角色对他人进行宣传、帮助和带领。

施恩教授关于职业生涯发展阶段的划分主要是依据年龄增大的顺序和不同时期的职业状态、职业行为等进行的,并只给出了一个大致的年龄跨度,故在不同的职业阶段上年龄有所交叉。

5.职业锚理论　美国著名职业指导专家埃德加·施恩(Edgar. H. Sehein)首先提出了"职业锚"的概念。他认为,职业生涯发展实际上是一个持续不断的探索过程,在这一过程中,每个人都在根据自己的天资、能力、动机、需要、态度和价值观等慢慢地形成较为明晰的与职业有关的自我概念。随着一个人对自己了解的加深,就会越来越明显地形成一个占主要地位的职业锚。

职业锚是指当一个人不得不做出选择时,无论如何都不会放弃的那种至关重要的东西,它是人们内心深层次价值观、能力和动力的整合体。可见,职业锚是人们选择和发展自己的职业时所围绕的中心,由三部分组成:①自己认识到的才干和能力;②自己认识到的自我动机和需要;③自己认识到的态度和价值观。当个人对自己的天资和能力、动机、需要以及态度和价值观有清楚的了解之后,就会意识到自己的职业锚到底是什么。施恩在麻省理工学院的研究中指出,要想对职业锚提前进行预测是很困难的,因为一个人的职业锚是不断变化的,它实际上是一个不断探索过程中所产生的动态结果。也许有些人一直都不知道自己的职业锚是什么,直到他们不得不做出某种重大选择的时候,比如到底是接受公司将自己晋升到总部的决定,还是辞去现职转而开办和经营自己的公司。正是在这一关口,一个人过去的所有工作经历、兴趣、资质、性向等才综合成一个有意义的模式,这个模式或职业锚会告诉此人到底什么东西是最重要的。施恩根据自己对麻省理工学院毕业生的研究,提出了以下五种职业锚:

(1)技术/功能型职业锚:具有较强的技术/功能型职业锚的人往往不愿意选择那些带有一般管理性质的职业;相反,他们总是倾向于选择那些能够保证自己在既定的技术或功能领域中不断发展的职业。

(2)管理型职业锚:管理型职业锚的人会表现出成为管理人员的强烈动机。他们的职业经历使得他们相信自己具备那些一般管理性职位所需要的各种必要能力以及相关的价值倾向,承担较高责任的管理职位是这些人的最终目标。当追问他们为什么相信自己具备获得这些职位所必需的技能的时候,许多人认为自己具备以下三个方面的能力:①分析能力(在信息不完全以及不确定的情况下发现问题、分析和解决问题的能力);②人际沟通能力(在各种层次上影响、监督、领导、操纵以及控制他人的能力);③情感能力(在情感和人际危机面前只会收到激励而不会受其困扰和削弱的能力,以及在较高的责任压力下不会变得无所作为的能力)。

（3）创造型职业锚：麻省理工学院的有些学生在毕业之后逐渐成为成功的企业家。在施恩看来，这些人大多具有这样一种需要："建立或创设某种完全属于自己的东西——一件署着他们名字的产品或工艺、一家他们自己的公司或一批反映他们成就和个人财富的称号等。"比如，一位毕业生已经成为某大城市中一个成功的住房购买商、维修商和承租商；另外一位麻省理工学院的毕业生则创办了一家成功的咨询公司。

（4）自主与独立型职业锚：麻省理工学院的有些毕业生在选择职业时似乎被一种自己决定自己命运的需要所驱使着，他们希望摆脱那种因在大企业中工作而依赖别人的境况，因为当一个人在某家大企业工作的时候，他的提升、工作调动、薪金等诸多方面都难免受别人的摆布。这些毕业生中有许多人还有着强烈的技术或功能导向。然而，他们却不是到某个企业中去追求这种职业导向，而是决定成为一位咨询专家，要么是自己独立工作，要么是作为一个相对较小的企业中的合伙人来工作。具有这种职业锚的其他一些人则成了工商管理方面的教授、自由撰稿人或小型零售公司的所有者。

（5）安全性职业锚：麻省理工学院还有一少部分毕业生极为重视长期的职业稳定和工作保障，他们似乎比较愿意去从事这样一类职业：这些职业应当能够提供有保障的工作、体面的收入以及可靠的未来生活。这种可靠的未来生活通常是由良好的退休计划和较高的退休金来保证的。对于那些对地理安全性更感兴趣的人来说，如果追求更为优越的职业，意味着将要在他们的生活中注入一种不稳定或保障较差的地域因素——迫使他们举家搬迁到其他城市，那么他们会觉得在一个熟悉的环境中维持一种稳定的、有保障的职业是更为重要的。对于另外一些追求安全型职业锚的人来说，安全则是意味着所依托组织的安全性。他们可能优先选择到政府机关工作，因为政府公务员看来还是一种终身性的职业。这些人显然更愿意让他们的雇主来决定他们去从事何种职业。

组织管理者只有了解不同职业生涯阶段的特点和各职业阶段中员工的知识水平、职业偏好、职务期望以及需要和激励，才能更好地管理和促进员工的职业生涯发展，从而实现对职业生涯的有效管理。

【实践中的人力资源】

李小姐的职业选择之路

李小姐没有医药教育的背景，于 1998 年进入医药行业，先在南方的一家医药公司做起了某地级市一个进口妇科产品的销售代表，该产品在治疗妇科某疾病方面，临床医生认可度很高。2001 年她从公司市场部了解到该产品国内已经有药厂报批仿制，李小姐觉得经过这几年打拼，也该自己独立做些事情了，于是 2003 年春节刚过便毅然从那家医药公司辞职，做起了某药厂的地级医药代理商。刚开始李小姐做了一个抗生素品种，凭借自己原有业务关系很快开发了 6 家医院，由于开发、维护客户都需要自己亲自出马，李小姐自感力不从心，于是组建了一个 3 人小组。半年后，国内那家报批"ABL"药品的制药公司开始在全国招商仿制药销售，李小姐由于熟悉产品及潜在代理市场，一举取得了某地级市的代理权，她带领团队迅速打开了这个市场，人员增加到 5 人。但是，李小姐不满足于自己在一个地级市发展，她的第二步计划是进军省会某市的医药代理市场，鉴于其团队的出色表现，厂家同意了她开发 10 家医院的申请，并嘱其安排地级市场善后以后，带领一名骨干正式进驻某市。1 年后，李小姐的团队终于发展到了 30 多人，还兼做了几个产品的省级代理，现在正在向委托加工方向发展。

医药营销行业有许多非医药、营销专业教育背景的人士取得了成功，成功因素在于：一旦选择了这个领域，就要有从头学起、从头干起的精神，最重要的是自己要做一个有心人，抓住机会，大胆尝试，这部分人往往比专业出身的经理人发展更快。李小姐能够在工作中不断总结经验，思考自己的职业选择，看准机会后果断确定目标，从而取得了事业上的成功。

第三节　影响职业生涯的因素

影响职业生涯的因素分为内在因素和外在因素。

一、内　在　因　素

1. 职业性向　按霍兰德的划分,一共有六种基本的职业性向,不同的人可能有不同的职业性向,从而吸引他们从事不同的工作。实际上大多数人同时具有多种职业性向,有些性向较相似或相容,那么个人在职业选择时所面临的内在冲突和犹豫就会越少;反之,在选择职业时会面临较多犹豫不决的情况。

2. 个性特征　不同气质、性格、能力的人适合不同类型的工作,个性特征最好能与工作的性质和要求相匹配,比如外向的人往往更适合做营销方面的工作,而内向的人则适合做文秘等方面的工作。

3. 职业锚　职业锚与职业性向有相似之处,但又不等同于职业性向,它是人们选择和发展自己职业时所围绕的中心,常常对职业生涯的发展发挥重要作用。当人们对自己的职业选择做出某种重大改变时,职业锚往往会发生决定性的作用。

4. 能力　对企业的员工而言能力是指劳动的能力,即运用各种资源从事生产、研究、经营活动的能力,包括体能、心理素质、智能三个方面。这三方面构成了一个人的全面综合能力,它是员工职业发展的基础,与员工个体发展水平成正比。能力越强者,对自我价值实现、声望和尊重的要求越高,发展的欲望越强烈,对个体发展的促进也越大。同时,其接受新事物、新知识的速度以及自我完善和提高也越快。因此,能力既是员工个体发展的强烈需求,又为他们的发展提供了可能条件,它是员工职业发展的重要基础和影响因素。

5. 人生阶段　在不同的人生阶段,人们的年龄、生理特征、生理素质、智能水平、社会负担、责任、主要任务等有所不同,这就决定了不同阶段的职业发展的重点和内容是不同的。

二、外　在　因　素

1. 社会环境因素

（1）经济发展水平:在经济发展水平高的地区,企业相对集中,优秀企业也比较多,个人职业选择的机会就比较多,因而就有利于个人职业发展;反之,在经济落后地区,个人职业发展就会受到限制。

（2）社会文化环境:主要包括教育条件和水平、社会文化设施等。在良好的社会文化环境中,个人能够受到良好的教育和熏陶,从而为职业发展打下更好的基础。

（3）政治制度和氛围:政治和经济是相互影响的,它不仅影响着一国的经济体制,而且影响着企业的组织体制,从而间接影响到个人的职业发展;政治制度和气氛还会潜移默化的影响个人的追求,从而对职业生涯产生影响。

（4）社会价值观念:一个人生活在社会环境中,必然会受到社会价值观念的影响,大多数人的价值取向都会为社会主体价值取向所左右。一个人的思想发展、成熟的过程,其实就是认可、接受社会主体价值观念的过程。社会价值观念正是通过影响个人价值观而影响着个人的职业选择。

2. 生活圈因素

（1）家庭的影响:家庭对个人的职业选择和职业发展都有较大的影响,主要体现在以下三点:首先,家庭的教育方式影响个人认识世界的方法;其次,家人是孩子最早观察模仿的对象,孩子会受到家人职业技能的熏陶;再次,家人的价值观、态度、行为、人际关系等对个人的职业选择有着较大的直接和间接影响。

(2) 朋友、同龄群体的影响:朋友、同龄群体的工作价值观、工作态度、行为特点等不可避免地会影响个人对职业的偏好和选择及职业变换的机会。

3. 企业环境因素

(1) 企业文化:企业文化决定了一个企业如何看待自己的员工,所以,员工的职业生涯是受企业文化所左右的。一个主张员工参与的企业显然比一个独裁的企业能为员工提供更多的发展机会;渴望发展、追求挑战的员工很难在论资排辈的企业中受到重用。

(2) 管理制度:员工的职业发展,归根到底要靠管理制度来保障,包括合理的培训制度、晋升制度、考核制度、奖惩制度等。企业价值观、企业经营哲学也只有渗透到制度中,才能得到切实的贯彻执行。没有制度或者不合理、不规范的制度都会影响员工的职业发展。

(3) 领导者素质和价值观:领导者的素质和价值观在很大程度上直接影响着企业的文化和管理风格,企业经营的哲学往往也就是企业家的经营哲学。如果企业领导不重视员工的职业发展,那么员工的能力和潜能就得不到发挥,这也必将成为企业未来发展的一个瓶颈。

【实践中的人力资源】

小王的择业分析

小王是 H 医科大学预防医学专业 2009 年毕业的硕士研究生,即将走向工作岗位的他对自己未来的职业生涯进行了认真的分析,并从内部和外部两个方面分析了影响自身职业生涯的相关因素:

1. 内在因素 根据霍兰德的职业性向理论,小王以调研性向和社会性向为主;性格属于中性,对科研和调查等实际工作比较感兴趣;成绩优秀,具有较强的沟通能力和协调能力;结合自身的专业背景和业务技能,将自己的职业方向定位在大学老师、研究人员或疾病控制中心的工作人员。

2. 外在因素 考虑到经济发展水平较高地区的配套设施较为完备,小王将自己的就业区域定在了东南沿海地区。考虑到高等院校和研究机构对预防医学的需求以博士为主的现状,小王将就业的方向逐渐定位到疾病预防控制中心,因为随着生活水平的提高和社会的发展,政府对疾病的预防意识逐渐加强,且在较大的传染病疫情面前,需要较多的预防部门工作人员到一线工作。对于小王的选择,他的朋友和家人也都表示了极大的支持。

第四节 职业生涯规划与开发

一、个人职业生涯规划

职业生涯规划是指员工根据自身的主观因素和对客观环境的分析,确立自己的职业生涯发展目标,选择能够实现这一目标的职业,制定相应的工作、培训和教育计划,采取必要的行动实施职业生涯目标的过程。个人职业生涯规划流程一般包括自我剖析与定位、生涯机会评估、生涯目标与路线的设定、生涯策略的制定与实施、反馈与修正等五个方面的内容,见图9-2。

1. 自我剖析与定位 自我剖析定位就是对自己进行全面的分析,通过自我剖析认识自己、了解自己,以便准确地为自己定位。自我剖析的内容包括自己的兴趣、爱好、特长、性格、学识、技能、智商、情商以及协调、组织、管理、活动能力等。

职业生涯规划的过程是从个人对自己的能力、兴趣及其目标的评估开始的。自我剖析的过程,实际上是自我暴露和解剖的过程,其重点是分析自己的条件尤其是性格、兴趣、特长与需求。性格是职业选择的前提,如内向的人从事外向性的工作往往难以成功;兴趣是工作的动力,如果一个人的工作与自己的兴趣相符,那么工作就是一种享受和乐趣;特长主要是分析自己的能力与潜力;需求主要是分析自己的职业价值观,弄清自己究竟要从职业中获得什么。因此,个人剖析是职业生涯规划的基础,直接关系到个人职业的成功与否。自我剖析的方法有多种,常用的有以下三种:

(1)橱窗分析法:橱窗分析法是自我剖析的重要方法之一。心理学家把对自己的了解比成一个橱窗。为了便于理解,可以把橱窗放在一个直角坐标系中加以分析,见图9-3,坐标系的横轴正向表示别人知道,负向表示别人不知道;纵轴正向表示自己知道,负向表示自己不知道。

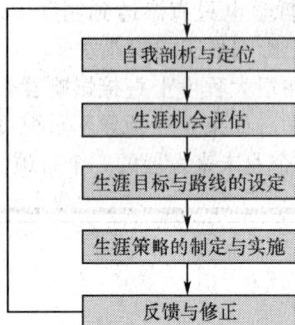

图9-2 个人职业生涯规划流程

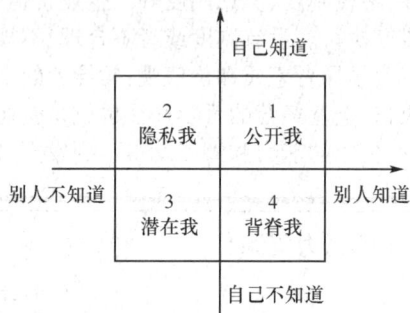

图9-3 橱窗分析图

橱窗3为"潜在我",这是自己不知道、别人也不知道的部分,是有待进一步开发的部分。橱窗4为"背脊我",这是自己不知道、别人知道的部分,就像自己的背部一样,自己看不到,别人却看得很清楚。在进行自我剖析时,重点是了解橱窗3"潜在我"和橱窗4"背脊我"这两部分。"潜在我"是影响一个人未来发展的重要因素,因为每个人都有巨大的潜能,许多研究都表明,人类平常只发挥了极小一部分的大脑功能。如果一个人能够发挥一般的大脑功能,将能轻易地学会40多种语言,背诵整套百科全书。著名心理学家奥托指出,一个人所发挥出来的能力,只占他全部能力的4%。控制论的奠基人小维纳指出:"可以有把握地说,每个人,即使它是做出了辉煌成就的人,在他的一生中利用他自己的大脑潜能还不到百亿分之一。"由此可见,认识与了解"潜在我"是自我剖析的重要内容之一。

(2)自我测试法:自我测试法是通过回答有关问题来认识自己、了解自己的方法。测试题目是由心理学家们经过精心研究设定的,只要如实回答,就能大概了解自己的有关情况,这是一种比较简单经济的自我剖析方法。在自测回答问题时,切忌寻找标准答案,应该如实回答自己的想法和对事物的认识,这样测试才有实际意义。自我测试的内容和量表有很多,包括性格测试、气质测试、情绪测试、智力测试、技能测试、记忆力测试、创造力测试、观察力测试、应变能力测试、想像力测试、管理能力测试、人际关系测试、行动能力测试等。

(3)计算机测试法:计算机测试法是一种了解自己、认识自己的有效的现代测试手段和方法,这种方法的科学性、准确性相对较高。目前,用于测试的软件多种多样,许多网站也开设了网上测试。比较常用的测试方法有:人格测试、智力测试、能力测试、职业倾向测试等。

通过自我剖析可了解自己的职业兴趣,认识自己的职业性格,判断自己的职业能力,确定自己的职业性向,以便根据自身的特点设计自己的职业发展方向和目标。

2. 生涯机会评估 生涯机会评估主要是分析内外环境因素对自己职业生涯发展的影响。任何一个人都不可能离群索居,都必须生活在一定的环境之中,特别是要生活在一个待定的社会环境和组织环境之中。环境为每个人提供了活动的空间、发展的条件、成功的机遇。尤其是近年来,社会的快速变迁、科技的高速发展、市场竞争的加剧等,对个人的发展产生了很大的影响。在这种情况下,个人如果能很好地利用外部环境,就会有助于事业的成功,否则就会处处碰壁,寸步难行。在制定职业生涯规划时,要分析环境的特点、环境的发展变化情况、个人与环境的关系、个人在环境中的地位、环境对个人提出的要求以及环境中对自己有利与不利的因素等。环境分析主要是通过对组织环境特别是组织发展战略、人力资源需求、晋升发展机会的分析,以及社会环境、经济环境等有关问题的分析与探讨,弄清环境对职业发展的作用及影响,以便更好地进行职业目标的规划与职业路线的选择。

3. 生涯目标与路线的设定　职业发展必须有明确的方向与目标,目标的选择是职业发展的关键。目标的选择是以自己的最佳才能、最优性格、最大兴趣、最有力的环境等条件为依据的。在确定目标的过程中要注意如下几个方面的问题:①目标要符合社会与组织的需要,有需要才有市场和发展机遇;②目标要适合自身的特点,并使其建立在自身的优势之上;③目标要高远但绝不能好高骛远,一个人追求的目标越高,其才能就发展得越快,对社会越有益;④目标幅度不宜过宽,最好选择窄一点的领域,并把全部身心投进去,这样更容易获得成功;⑤要注意长期目标与短期目标相结合,长期目标指明了发展的方向,短期目标是实现长期目标的保证,长短结合更有利于生涯目标的实现;⑥目标要明确具体,同一时期的目标不要太多,目标越简明、越具体,就越容易实现,越能促进个人的发展;⑦要注意职业目标与家庭目标以及个人生活与健康目标的协调与结合,家庭的和谐与个人健康是事业成功的基础和保障。

4. 职业生涯路线　职业生涯路线指一个人选定职业后从什么方向实现自己的职业目标,是向专业技术方向发展,还是向行政管理方向发展,发展方向不同,要求就不同。因此,在职业生涯规划时必须对此做出选择,以便安排今后的学习和工作,使其沿着生涯路线和预定的方向发展。在进行生涯路线选择时可以从以下三个方面考虑:

(1) 个人希望向哪条路线发展:主要应考虑自己的价值、理想、成就、动机等,确定自己的目标取向。

(2) 个人适合向哪条路线发展:主要考虑自己的性格、特长、经历、学历等主观条件,确定自己的能力取向。

(3) 个人能够向哪条路线发展:主要考虑自身所处的社会环境、政治与经济环境、组织环境等,确定自己的机会取向。

职业生涯路线选择的重点是对生涯选择要素进行系统分析,在对上述三方面的要素综合分析的基础上确定自己的生涯路线。职业生涯路线选定后,还要画出职业生涯路线图。典型的职业生涯路线图是一个"V"字形的图形。假定一个人22岁大学毕业参加工作,即V型图的起点是22岁。从起点向上发展,V型图的左侧是行政管理路线,右侧是专业技术路线。按照年龄或时间将路线划分为若干部分,并将专业技术等级或行政职务等级分别标在路线图上,作为自己职业生涯的目标。当然,职业生涯路线也可能出现交叉与转换,这可以根据自身的情况与处境来决定。

5. 职业生涯策略　确定职业生涯目标后,要实现职业生涯目标还必须有相应的职业生涯策略作保证。职业生涯策略指为争取职业生涯目标的实现所采取的各种行动和措施。如为了达到工作目标,你计划采取哪些措施提高效率? 在业务素质方面,你计划采取哪些措施提高业务能力? 在潜能开发方面,你计划采取哪些措施? 参加公司的教育、培训与轮岗,构建人际关系网,参加业余时间的课程学习,掌握额外的技能与知识等,这些都是职业目标实现的具体策略,也包括为平衡职业目标与其他目标而做出的种种努力。通过这些努力,实现个人在工作中的良好表现与业绩。职业生涯策略要具体、明确,并应定期检查落实情况。

6. 职业生涯规划的反馈与修正　事物都是处在运动变化发展中的,随着时间的推移、自身与外部环境条件的变化,职业生涯规划也要做相应的变化。在制定职业生涯规划时,由于起初对自身及外界环境条件的认识都存在一定的局限性,最初确定的职业生涯目标往往是比较模糊或抽象的,有时甚至是错误的。经过一段时间的工作以后,有意识地回顾自己的言行得失,可以检验自己的职业定位与职业方向是否合适。在实施职业生涯规划的过程中应自觉地总结经验和教训,评估职业生涯规划的合理性,不断修正对自我的认同,通过反复的反馈与修正,逐步调整并确定最终职业目标,保证职业生涯规划行之有效。同时,通过评估与修正还可以极大地增强员工实现职业目标的信心。修订内容主要包括:职业的重新选择、生涯路线的改变、生涯目标的修正、实施策略计划的变更等。

二、个人职业生涯开发

个人职业生涯开发,指为了获得或改进个人与工作有关的知识、技能、动机、态度、行为等因素,以利于提高其工作绩效、实现其职业生涯目标的各种有计划、有系统的努力。个人职业生涯开发的内容和形式多种多样,下面主要从个人要素开发和社会资本开发两个方面加以介绍。

1. 自我要素开发

(1) 能力的开发:能力是一个人可否进入职业的先决条件,是能否胜任工作的主观条件。无论从事什么职业总要有一定的能力作保证。如果没有能力,就谈不到进入工作,对个人来讲也就无所谓职业生涯。职业工作能力包含两大方面:体能和智能,具体可分为五大要素:体力、智力、知识、技能、人际交往。职业个人能力的开发策略如下:

1) 增强实力:学习当然是根本措施,首先要尽可能提高自己的学历。进入组织之后,千万不要停止对学历的追求,尤其是文化水平较低者。学历标志着一个人的知识水平,提高学历是扩大知识面、增加新知识、掌握专业知识的过程,这是任何一项职业工作都需要的。进入组织的员工要根据个人情况,订出可行的学习计划,脚踏实地地向高学历发展。其次,采取多种形式,不断地自觉加强专业知识和职业技能的学习。在现代科学技术信息时代,停止学习就意味着原有专业知识和职业技能的老化,所以必须积极、主动、自觉地参加各种形式的职业教育、职业技能培训。最后,丰富工作经验。不要拒绝一切发展自己、提高自己实力的机会,特别是不要拒绝一些复杂的工作任务或委托的重任。

2) 获取新的能力:第一,在关键性的事业变动时,新能力的获得特别重要。人的职业生涯中有以下几个主要的转折点:中学至大学(教育程度);大学至工作(投入的领域);工作至精通专业(专门化过程);精通专业至权力(高位);权力至最高限度(停止增长);最高限度至退休(生活形态的选择及衰退)。每个转折点都代表个人发展的一次挑战,不可忽视或回避。只有抓住机遇,扩展自己新的能力,积极迎接挑战,前途才会光明。第二,变更职业工作,获得新能力。长期或较长期位于一个职业岗位往往会限定从业者的能力,故要在目前的职务以外获得新的能力并非易事。适当地变换工作岗位,会因能获取新的能力而令人惊喜。

3) 适应职业需要发展个人能力,做一个杰出的人物:个人能力的开发,无论是深化原有能力,还是获得新能力,都不是盲目的,必须适应职业需要,有意识、有目的地进行能力开发。首先,必须清楚和找准现有职业中自己所必要的能力,并且力争表现自己非凡的能力,没有一种能力可以适用于各种职业,也并非所有的能力都同样有助于优异表现。其次,根据变更的职业所需的能力,有针对性、选择性地学习和发展自己的能力。每个人的职业生涯都会有转折点和变更,凡至此时,获取新的能力显得尤为必要。学习或获取新的能力应当根据自己所要求或变更的职业需要而定,在现实中,不同职业有不同的职业能力需要,即使是同一领域或系统的工作,职位不同,所需的能力也有差别。

特别是在关键性的事业变动时,新的能力的获得特别重要。人们有时候会发现,目前的职位和向往的职位之间有明显的不可跨越的鸿沟。如果存在这种情况,当事人就必须去寻找联结的桥梁,倘若没有跨越这条鸿沟的通路,当事人便注定要沿着边缘寻找逃走的道路,而能力就是桥梁,它能使人跨越到他们想去的地方。

(2) 态度的开发:良好的思维方式可以让你拥有正确的处事态度,而这种态度是个人职业生涯成功的关键。态度是你每天对生活所作的回应,作家罗本森指出,"态度是一个人的信仰、想象、期望和价值的总和,它决定了事物在个人眼中的意义,也决定了人们处理事情的方式。"态度令人们成功,每个人都会经历各种艰难,然而他们乐观积极的态度让他们重新崛起。态度决定着一切,良好的态度是一种责任的体现。下面介绍两种培养正确态度的方法。

1)选择自己的态度:你应该确定什么态度是你所希望拥有的。比如,你也许原本想给下属更多的爱护,但表现出来的却是挑剔,这就违背了你的初衷。尽管态度决定着一个人发挥其潜能的程度,但只有将态度付诸行动以后才会实现。选择一种特定的态度,也就建立了你自己未来的位置。因此,你必须知道自己现在的位置,明确自己有哪些思想及情感上的问题。然后,选定合适的目标来改变自己的态度。确定目标是态度变化的必要因素,我们要首先确定目标,分析自己目前的状况以及未来的发展方向,这样才能更好地促进态度的转变。

2)做记录:你可以以每天将日记写在笔记本或电脑上,每天增加你如何表现新态度的具体例子。如果在转变过程中犯了一些错误,也同样记录下来,将这些错误列出来,然后把注意力集中在如何成功转变态度上。

(3)职业资本的开发:职业资本是一个人选择职业、发展自我、运作金钱和创造财富等能力的总和,它是在与生俱来的先天性基础上,通过后天的社会活动和教育改造而逐步形成的。因此,一个人只有自身拥有雄厚的职业资本,才能获得更大的择业自由,获得更多的就业机会,从而获得更多的职业生涯发展与成功机会。能力的开发、职业资本的保值增值永远是一项无法终结的人生课题。提高能力和职业资本的附加值,可以从以下几个方面做起:

1)努力吸取知识营养:这不仅指接收系统的学校教育,更是指在离开学校后的自我修炼。知识是知识经济社会最重要的生产要素,不掌握最新的职业知识,就无法为企业、社会和国家做出更多的贡献。靠经验和感觉去处理问题的时代已经一去不复返,持续的学习和知识更新已成为必然。活到老,学到老,进行终身学习制,已成为现代职业发展的必然要求。

2)树立效率观念,强调功效:没有效率就谈不上竞争,提高工作效率,才能降低成本。提高效率、合理规划与利用时间,是实现职业生涯成功的重要措施。

3)高瞻远瞩,树立国际化观念:站的高才能看得远,随着全球化与国际化步伐的加快,没有国际化的思路,没有广博的知识与先进的理念,就不能成为现代人,特别是外语、计算机和涉外法律等与外商打交道的工具和知识更是必不可少。因此,职业生涯的开发与发展,必须从全球化的角度进行思考,按照国际人才标准要求自己,并从全球的角度进行职业定位。

4)脚踏实地,积极参与:职业生涯能力的培养需要从小事着手,从大处着眼,现代社会不欢迎那些"一屋不扫而想扫天下"的空想家。在职业生涯发展过程中要积极地参与开发活动,这不仅可以锻炼能力,更可以扩大和传播思想,更新观念,从而更好地促进个人的发展。

2. 职业社会资本的开发 社会资本指处于一个共同体之内的个人或组织,通过与内部、外部对象的长期交往、合作、互利形成的一系列认同关系,以及由此而积淀下来的历史传统、价值理念、信仰和行为方式。随着社会的进步与发展,影响人类发展的因素将逐渐由物质资本向人力资本转化,资本的智能化是知识经济发展的必然结果。人力资本的无限性、稳定性与普遍性使其成为现代社会经济发展中的真正资本与首要财富。社会资本作为影响个人行动能力以及生活质量的重要资源,在任何经济体制下都发挥着重要的作用。职业知名度和职业信用度等都是非常重要的社会资本。如果一个是某种行业或某个领域中特别有影响力的人,那么,他无论走到哪个角落,都有机会得到重用;相反,如果一个人虽然满腹经纶却无人知晓,就像一块埋在沙里的金子,无人发现其闪光之处,那么他便无法为个人和社会创造财富。同样,职业信用度也是一笔宝贵的个人无形资产和社会资本,在同样遭受一种毁灭性的打击下,信用度良好的人可以很快获得别人的帮助而东山再起;相反,那些信用较差,甚至以骗为生的人则会遭到灭顶之灾。因此,在个人的职业生涯发展中,积极开发与利用社会资本,注重个人形象的传播和个人公关等社会资本,对促进个人职业生涯发展具有重要意义。职业社会资本的开发主要可以从以下几个方面入手:

（1）服饰与仪表：服饰与仪表虽然是外在的东西，却会起到非常重要的作用，注重职业性向的员工往往会赢得更多的职业资本。

（2）争取领导者的注意：要想升迁，一个很重要的问题是怎样取得上司和领导的重视。在军队，不主动要求任务，一切听从指挥是一个基本原则。而在公司或企业则不同，管理人员必须主动地争取任务，这样才能获得与上司、领导的接触机会。晋升迅速的员工总是争取那些相对短期而且能够很快显示绩效的工作任务，这样他们才能够更多地被赏识和重视。

（3）人际关系的处理：要想获得职业生涯的成功，就要注意在实际工作中给人留下负责任、勤于做事、注意仪表的形象，并时刻以成功为念，避免想到失败。同时，还要注意经营人际关系，因为良好的人际关系是达到晋升目的的重要手段和途径。

（4）构建职业人际关系网的技巧：职业生涯成功在很大程度上取决于你拥有多大的权力和影响力，而与恰当的人建立稳固的人际关系对此至关重要。构建职业人际关系网应注意以下几个方面的技巧：

1）构建稳固的内部圈：良好、稳固、有利的人际关系的核心必须由 10 个左右你能靠得住的人组成。这首选的 10 人可以包括你的朋友、家庭成员和那些在你职业生涯中彼此联系紧密的人，他们构成你的影响力内圈。你应该同至少 15 个左右的可以作为你内部关系圈后备力量的人保持联系。

2）为人要慷慨大方。

3）掌握人际关系的维护技巧：为你的关系网和组织提供信息，时刻关注对网络成员有用的信息，应定期将你收到的信息与他们分享。

三、组织职业生涯规划

组织职业生涯规划一般经过四个步骤来完成，见图9-4。

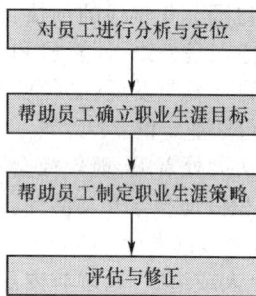

图 9-4　组织职业生涯规划流程

1. 对员工进行分析与定位　这一阶段组织应帮助员工进行比较准确的自我评价，同时还必须对员工所处的相关环境进行深层次的分析，并根据员工自身的特点设计相应的职业发展方向和目标。这一阶段的主要任务是开展员工个人评估、组织对员工进行评估和环境分析三项工作。

2. 帮助员工确立职业生涯目标　组织应开展必要的职业指导活动，通过对员工的分析与组织岗位的分析，为员工选择合适的职业岗位。生涯路线选择的重点是通过对生涯路线选择要素进行认真分析，帮助员工确定生涯路线并画出职业生涯路线图。值得注意的是，组织帮助员工设立的职业生涯目标可以是多层次、分阶段的，这样既可以使员工保持开放灵活的心境，又可以保持员工的相对稳定性，提高工作效率。

组织内部的职业信息系统是为员工制定职业生涯目标的重要参考。在员工确立实际的职业目标之前，需要知道有关职业选择和机会方面的情况，包括可能的职业方向、职业发展道路以及具体的工作空缺等。组织或企业应根据既定的经营方针和发展战略，预测并做出未来可能存在的职位以及这些职位所需的技能类型的规划，并对每一职位进行彻底的工作分析，公布其结果，如某项工作的最低任职资格、具体职责、工作规范等。员工可以根据它们来确定自己的职业目标或职业规划。同时，组织还要鼓励员工去思考不同职位的成功者所经历的职业发展道路，为员工勾画职业发展道路与前景。组织可以通过多种方式向员工传递有关职业发展的信息，许多职业生涯发展规划比较规范的企业，通常使用企业内部的职位海报、工作手册、招聘材料等来向员工提供职业选择与职业发展机会的信息。

3. 帮助员工制定职业生涯策略 职业生涯策略指为争取职业目标的实现而采取的各种行动和措施,如参加公司的各类人力资源开发与培训活动,构建人际关系网,利用业余时间参加相关课程的学习,掌握额外的技能与知识等,都是职业目标实现的具体策略,也包括为了平衡职业目标和其他目标而做出的种种努力。通过这些努力,取得个人在工作中的良好表现与业绩,从而使组织获得员工的"忠诚"。

4. 职业生涯规划的评估与修正 经过一段时间的工作以后,有意识地回顾员工的工作表现,并检验员工的职业定位与职业方向是否合适。在实施职业生涯规划的过程中评估现有的职业生涯规划,组织就可以修正对员工的认识与判断,通过反馈与修正,纠正最终职业目标与计划职业目标的偏差。同时,通过评估与修正还可以极大地增强员工实现职业目标的信心。

通过职业生涯规划的评估与修正,架设组织发展与员工职业目标之间的桥梁,是实现组织职业规划目标的重要手段。组织在了解员工的自我评价与职业目标等信息后,就可以结合组织的发展战略来全盘规划与调整人力资源。当组织未来的人力资源需求与某些员工的职业目标和个人条件大体一致时,组织就可以事先安排这些员工接触这些工作并使之熟悉起来,也可以根据职位的原本要求有的放矢地安排有关员工进行相关的培训,以使其做好承担此项工作的任职准备。有些员工对本职工作并不喜欢,而对组织的另一些工作感兴趣,若这些工作的要求与这些员工的条件相匹配并且又有空缺的话,组织可安排他们转岗。当然,公平是组织开展这些工作时应该恪守的基本原则,它包括信息公开,即将组织内部的职位空缺、职业变动信息等及时、公开地告示广大员工,引导对空缺职位感兴趣、又符合一定条件的员工进行公平竞争和全面发展。公平竞争,即对职位候选人采用同一套标准加以考评;全面发展,即使所有的员工都能在自己的职业领域获得发展,以求组织获得最佳人选,员工获得最佳发展。

四、组织职业生涯开发

组织职业生涯开发指组织为提高员工的职业知识、技能、态度和水平,以提高员工的工作绩效,促进职业生涯发展而开展的各类有计划、有步骤的教育训练活动。组织职业生涯开发是人力资源开发管理的主要方法之一,是组织发展战略的重要组成部分,对组织未来的发展,以及员工个人的发展前景都具有指导作用。

职业生涯开发的战略目标是人的全面发展,开发的对象是组织的全体员工,职业生涯开发要求在董事会和管理人员双重高度参与下,充分利用资金、时间、技术、人才以及组织外部力量,实现组织员工的职业生涯发展目标。

1. 组织职业生涯开发的特点

(1) 长期性:对员工个人而言,组织职业生涯开发战略指员工从进入组织第一天到在组织工作的最后一天的全部职业历程;而对组织而言,组织职业生涯开发战略指从组织创建之日至组织未来发展的全过程。可见,组织职业生涯开发战略的历时较长,对组织和员工个人的职业发展将会产生重大影响。

(2) 全局性和战略性:对员工个人而言,组织职业生涯开发将影响到其一生的各个方面;而对组织而言,必将对组织的各项工作产生直接或间接的影响,同时也将对组织的未来发展产生战略性影响。

2. 组织职业生涯开发的方法 组织职业生涯开发的方法有多种,开发的方法随职业种类和岗位的不同而有所不同,而每种开发方法也有自己独特的优点。在某一职业生涯开发计划中采用何种方法,最好由职业生涯管理专家和心理学家来共同决定。一般而言,组织职业生涯开发方法主要有两类:一类是各种人员通用的一般开发方法;另一类是专门针对管理人员的特殊开发方法。

（1）一般开发方法：这类方法既可以用于中低层次的员工，也可以用于对较高级的员工进行开发，具有一定的普遍适应性。这类方法又可以分为两种类型：一种为现场培训；另一种为脱产培训。

（2）管理人员的开发方法：由于管理人员涉及的工作范围广、工作复杂多变、需要良好的协调能力和组织管理能力等特殊性要求，故需要一些特殊方法对其进行开发与培训。通常用于管理人员的开发方法主要有以下几种：①研讨会法；②工作模拟法；③角色扮演；④敏感性训练。

【实践中的人力资源】

B 医药公司的职业生涯管理策略

B 医药公司是一家国有大型医药企业，经营范围主要有：中成药、化学原料药及其制剂、抗生素原料药及其制剂、生化药品、生物制品等。公司现有员工1970人，除了原料药部面向医药生产企业进行销售以外，公司其他业务部门的销售则以纯销为主，即业务部门的目标客户主要是医院。公司领导非常重视员工的职业发展，从以下五个方面进行职业生涯管理：

1. 建立了完善的信息系统　主要包括公司发展战略规划信息、职位基本信息、职位空缺信息和员工基本信息。

（1）公司发展战略规划信息：公司的发展战略规划是员工制定职业生涯发展规划的重要依据，员工要想在企业中顺利实现职业发展，必须将个人目标与企业的战略发展目标保持一致。同时，员工可以根据公司发展战略规划的变化，分析公司的岗位变化趋势，根据自己的现状与发展需求，提前做好知识储备，以便寻求新的更好的发展方向。

（2）职位基本信息：包括职位所在部门、岗位级别、职责范围、拥有权限、直接上下属、与其他部门的联系以及任职资格等信息。职位基本信息应正确反应职位的真实情况，使员工在应聘前能够客观评估该职位在自身职业发展中的意义，也能够使员工在任职后正确履行职责，创造良好业绩，尽快实现个人的职业目标。

（3）职位空缺信息：职位空缺信息与基本信息所应包括的内容基本相同。企业借助信息化的方式，将职位空缺信息快速、直接地传递给全体员工，使他们都能获得参与竞争的机会，增强员工的公平感，帮助员工职业发展，同时可以吸引更多有潜力的员工参与竞争，从而为组织选拔出最合适的人选负责该职位的工作。

（4）员工基本信息：员工的自然状况、经历、业绩、追求、价值观、潜力、性格、气质等都会影响着员工的职业生涯发展。全面了解员工的基本信息，是组织进行员工职业生涯管理的一项基础性工作。员工的基本信息主要包括：①员工的自然状况，如出生年月、性别、学历、学位、婚姻状况、健康状况、工作经历等。②个人的工作素质及愿望。工作素质也称职业属性，包括职业兴趣、职业价值观、气质、性格、一般能力和特殊能力；工作愿望是建立在工作素质基础上的个人理想。③在组织内的工作状况主要是工作业绩、工作态度，特别是近期的工作表现以及培养前途。公司要对职业（员工）信息系统进行动态管理，确保信息的真实性和时效性，并合理设置权限，在做好各项数据保护的基础上实现资源共享。

2. 培训　培训分为常规的岗位技能培训、发展性培训和职业生涯管理知识培训，其中职业生涯管理知识培训是体系实施前的一项重要准备工作。通过各种培训活动一方面使企业领导认同建立员工职业生涯管理体系符合公司以人为本的管理思路，是企业与员工个人实现双赢的最佳途径；另一方面，通过对员工进行全面、系统的培训，使全体员工了解到公司管理者对职业生涯设计的重视，明确组织和个人在职业生涯管理中所充当的角色和各自负有的责任，帮助主管领导和员工个人掌握职业生涯管理方面的技能，提高掌控自身职业发展的能力。

3. 职业生涯管理咨询 在体系实施的过程中,无论是员工还是管理人员都会遇到各种职业生涯管理方面的问题和困境,如何及时、科学地给予指导并协助解决,直接关系到体系运行的成败以及员工进行个人职业发展的信心。因此,公司一方面可鼓励员工主动去找自己的主管沟通个人职业生涯管理问题;另一方面,公司也可以外聘专家,组建职业生涯管理咨询中心,提供专业的职业生涯管理咨询,包括借助一些先进的评估工具,使员工随时可以得到个人职业生涯管理方面的帮助,以便科学地确定或重新调适个人的发展方向。

4. 推行岗位轮换制度 岗位轮换制度是指组织安排员工在不同部门的同一管理层次或同一个技术岗位上,但不同工种间有计划的轮换工作。公司可以通过有意识地安排新员工轮岗,给新员工提供较多的职业经历机会,寻找自己的职业锚;通过安排中期员工尤其是关键员工在一定范围内轮换岗位,使这些员工能够积累更多的岗位知识和经验,拓宽交际范围、丰富工作内容,有更多的机会体现价值,充分挖掘自身的潜力,为进一步的职业发展创造条件。在组织中高级岗位有限的情况下,公司可以安排关键员工进行轮岗来缓解组织内部晋升的压力,有利于提高员工工作积极性,为组织创造更大的价值。

5. 职务替代方案 职务替代方案是在员工由于个人原因流动、退休、疾病、意外而导致人员离岗时,为能在最短时间内找到可以胜任工作的人选,尤其是一些关键岗位,组织需提前做好后备人才的培养,以保持工作的连续性。对员工个人而言,职务替代方案使优秀员工能够作为后备人才接受锻炼,积累与职业发展相关的知识和经验。

本 章 小 结

企业既要最大限度地利用员工的能力,又要为每一位员工都提供一个不断成长以挖掘个人最大潜力和建立成功职业的机会,这就是职业生涯管理。本章首先介绍了职业生涯管理的相关概念和意义,接下来阐述了职业生涯选择理论和职业生涯阶段理论,进而对影响职业生涯的因素进行了较为系统的归纳和总结,最后从个人和组织两方面对职业生涯规划和开发进行了较为详细的论述。

思 考 题

1. 什么是职业生涯? 什么是职业生涯管理? 其研究意义是什么?
2. 职业选择理论有哪些?
3. 什么是职业锚? 它与职业性向有什么区别?
4. 影响职业生涯的因素有哪些?
5. 个人和组织职业生涯规划有何异同?

案例解析

X 制药集团在上海总部的职业生涯管理体系探讨

1. 集团概况 X 集团是全球领先的专业制药公司,总部设在巴黎,分支机构遍布 80 多国,员工超过十万人。集团拥有世界级的研发机构,有 20 个研究中心、11000 多名科研学者致力于研究和开发创新的治疗方案,研究主要涉及心血管、肿瘤、中枢神经系统、糖尿病和疫苗等多个领域。

　　X制药公司在中国的运营总部位于上海,旗下拥有三家合资工厂,在北京、广州、成都、杭州、武汉、沈阳以及其他省市均设有分支或联络机构。依托于强劲的研发能力和多领域领先水平的医药产品资源,公司在中国的市场份额不断攀升,排名达到了第七位,市场份额占有率达到1.7%。

2. 现有的职业生涯管理体系

　　(1) 人力资源概况:截至2007年12月31日,X制药公司共有员工2013人,其中销售部1580人、市场部96人、商务部31人、财务部35人、医学部15人、注册部9人、政府事务部13人、业务支持部165人、业务拓展部22人、人力资源部47人。其中女性员工占总数的58%,男性员工占42%;20~30岁的员工占员工总数的52%,30~40岁的员工占31%,而40岁以上的员工仅占17%,公司青年员工占据了主体;研究生学历占员工人数的8%,大学本科学历占44%,大学专科占38%,中专占10%,公司员工的文化结构层次较高。

　　(2) 公司的目标:X制药公司致力于将自己发展为中国市场上最大的外商制药公司,计划4~5年内在华业务增长2~4倍。公司为实现这一目标制定了一系列办法:首先,公司将在中国加大疫苗产品的产量,降低疫苗价格,进一步扩大市场份额,加快开拓中国市场;此外,公司还将整合现有在华研发力量,建立一支临床研发队伍;在业务拓展模式上,公司倾向于通过建立研发合作伙伴的方式,进一步打入中国市场。

　　(3) 员工职业方向和职业阶段的划分:根据各部门中不同的岗位设置,公司设计了16个职业方向,分别是:销售、市场、商务、业务支持、医学、供应链、注册、业务拓展、财务、法律、内部审计、采购、公共关系、交流传媒、信息技术、人力资源。完成了职业方向的划分后,公司根据不同的岗位层次要求,将职位划分为"建立愿景"、"执行战略"、"管理流程"、"实施流程"、"支持流程"五个能力层次,根据各部门具体工作内容和流程将各职业分为不同的职业阶段。

　　(4) 任职资格和胜任能力标准:通过系统的岗位需求分析,公司设立了任职资格标准,一方面使员工看到自己在组织里的希望、目标,从而达到稳定的目的;另一方面,对管理者而言,可以更深入地了解员工的兴趣、愿望等,以使员工能够感觉到自己是受到重视的人,从而发挥更大的作用;然后通过管理者与员工关于任职资格标准的多次深入探讨、交流,使管理者了解到员工的状态及其希望达到的目标,管理者可以根据具体情况来安排员工的培训,可以适时地引导员工进入工作状态,使个人目标和组织目标实现一致。

　　公司制定了6项核心胜任能力标准,分别为:①计划和执行卓越,即确定达到目标的任务和里程碑,同时利用资源,确保目标的实现;②客户导向,即确定现有和潜在的客户,了解他们目前和未来的需求并形成合适的应对方案;③沟通协作,即以准确、鲜明、有序的方式表达事实、理念或方向,积极倾听他人意见,与他人合作以实现绩效目标;④结果导向,即展现取得目标和成果的动力和能量,能抓住机会,积极主动、坚持不懈地发现并处理问题;⑤解决问题,即主动发现和分析问题,形成和评估在既定前提下适当的行动替代方案,在面对业务挑战和压力时,保持精力充沛和高效性;⑥构建人员能力,即通过提供明确的目标、反馈和发展机会,引导他人取得积极成果。

　　(5) 员工的职业发展路径:员工在公司的职业发展轨迹可以是单一、双重或多样的。单一职业发展轨迹对应于单一职能的职业路径;双重职业发展轨迹对应于双重职能的职业路径;而多样化职业发展轨迹对应于多样化职能的职业路径。当员工进入公司,他将来可能存在的职业发展机会和职业路径是可知的,员工可根据自身条件选择符合自己的职业轨迹。一般来说,员工在公司中的职业发展与年度绩效考核和能力评估相结合,公司根据员工自我职业生涯规划情况和相应岗位的空缺情况及对员工绩效、能力考核的结果,决定员工继续原岗位任职、调岗或晋升。

（6）员工的职业生涯规划管理:在 X 制药公司中,员工的职业生涯规划管理分为五步骤:评估与探索;确定职业选择;确定职业目标;计划与行动;进度检查。①评估与探索:又分为自我评估与环境评估两方面。自我评估指员工根据岗位和能力胜任标准直接与主管进行讨论,对自己已经掌握的、在工作中应用的各种能力和技能进行水平的评估,除此之外,自我评估还涉及检查直接主管对该员工的才能、优势和关键提升机会的反馈意见。环境评估指员工需要了解公司的周边环境,包括商业环境、当前战略、主要措施和各不同部门的发展情况。②确定职业选择:职业选择主要指不同类型的职业方向,包括员工在目前职位上的发展、横向调动、升职、转到不同的部门等。员工可以通过公司提供的各种资源自己来做研究,也可以与他人探讨经验,从而形成自己的思路、观点和见解。③确定职业目标:员工综合前两个步骤里所累积的知识,匹配技能、兴趣、价值观和近期生活中发生的事宜,开始对未来方向做出决策,根据员工的个人选择,制定出一份短期的(未来一年内),中期的(未来 3 ~ 3 年),长期的(未来 3 ~ 5 年)职业目标清单。④计划与行动:员工进入公司后开始进行职业生涯自我管理的第四步,即计划与行动。员工根据职业目标撰写一份详细的行动计划,内容包括把职业目标转化为具体的计划和行动,并与个人职业目标相匹配的职业发展机会。⑤进度检查:在员工职业生涯管理 12 个月后,员工通过工作和学习进行重新认识和评估,形成一份更新后的职业规划,包括更理想的职业选择,新的目标和行动计划等,调整后的目标和行动计划将更符合员工的职业发展需求。

3. 职业生涯管理体系的评价

（1）成功之处:通过分析,公司设立了任职资格和胜任能力标准,为员工的培训和晋升提供了理论依据。公司职业发展路径的建立,使员工在进行职业生涯规划时,能按照公司对组织目标的计划方向进行,符合公司发展需要的目标,使员工在自我职业生涯管理时所制定的计划具有可执行性。员工只需要根据职业发展路径找出自己的职业生涯发展目标和制定出其中可能存在的轨迹路线,可以减少员工在职业生涯发展中遇到困难而引起的挫折感。同时,公司还为有潜力的员工设立了员工职业生涯的特殊路径,不仅满足了部分优秀员工的需求,也满足了公司对特殊人力资源的需求。

（2）不足之处:通过分析,认为 X 制药公司职业生涯管理体系主要存在 3 点不足之处。①缺乏对员工特质的科学评估,在员工制定职业发展规划之前,企业应该对员工的特质做科学的测评,以便员工更好地认识自我,正确制定职业生涯规划。②职业生涯咨询指导工作还不规范、一些员工没有参与职业生涯设计的有关培训,致使他们的规划设计不能很好地实施。③在公司员工职业生涯管理系统中,员工生涯的管理与年终绩效考核同时进行,未建立一套完整的个人职业生涯发展档案。

4. 职业生涯管理体系的优化建议

（1）加强职业生涯管理体系的系统性:从 X 制药公司的情况来看,可以对公司的职业生涯管理体系确定新的思路:在推行职业生涯管理的过程中,根据职业生涯管理的需要,不断补充和完善相关的人力资源管理要素,以职业生涯管理的发展来推动人力资源管理体系的形成,最终建立一个以"职业生涯管理体系"为核心的企业人力资源管理新型系统。

（2）对不同职业阶段的员工实行分类管理:按照格林豪斯的职业生涯发展阶段理论,一个人的职业生涯发展可分为五个阶段,即职业准备阶段(0 ~ 18 岁)、进入组织阶段(18 ~ 25 岁)、职业生涯初期(25 ~ 40 岁)、职业生涯中期(40 ~ 55 岁)、职业生涯后期(从 55 岁直至退休),每一阶段都有不同的任务和目的。从 X 公司的实际情况来看,员工的年龄基本覆盖了"进入组织"以后的四个职业生涯发展阶段,因此可以按照年龄段把员工分为四个阶段进行分类管理,并根据每一阶段不同的任务和目,制定相关的管理措施。同时,对员工的学习及工作等与职业发展相关的情况进行整理,作为实施职业生涯管理的基础,并在此基础上建立起职工的发展档案,以此作为员工职业发展的依据。

(3) 建立职业生涯管理档案:个人职业生涯发展档案的主要内容是个人情况、现在的行为和未来的发展,也就是员工职业生涯规划过程的全部内容。个人职业生涯发展档案是两本完整的手册,员工将所有项目填好后,即员工职业生涯目标,交给组织一本,员工自留一本。由组织和员工进行交流沟通以后,确定员工适合组织战略目标的职业生涯规划。在经过有效的绩效考核之后,根据结果对职业生涯进行调整,记入档案,作为员工今后职业发展的理论依据。

【案例讨论】

A 医院应如何进行员工职业生涯开发

A 医院是由卫生部投资兴建,集医疗、教学、科研、预防、保健为一体的大型综合性医院,于 1997 年 5 月 18 日正式开诊。医院占地 11 万平方米,医疗区总建筑面积 10 万平方米,总资产 3.2 亿元,编制床位 1200 张,实际开放床位 714 张。医院科室设置齐全,现有临床医技科室 44 个,职工 1380 余人(正式职工 760 人,临时工 620 人),其中副高级及以上各类专业技术人员 160 余人,博士 67 人。年门诊量近 40 万人次,年出院患者 1.4 万人次,年收入 2 个亿。

建院以来,医院十分重视对人才的吸收和培养,先后从省内外知名医院聘请经验丰富的专业技术人员和管理人员加盟医院,并担任重要职务。医院职工按工作职能划分,主要有卫生技术人员、管理人员和工勤人员,其中卫生技术人员主要由医疗人员、护理人员、医技人员和药剂人员构成。

医院正式职工中 35 岁以下人员 472 人,占 62%;60 岁以上人员 29 名,占 4%。由于是新建医院,年轻人居多,专业人才建设发展不均衡,部分专业人才断层现象突出,没有形成合理的人才梯队,尤其是中青年学术骨干缺乏。医院卫生技术人员中拥有本科及以上学历者 471 人,占全院卫生技术人员的 46.31%,其中医疗人员达到 99%。护理队伍不断加强自身建设,护理人员的学历水平有了大幅度提升。医院卫生技术人员具有高级职称者 143 人,占 14.06%,其中正高 53 人,占 5.296%,但是具有高水平的学术带头人数量偏少。与规模不断扩大的医院发展需求脱节,需要增大高层次人才的引进和培养力度。

医院非常重视职工的在职教育与培训,通过各种形式鼓励职工学习。截至 2008 年底,医院共有 400 多名职工通过各种渠道提高了学历(位)层次,现有 40 余名职工在职攻读硕(博)士,同时出国学习与进修的人数逐年增加。然而,医院对职工的培训缺乏统一的、长远的规划,培训制度不完善。据调查,个别职工提升学历的教育,纯粹是为一张文凭,对医院的成长没有意义。医院人事部专设培训主管人员,但职工培训多靠自学。医院近几年的培训主要有管理层的拓展培训,对于职工的专业技术培训很少,有的也仅是为开展某项技术需要时临时性的培训,没有为职工制定系统的职业发展计划,对职工的未来,医院及职工均处于一种较为模糊的认识状态,职业发展规划有待开发。

职工按专业技术岗位参加晋升。卫生技术系列的晋升推荐评审工作由医院学术委员会评审决定,根据专业技术职务晋升计分标准分别从政治思想、医疗(护理)工作业绩、科研、教学成果和附加等五个方面对专业技术人员进行量化和评审。在专业技术职务晋升上,目前医院推行的是专业技术职务评聘制。这种制度自 1996 年开始实行以来,在一定程度上调动了医务人员的积极性,但职称评审制度暴露出的弊端也非常明显:①人才的职称评聘受学历、资历、岗位、甚至单位职数的限制,阻碍了优秀人才脱颖而出;②评审过程中看不到被评审者的工作态度和实际工作能力以及某些人为的因素,导致评审不公平,使部分庸者上能者下;③职称评审每年都评,直接造成职称贬值,且同一职称人员实际水平相差太大;④职称终身制,且与工资福利挂钩,这种一劳永逸阻碍了人才主观能动性的发挥,人才晋升与使用机制的不完善,阻碍了员工积极性和创造性的发挥。医院为激励人才,制定了专业技术拔尖人才的评选管理办法,评选了一批中青年专业技术拔尖人才,但因疏于管理,没有真正起到应有的激励作用。

问题:

1. 假如你是该医院院长,针对目前医院内员工的职业现状,你将如何制定该院的职业生涯管理体系?

2. 假如你是一名国内名牌大学的硕士毕业生,并刚到该院就业,你将如何规划你个人的职业生涯?

【模拟实践】

Z 医药实业企业的职业发展规划

Z 医药实业企业是 Z 集团投资创办的全国性大型医药企业,自 1993 年成立以来,在集团领导及社会各界的支持帮助下,依靠企业先进的经营理念、完善规范的业务网络和市场开拓能力,与国内各大医疗单位、医药商业伙伴及国内外著名制药企业建立了长期友好的合作关系,经营业务不断拓展。几年来,Z 医药已与来自美国、英国、日本、瑞士、德国、意大利、法国、韩国等国家的众多知名厂家建立了密切的合作关系,是美国安进、葛兰素史克、百特、山之内、默克、辉瑞、诺华、罗氏、默沙东、拜尔、上海施贵宝、北京同仁堂等国内外 500 多个药品厂家 3000 多种药品品牌的独家代理或主要经销商。十几年来,企业由小到大,利税成倍增长,销售突破 30 亿元,在全国医药商业销售百强中跻身第 19 位。

然而,Z 医药作为一家在业务上快速发展的医药流通企业,尚缺乏有效的职业生涯管理体系,在人力资源管理上还存在以下几方面的问题:

1. 企业在创业初期,过于关注企业的销售额与利润,在选择企业人员及重用人员时,单纯强调客户关系与销售业绩,对人员的基本素质没有过多要求。很多业务员的业务拓展能力很强,客户关系也很不错,但是个人基本素质比较低。

2. 企业的经营管理干部大多数是从业务员中提拔起来的,而评判标准就是业务能力强否。管理团队缺少人力资源战略意识与思维,对企业管理只是凭着感觉走。企业内部管理体制尚未健全,一些管理制度存在大量缺陷。

3. 在绩效管理系统设计方面通常缺乏系统的、良好的绩效标准设定方法。首先是不能从工作分析中得出绩效的衡量指标,其次对评估标准的设定主观性程度过高。

4. 员工进入企业后完全凭借感觉跟着企业走,没有给予必要的培训与指导,造成部分员工工作技能比较低,不能达到工作标准,工作中出现的失误比较多,带来管理成本的上升和不必要的浪费。

模拟练习:

1. 以 Z 医药实业企业为背景,对企业内各层次员工进行分析与定位,对相关环境进行深层次分析。

2. 针对各个层次员工的特点对其进行岗位分析,为其选择合适的职业岗位并确定他们的职业生涯路线图。

3. 为各个岗位的员工制定职业生涯发展策略,促使其尽快实现职业发展目标。

4. 将各层次员工的职业生涯目标和策略进行汇总分析,判断是否与组织总的发展目标吻合,有不一致的地方及时修正,并以组织发展目标为主导。

(闫冠樾)

第 10 章　人力资源管理前沿

本章要点

1. 了解人力资源管理创新的基本内容
2. 了解人力资源管理的发展趋势
3. 了解人力资源管理与企业文化建设的关系
4. 了解电子化人力资源(e-HR)管理
5. 了解胜任力的概念及基于胜任力的新型人力资源管理体系的构建基础知识

导入案例

"玛丽发错药之后"……

玛丽是一位护士,在纽约一家医院已经工作了 3 年。最近一段时间,该院患者激增,玛丽忙得脚不沾地。一天给患者发药时,她发错了药,幸好被及时发现,没有酿成大事故。但此事仍被上报,医院管理部门对此事展开了严厉的"问责"。

首先问责护理部,他们从电脑中调出最近一段时间病历记录,发现玛丽负责区域的患者增加了 30%,而护士人手却没有增加。管理部门认为:护理部没有适时增加人手,造成玛丽工作量加大,劳累过度。人员调配失误,要马上纠正。

其次又问责该院人力资源部,问玛丽家里最近是否有异常,得知她的孩子刚两岁,近日上幼儿园不适应,整夜哭闹,影响到玛丽休息。管理部门认为:医院人力资源部没有对玛丽进行生活方面的帮助,是人力资源部失职,立即弥补。

最后问责制药厂,没有人想发错药,"发错药"可能有药物本身的原因。管理部门把玛丽发错的药放在一起对比,发现这几种药的外观和颜色极相似,很容易混淆。他们马上向药厂发函,要求改变这些药的外包装或形状,尽可能减少护士对药物的误识。

最后,类似"玛丽发错药"的事被汇总上报,更高的医疗管理者做出相关调查,得出2006 年全美护士缺编人数以及超负荷工作的结论。提出护士不仅要用,还要"养",要求各级医院减少护士不必要的文案,让她们做最直接和专业的护理工作等。还强调,医院对"准医疗事故"或事故不要避而不谈,提倡不怕揭短,直面意外,严格追责的目的是"向前看",不犯同样的错误,而不是借此惩处某人或补偿某人。

玛丽当时特别紧张,不知医院将如何处罚她。先是医院心理专家找她促膝谈心,告诉她不用担心患者赔偿事宜,已由保险公司解决了。她还与玛丽夫妻探讨如何照顾孩子,并向社区申请给予她 10 小时义工帮助。玛丽下夜班后,由义工照顾孩子,保证她能有充分的休息。同时,医院批了几天假给她,让她帮助女儿适应幼儿园生活。此后,玛丽工作更加认真细致,该院的护士也没人再发生类似的错误。药厂也感谢医院反馈的信息,答应尽快做出改进。

"玛丽发错药之后"告诉我们:现代管理者并非简单运用传统的"奖优罚劣"等方法,出现事故苗头或发生问题后,要多想想当事人的身心状态、自己管理上的漏洞及以后如何不再重犯,而不是简单地"一罚了事"。体贴入微的"科学化和人性化"是现代管理发展的趋势。现代知识经济下的人力资源管理的发展趋势尤为如此。学习本章内容之后,你会知道:跟所有其他学科一样,人力资源管理的前沿在不断创新发展之中……

第一节 人力资源管理创新

在全球化和信息技术的推动下,"员工是公司成功的关键"的观念被转化为各种相应的人力资源管理活动。人力资源管理创新也应运而生,综合起来,人力资源管理创新体现在如下九大方面:

1. 人力资源管理组织的创新 权变式组织的构建。组织是企业一切活动的平台,组织活动的效率直接取决于平台搭建的好坏。新形势下,企业都在寻找一种能够适应不断变化环境的适应性组织。但是不管哪种组织形式,每种组织都应该适应市场变化,使自身成为一个有利于员工不断学习的学习型组织。因此,组织的创新首先是权变式组织的构建。

2. 人力资源管理思维创新 以变应变,速度制胜。信息技术的发展和应用,使信息传播、交流的速度大大提高。哪个企业人力资源战略规划的制定、执行或者新技巧的使用,吸引人才、留住人才的新措施的出台等能领先于其他企业,这个企业的竞争力就会得到提高。因此,人力资源管理者必须重视敏捷思维的培养和反应速度的提高,加快信息传播速度、行动速度,这样才能根据迅速变化的环境做出迅速而准确的反应。

3. 人力资源管理的手段创新 柔性化管理,与人为本。现代企业劳资双方关系已发生革命性变化,"契约关系"变得越来越像"盟约关系",以往的强制、命令方式收效甚微,管理权威的维系难以继续依赖权力,刚性管理开始逐步演变为"刚柔并济"的管理模式。因此,现代人力资源管理既要强调知识管理的柔性化,体现"以人为本"的理念,又要将提高运作效率的终极目标与柔性管理相结合。

4. 人力资源管理的方法创新 实施个性化管理。现代企业对创新成果的应用,往往需要团队精神来实现。运用团队管理模式,在一定程度上能激励部分员工,但另一部分知识型员工的积极性会受挫。而实施个性化管理、建立共同愿景、对不同特点的员工按照其不同绩效进行管理,能更好地满足不同员工的不同层次的需要,起到有效激励的作用。

5. 人力资源管理的技术创新 实现 e-HR 系统管理。无论是人力资源计划、工作分析、招聘录用资料的处理,还是面谈、笔试及评估,计算机网络技术渗透到人力资源管理的各个功能实现过程中,员工利用 e-HR 系统能在任何时间、任何地点进行工作及团队合作。

6. 人力资源管理模式创新 重视沟通、信任员工、和谐的员工关系。信息与网络技术使管理者和员工、员工之间互动沟通更加高效快捷,e-HR 系统的实施使人力资源管理办公网络化、异地化成为现实,越来越多的企业日益重视员工沟通、信任员工,采用员工自助管理的方式。

7. 人力资源管理核心转变 人力资源价值链管理。21 世纪进入知识经济以来,人力资源管理的核心转变为:如何通过价值链的管理,来实现人力资本价值及人力资源在企业的增值。

人力资源价值链,是指人力资源在企业中的价值创造、价值评价和价值分配这三个相互承接的一体化环节,其本身就是对人才激励和创新的过程,如图 10-1 所示。

(1)价值创造:价值创造在理论上肯定知识创新者和企业家在企业价值创造中的主导作用。企业中人力资源管理的重心要遵循"二八"规律,即关注那些能够为企业创造巨大价值的人,这些人的数量在企业中仅占 20%,但创造了 80% 的价值,同时也能带动企业其他 80% 的人高效工作。注重形成企业的核心层、中坚层、骨干层员工队伍,同时实现企业人力资源的分层分类管理模式。

图 10-1　人力资源价值链示意图

（2）价值评价：价值评价是人力资源管理的核心问题，其内容是指要通过价值评价体系及评价机制的确定，使人才的贡献得到承认，使真正优秀的人才脱颖而出，使企业形成凭能力和业绩吃饭，而不是凭"政治"技巧吃饭的人力资源管理机制。

（3）价值分配：价值分配就是通过包括职权、机会、工资、奖金、福利、股权分配等在内的多元化价值分配形式的构建，满足员工的需要，有效地激励员工。这就需要企业注重对员工的潜能评价，向员工提供面向未来的人力资源开发内容与手段，提高其终身就业能力。

8. 员工关系管理模式的创新——劳动契约与心理契约为双重纽带的战略合作伙伴关系
21 世纪，员工与企业之间的关系需要靠新规则来管理，这种新规则就是劳动契约和心理契约的双重纽带模式，见图 10-2 所示。

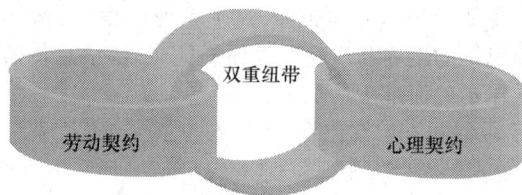

图 10-2　员工关系管理创新——双重纽带模式结构示意图

（1）用劳动契约和心理契约作为调节员工与企业之间关系的双重纽带。一方面要依据市场规则确定员工与企业双方的权力、义务以及利益关系；另一方面又要求企业与员工一起建立共同愿景，在此基础上就核心价值达成共识，培养员工的职业道德，实现员工的自我发展与管理。

（2）企业要关注员工对组织的心理期望与组织对员工的心理期望之间是否达成默契，在企业和员工之间建立信任与承诺关系，让员工实现自主管理。

（3）形成企业与员工双赢的战略合作伙伴关系，个人与组织共同成长和发展。

9. 人力资源管理者的角色创新——"工程师＋销售＋客户经理"等角色多重化、职业化　21世纪，企业要以创新的思维来对待员工，要以营销的视角来开发组织中的人力资源。员工是客户，企业人力资源管理的新职能就是向员工持续提供客户化的人力资源产品与服务。从某种角度来看，人力资源管理也是"市场营销"的一种：站在员工需求的角度，通过提供令顾客（企业员工）满意的人力资源产品与服务来吸纳、留住、开发企业所需要的人才。因此，人力资源管理者要扮演"工程师＋销售人员＋客户经理"的角色，如图 10-3 所示。

图 10-3　人力资源管理角色创新示意图

（1）工程师：人力资源管理者要具有专业的知识与技能。

（2）销售人员：人力资源管理者还需要具有向管理者及员工"推销"人力资源产品与服务方案的技能。

（3）客户经理：人力资源管理者需要为企业各层级员工提供一系列人力资源系统解决方案。比如著名的 Motorola 公司人力资源管理者提出的人力资源客户经理 Total Solution，主要内容包括如下：

1）共同愿景：通过共同愿景将企业目标与员工期望结合在一起，满足员工的事业发展期望。

2）价值分享：通过提供富有竞争力的薪酬体系及价值分享系统来满足员工的多元化需求，包括企业内部信息、知识、经验的分享。

3）人力资本增值服务：通过提供持续的人力资源开发、培训，提升员工的人力资本价值。

4）授权赋能：让员工参与管理，授权员工自主工作，并承担更多的责任。

5）支持与援助：通过建立支持与求助工作系统，为员工完成个人与组织发展目标提供条件。

【实践中的人力资源】

马应龙药业公司的员工激励创新

在现代人力资源管理创新体系构建中，马应龙公司员工激励体系创新模式独具特色：采用了四种激励、十种本系的建设模式，将激励分为物质激励、精神激励和工作激励及其他，在此基础上又进一步细化为薪酬体系、共享体系、福利体系、奖罚体系、荣誉体系、关怀体系、晋升体系、认可体系、培训体系、其他体系等十种体系，每一项体系内包括数个具有的激励制度和措施（见图 10-4），由此形成系统、全面的激励体系，让激励"看得见，摸得着"，容易落到实处，使员工感到放心和信心倍增。

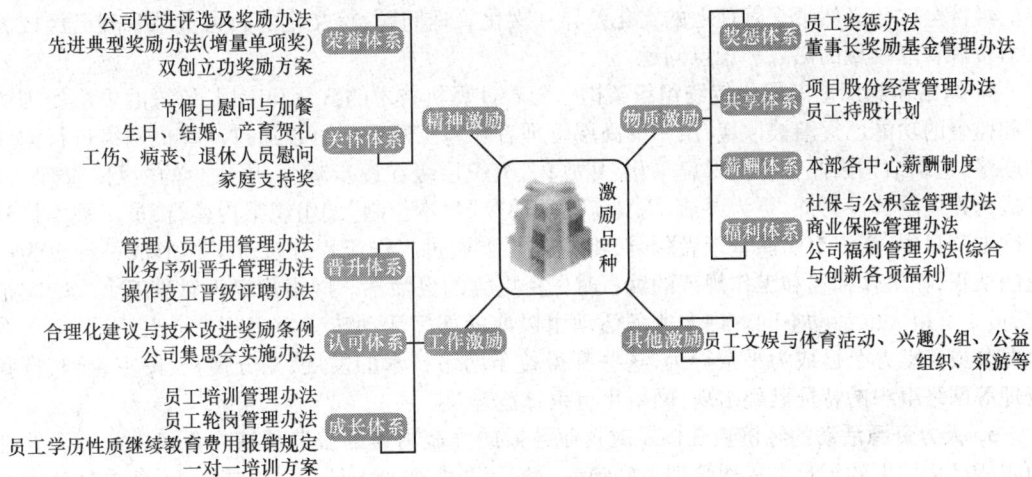

图 10-4　马应龙公司激励体系创新一览图

第二节　人力资源管理的发展趋势

进入 21 世纪的知识经济时代以来，人力资源管理在应对各种环境变化、挑战和冲击中呈现以下六大发展趋势：

1. 组织越来越重视战略人力资源管理——企业战略与人力资源管理紧密结合　人力资源

真正成为企业的战略性资源,人力资源管理要为企业战略目标的实现承担责任,为企业创造价值,打造核心竞争力。越来越多的企业认识到,如果想要获得或保持竞争优势的话,战略规划和人力资源对其发展和前途都是最重要的因素,而这两者必须紧密结合起来,才能达到最佳效益。因为战略规划的各个要素都包含人力资源因素,必须获得人力资源的支持才能实现。因此,很多企业聘请人力资源专家实质性地参与到战略研究和制定全过程,从而实现战略与人力资源规划在战略规划和战略管理过程的早期就结合为一体。这种变化趋势对于人力资源管理者来说同样具有重要意义,因为人力资源规划是衡量和评价人力资源对企业效益贡献的基础,如果企业的战略目标不明确,不将人力资源发展与企业战略目标紧密联系起来,人力资源规划就会变得毫无意义。因此,人力资源管理与企业战略规划的一体化从根本上提供了人力资源及人力资源管理对企业做出贡献的机会。

2. 人力资源管理渐渐从"事后管理"向"超前管理"转变　人力资源管理在知识经济时代已逐渐从"事后"移到"事前",对客户、业务和市场有必要深入接触和了解,并且在此基础上把握整个公司的走向和对整个行业的发展趋势进行前瞻性预测,以实现人力资源的超前式管理。

20世纪90年代以来,越来越多的企业实施各种组织变革的计划,大多数人力资源经理成为这些变革计划的组织者和领导人。在工作中,原来他们遇到的挑战性问题是管理变革和再造工程。近年来,他们的问题又变成了促进员工参与、改进客户服务、支持全面质量管理等方面的内容。目前,越来越多的企业的人力资源部门将工作重点放在提高生产力上,将事务性工作标准化、自动化,而对设计、实施各种有利于提高员工生产力和企业整体绩效的方案投入更多的人力和物力,这就对人力资源管理部门的工作职责、人员素质提出更高的要求。这种趋势的持续发展,将使人力资源管理职能"直指"企业的使命。

3. 人力资源管理全球化和跨文化管理　组织的全球化,必然要求人力资源管理策略的全球化、人才流动的全球化。尤其是加入WTO以后,组织多面对的就是人才流动的国际化以及无国界。经济全球化必然带来管理上的文化差异和文化管理问题,跨文化的人力资源管理已经成为人力资源管理领域的热点和难点问题。

4. 网络化组织渐渐取代传统组织架构　随着计算机技术的普及和应用,传统的中层经理协调和监督的功能已逐渐被取代,组织的高层管理者和基层管理者可以通过计算机网络进行沟通和联络,组织结构因此日益变得扁平化、开放化,组织层级在逐步减少,层次少的"纵向管理"已经成为发展趋势。另外,更为灵活、更具流动性的"项目本位制"的组织结构盛行,员工被安排到不同的项目中,受多个团队管理者领导,组织被要求通过工作流程分析对工作形成一种更为广泛的认识,在工作描述和工作规范的编写时保持更大的灵活性。网络化组织对员工个人影响很大,员工有很大的活动空间。许多业务活动由以前的部门活动转变为团队或个人活动,个人在家办公或移动办公已成为平常行为,这些都得益于网络技术的发展,充分授权、民主管理、自我管理等网络组织的特征已经出现,网络化组织日益普及。

5. 人力资源活动的经济责任以及对企业绩效的贡献将得到普遍承认　现代人力资源管理的职能已从过去的行政事务性管理上升到考虑如何开发企业人员的潜在能力,不断提高效率上来。它更多地以经营者的眼光,注重企业在吸引人才、培养人才、激励人才等方面的投入,因为人力资本投资具有较高的、甚至无可比拟的回报率,是企业发展的最有前途的投资。人力资源部门不再仅仅是个纯消费部门,而是能为企业带来经济效益的部门。

近年来,研究者试图找到人力资源活动效益与企业绩效之间的关系。美国一家研究机构进行了人力资源活动与生产力、人员流动率以及财会绩效标准之间的关系等方面的深入研究。这项研究通过考察资本回报总效率、股东收益率以及价格成本差额,证明适当的人力资源活动与提高企业绩效之间有强大的交互作用,适当的人力资源活动能降低人员流动率、提高根据员工人均销售额计算的生产力。这项研究指出,人力资源活动是最后一个没有达到合理化的重大经营领域。未来生产绩效收益将不会在新的财务、会计领域中找到,也不会在市场营销领域中找到,而只能在过去被忽略了的人力资源领域去找。

6. 企业人力资源管理者未来角色的界定 未来企业人力资源管理者角色将主要定位在以下三方面,见图 10-5。

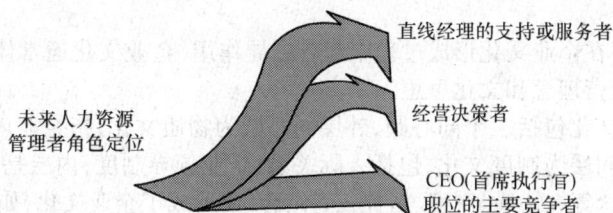

图 10-5 未来企业人力资源管理者角色定位示意图

(1)直线经理的支持或服务者:人力资源管理将被确认为各级管理人员的共同职责,而不再只是人力资源管理部门的任务。对于其他部门的经理,人力资源部应当培训、推广企业的人力资源管理理念、方法,使各层次主管成功地掌握非人力资源经理的人力资源管理技巧,成功地管理自己的团队。同时,人力资源部门要把人力资源管理作为经理业绩考核的重要内容之一,特别是其评估下属员工业绩的能力。部门经理应该主动与人力资源部门沟通,共同实现管理的目标,而不仅仅在需要招人或辞退员工时,才"求助"于人力资源部。人力资源管理人员要与各级管理人员建立伙伴关系,成为他们的支持者或服务者。

(2)经营决策者:传统观点认为:人力资源部门是一个无足轻重的行政管理部门,只需要负责企业人员的"进、管、出",与企业经营决策没有什么关系。随着市场竞争的日趋激烈,人力资源在企业经济效益中的重要性越来越明显,其管理的核心地位越来越突出,人力资源管理不再仅仅局限在人事工作方面,而是更多地参与到企业经营活动中来. 成为一个经营决策的重要方面。他们要关注企业经营的长期需要,也要帮助直线经理和员工设立标准、制定计划,并进行日常管理活动。

(3)CEO(首席执行官)职位的主要竞争者:对人力资源管理问题的日益重视和人力资源在现实生活的重要作用使得人力资源管理者的地位不断上升。CEO 职位的候选人从最初的营销人员、财务人员到现在的人力资源管理人员。特别是进入 90 年代以后,人力资源管理者的地位有了更为彻底的改观。越来越多的高层人力资源主管问鼎 CEO 职位,越来越多的高层人力资源主管进入企业董事会。未来的发展可能是:不曾当过人力资源主管或者经过相关培训,就没有资格当 CEO 或进入企业董事会。

第三节　人力资源管理与企业文化建设

我国著名人力资源管理学者彭剑峰曾说过,人力资源管理的最高境界是文化管理。人力资源管理的获取、控制和激励、培训与开发、整合等各项功能的实现都受到企业文化直接或潜在的影响,同时,这些功能的实现又反作用于企业文化的形成、维持及发展。

企业文化理论源于美国管理学界在 20 世纪 80 年代初对东、西方成功企业的主要特征研究,企业管理因此而跃迁到"以人为本"的文化层面,学者们通过实证研究得出结论:杰出而成功的企业都有强有力的企业文化。

一、企业文化的内涵

企业文化主要是指企业的精神文化,它是在长期经营活动中形成的共同拥有的企业理想、信念、价值观和道德规范的综合。企业文化是企业的"灵魂"。国内外学者曾经对企业文化有不

同的阐释,但综合起来,企业文化的内涵包括以下几个方面:

(1)企业文化本质在于它是一种企业经营理念、价值观和企业人的行为准则。

(2)企业文化无时不在、无处不在,充满企业运行的一切时间和空间,体现在企业人的一切行为之中。

(3)企业领导层在企业文化形成过程中起着主导作用,企业文化通常体现着企业创办人及其后继者所提倡的经营理念和文化思想。

一般而言,企业文化包括三个同心圆,外层同心圆为物质文化,指企业内部的机器设备和生产经营的产品等;中间层为制度文化,包括人际关系、企业领导制度;内层是精神文化,是企业内的行为规范、价值观念等。物质、制度、精神三者结合,便形成了企业文化,如图10-6所示。

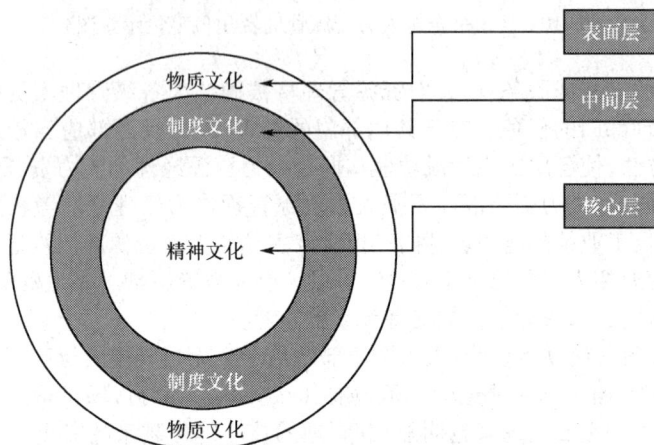

图10-6　企业文化层次结构图

二、企业文化建设的重要性

企业文化是全体员工衷心认同和共有的企业核心价值理念,它规定了人们的基本思维模式和行为模式。而且这些思维模式和行为模式,还应该在新老员工的交替过程中具有延续性和保持性。一个优秀的企业,就是要创造一种能够使企业全体员工衷心认同的核心价值观念和使命感、一个能够促进员工奋发向上的心理环境、一个能够确保企业经营业绩的不断提高、一个能够积极地推动组织变革和发展的企业文化。优秀的企业文化的巨大作用体现在如下几个方面:

(1)优秀的企业文化将"以人为本,人才强企"的理念渗透到员工的思想和行动中,形成良好的组织氛围,创造和谐、融洽的人际关系,这无疑对保持和增强员工的工作、学习积极性都有巨大的促进作用。因此,管理者应与员工建立良好的沟通渠道,建立和谐、平等的关系,让员工了解企业的大事,让管理者了解员工的需要。同时,管理层应严于律己,以身作则,团结上进,为员工树立良好的榜样,使员工对管理层的佩服尊敬上升到对企业的忠诚,从而增加组织的凝聚力与向心力,让员工感到在本组织中工作是愉快的。

(2)优秀的企业文化应培养员工的适应力和创新精神,为人力资源改革创造良好氛围,使人力资源管理达到"事半功倍"的效果。企业文化应该倡导创新,不断促进企业技术和管理的进步,营造企业良好的改革内部环境,培养员工主动参与和支持改革,这样就有利于充分发挥人力资源管理的作用,建立公平合理的内部进取的氛围,形成让"能者上、平者让、庸者下"的人员动态管理机制。

(3)优秀的企业文化可以规范员工的日常行为,树立员工的主人翁意识。优秀的企业文化容易被员工所认同和接受,由于高度的认同感,员工就会自觉的用企业的价值观和行为准则来规范和要求自己,用企业文化来规范自身行为,自觉遵守企业制度,提高企业执行力,促进制度管理。

三、人力资源管理与企业文化建设的关系

人力资源管理是一种有形的"硬管理",企业文化建设则是无形的"软管理"。两者之间通过"人"相互联系、相互促进。当企业文化融入人力资源管理的全过程,就会影响员工自有的价值观念,有助于加强对人才的开发和利用,促进企业持续健康发展。企业文化建设和人力资源管理是相辅相成、相互促进的关系,正确处理好两者之间的关系,创造制度与文化并重的管理环境,就能推进企业的发展。二者关系如图 10-7 所示。

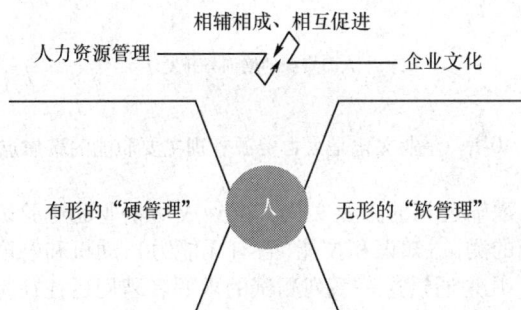

图 10-7　人力资源管理与企业文化关系一览图

首先,企业文化的建设离不开人力资源管理。一方面,人力资源管理必须顺应企业战略、企业文化的要求。企业文化是企业在长期生产经营活动中,所培育形成的为广大员工所接受的并共同遵循的、具有先进性与个性的价值观和行为规范,是以企业规章制度和物质现象为载体的一种文化,是企业人力资源管理与开发的出发点和落脚点。而另一方面,企业文化突出人本管理,它把人力资源管理开发进一步系统化、层次化,形成新型的管理机制,全面改善人力资本投资战略方向,提升人力资源运行效率,建立起以制度文化为基础的人力资源管理系统平台,积极创建学习型组织和优秀的员工团队,努力把人力资源提升为人才资源,形成有利于促进人才成长、人才创新、人才工作同企业发展相协调的工作格局。

其次,人力资源管理是企业文化的载体和支撑,是企业文化建设和执行的可靠保障,任何形式的企业文化都离不开制度的承载,如果没有制度的支撑,企业先进的理念将会难以贯彻实施。人力资源管理体系为企业文化的建设执行提供载体和可靠保障。

人力资源管理采取内部统一立场,认为组织成员应该为了共同利益一起工作,排除冲突的影响,以实现共同目标。从这一立场出发,人力资源管理与企业文化一致:管理驱动、不存在冲突,共同利益占上风。

人力资源管理面临的挑战是将内部统一目标与更多的个人及小团体的自主性目标相协调,而这两种目标的协调不是轻而易举的事情。企业文化可以在一定程度上帮助人力资源管理在组织和员工利益之间找到合理的平衡点,同时又能使追求组织目标与员工自身目标不发生冲突。因此,人力资源管理真正的关注点就是企业文化,以及对文化的变革和管理。组织文化与组织战略、组织结构、人力资源管理中的各项政策策略、员工招聘、选拔、评估、培训与奖励等都有直接的影响。具体如图 10-8 所示。

（一）员工的招聘、选拔与录用

传统的人才招聘往往只重视学历与品德而忽略文化价值因素,完全不考虑他们的兴趣爱好、工作态度、激励方式、价值取向、个人成功标准等因素,把这些所谓的标准件吸纳进企业后,

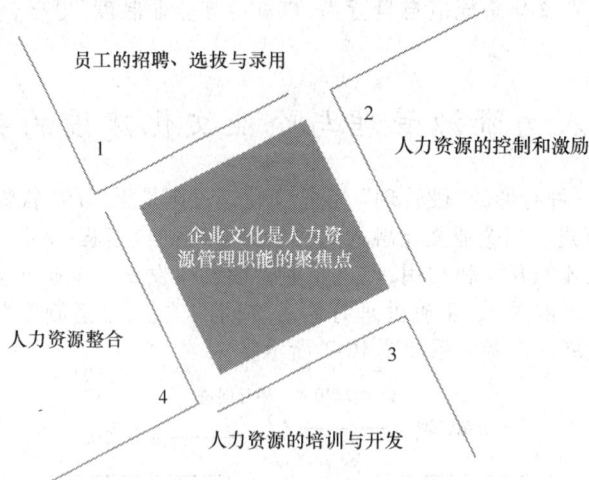

图 10-8　企业文化是人力资源管理主要职能的聚焦点

再通过各种途径向这些人灌输公司的企业文化。国外成功企业的经验表明,企业在招聘人才时往往对应聘人进行3方面的测试:知识和技能(看有无能力);动机和态度(看有无意愿);工作偏好(看价值观是否匹配)。凡是通过这一系列测试的求职者聘用后往往都会有较高的成功率。

(二)人力资源的控制和激励

当今时代是一个人力资源决定企业成败的时代。人才竞争加剧,如何吸引和留住企业的核心人才,培养他们的忠诚度,激励他们不断创新奋斗,与企业共同成长,已成为大多数企业面临的一大挑战。企业必须通过制定合理的绩效管理制度并将其与薪酬管理以及人员的升迁、选拔相结合,来增加员工满意感,使其安心和积极工作。它一方面是企业文化的体现,同时又对企业文化的形成起到一定的强化作用。

(三)人力资源的培训与开发

该职能指的是对职工实施培训,并给他们提供发展的机会,指导他们明确自己的长短处与今后的发展方向。组织理论学家路易斯提出,相对于民族的和种族的文化来说,个人参与一定组织文化只是暂时的,而且是自愿选择的。他认为,一个人在进入一个新的组织之后,只有迅速地掌握了该组织文化中的核心思想和价值观念,并喜欢多数人赞同的信条时,才能在组织中发挥作用。

(四)人力资源整合

企业文化的实质是以人为本,人力资源管理中一定要建立畅通的沟通渠道,不仅保证信息从上往下流动,而且从下往上的渠道也必须畅通无阻。这样才能了解员工的真实想法,才能管理好员工,激发员工的工作热情。无处不在、畅通无阻、安全有效的对话通道是员工贴近企业的最佳通道,给员工一种心理上的安全感和随感,进而形成健康活泼的企业文化。

人力资源的这一文化整合功能贯穿于企业发展的全过程,尤其在发生兼并和重组阶段更为明显。为了加强员工对不同文化传统的反应与适应能力,促进不同文化背景的员工之间的沟通和理解,必须进行跨文化培训,根据环境与企业的战略发展要求,建立起企业强有力的独特文化及共同的经营观,而不是简单地套用企业原有的文化模式。

四、人力资源管理对企业文化变革的作用

在企业文化变革过程中,对人力资源系统进行相应的调整可以促进新的企业文化的形成。企业的人力资源政策直接影响着员工的行为,当人力资源政策发生变化时,员工的行为也会发生变化。企业新的文化内涵重新定义之后,根据新的文化内涵对企业的人力资源系统进行相应调整,可以确保公司的人力资源政策、系统、关键指标等能有效地支持和强化新的企业核心价值观和公司原则,即新的企业文化。具体的影响如图 10-9 所示。

图 10-9　人力资源管理对企业文化影响示意图

1. 员工流动　通过人力资源管理过程中的人员外部招聘和内部流动,将新的思想观念和新的行为带到组织中来,影响组织文化。

2. 员工培训　当组织需要建立并巩固一种新的文化时,可以通过人力资源管理过程中的员工培训让员工了解企业的新文化,学习如何在企业的新文化基础上改变自己的行为。

3. 绩效评估和激励　为了建立和推行组织的新文化,组织可以修改绩效评估的标准和奖励的标准,以此形成对员工行为的新规范。

4. 沟通　组织可以通过人力资源管理中的沟通过程来向员工阐明组织文化改变的重要性及其对员工本身的影响,这种沟通过程可以是正式的,如会议、报告、演讲等,也可以是非正式的员工谈话、小范围交流等。

总之,人力资源管理和企业文化两者有着互相依赖、互相依存、密不可分的关系。企业的发展离不开人才,再好的人才也需要在特定的企业环境和文化氛围中施展才能。企业文化所提供的企业价值标准、道德规范和行为准则,不仅成为企业人力资源管理运作中的精神和行为依据,同时又为企业培育高素质的员工队伍创造一个良好的环境和氛围。

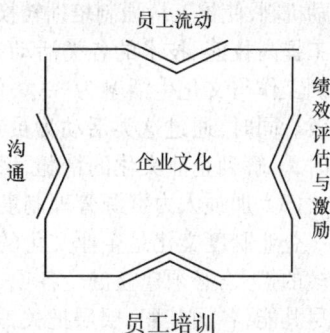

五、人力资源管理中的企业文化的塑造

随着市场经济的发展和市场竞争的日益激烈,人力资源管理的重要地位愈加凸显。人力资源管理的中心是人,因而核心问题就是激励。激励机制的核心在于对员工内在需求的把握与满足。充分挖掘和发挥每个员工的最大潜能,实现人尽其才,使员工的行为指向企业的目标,这就需要利用企业精神、企业价值观、企业理念、企业使命与宗旨对每个员工加以有意识的引导,使企业文化与人力资源管理紧密相连。

作为企业灵魂,企业文化是一种资源,是促进企业发展的"源动力"。随着知识经济的兴起,企业将面临日益激烈的市场竞争,企业形象、企业品牌、企业精神、企业文化所产生的作用将更加突出,很多企业都把建设特色企业文化作为企业管理创新的一项重要内容。良好的企业文化,铸就企业长久的生命力。不断推进企业文化的发展,建立一套科学的衔接企业文化的人力资源管理开发体系,能够把传统的刚性管理转向"刚柔并济"。具体表现在以下几个方面:

(1) 建立健全人力资源激励约束机制,科学管理和配置人力资源,塑造"唯才是举、唯贤是用"的文化。

现代企业的竞争归根结底是人才的竞争,彻底打破身份界限,实行竞聘上岗、动态管理,真正形成"能者上,平者让,相形见绌者下"的运行机制,为优秀人才的脱颖而出提供支持。在选人上,要建立"赛马机制",树立"能力、表现与实绩重于一切"的观念,讲经验,但不唯经验;讲文凭,但不唯文凭;真正把那些有真才实学、德才兼备的优秀人才放在合适的岗位上,实现人力资源的

优化整合配置,为不同类型的专业人才提供人尽其才的发展空间。

（2）加强员工教育培训,强化企业文化灌输,增加员工对企业文化的认同感。现代企业非常注重对员工的培训,既要提高员工的业务水平,又要提高思想素质,尤其要加强工作责任心、政治思想和职业道德意识,要不断探索好的培训方式,不断推进"培训、考核、使用、待遇的一体化"进程,完善激励机制,使员工从强制培训转换到自觉培训的轨道,经常开展既能丰富员工文化生活又能促进员工提高技能、技术的各类活动,例如:知识竞赛、技能比武、拓展训练、参观考察等,努力使企业培训工作与文化生活融为一体,使企业培训更贴近工作与生活,更加生动活泼,丰富多彩,扎实有效。同时,通过这类活动为员工提供交流沟通、提高自身素质的平台,让员工在扩展知识面的同时,了解到企业文化的精髓,增加员工对企业文化的认同感、归属感和忠诚度。

（3）加强人力资源管理制度建设,为企业文化的执行提供依据。

企业制度文化是企业文化的重要组成部分,也是企业行为文化得以贯彻的保证。随着企业规模的扩大,必须建立健全各项人力资源管理制度,让员工懂得该做学什么、不该做什么,做到各尽其能,各司其职,层层把关,规范管理。取决于企业人才观和价值观的人力资源管理制度体系是企业进行人力资源管理的依据,企业应该强化薪酬考核和激励体系建设,按照员工的绩效来核定其薪酬水平,激发员工的工作热情,使员工的行为与企业的文化导向保持一致,提高员工的工作效率,促进企业效益的提高。

（4）进一步强化各级管理者在企业文化建设中的示范作用。

各级管理者是企业人力资源的一个重要组成部分,上至厂级领导,下至班组长,在企业文化建设中担当着培育者、倡导者、组织者、指导者和示范者的角色。各级管理者要靠自己的人格魅力、知识专长、经营能力、优良作风和领导艺术以及对企业文化建设的身体力行,去持久地影响和带动员工,使员工对企业产生强烈的认同感和归属感。

总之,实现最高境界的人力资源管理管理是文化管理。企业文化能极大地增强企业内部的牵引力、控制力、推动力、粘合力、凝聚力,正是这种力量,促进了"以人为本,人才强企"的人力资源管理理念,使企业的目标成为员工的自觉行为。要培育和发展具有自身特色的企业文化,把企业文化、道德建设与制度管理有机结合起来,把人力资源管理与企业文化建设有机地结合起来,通过不断打造企业硬件和软件设施,促进人力资源的管理,促进企业的改革和创新,使企业在激烈的市场竞争中立于不败之地。

【实践中的人力资源】

企业文化建设——挽救了信心药业集团发展的"信心"

河南信心药业集团有限公司其前身为郑州市中药制药厂,是河南省规模较大的中成药制药国营一类企业,具有45年中成药的生产历史。主要产品有165种,能生产口服液、片剂、注射剂、丸剂、气雾剂、散剂等十多个剂型,下设三个附属厂。1993年下半年,由于领导不力,经营管理不善,在1996年宣告破产,由河南花园集团整体收购该厂。但振兴药厂面临各种困难,有专业上的问题,更有管理的问题。最后为了尽快使企业走上正轨,新的管理层聘请专家,经过专业周密的项目调查和项目策划,全面实施"信心文化工程"。具体成果如下:

1. 信心药业理念系统的构建

（1）主题理念口号:心正药精。

（2）企业事业领域:以药为基点,以健康为半径,圆幸福生活一个梦。

（3）企业使命:制中州药,泽天下人,承医圣志,扬民族魂。

（4）企业精神:平康万民,信心情系千秋业,强国济世,上下同欲石变金。

（5）企业哲学:皮之不存,毛将安附;事业不存,幸福何来?

（6）企业铭：金石草木为我所用,炮制提炼必求其精。

（7）司训：制中州药,泽天下人,承医圣志,扬民族魂,平康万民,信心情系千秋业,强国济世,上下同欲石变金。

2. 企业文化建设工程方案

（1）信心文化传播工程

1）总经理精神灌输：通过报告会的形式,向管理人员和一线员工阐述企业哲学和企业精神的内在涵义,讲述一个合格信心人应具备的品格和敬业观、服务观,每年举办两次。

2）编定信心理念讲义：制定公司特有的精神、道德、行为准则,工作作风等方面的培训教材,简称《信心铭》,在新员工上岗之前进行训导,对在岗员工每年进行一次培训,同时,组织专人赴南阳学习编印《医圣张仲景的故事》发给员工阅读,写读后感,并通过内部广播、报纸、讨论、演讲等形式交流。举办信心文化讲座,主要内容包括：①企业理念与企业文化；②角色与敬业；③人、企业与社会；④企业公关与企业形象；⑤现代企业管理等,每月举办一次,到目前为止,已累计举办22场次；⑥成立信心文化研究会,不断赋予信心文化更深的内涵,从1997年初开始,半年举行一次。

3）创办《信心人》报和《信心之声》广播室：《信心人》报每月两期,分设新闻、知识长廊、副刊、新视野等；《信心之声》广播室,早、午各播一次,除播送新闻外,《信心之歌》为首播节目。

4）建立上下沟通制度：通过各种形式,每月向员工报告一次生产、经营情况和公司重大事件。

5）建立厂史展览室：教育员工和新聘人员不断增强在花园旗帜下办好信心公司的信心。

6）重塑医圣张仲景像：将张仲景像建立在办公楼大厅内,以形象为载体,使员工更深刻地理解公司的理念,以医圣的生平业绩教育激励员工。

（2）信心文化育人工程

1）成立信心学校：在原中药厂技校的基础上,由人事部主抓,负责员工的岗位培训,专业技术培训和在职员工培训,培训内容还包括企业理念系统,每年举办各种培训班达十多次。

2）制定信心育人计划：1997年同郑州大学联办大专班,抽调50名骨干进行为期一年的学习,毕业后,全部充实到营销等重要岗位,发挥了积极作用。

3）开展"做合格信心人"和"假如我是厂长"大讨论：启发员工为搞好信心公司出谋献策,此项活动自1997年开始后,先后有十多篇稿件发表在花园集团公司主办的《花园人》报上。

4）开展"质量大比武"活动：在车间及员工中间进行,每年举办一次,评出竞赛标兵,促使员工勤奋学习技术,苦练操作本领,增强质量意识。

5）开展质量找差距活动：对出现质量问题的典型事例进行分析、讨论,1997年5月,对原中药厂库存及退货等不合格,近300万元的过期产品进行了当众销毁,不断增强员工追求高品质的质量意识。

（3）信心文化激励工程

1）实行"年功工资制"和"持股计划"：对高、中层管理人员实行"年功工资制",对全体员工按不同级别实行"持股计划",人均量化股份5000元以上。

2）建立员工福利和慰问金制度：1997年投资200万元,对员工住房、生活区道路、车棚、配电房等进行修建,稳定了员工思想,对员工结婚、生日、伤病按规定进行祝贺和慰问。

3）设立总经理奖励基金制度：对为公司做出重大贡献和提出合理化建议的员工进行奖励,如：1998年对公司销售状元奖励1万元,对获得国家级的QC小组成员奖励1万元。

4）制定培育文化楷模计划：对历年来的先进模范人物典型等进行宣传,通过《花园人》报或板报、广播宣传他们敬业爱厂的事迹,掀起"学先进、树新风"的热潮。

5）建立家属慰问制度：每年春节给员工家属发慰问信,邀请参加公司的联欢会等,以此取得员工家属对公司的支持。同时,对有特殊贡献的退休老职工组织看望活动。

(4) 信心文化活动与文化礼仪工程

1) 制定体育活动计划:每年节假日由工会组织进行体育活动,如拔河比赛、羽毛球比赛等活动。

2) 制定文娱活动计划:重大节日活动如公司成立庆典、节假日等组织员工进行卡拉OK赛、征文、书画、智力竞赛,打牌、歌咏比赛等活动,丰富员工的精神文化生活,陶冶员工的情操。

3) 建立工作惯例和纪念性礼仪:①坚持"早训"制度。每天上班前,组织员工背司训两遍;唱司歌《信心之歌》和《团结就是力量》。②重大节日或活动组织升旗活动(国旗和公司旗帜)。③建立生活惯例礼仪,对离退休老干部每年举行两次座谈会,对员工退休组织欢送会。

(5) 信心文化宣传推广工程

1) 编制手册:编制《信心理念手册》向员工传播,人手一册。

2) 制订社会公益活动计划:近两年来,公司内组织三次分别对三名特困员工进行捐款活动,总额达3万元。

3) 利用各种形式开展公司的宣传活动:如同《漫画月刊》社联办"信心药业杯"全国漫画大奖赛,联办《城市早报》赞助公益事业和《小小说》共同举办"信心"杯全国小小说征文活动。

4) 推出服务承诺:在销售本公司产品时向用户推出"服务承诺"。

为使上述五项工程顺利推进,公司成立了以企业党、政、工领导为主要成员的"信心文化建设领导小组",有计划、有步骤、有分工进行统一领导,协调文化建设的推广工作。

3. 企业文化建设工程项目评估

(1) 文化整改:通过文化整改工作,信心药业从1996年11月4日重新开工,第一期580名员工回到工作岗位。恢复了清肝利胆口服液、婴儿素、健儿药丸、清热解毒等主要产品的生产,2年完成销售额340000万元。上缴利税270万元。产值比两年前翻番,销售回款超过了历史最辉煌的时期,实际利润预计比去年增加400万元以上,出现了近几年来的首次盈利,员工们又看到了希望,增强了信心。

(2) 内部公关:内部公关工作使信心理念深入人心,信心文化初现规模,日益发挥着重要的作用,成为企业参与竞争,重夺市场,为社会做贡献的巨大精神力量。

(3) 企业文化的传播:通过近两年来的企业文化传播工程的开展,极大地激发了员工的自我约束功能,增强了员工的自豪感、责任感和使命感,使员工迅速从刚开始破产时的无所适从、困惑、企盼、观望的痛楚中迅速走了出来,充分认识到破产——收购——重振,绝不仅仅是一个更名过程或改制过程,而是一场思想变革,一场脱胎换骨的革命,从而形成了一股强大的凝聚力,劳动生产率比破产前提高50%以上。员工们严格按照生产工艺规程操作,两年来没有出现任何产品质量事故。1997年投资近百万元进行了厂区环境改造,草坪绿化面积占厂区的四分之一,安全、文明生产已成为员工的一种自觉行动,于1998年被命名为文明单位。

(4) 员工生活福利得到改善:工资收比两年前提高了一倍,并集资筹建一栋家属楼,社会统筹金公司按时交纳,各项福利均比过去有所提高,在职员工能够心情愉快地投入到工作中去,毫无后顾之忧,仍然把信心药业作为自己的家。

(5) 社会影响:尽管进行企业文化建设是内部之事,但企业改制后整体素质的提高,为破产企业找到了一条新路,省、市新闻部门从不同的角度进行了报道,省、市医药、人大政协等有关部门领导亲临视察,给予了高度评价,一些国营企业也到公司取经,对信心药业的形象及产品质量都给予了高度评价。

由本案例看出:信心药业集团重组后的企业文化建设项目挽救了集团发展的"信心",使原本危机四伏的信心集团真正充满"信心"、重振雄威,在市场上重新站立起来。

第四节　电子化人力资源(e-HR)管理

信息技术的迅猛发展为人类生产力的提高提供了强劲的动力,越来越影响到社会生活的各个层面。应用信息技术对人力资源管理进行整合,利用计算机网络技术构建电子化的人力资源管理系统(e-HR),正成为人力资源管理领域的新热点。

一、e-HR 概 述

电子化人力资源管理系统(e-HR)是完全基于 Internet/Intranet 的。与传统人力资源管理系统相比,e-HR 强调员工的自助信息服务,比如员工可以通过一定的用户端软件口令和程序,自己更新个人信息,也可以在网上自助申请培训、假期、报销等日常事务。这样不仅减轻了人力资源管理人员用于数据采集、确认和更新的工作量,也保证了数据的质量和数据更新的速度。而且,由于 Internet 不受时间和地理位置的限制,企业的任何员工可以在任何时间和任何地点利用网络进行操作。同时,公司的各种政策、制度、通知和培训资料也可以通过 e-HR 系统进行发布,有效改善内部沟通途径,扩展沟通渠道。e-HR 正成为 HR 发展的新趋势,这是在新技术的影响下,根据面临削减成本、提高效率和改进服务模式的愿望而做出的选择。通过授权,员工可以自主进行自助服务、申请、外协和共享,人力资源部门可以从琐碎的行政事务中解脱出来,将更多的精力投入到企业的战略人力资源管理中。

二、"e-HR"系统的特点

"e-HR"不仅使企业的人力资源管理自动化,实现了与财务流、物流、供应链、客户关系管理等 ERP 系统的关联和一体化,而且整合了企业内外人力资源信息和资源与企业的人力资本经营相匹配,使 HR 从业者真正成为企业的战略性经营伙伴。"e-HR"的特点主要体现在以下三个方面:

1. 基于互联网的人力资源管理流程化与自动化　"e"把有关人力资源的分散信息集中化并进行分析,优化人力资源管理的流程,实现人力资源管理全面自动化,与企业内部的其他系统进行匹配。

2. 实现人力资源管理的 B2B　企业的人力资源管理者能够有效利用外界的资源,并与之进行交易,比如获得人才网站、高级人才调查公司、薪酬咨询公司、福利设计公司、劳动事务代理公司、人才评价公司、培训公司等 HR 服务提供商的电子商务服务。

3. 实现人力资源管理的 B2C　让员工和部门经理参与企业的人力资源管理,体现 HR 部门视员工为内部顾客的思想,建立员工自助服务平台,开辟全新的沟通渠道,充分达到互动和人文管理。

三、e-HR 的功能分析

1. 数据共享　将岗位的工作分析或胜任力数据库经过数据处理,实现数据库存储,并能在各个功能模块中调用。

2. 系统管理　以工作分析或者胜任力模型为核心,实现人力资源管理所有环节的功能,如员工的招聘与录用、培训管理、绩效管理、薪酬管理、职业生涯管理及日常人事管理。

3. 数据的兼容性　系统应充分分析用户的各种需求,采用开放式设计。符合通用数据库接口设计标准,可以与企业原有的多种企业管理数据库软件进行通信和连接,并提供 Excel 等数据文件的导入功能。

4. 界面友好,定制轻松   采用现代人力资源管理理论,兼顾传统人力资源管理政策,借鉴成功组织的人力资源管理经验进行设计,以满足企业的实际需求。e-HR 系统提供完善的组织结构设计及薪资福利设计等功能,可以完整设计出符合企业各种制度的系统功能模块,并且随企业制度变化可随时自由修改或更新相应模块的内容。

四、e-HR 系统典型设计方案简介

典型企业 e-HR 系统设计方案可设计如图 10-10 所示:

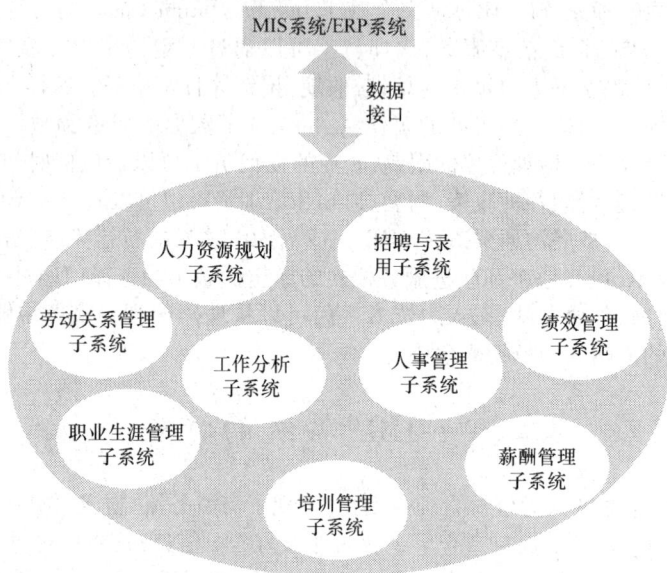

图 10-10   典型企业 e-HR 系统示意图

典型 e-HR 系统包括九大功能模块,可涵盖人力资源管理的各个环节。各功能模块的具体方案设计如下:

1. 工作分析子系统   工作分析子系统完成工作分析信息的收集,包括工作分析问卷调查、工作分析描述和工作说明书、工作规范等的分类与储存,可以方便查询与修改工作分析信息。子系统可完成对工作分析的输入、修改、删除、查询、分类统计及报表打印等功能。

2. 人事管理子系统   e-HR 系统充分考虑数据的集中性和共享性,使用一个集中的数据库将相关的人事信息全面、有机地组织起来,有效地减少信息更新和查询的重复劳动,保证信息的相容性和共享性,从而大大提高工作效率,还能迅速得到详细的数据分析综合报告。员工的劳动合同、档案,还有各种奖励、处罚信息都可以集中保存在该数据库中,可方便简捷地随时间变化实时更新,对劳动合同到期等时效性工作可设置自动提醒功能等。总之,e-HR 系统不仅使人力资源管理部门大量减少繁杂的事务性工作,极大地提高工作效率,而且可使人力资源管理部门有更多时间思考人力资源战略层次的问题,使人力资源管理者真正有机会成为战略决策层的一员。

3. 人力资源规划子系统   e-HR 系统可对储存在数据库中心的企业的人事、薪资、业绩考核、培训、组织结构等大量的基础数据进行分析,用多种方法对各方面的数据信息进行综合评估和分析,在公司经营目标确定的情况下,通过对不同岗位的信息进行综合分析,形成任何可统计时段的企业人员、薪资、培训等参考数据,并在此基础上,按照人力资源管理人员的指令,对人员的学历、资历、专业、工作行业背景、出生区域、毕业院校等基本条件及素质进行规划,最终自动生成详细的易于操作的人力资源规划表,快捷、方便地获得各种统计分析或效果图,为企业战略目标的实现提供人力资源要素的决策支持。

4. 招聘与录用子系统 e-HR 系统可以将企业的人力资源管理系统与招聘网站建立一种数据接口联系,使应聘者在招聘网站上输入应聘信息和发出应聘申请时可以直接、实时地将信息直接转换入公司的 e-HR 系统中。e-HR 系统使企业的招聘录用工作,方便快捷地与招聘网络有效连接起来,高效地完成从招聘计划、招聘广告的发布、人才的初步筛选、面试安排到录用通知的全过程实时控制。

5. 培训管理子系统 e-HR 系统可有效地将企业的培训资源整合,在网络上实现从培训需求分析、培训课程设计、培训方法的选择、培训方案的实施到培训效果的评估等控制环节的全过程。更可在培训系统中录入大量培训资料,提供大量培训课程信息,让有需要的员工可方便、快捷地进行网络自助学习,实现远程电子培训,实现知识共享、学习型组织的基本功能。

6. 薪酬管理子系统 e-HR 系统中的薪酬管理子系统可根据组织薪酬和福利制度自动精确计算所有员工的月工资及相应的福利,提供方便快捷的实时查询服务,并根据人员变动和考核奖惩情况实现动态自动化的薪资福利管理。

7. 绩效管理子系统 绩效管理子系统为员工提供一个系统、科学的绩效评价反馈系统。可方便地为员工提供全方位的素质、能力、绩效评价功能,为企业各级主管或普通员工创造一个客观、准确的评价环境。让企业获得对所有员工综合素质、能力的评价,同时给企业评价员工工作效果、规划员工职业发展方向和员工职业生涯管理提供依据。

8. 职业生涯管理子系统 职业生涯管理子系统在不同职业阶段为员工提供不同的生涯管理服务。比如,对新员工提供员工的招聘与融合服务;在早期职业阶段,帮助员工建立和发展职业锚;在中期职业阶段,为员工提供和理顺事业发展的职业发展通道;对员工进行职业发展规划指导,为员工开辟合理的职业发展通道,使企业与员工在职业生涯管理过程中达到潜能利用的最大化,得到双赢的最佳效果。

9. 劳动关系管理子系统 劳动关系管理子系统为员工提供从劳动合同条款的协商,劳动合同的订立、履行、变更及更新、解除或终止等一系列过程服务。HER 系统真正使劳动关系管理实现人力资源管理的 B2C。让员工和部门经理参与企业的人力资源管理,体现 HR 部门视员工为内部顾客的思想,建立员工自助服务平台,开辟全新的沟通渠道,充分达到互动和人文管理。

五、e-HR 的发展趋势

e-HR 的发展融于企业信息化发展的大趋势之中,作为企业管理变革的一部分,其发展将带动各个企业进行新的人力资源管理时代。综合起来,e-HR 的发展呈现以下三大趋势:

1. 业务整合与 IT 手段和资源结合已成为 e-HR 发展趋势 微电子技术和计算机技术的结合,提高了人类记忆、存储、比较、计算、推理、表达等信息处理能力,两方面的结合最终促成了信息技术的出现和发展。这些技术极大地增强了人类处理和利用信息的能力,因此,使得人力资源管理全方位突破企业活动的地域、资源及管理界限。

2. 管理部门对人力资源管理信息化依赖程度逐渐增强 随着信息化时代的来临,信息技术正在不断渗透到企业管理的每一个环节,企业的各个管理部门越来越依赖信息化手段实现企业各环节的管理,人力资源管理也不例外。管理信息化正在成为一种趋势。

3. 企业核心任务与人力资源管理的整合 因为人力资源管理部门的价值通过提升员工的效率和组织的效率来实现。人力资源管理已经越来越显示其在企业价值链中的重要作用。这种作用随着人力资源管理者角色多重化趋势的增强而日益明显。比如,人力资源管理者作为客户经理,能为顾客(既包括企业外部顾客,又包括企业内部员工在内的顾客)提供一揽子服务,逐渐从"权力中心"的地位走向更为重要的"服务中心"。

【实践中的人力资源】

三九医药集团的 e-HR 系统解决方案

1. 三九医药集团简介　三九医药集团在科技是第一生产力的思想指导下,不断进行创新,向着建设世界一流植物药企业的目标不断迈进。三九医药集团聘请翰威特咨询公司进行了公司岗位体系的规划、薪资体系和绩效管理流程的规划,并采用人力资源管理系统来强化咨询的结果,同时也希望系统能帮助公司规范企业的内部管理,强化"以人为本"的管理理念,为企业的信息化建设提供强大的技术支持与信息支持,为公司的战略目标的实现提供人力资源管理上的保障。

三九医药集团在综合比较国内几个主要 eHR 软件厂商产品的技术性能和蕴涵的管理理念的基础上,结合前期所做的咨询,最终确定选择东软和翰威特联合开发的慧鼎作为企业人力资源信息化解决方案。

2. 符合集团特点的人力资源管理职能信息化的解决方案　三九医药集团人力资源职能信息化的解决方案以运用顾问咨询成果为最大的目标,形成了有针对性、高效且适用的三九医药集团人力资源解决方案,主要体现在以下四个方面:

(1) 员工角色区分的薪资管理解决方案:三九医药集团在员工的薪资管理方面严格根据员工的编制状态区分为两个管理集群。针对这一特点,系统采用如下的处理方式:不同的群组采用不同的员工进行管理,相互间信息没有交叉,保证了薪资数据的严密与不外泄;不同的群组间采用不同的薪资管理体系,采用不同的薪资项目定义与发放策略定义,保证可以灵活的定制两个群组自身的特定薪资管理内容;对于不同的群组提供了不同的报表分析结果,用信息的划分来得到不同的数据,企业管理者可以有针对性的得到两个群组的薪资成本统计,以助其决策。

(2) 全新的绩效管理流程:针对咨询结果,三九医药集团定制了有自己特色且对于企业发展有利的绩效管理理论与流程。在这样的流程中更强调员工的参与、主管人员与员工间的交流与互动,让绩效管理不只停留在案头与书面,而是在企业运作的各个时刻,所有人员都在执行与努力完成企业的绩效目标。

(3) 体现员工参与的培训管理解决方案:三九医药集团的培训管理具有灵活性高、员工参与性高的特点,一次培训也许完全是由员工自发参加的,而在此过程中人力资源管理者只是对于培训过程进行侧面的规划与管理。因此,针对这一特点,设计了更加合理与高效的培训管理流程。

(4) 自定义的自助风格与员工角色:三九医药集团人力资源系统中为企业提供了以下几种用户角色:人力资源管理者、普通员工、直线经理、公司领导与 CEO。用户可以根据管理权责的划分来灵活设置使用此系统的员工的身份。同时对于每一种身份,系统均充分考虑到了使用用户的特点,做了针对性的调整与改进。

通过对三九医药集团的 E-HR 系统解决方案的全面了解和分析,我们不难预测:随着 E-HR 系统的全面实施,三九医药集团的管理规范化发展将"如虎添翼",更上一层楼。

第五节　人力资源外包

在知识经济形势下,随着人才流动的日趋频繁和新型用人机制的出现,人员的招聘和辞退、劳动合同的签订和解除几乎成为日常工作,企事业单位在人事管理方面牵涉大量的精力和财力。同时,人事、劳动事务具有政策专业性强、复杂程度高的特点,劳动争议和纠纷成为潜在的危机。现在,越来越多的单位和个人开始接受并加入人力资源管理外包的行列。

根据 GARTER 数据:2005 年,有 85% 的美国企业至少会将一个 HR 业务外包出去,美国的 HR 外包市场将从 2000 年的 217 亿美元增长至 2005 年的 585 亿美元,HR 业务外包将占所有 BPO 销售收入的 39%。而在欧洲,HR 外包也保持着强劲的增长势头。据 IDC 的分析:2008 年日本包括 HR 外包在内的业务流程外包市场达到 10122 亿日元,2003~2008 年的平均年增长率为 8.8%。

一、人力资源外包的来源与含义

1990 年,Gary Hamel 和 C K Prahaoad 在《哈佛商业评论》上发表题为《企业的核心竞争力》,首次提出了"外包(outsourcing)"这个词。"外包"的核心意义在于,企业内部资源有限的情况下,为取得更大的竞争优势,仅保留其最具竞争优势的业务,而将其他业务委托给比自己更具成本优势和专业优势的企业。外包首先是在实践领域兴起的,其作为一种管理模式,早在 20 世纪 60 年代的美国就出现了,但真正发展却在 20 世纪 80 年代以后,包括研发外包、生产外包、营销外包以及管理外包等。人力资源外包作为管理外包的一种,就是企业将人力资源管理中非核心部分的工作全部或部分委托人才服务专业机构办理。

"人力资源外包"在国外已经非常普遍,人力资源外包业务正在全球范围内快速的发展和蔓延,并成为业务流程外包 BPO(business process outsourcing)的一个重要组成部分。企业强调聚焦于自身核心业务,而从外部获取专业、高效、低成本的服务,通过非重要业务流程的外包,从而实现企业精简,更好适应迅速变化的市场环境。

人力资源外包(outsourcing strategy of human resources),即企业将人力资源管理中非核心部分的工作全部或部分委托人才服务专业机构办理,但托管人员仍隶属于委托企业,这是一种全方位、高层次的人事代理服务。人力资源外包(以下简称 HR 外包)总体上分两大类:人事代理和人才外包(又叫做人才租赁、劳务派遣等)。人事代理即员工仍与用人企业签订劳务合同,但相关的档案、薪酬、培训等事务,由专业服务公司代理;人才外包即员工与用人企业没有任何人事关系,劳务合同及相关档案、薪酬体系只与专业服务公司有关。正式的人力资源外包应当包含以下要素:

(1)外包提出方有外包项目需求说明。

(2)外包承接方有外包项目计划书。

(3)外包双方经协商达成正式协议或合同。

(4)外包承接方根据协议或合同规定的绩效标准和工作方式完成所承接的活动,提出方按照协议或合同规定的收费标准和方式付费。

(5)外包双方中的任何一方违反协议或合同规定,外包关系即停止;外包提出方如果对外包承接方的服务不满意并有相应事实证明,可以提出中止外包关系。

(6)外包承接方即外包服务商,是按照外包双方签订的协议和项目计划书为外包提出方提供相应服务的机构或组织,主要包括大型会计师事务所、管理咨询顾问公司、人力资源服务机构、高级管理人才寻访机构等。目前,它们通常提供单项人力资源职能服务,也有少数服务商提供全套人力资源职能服务。

二、人力资源外包的作用

随着全球经济的竞争激烈,知识的快速更新换代,原材料价格和人力成本不断上升,使企业的生存与发展面临激烈的竞争和淘汰。若要企业将产品生产销售的每一个环节都面面俱到,存在一定的困难,因为企业的资源有限,精力有限。企业分身乏术,必将影响对自己核心部门的投入。而企业的核心部门才能为企业带来大部分的收益。在企业竞争日趋激烈的今天,企业的生存发展面临严重的危机和挑战,人力资源外包工作将为企业节约更多的资源,把大部分的精力集中在自己的核心部门以应付危机。

(一) 人力资源外包可降低人力资源管理成本,减少劳动纠纷

据调查数据显示,国外的 HR 人员与员工的比例通常是 1∶100,而在国内这个比例是 1∶30。相比之下,国内的企业需要更多的 HR,势必将一部分的精力和时间用于人力资源繁琐的事务性工作上,为此企业要支付更多的工资,增加场地办公用地和购买相关的工作设备,如电脑、办公桌椅等。有研究表明,人力资源管理实务活动中的事务性活动或传统活动,通常占了全部人力资源管理活动的 65% ~ 76%,而直接影响企业长远发展的战略性人力资源管理活动仅占 30% 左右。如果通过人力资源外包,一般认为至少可以通过交易减轻 50% ~ 60% 的人力资源工作负荷,转而集中精力专注于战略人力资源职能的建设。若企业将这部分繁琐的人力资源工作外包给专业的公司可以节约成本,增强企业适应市场变化的速度和灵活性,专注核心工作,以便于扩大生产规模,开辟新市场。当前热门的求职网站(智联招聘、前程无忧等)都为企业的招聘节约了大量的时间和金钱,并为企业方便快捷地寻找合适的人才。全球 500 强企业通过人力资源外包降低了成本的 25% ~ 39%,最高可省 70%。

(二) 人力资源外包可引入新的培训理念,提高专业管理水平

企业在发展过程中会愈加发现培训对公司成长的重要性。无论是新员工进入企业,还是老员工的技能提高都需要培训,但是培训需要资金和人才,而一些企业的规模、资源有限,缺乏场地或者培训师,不能满足这方面的需求。企业将员工的培训外包给专业的公司,不仅可以获得专业的岗前培训、在职培训、离职培训,使员工吸收先进的知识和理念,技能得以提升,也可以节约培训租用场地、聘请老师、购买培训器材设备等的开支。培训外包有利于促进企业管理的规范化,完善各项规章制度。

(三) 人力资源外包可降低用人风险

由于环境的复杂性和变动性,企业对员工资料的掌握存在一定的局限性。在招聘较高层管理人员的时候,可以通过借助猎头公司、咨询公司对员工进行筛选和推荐。即使这个人不合适,所造成的损失也不会由公司独立承担。无论在怎样的经济环境下,企业的永续发展免不了裁员这一关,但是企业将人力资源外包可以降低企业的用人成本和风险,避免与法律相违背的行为和纠纷。相对一些制造企业,用工有淡季旺季之分,工作繁忙的时候,许多岗位都需要招聘大量的临时岗位,这时候企业与人力资源外包机构合作,购买一批"员工",缓解用工不足。企业因此避免大量招聘员工在淡季的时候造成的工资成本负担和人员冗繁的局面。

(四) 人力资源外包可整合资源,优势互补

现代的人力资源管理逐渐从传统的人事部门转换,注重将人力资源与企业的发展相结合,具有战略性和整体性。人力资源管理的发展方向是围绕企业核心价值的战略性部门,与其他部门相匹配,将更具适应性和弹性。在市场竞争中,企业不可能对其方方面面照顾周到,往往有所侧重,将重点放在为企业创造价值和利润的业务上,因此应当有所取舍。人力资源外包工作可以节约企业人力资源部门的精力,将工作重点放在与企业相结合的战略人力资源管理上。企业管理的根本目的在于优化资源配置,追求利益最大化。因此,企业将不擅长的、繁琐的事务性业务外包,专注于创造营业额的核心业务,以此培养自身的核心竞争力。

三、人力资源外包方式的选择

根据国内外企业的管理实践,人力资源外包主要包括以下四种方式,如图 10-11 所示。

1. 全面人力资源职能外包　全面外包是指将企业的绝大部分人力资源职能包给服务商去完成的外包方式。这种方式对于中型或大型企业来说,可能会有问题。因为它们的人力资源活动不仅规模大,而且复杂程度高,在全团外包的情况下,要求服务商有很全面的系统管理能力,同时企业内部与员工的沟通、协调工作量会很大。虽然全面人力资源外包可能是一个发展方向,但鉴于服务商的能力和企业对外包活动的控制力还在发育中,因此,中型和大型企业实行全面人力资源外包还有待时日。面对于小型企业来说,全面外包人力资源职能比较容易,因为它们的人力资源职能相对简单。事实上,目前实行全面人力资源外包的主要是小型企业。

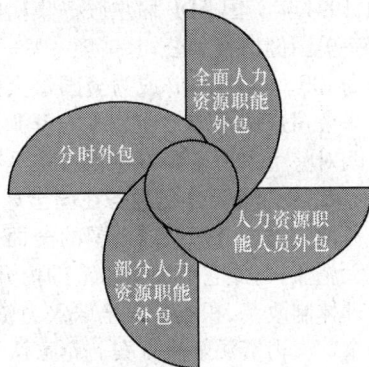

图 10-11　人力资源外包分类

2. 部分人力资源职能外包　这是目前最普遍采用的方式。企业根据自己的实际需要,将特定人力资源活动(如人员配置、薪资发放、福利管理等)外包出去,同时在企业内部保留一些人力资源职能。如果选择得当,能获得更好的成本效益。

3. 人力资源职能人员外包　人力资源职能人员外包是指企业保留所有人力资源职能,但由一个外部服务商来提供维持企业内部人力资源职能运作的人员,这基本上是一种员工租赁方法。采用这类方法的企业常常要求外部服务商雇用他们现有的人力资源工作员工。

4. 分时外包　有些企业分时间段利用外部服务商。在这种情形下,由企业计划系统利用外包服务的使用时间,由服务商提供技术人员,集中处理企业人力资源事务。这种做法看来比较经济,关键是要做好资源分配计划。

四、人力资源外包的发展趋势

人力资源外包呈现以下发展趋势:

1. 人力资源外包领域逐渐扩展　实行人力资源外包的企业,在一开始通常只外包一两项人力资源职能或某一职能中的一两个活动。但在与外部服务商合作的过程中,企业得到越来越好的成本效益;并且由于人员缩减、成本控制的压力,于是,愿意将更多的人力资源职能外包出去。同时,随着人力资源外包服务商的服务能力的提升,其所提供的服务项目和范围也在不断扩大。在两方面原因共同作用下,人力资源外包从最初的单项培训活动、福利管理活动外包,发展到今天的人员招聘、工资发放、薪酬入案设计、国际外派人员服务、人员重置、人才租赁、保险福利管理、员工培训与开发、继任计划、员工援助计划等更多方面的人力资源活动外包。

2. 企业利用外包顾问进行外包工作　人力资源外包的市场需求看好,越来越多的服务商也应运而生;而且,大多数服务商都能以合理的价格来提供相应的服务。面对广泛的选择,企业常感到难以判断和抉择。很少企业内部有人力资源外包方面的专家,而这种专家对于有效处理外包项目又是必需的。

3. 外包服务商联盟正在流行　人力资源外包领域最明显的趋势之一就是大型福利咨询公司和大型会计事务咨询公司不断联合。原因在于:人力资源外包服务长期被分割,成千上万的顾客和比较小的咨询服务公司都在提供一定范围的人力资源职能外包服务。过去,想将多个或全部人力资源职能外包出去的中型或大型企业需要利用多个服务商,这往往会使整个人力资源职能外包过程变得复杂、低效。于是,某些大型咨询公司调整业务焦点,在人力资源服务技术上进行了巨大的投资,准备在人力资源外包这个拥有广阔前景的业务领域大力发展。

在整个 20 世纪 90 年代,企业人力资源外包的领域集中在福利保险管理职能;到 90 年代末,企业对福利保险管理外包的需求迅速增加,给福利咨询领域带来了一场重大的并购浪潮。例如,1994 年美国 ADP 雇主服务集团收购了应用软件集团,1995 年又收购了威廉姆斯—撒切尔兰德—美国健康福利公司、威廉—M—默克公司的管理外包服务业务,以及欧洲最大的人力资源服务商 CIS。这使 ADP 成为美国最大的外包服务公司。又如,1998 年,库切斯—利布兰德公司与普华公司这两个大力涉足人力资源外包服务的大型会计事务公司合并为普华永道公司。这些并购对整个人力资源外包领域将具有重大影响。

4. 人力资源外包服务在向全球化方向发展　经过大规模并购重组后产生的大型人力资源服务商立志于开拓全球范围的全面人力资源职能外包市场,将其服务对象确定为国际型、全球型大企业,为此它们在全球范围内开设分支机构,密切关注国际型企业的战略规划与人力资源管理体制改革,积极开发全球人力资源解决方案。例如,重组后的普华永道公司已经正式指出了全球人力资源解决方案。专家认为,人力资源外包全球化是当前人力资源领域最大的发展趋势,它将对企业人力资源职能活动产生巨大影响。

【实践中的人力资源】

吴先生的"归属感"困惑

吴先生原来在某大型国营医药企业从事十多年营销工作,最近跳槽到另一家外企医药公司任职区域销售总监。办完正式入职手续后他发现他的劳动关系跟以前有所不同,他认为他不是该外企的正式员工,用工合同、工资福利等都由另一个公司——上海对外人力资源服务公司负责;后来,他了解到该外企除了少数高管之外,同事们的薪酬、福利和保险等事务,都由上海外服公司打理。当他们还在为"我到底是哪个公司的人"困惑时,却不知道自己已进入了一种新型的人力资源管理模式,那就是日益普及的人力资源外包。如今,越来越多的外企将非人力资源管理的非核心流程外包给专业人力资源机构,从而让其人力资源管理专业人员将主要精力集中于人力资源战略与绩效管理等核心环节上。

第六节　基于胜任力的人力资源管理体系的构建

近年来,胜任力模型(competency model)在国内学术界和企业界成为热点。据统计,世界 500 强企业中已有过半数的公司在管理中应用胜任能力模型。

一、胜任力概述

胜任能力(competency)又被称为能力素质、资质。著名的心理学家、哈佛大学教授麦克里兰(McClelland)博士是国际上公认的胜任能力方法的创始人。他将胜任能力定义为:用行为方式描述出来的员工需要具备的知识、技巧和工作能力。这些行为应是可指导的、可观察的、可衡量的,而且是对个人和企业成功极其重要的。正是因为胜任能力具有上述特征,使它成为现代企业管理方法——胜任能力模型的基础理论来源。

"胜任力"(competency)这个概念最早由哈佛大学教授 David · McClelland 于 1973 年正式提出,是指在特定工作岗位、组织环境和文化氛围中绩效优秀者所具备的可以客观衡量的知识、技能、态度、价值观、人格特质及动机等个体特征,能将某一工作中有卓越成就者与普通者区分开来的个人的深层次特征。

有关胜任特征,国内外学者众说纷纭,比较具有代表性的有以下三种:

(1) Spencer 认为,胜任特征是指能将某一工作(或组织、文化)中表现优异者与表现平平者区分开来的个人的潜在、深层次特征,它可以是动机、特质、自我形象、态度或价值观、某领域的知识、认知或行为技能等任何可以被可靠测量或计数的,并且能显著区分优秀绩效和普通绩效的个体特征。

(2) Boyatziis 把胜任力界定为一个人具有的并用来在某个生活角色中产生成功表现的任何特质,这种个体的潜在特质,可能是动机、特质、技能、自我形象或社会角色,或者知识。

(3) Hay 集团认为,"胜任力指能够把平均水平者与高绩效者区分开来的任何动机、态度、技能、知识,行为或个人特点"。

并非所有的知识、技能、个人特征都被认为是胜任力。胜任力具有以下三个重要特征:①与工作绩效有密切的关系,甚至可以预测员工未来的工作业绩;②与工作情景相关联,具有动态性;③能够区分业绩优秀者与一般者。只有满足以上三个重要特征才能被认为是胜任力。

二、胜任力模型概述

20 世纪 70 年代早期,McClelland 和 McBer 咨询公司在为美国政府选拔驻外机构外交人员(FSIO)时,运用自己开发的行为事件访谈法(behavioral event inteview,BEI)建立了第一个胜任力模型。

成功的胜任力模型作为一个统一的框架,在多种多样的人力资源领域都可以应用并发挥作用,可用于选拔、评估、职业发展、绩效管理以及其他的人力资源项目。另外,胜任力模型也是驱动组织变革的有力工具。目前,提出的胜任力理论模型主要有冰山模型和洋葱模型两种方式,见图 10-12 和图 10-13 所示。

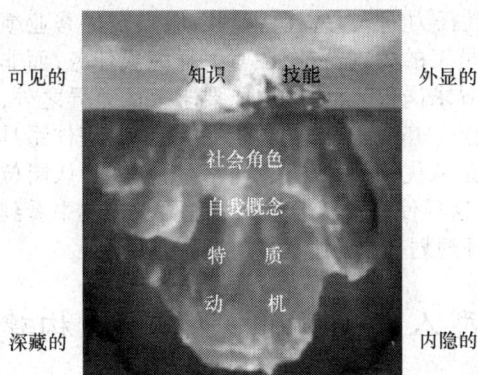

图 10-12 胜任力冰山模型图　　　　图 10-13 胜任力洋葱模型图

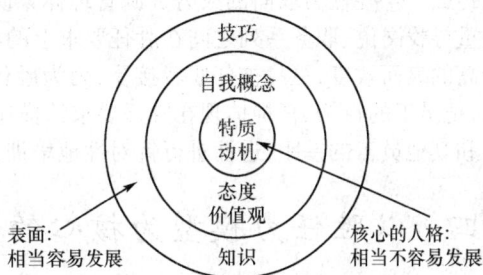

图 10-12 中胜任力的冰山模型主要有六种类型的胜任力:动机(motives)、特质(tarits)、自我概念特征(self-concept characteristics)、社会角色(social role)、知识(knowledge)和技能(skills)。冰山水上的部分——知识与技能,容易被评价,是显性能力,是胜任工作和产生工作绩效的基本保证。冰山水下的部分——潜在能力,是个人的态度、自我形象、社会动机、内在驱动力、品质、价值观、个性等,这些个人潜在能力深藏于心,不易被发现和比较。冰山从上到下深度不同,则表示被挖掘与评价的难易程度不同,向下越深越不容易被挖掘与评价。而社会角色、自我概念、特质及动机则难以培养评价。图 10-13 中洋葱模型是从另一个角度对冰山模型的解释。它在描述胜任特征时由外层及内层,由表层向里层,层层深入,最表层的是基本的技巧和知识,里层核心内容即个体潜在的特征。

依据冰山模型和洋葱模型在实践领域,国外学者构建了许多与职业相关的胜任力模型,国内研究人员采用行为事件访谈法,借鉴国外管理胜任力模型,也建构了一些管理胜任力模型。但是,目前我国国内大多数胜任力模型研究的焦点集中在管理胜任力等方面,而有关企业相关职位的胜任力研究还屈指可数。因此,如何创新性地将胜任力模型贯穿到企业管理体系之中,是企业人力资源管理发展的重要趋势之一。

三、基于胜任力的现代人力资源管理体系与传统人力资源管理体系的关系

传统人力资源管理是一种以岗位(工作)为基础的人力资源管理;而基于胜任力的人力资源管理是一种以人员为导向、以员工胜任力为基础的人力资源管理,与传统人力资源管理方法相比,胜任力取向的人力资源管理体系具有如下优势,详见下表 10-1 所示:

表 10-1　传统人力资源管理与基于胜任力的人力资源管理对比一览表

	传统人力资源管理	基于胜任力的人力资源管理
匹配对象	与岗位的长期匹配	与组织经营目标和战略紧密联系,强调与组织战略的长期匹配
着眼点	员工达到工作资格要求	员工的优秀业绩标准
强调对象	员工完成工作任务	优秀员工的关键特征
表面效度	表面效度相对较低	具有较高的表面效度

从表 10-1 中可以看出:①胜任力取向的人力资源管理体系与组织经营目标和战略紧密联系,强调与组织的长期匹配,而不是与岗位的长期匹配,从而能够有效服务于组织战略。②胜任力取向的人力资源管理体系更加着眼于优秀绩效,注重提升组织的整体绩效水平。传统人力资源管理着眼点是员工达到工作资格要求,而基于胜任力的人力资源管理着眼点是优秀业绩标准。③胜任力取向的人力资源管理体系强调优秀员工的关键特征,注重怎样完成任务,而非完成什么。④胜任力取向的人力资源管理体系除了寻求岗位之间在胜任、要求上的差异之外,更注重寻找岗位、职务系列之间在胜任要求上的相似点。⑤胜任力取向的人力资源管理体系具有较高的表面效度,更易被任职者接受,因为胜任力是从优秀员工的关键行为出发来确认岗位要求,把员工的行为、精神体现在胜任要求的描述上,这样使得员工能够在胜任要求描述中看到自己和其他员工的差距,进而进行针对性地培训,合理规划其职业生涯。

四、以胜任力模型为核心的新型人力资源管理体系的构建

30 多年来,胜任特征方法在全球产生了广泛的影响,迄今为止,已有 26 个国家进行了 100多项胜任特征研究,进行了多项跨学科、跨文化的探讨。胜任力理论为人力资源管理和实践提供了一个全新的方法和视角,对克服当前人力资源管理出现的问题具有重要的意义。基于胜任力的新型人力资源管理体系的构建是我国众多企业最快捷、便利地从传统的人事管理过渡到知识经济背景下,角逐国际市场所需要的科学合理的人力资源管理体系的捷径。

基于胜任力模型,对人力资源管理体系进行创新建设是目前我国企业赢得市场竞争的重要手段。胜任力模型明确地界定了员工具备优秀绩效所必需的行为特征,帮助企业了解员工的能力胜任特征水平和改进方面。它可以在人力资源管理的各个方面得到应用,尤其是在人员的选拔、发展、提升、绩效、薪酬等方面。

以胜任能力为核心的完整人力资源管理体系具体可用图 10-14 表示。

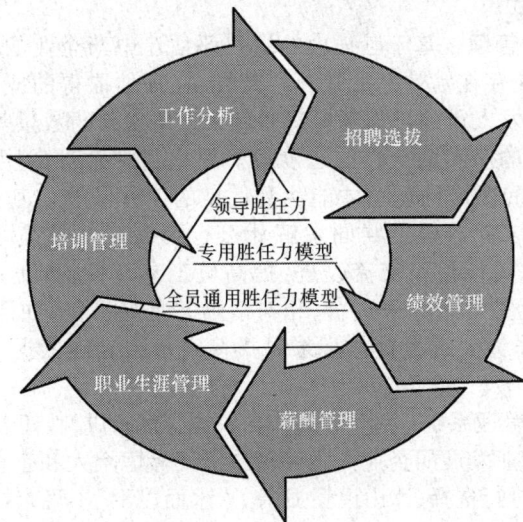

图 10-14　基于胜任力的新型人力资源管理体系框架图

1. 工作分析　基于胜任力的人力资源管理与传统的管理相比更加突出胜任力要素的作用，符合岗位要求的高绩效者区别于一般绩效的态度、价值观、个性特征、知识技能，而不是仅仅停留在知识、技能、责任的描述上；更加突出胜任力要求，强调不同岗位对胜任力不同的要求，如中药研发人员更加强调中医理论基础扎实、耐心、敢于创新的胜任力等，区别于传统的通用的岗位描述，往往制定下几年甚至十几年不变，而基于胜任力的工作分析则要求岗位分析内容根据中药企业发展战略而进行相应修正与完善，如重视中药质量管理就要增加严格的 GMP 质量管理程序，关心客户等内容，使工作描述既体现具体岗位要求又体现对个人能力素质的要求，形成基于胜任力的工作分析。

2. 招聘选拔　以中药研发人员职位招聘为例：中药研发人员的甄选包括两个途径：①通过对外招聘将中药企业需要的具有相当能力的人员招聘进来并安置在合适的岗位上；②对中药研发人员按其具备的胜任力进行合理的岗位配置，而这两者都要对候选人进行测试与评价。与传统的评价方法相比，基于胜任力的甄选方法将对目前中药企业在人员招聘选拔方面产生深刻的影响，提供了测评的指标和依据。招聘将从注重毕业学校、学习成绩排名、外语成绩而转为同时兼顾考虑个人潜力、态度、性格、人生观等综合方面的因素；从一次面试凭第一印象到多方面测评技术运用。如评价中心技术、行为描述法、心理测验、智力测试、人格测验等现代测评技术的综合运用，使主观评价和客观评价相结合，从而更加注意客观方面的评分作为依据，克服了主观印象对潜在能力评价的不确定性。基于胜任力模型的人才测评方法的运用可以在人员招聘和选拔中起到客观辅助依据，使科学的方法能创新性地运用到中药企业人力资源管理中来。又如在优秀骨干研发队伍的建设与选拔过程中克服仅凭外显绩效而更加重视对其潜力的评价。使个人的内在驱动力、古文献钻研能力等得到合理的评定并纳入综合评分项目中，达到由表及里的测评效果，提高甄选的效率和质量。

3. 培训与开发　基于胜任力模型的培训与开发系统就是对企业进行特定职位所需关键胜任特征的培训，培训的目的是增强获得培训的员工取得更高绩效的能力，适应环境的能力和潜能。而基于胜任力模型可使员工更好地了解自己当前的能力，并且能判断为提高工作效率需要开发哪些行为能力，从而正确地选择培训项目，增强培训效果。基于胜任力的培训能够把重点放在相关行为和技能上而不只是为了完成规定的培训时间而去报名参加对工作没有太大帮助的项目。基于胜任力的培训与开发系统能确保培训与开发的一致性，不仅包括与工作效率紧密相关的行为表现，而且包括支持组织战略方针所需行为模式，以及为达到目标而建立和保持的组织文化所需的行为模式。

4. 绩效评估与绩效管理　基于胜任力的绩效评估让中药企业的员工对绩效考核内容达成共识,以往的考核往往存在绩效标准缺乏一致性,在评估取得的成绩和取得成绩方法之间缺乏平衡。如对中药研发人员的工作考核只看到个人研发新药数量等量化指标,而未更多地考核工作中应时刻保持的对团队合作的态度等。树立科学合理的团队理念,只有在工作的细节中、在工作过程中重视这种理念才能达到优良的工作绩效。基于胜任力的绩效评估更加注重沟通交流,使考核者与员工共同了解什么行为表现与高绩效相关并且是非常重要的,考核指标相对明确,可以讨论交流改进,提高员工参与性,真正达到考核目的。基于胜任力的考核可以用少量关键指标来进行,相对清晰并且易操作,如需要强调团队合作,就可以把"团队工作"能力作为关键考核指标来寻找特定行为表现依据,使考核信息目标明确,结果可信。

5. 职业生涯规划与管理系统　对于企业人力资源管理来讲,胜任力冰山模型没有提供实际应用的方法,而在面向职业发展的企业人力管理中需要考虑个人和企业双方的利益,企业需要在当前和将来的时间内进行选择,冰山模型强调了"水面以下"不可直接感知的因素(内因),而知识和技能则属于可见部分(外因)。冰山水面下潜在的部分,即态度价值观、自我认知、个性品质、动机则往往是决定一个人成功的关键。在冰山模型中,在水面下越深的部分,越不易被观察与测量,但对于绩效的影响越大。如果对冰山以下的部分多一些关注,也就是中药企业员工的职业生涯方向进行有利的引导和管理,完全可以达到其他任何激励方式都无法达到的双赢的局面。

6. 薪酬管理　基于胜任能力模型的薪酬体系以职能为导向,是一种以员工目前从事的工作岗位的职能和员工在工作岗位上的工作绩效作为衡量工资水平的薪酬体系。这种薪酬体系与传统的薪酬体系相比具有以下一些优点:①在胜任力为基础的薪酬体系下,突出了员工的个人能力以及员工在岗位上的工作表现,因此对员工而言更具有吸引力。②在这样的薪酬体系下,企业的组织结构更加的扁平化,使员工在职务无法提升时,薪酬福利仍然能够提高。这种薪酬体系的设计更加科学,能够体现出同岗但是不同绩效员工在收入方面的差异,实现了内部公平性。最重要的是,在薪酬管理过程中,企业的管理者可根据胜任能力模型找到提高员工工作绩效的激励办法和激励方向。

综合起来,胜任力模型在企业管理,尤其是人力资源管理中的创新性运用,不仅可以作为企业发展中重要人才培养的方向,为众多高校对人才的培养提供重要参考作用,而且为众多企业家及企业管理者们在人才测评、招聘选拔、使用、培训、绩效管理等方面提供科学合理的工具,为我国众多企业发展必需的、"合适"的人力资源管理体系建设提供坚实的基础工具和创新性的思路,为我国早日实现企业管理现代化、提高国际竞争力的战略任务奠定坚实的基础。

人力资源管理的核心是要解决职位与人之间的动态匹配关系,这也衍生出了基于职位的人力资源管理与基于胜任力模型的人力资源管理两条思路。前者是人力资源管理的传统路径,到目前为止已经形成了较为完整的方法与流程,包括信息收集方法、数据处理工具、职位说明书生成等,但由于传统方法过分关注工作本身,使工作分析、人员选拔、绩效考核、团队激励等难以有机整合。而随着人日益成为企业经营管理的核心,对人的内在素质,包括知识、能力、行为、个性趋向、内驱力等因素与工作绩效之间联系的研究日益深入,基于胜任力模型的人力资源管理越来越受到理论界及实践界的关注。基于胜任力模型的人力资源管理从方法上对基于职位分析的传统人力资源管理构成一定的"威胁",在很多方面都优于基于职位分析的人力资源管理。有学者甚至认为基于胜任力的人力资管理是未来的发展趋势。

【实践中的人力资源】

A 医药公司基于胜任力的人力资源管理体系的转变

　　北京市一家集研、产、销为一体,在业内极具影响力的医药公司正处在由基于职位的人力资源管理向基于胜任力的人力资源管理转变的过渡阶段。为了实现转变,A 公司已经基本建立了核心胜任力模型的框架基础,面临的主要任务是建设完整的、与职系和岗位紧密联系的胜任力模型,使其真正发挥支持性作用。在具体工作中,项目组主要采用了三分法的开发路线,即把胜任力模型分为核心胜任力、职系胜任力、岗位胜任力,从这三部分出发分别开发,其中核心胜任力模型已经建立,因此项目重点开发职系和岗位胜任力模型。其中:职系胜任力的开发,主要关注素质、技能和知识;岗位胜任力的开发,主要是从职系胜任力的量化和基于岗位的个性胜任力两方面着手。

　　在对公司各职系优秀人员胜任力调查的基础上,结合行业标杆胜任力研究成果,开发和建设各职系胜任力模型,由核心胜任力、专业能力、管理能力、专业素质四部分组成;并对胜任力模型中的每一个能力或素质进行准确定义和详细四级分级,形成生产、研发、销售、市场、行政、人力资源、财务、信息管理、设备管理、质量管理等职系的胜任力模型和词典;根据职系中各岗位特点,确定各职位任职者在胜任力各项能力和素质中的重要性和需达到的等级。通过核心胜任力模型的完善,职系胜任力模型、岗位胜任力模型的建设和开发,建立了系统完善和实践性强的胜任力体系,为员工招聘、培训、考核、薪酬、职业生涯管理等提供了强大的支持,为公司建立基于能力的人力资源管理体系提供了坚实有力的基础。

　　本案例说明:任何人力资源管理的创新并非一蹴而就,而是经过严格、科学合理的开发流程才能保证创新的成功。

本 章 小 结

　　人力资源管理创新体现在如下九大方面:①人力资源管理组织的创新:权变式组织的构建;②人力资源管理思维创新:以变应变,速度制胜;③人力资源管理的方法创新:实施个性化管理;④人力资源管理的方法创新:实施个性化管理;⑤人力资源管理的技术创新:实现 e-HR 系统管理;⑥人力资源管理模式创新:重视沟通、信任员工、和谐的员工关系;⑦人力资源管理核心转变:人力资源价值链管理;⑧员工关系管理模式的创新——劳动契约与心理契约为双重纽带的战略合作伙伴关系;⑨人力资源管理者的角色创新——"工程师 + 销售 + 客户经理"等角色多重化、职业化。

　　进入 21 世纪的知识经济时代,人力资源管理在应对各种环境变化、挑战和冲击中呈现出以下六大发展趋势:①组织越来越重视战略人力资源管理——企业战略与人力资源管理紧密结合;②人力资源管理渐渐从"事后管理"向"超前管理"转变;③人力资源管理全球化和跨文化管理;④网络化组织渐渐取代传统组织架构;⑤人力资源活动的经济责任以及对企业绩效的贡献将得到普遍承认;⑥企业人力资源管理者未来角色的界定。

　　人力资源管理的最高境界是文化管理。人力资源管理的获取、控制和激励、培训与开发、整合等各项功能的实现都受到企业文化直接或潜在的影响,同时,这些功能的实现又反作用于企业文化的形成、维持及发展。"e-HR"不仅使企业的人力资源管理自动化,实现了与财务流、物流、供应链、客户关系管理等 ERP 系统的关联和一体化,而且整合了企业内外人力资源信息和资源与企业的人力资本经营相匹配,使人力资源管理者真正成为企业的战略性经营伙伴。

　　人力资源外包,即企业将人力资源管理中非核心部分的工作全部或部分委托人才服务专业机构办理,但托管人员仍隶属于委托企业,这是一种全方位、高层次的人事代理服务。大体分为四大类型:①全面人力资源职能外包;②部分人力资源职能外包;③人力资源职能人员外包;④分时外包。人力资源外包强调聚焦于自身核心业务,而从外部获取专业、高效、低成本的服务,通过非重要业务流程的外包,从而实现企业精简,更好适应迅速变化的市场环境。

胜任力模型明确地界定了员工具备优秀绩效所必需的行为特征,帮助企业了解员工的能力胜任特征水平和改进方面。它可以在人力资源管理的各个方面得到应用,尤其是在人员的选拔、发展、提升、绩效、薪酬等方面。基于胜任力的新型人力资源管理体系的构建,是我国众多企业最快捷便利地从传统的人事管理过渡到知识经济背景下,角逐国际市场所需要的科学合理的人力资源管理体系的捷径。

思 考 题

1. 人力资源管理创新主要体现在哪些方面? 其发展趋势有何特点?
2. 人力资源管理与企业文化建设有何关系?
3. 电子化人力资源管理系统的常规模块体现在哪些方面?
4. 人力资源外包的分类如何? 分别在什么情况下选用?
5. 什么是胜任力? 胜任力模型的作用体现在哪些方面? 为何说基于胜任力的人力资源管理体系对传统的人力资源管理体系是一种"威胁"?

【案例讨论】

创新是企业生命力的源泉,管理的前沿意味着处于领先

诺华药业集团年销售额逾200亿美元,业务遍及全球140个国家和地区,员工72900人,2003年美国《商业周刊》按照市值排名诺华居第19位,是瑞士第一大公司,公司研发的药品中有6种获得了被誉为制药界诺贝尔奖的"Prix Galien"大奖。

北京诺华制药有限公司成立于1987年,在全国设有17个办事处,业务遍及70多个城市,生产和销售内分泌、心血管、移植免疫、风湿疼痛、骨代谢、消化科、肿瘤、中枢神经系统、皮肤科、眼科等10多个领域中30多种高科技专利产品,公司多年以来一直以高于行业的平均速度增长。

外资公司进入中国都有一个融合问题和本土化问题,进入中国多年,诺华的本土化做得非常好。公司的高层管理人员中有一位是台湾人、一位是美籍华人、一位是香港人、还有一位是在中国待了多年的瑞士人。整个高级管理阶层11位中,除了这4位外,其余均是内地人士。中层管理人员中,也只有两位是外籍人员。公司非常关注中国的变化和发展,重视在市场的信誉度和员工的专业性。公司还推行了一项"企业公民"政策计划,鼓励员工重视企业发展对社会的长期贡献,并组织员工定期去慈善机构捐助,公司每年设有一个公益日,员工就会到各地去关心需要帮助的人。作为医药企业,北京诺华不仅关心做生意、赢利,更关心为人们解除病痛、带来幸福。公司教育员工:员工所做的每件事情都是在造福人类,可能自己不觉得,但实际上却起到了这样的作用。

诺华公司为员工发展提供了广阔的"舞台",重视人力资源的开发。在我国,前些年由于体制问题,医生的收入不理想,发展空间不大导致有些医生离开本行业。但随着中国医药体制改革和医生地位的提高,医生可能不会选择做医药推广的工作。医药公司可能会因此选择学生物、化学、制药的专业人士来从事此行业,因为这些人的产品知识非常专业,可以和求购方的专业人士进行很好的沟通。如果是一个专业知识不够丰富的销售人员向买方介绍产品,可能只是机械地背诵产品说明,不能很好地解释产品机制。这样对医院和患者是不负责任的。因此,诺

华公司要求员工的基本素质是要有很好的学习能力,能够不断学习很多新产品的知识。当然最好是有一些相关的背景知识。公司也很重视员工是否具备团结协作的能力和敬业精神,更希望员工到公司来是重视自己的事业发展而不仅仅是薪酬状况。

公司为员工制订了较为全面的培训计划,其中包括产品知识的培训、如何与客户建立良好关系的培训,这些可以说是启航培训或者说是启蒙培训,接下来就是如何提高专业技能以及管理方面的培训。这些培训使员工的专业能力有了很大提高,也深受他们欢迎。公司要求员工具备专业知识,也是对用户负责任。所有员工都要了解药品不良反应的处理,不论是否属于药品部,所有员工都要了解如何将不良反应报告给相关部门。

公司重视为员工提供一个振奋人心、有激励作用的环境。公司理念最重要的一点就是:工作能改变生活。员工优秀的销售记录能带来好的收入,就能改善生活,但经济绝不是激励因素,它只是保障因素。在很多情况下更多的激励因素来源于大家共同努力实现某个目标。公司为员工提供空间和必要的条件,让他们发挥各自的潜能,通过做具体的事情来实现自己的目标,公司也只有必要的要求并没有过多的束缚。

创新是许多企业提高竞争力的追求目标,但诺华制药公司的创新不仅仅体现在产品技术方面,其独具特色并保持持续创新的人力资源管理体系及企业文化建设对公司业务的持续发展也起到了重要作用。

思考题:

诺华制药公司在人力资源管理方面有哪些独具特色的创新?

（吴海燕）